U1060996

2016年
四川省A级旅游景区
发展报告

2016 NIAN SICHUANSHENG
A JI LÜYOU JINGQU FAZHAN BAOGAO

四川省旅游发展委员会 ○ 组织编写
李柏槐 王晓琴 ○ 编著

四川大学出版社

责任编辑:李勇军
责任校对:曾　鑫
封面设计:何东琳设计工作室
责任印制:王　炜

图书在版编目(CIP)数据

2016年四川省A级旅游景区发展报告 / 李柏槐，王晓琴编著. —成都：四川大学出版社，2018.8
ISBN 978-7-5690-2298-8

Ⅰ.①2… Ⅱ.①李… ②王… Ⅲ.①旅游区－经济发展－研究报告－四川－2016 Ⅳ.①F592.771

中国版本图书馆CIP数据核字（2018）第200203号

书名　**2016年四川省A级旅游景区发展报告**

编　著　李柏槐　王晓琴
出　版　四川大学出版社
地　址　成都市一环路南一段24号（610065）
发　行　四川大学出版社
书　号　ISBN 978-7-5690-2298-8
印　刷　郫县犀浦印刷厂
成品尺寸　210 mm×285 mm
印　张　13.25
字　数　407千字
版　次　2018年8月第1版
印　次　2018年8月第1次印刷
定　价　59.00元

◆读者邮购本书，请与本社发行科联系。
电话：(028)85408408/(028)85401670/
(028)85408023　邮政编码：610065
◆本社图书如有印装质量问题，请寄回出版社调换。
◆网址：http://www.scupress.net

目　录

第Ⅰ篇　2016年四川省A级旅游景区经济运行总报告

一、A级旅游景区发展环境

（一）旅游政策环境：旅游发展迎来新一轮政策红利

1. 从全国来看，旅游政策进一步优化

当前，我国旅游行业持续发展与政府不断加强顶层设计、多部门政策密集出台密切相关。2016年，习近平、李克强等党和国家领导人在国内外各种场合，共67次对旅游业发展做出了重要论述和决定。国务院常委会先后6次讨论涉旅事项，国务院共出台了包括《关于进一步扩大旅游文化体育健康养老教育培训等领域消费的意见》《关于加快发展健身休闲产业的指导意见》《关于加强旅游市场综合监管的通知》《关于落实发展新理念加快农业现代化实现全面小康目标的若干意见》《关于加大脱贫攻坚力度支持革命老区开发建设的指导意见》《关于金融助推脱贫攻坚的实施意见》《贫困地区发展特色产业促进精准脱贫指导意见》《关于切实做好水库移民脱贫攻坚工作的指导意见》等在内的41项促旅政策，印发了《"十三五"旅游业发展规划》，旅游业发展五年规划历史上第一次成为国家重点专项规划；旅游部门也会同相关部门出台了《关于实施旅游休闲重大工程的通知》《关于大力发展体育旅游的指导意见》《关于支持旅游业用地政策的意见》《关于促进自驾车旅居车旅游发展的若干意见》《全国乡村旅游扶贫工程行动方案》等文件，持续释放政策红利。

2. 从全省来看，省政府把旅游业纳入四川发展顶层设计

"十二五"以来，四川省委、省政府高度重视旅游业发展，把旅游业纳入四川发展顶层设计。2016年省政府出台了《关于进一步加快旅游业改革发展的实施意见》《关于大力发展乡村旅游合作社的指导意见》《关于进一步加强全省旅游市场综合监管的实施意见》，以及《关于创造良好市场环境进一步促进消费的意见》《加快发展生活性服务业促进消费结构升级实施方案》《关于推进农村一二三产业融合发展的实施意见》《四川省积极发挥新消费引领作用加快培育形成新供给新动力实施方案》等诸多涉旅政策文件，旅游业成为四川改革发展的重要组成部分。

（二）旅游供给环境：旅游供给呈现多元化特点

1. 从全国来看，旅游供给创新多元，公共服务水平提升

当前，全国进入到大众旅游新阶段，新的旅游形态不断涌现，旅游创新创业异常活跃，旅游产业边界不断扩大，旅游景区向旅游吸引物或旅游休闲空间发展演化，更加广义的旅游资源融入旅游产业，为旅游所用。与此同时，带动了更加多元的旅游投资，特别是在当前以去库存为主要抓手、以生态环保为产业发展重点方向的经济背景下，旅游业作为生态文明建设、精神文明建设、物质文明建设的共同载体，成为吸纳社会投资的先导领域。此外，技术创新推动旅游体验突破时空限制，多元供给使得更多小众的专项旅游需求被满足；还有以途家、小猪短租、易到、滴滴等为代表的分享经济搭建了一个供需直面交易的高效市场，全国旅游市场供需结构性失衡得到了全面改善。

另外，旅游公共服务水平不断提升，旅游综合环境逐步改善。政府管理方面，旅游厕所革命、全域旅游建设、不合理低价清理、旅游黑名单制度推进，以及成立旅游委员会、组建旅游警察、设立旅

游工商分局和旅游巡回法庭等发展措施，表明行政主体从决策到实施更加科学有力。产业服务方面，各类旅游市场主体从观念、服务方式、实现手段等方面进行不断革新，不断在以电子门票、景区智能导览为代表的智能识别，以景区客流监控、景区资源管理等为代表的智能监测，以及以LBS位置应用、目的地应急处理等为代表的定位追踪等领域跨界创新，逐步打造和完善“设计旅游行程—获取旅游咨询—查询电子地图—体验虚拟游览—利用垂直搜索—享受网络预订—领略智慧景区—分享旅游经验”的全链条智慧服务生态圈，旅游便捷程度快速提高。

2. 从全省来看，旅游制度、产品、要素供给不断增强

2016年，四川省以建设世界重要旅游目的地为目标，不断创新旅游制度、产品、要素供给，全力推动旅游业成为四川供给侧结构性改革重要抓手，为旅游业迈上更大更高台阶提供坚实支撑。制度供给方面，加快旅游体制机制改革，形成政策合力，成立四川省旅游发展委员会，充实完善四川省旅游产业发展领导小组，健全旅游企业服务体系，落实旅游优惠奖励政策，实现旅游产业发展全省一盘棋综合推进。产品供给方面，优化旅游产业发展空间格局，推进大成都、大九寨、大峨眉、大香格里拉、大攀西、大巴山、大川南等重点旅游目的地建设；不断创建国家A级旅游景区、国家级旅游度假区、国家级生态旅游示范区、全国休闲农业与乡村旅游示范县、国家级水利风景区等旅游品牌；围绕打造“万亿级产业集群”，加大旅游项目投融资，大力发展山地旅游、康养旅游、红色旅游、水上旅游、温泉旅游、阳光旅游、研学旅游、工业旅游，优化旅游产品存量，扩大旅游产品增量。要素供给方面，构建快速交通网络体系，推动旅游厕所、旅游集散中心、标识标牌、应急救援等旅游公共服务建设；加快智慧旅游建设，基本建成G5国道（四川段）智慧旅游带、大九寨环线智慧旅游区、13个智慧旅游城市和30个智慧景区；严格规范旅游经营行为、提升旅游服务质量，加强部门协同综合整治旅游市场秩序。

（三）旅游需求环境：旅游需求持续增长

1. 从市场层面来看，旅游市场持续繁荣

2016年，在不断升级的旅游需求推动下，国内旅游市场持续高速增长，入境旅游市场平稳增长，自由行、品质游、度假休闲旅游市场规模逐步扩大，旅游成为居民日常消费的重要选项。2016年国内旅游人数44.4亿人次，收入3.94万亿元，分别比上年增长11%和15.2%；入境旅游人数1.38亿人次，实现国际旅游收入1200亿美元，分别比上年增长3.5%和5.6%；中国公民出境旅游人数达到1.22亿人次，旅游花费1098亿美元，分别比上年增长4.3%和5.1%。我国国内、入境和出境旅游三大市场的旅游人数为46.8亿人次，旅游消费规模5.5万亿元，国内旅游人均花费增长到880元，人均出游近3.4次。旅游业已融入经济社会发展全局，成为国民经济战略性支柱产业。

2. 从游客消费层面看，旅游休闲需求常态化

经过三十多年的发展，我国旅游已至大众旅游中高级阶段，居民旅游消费与日常生活融合加快，国民旅游消费正趋向常态化，追求差异化游憩环境不再是旅游的目的，而是逐渐成为休闲的手段。根据中国旅游研究院跟踪调查显示，五年前国内旅游观光动机占比还超过60%，如今休闲度假动机的游客比例已超过70%。从旅游需求的广度来说，旅游越来越成为居民生活不可或缺的重要组成部分，随着全面建设小康社会逐步实现，各个区域、各种收入水平的居民都有条件、有意愿、有经验成为游客，旅游社会从大众旅游时代向全民旅游时代完成过渡。

二、2016年四川省A级旅游景区运营情况

截至2016年底，全省共有A级旅游景区419家（以等级公告时间为准），较上年增加68家，增

长19.37%。据统计①，2016年全省A级旅游景区共接待游客3.84亿人次，同比增长17.88%。其中，接待入境游客354.9万人次，同比增长7.64%；免票人次2.85亿人次，同比增长18.95%。景区营业总收入475.8亿元，较上年增加99.01亿元，同比增长26.68%；其中，门票收入52.3亿元，同比增长4.99%。

（一）全省A级旅游景区数量情况

1. 从等级结构看，A级旅游景区继续保持“中间大两头小”的橄榄型结构

2016年，全省A级旅游景区的等级结构总体变化不大，继续保持橄榄型结构，4A、3A、2A中间三个等级的旅游景区为406家，占景区总量的96.9%。其中4A级旅游景区比重为43.91%，3A级旅游景区比重为27.21%，2A级旅游景区比重为25.78%。最高等级和最低等级旅游景区数量比重较小，只有总量的3.1%，其中5A级旅游景区比重为2.63%，1A级旅游景区比重为0.48%（见表Ⅰ-1）。从增长率看，除去1A级旅游景区的特殊情况外，其余等级中，3A级旅游景区数量增长速度最快，全年新增33家，增长率达到40.74%，高于全省A级旅游景区平均增长率21个百分点（见图Ⅰ-1）。

表Ⅰ-1　2016年四川省A级旅游景区数量情况（单位：家）

等级	2016年	2015年	增数	同比	占比
AAAAA	11	10	1	10.00%	2.63%
AAAA	184	157	27	17.20%	43.91%
AAA	114	81	33	40.74%	27.21%
AA	108	102	6	5.88%	25.78%
A	2	1	1	100.00%	0.48%
全省	419	351	68	19.37%	—

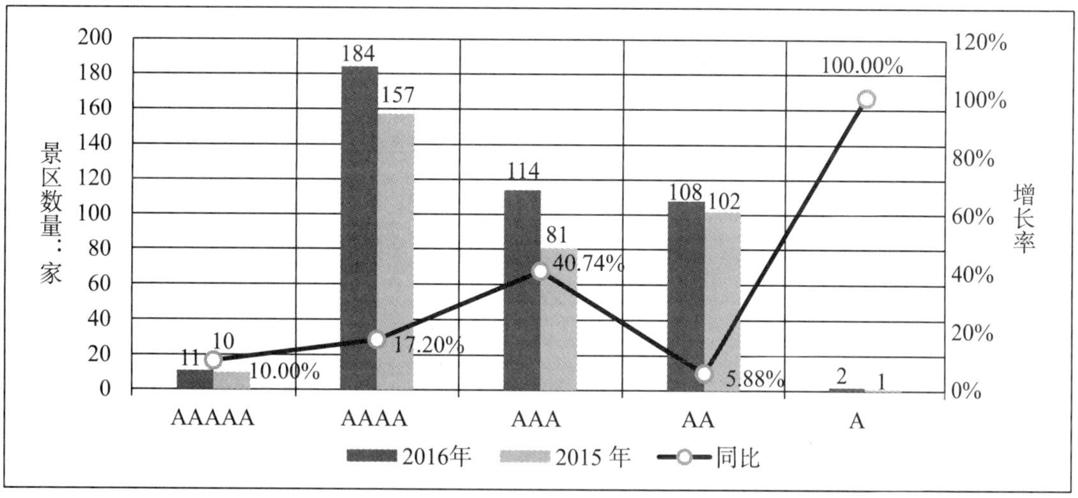

图Ⅰ-1　2016年四川省A级旅游景区数量及增长变化情况图

2. 从新增景区看，3A和4A级旅游景区数量增加较多

2016年，全省新增景区等级结构与全省景区等级结构类似，为“中间大、两头小”的纺锤形结构，其中新增数量最多的为3A级旅游景区，新增33家，占新增景区数量的48.53%，其次为4A级

① 注：纳入2016年数据统计的A级旅游景区共有358家。

旅游景区，增加了 27 家，占新增景区数量的 39.71%（见表Ⅰ－1）。5A 级旅游景区仅增加了 1 家，即朱德故里景区。

3. 从类型特征看，全省 A 级旅游景区仍以自然景观和乡村旅游两大类为主

2016 年，全省 A 级旅游景区的主题类型依然以自然景观类和乡村旅游类为主，这两类的景区数量约占全省 A 级旅游景区总量的一半，达到了 47.26%。其次，数量较多的是历史文化类和度假休闲类，分别占全省总量的 17.18%和 13.60%。在各等级旅游景区的类型中，5A 级旅游景区以自然景观类为主，4A 级旅游景区以自然景观类和历史文化类为主，3A 级和 2A 级旅游景区均以乡村旅游类和自然景观类为主（见表Ⅰ－2 和图Ⅰ－2）。

表Ⅰ－2　2016 年四川省 A 级旅游景区类型情况（单位：家）

景区类型	5A	4A	3A	2A	1A	合计	占比
自然景观	6	58	22	21	0	107	25.54%
乡村旅游	0	17	28	46	0	91	21.72%
历史文化	1	44	16	11	0	72	17.18%
度假休闲	0	27	16	13	1	57	13.60%
其他	1	9	5	10	1	26	6.21%
博物馆	0	13	6	4	0	23	5.49%
红色旅游	3	7	7	3	0	20	4.77%
工业旅游	0	4	6	0	0	10	2.39%
主题游乐	0	3	4	0	0	7	1.67%
科技教育	0	2	4	0	0	6	1.43%
总计	11	184	114	108	2	419	—

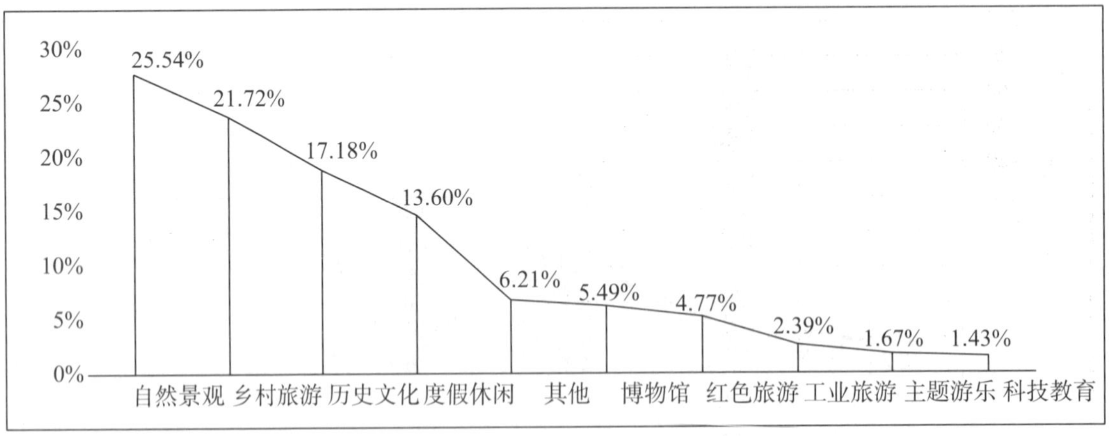

图Ⅰ－2　2016 年四川省 A 级旅游景区类型数量占比图

4. 从区域发展看，成都平原经济区 A 级旅游景区数量最多，川南经济区增速最快

2016 年，全省 A 级旅游景区数量最多的区域仍然是成都平原经济区，共计 196 家，几乎占全省 A 级旅游景区总量的一半，达到 46.78%。虽成都平原经济区包含了数量最多的市州（8 个），但每个市州的景区平均拥有数达到了 25 家，依然超过其他经济区的各市州景区平均拥有数。目前来说，四川省 A 级旅游景区区域分布格局保持相对稳定，各区域比重波动较小，首末位比重差值与 2015 年相比略有缩小。另外，在川西北生态经济区中，高等级旅游景区（5A 和 4A）数量占比最大，达到

85.71%，而3A级及以下旅游景区仅有3家。攀西经济区和川南经济区截止2016年底尚未有5A级旅游景区（见表Ⅰ－3和图Ⅰ－3）。

从增速看，2016年全省A级旅游景区数量增长最快的区域是川南经济区，增长率达到36.96%，高出全省平均水平近18个百分点；其次为川东北经济区，增长率为26.58%。成都平原经济区的景区数量增加最多，但增速最慢，处于稳定增长的状态（见表Ⅰ－4和图Ⅰ－4）。

表Ⅰ－3　2016年四川省五大经济区A级旅游景区分布情况（单位：家）

经济区	5A	4A	3A	2A	1A	合计	占比	市州均数
成都平原经济区	4	95	54	42	1	196	46.78%	25
川南经济区	0	19	17	27	0	63	15.04%	16
川东北经济区	4	46	30	20	0	100	23.87%	20
攀西经济区	0	9	11	18	1	39	9.31%	20
川西北生态经济区	3	15	2	1	0	21	5.01%	11
全省	11	184	114	108	2	419	—	20
占比	2.63%	43.91%	27.21%	25.78%	0.48%	—	—	—

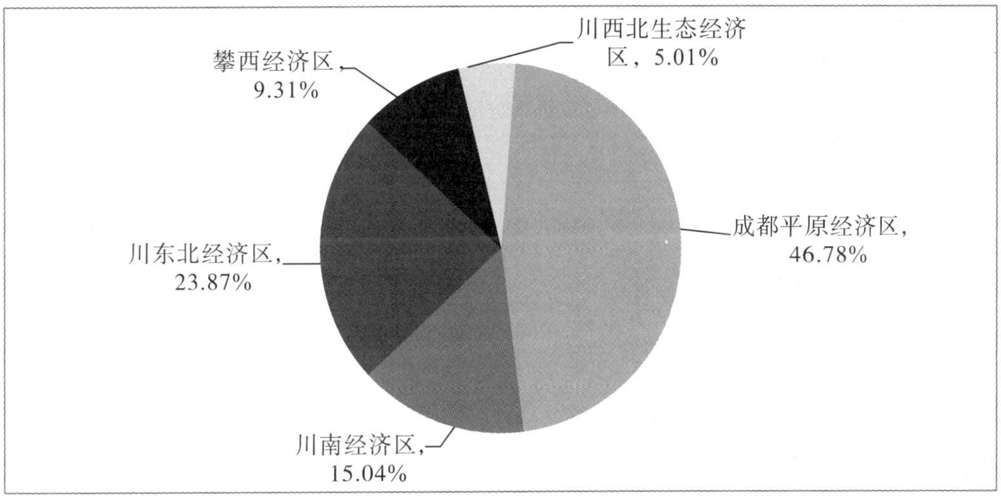

图Ⅰ－3　2016年四川省五大经济区A级旅游景区数量占比图

表Ⅰ－4　2016年四川省五大经济区A级旅游景区增长情况（单位：家）

经济区	2016年	2015年	数量变化	同比
成都平原经济区	196	174	22	12.64%
川南经济区	63	46	17	36.96%
川东北经济区	100	79	21	26.58%
攀西经济区	39	34	5	14.71%
川西北生态经济区	21	18	3	16.67%
全省	419	351	68	19.37%

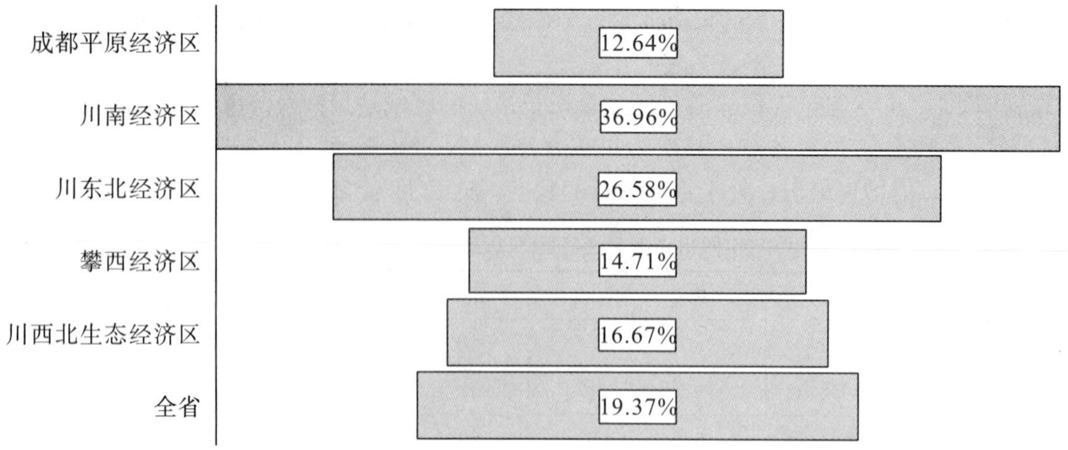

图Ⅰ－4　2016 年四川省五大经济区 A 级旅游景区增长情况对比图

5. 从机构性质看，全省 A 级旅游景区中，企业单位的数量略高于行政事业单位数量

2016 年，全省 A 级旅游景区中，企业单位共有 235 家，占全省总量的 56.09%；行政事业单位共有 184 家，占全省总量的 43.91%；企业单位的数量略高于行政事业单位数量。5A 级旅游景区中，主要以行政事业单位为主，占到了 72.73%；4A 级旅游景区中，行政事业单位的占比略高于企业单位，所占比例分别是 52.17%和 47.83%；3A 和 2A 级旅游景区均是企业单位占主体，2 家 1A 级旅游景区均是行政事业单位（见表Ⅰ－5 和图Ⅰ－5）。

表Ⅰ－5　2016 年四川省 A 级旅游景区机构性质情况（单位：家）

等级	行政事业单位		企业单位		合计
	数量	占比	数量	占比	
AAAAA	8	72.73%	3	27.27%	11
AAAA	96	52.17%	88	47.83%	184
AAA	46	40.00%	68	59.65%	114
AA	32	29.63%	76	70.37%	108
A	2	100.00%	0	0	2
全省	184	43.91%	235	56.09%	419

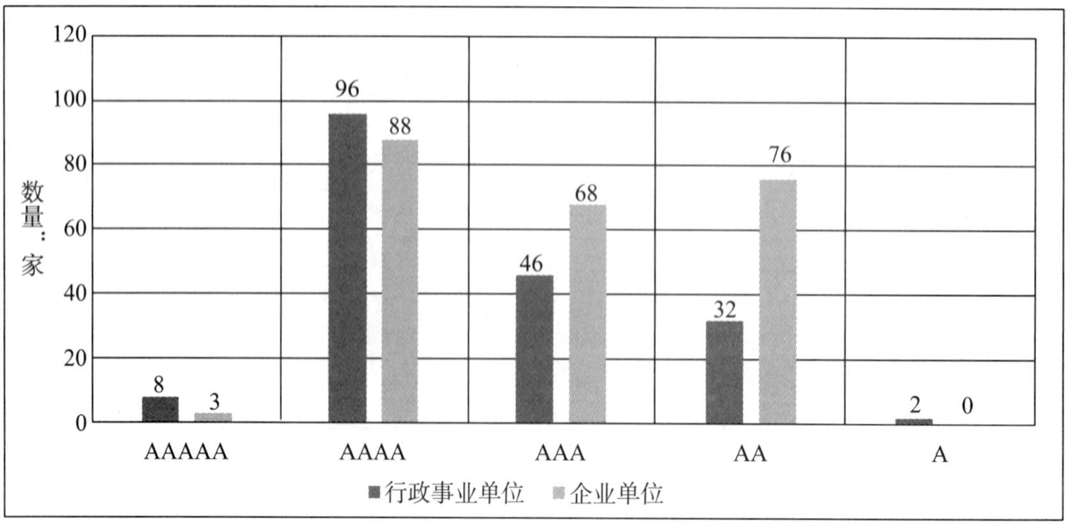

图Ⅰ－5　2016 年四川省 A 级旅游景区机构性质情况对比图

各经济区中，攀西经济区、成都平原经济区和川南经济区的 A 级旅游景区均以企业单位为主体，所占比例分别是 74.36%、61.73%和 52.38%；川东北经济区和川西北生态经济区的 A 级旅游景区则是行政事业单位的数量略高于企业单位的数量，两个经济区行政事业单位的占比分别是 58.00%和 52.38%（见表Ⅰ-6 和图Ⅰ-6）。

表Ⅰ-6　2016 年四川省各经济区 A 级旅游景区机构性质情况（单位：家）

经济区	行政事业单位		企业单位		合计
	数量	占比	数量	占比	
成都平原经济区	75	38.27%	121	61.73%	196
川南经济区	30	47.62%	33	52.38%	63
川东北经济区	58	58.00%	42	42.00%	100
攀西经济区	10	25.64%	29	74.36%	39
川西北生态经济区	11	52.38%	10	47.62%	21
全省	184	43.91%	235	56.09%	419

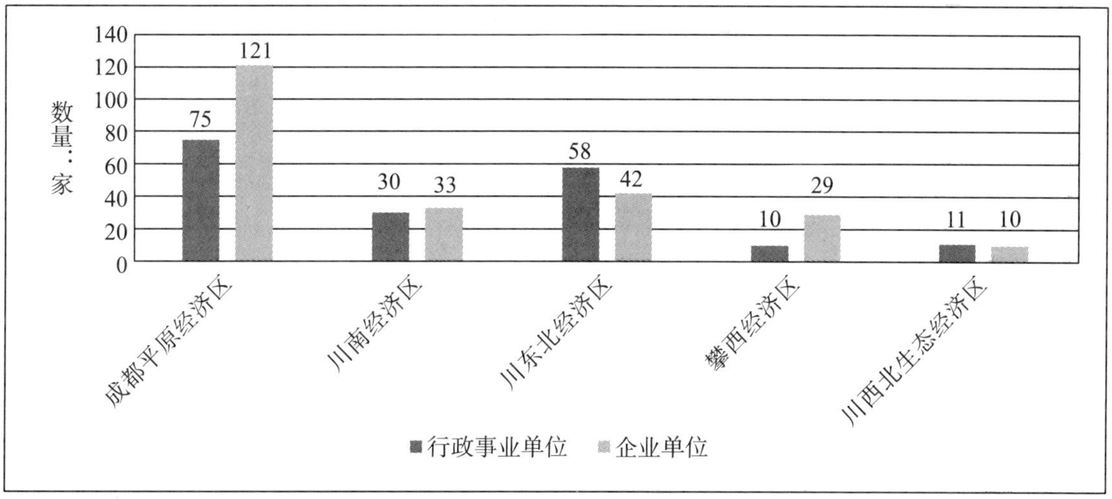

图Ⅰ-6　2016 年四川省各经济区 A 级旅游景区机构性质情况对比图

（二）全省 A 级旅游景区游客接待量情况

1. 从增长情况看，接待规模总体保持稳步增长，3A 级旅游景区增幅显著

2016 年，全省 A 级旅游景区接待规模总体保持稳步增长，共接待游客 3.84 亿人次，同比增长 17.88%；其中，接待入境游客 354.9 万人次，同比增长 7.64%；免票人次 2.85 亿人次，同比增长 18.95%（见表Ⅰ-7）。

从各等级旅游景区接待量的变化情况来看，3A 级旅游景区的游客接待量增长幅度最大，达到 79.22%；其中，政策性免费人次较上年同比增长 98.20%，增幅显著；但其入境游客接待量却下降最大，下降比例达到 26.10%。2A 和 5A 级旅游景区的游客接待量增长幅度最小，增长率分别为 7.19%和 7.82%；但 5A 级旅游景区的入境游客人次却有较大幅度的增长，增长率为 81.64%。此外，4A 级旅游景区共接待游客 2.29 亿人次，较上年有小幅增长，增长率为 11.67%，但其入境游客接待规模较上年有所下降，下降比例为 0.40%（见表Ⅰ-7 和图Ⅰ-7）。

表Ⅰ-7　2016年四川省A级旅游景区游客接待量增长情况

等级	接待游客量（万人次）	同比	入境人次（万人次）	同比	免票人次（万人次）	同比
AAAAA	3811.94	7.82%	77.18	81.64%	1422.91	20.31%
AAAA	22880.45	11.67%	245.17	-0.40%	16410.25	8.55%
AAA	6109.17	79.22%	25.71	-26.10%	5372.53	98.20%
AA	5370.48	7.19%	6.84	9.09%	5037.26	5.67%
A	273.8	60.93%	0	—	245	44.00%
全省	38445.84	17.88%	354.9	7.64%	28487.95	18.95%

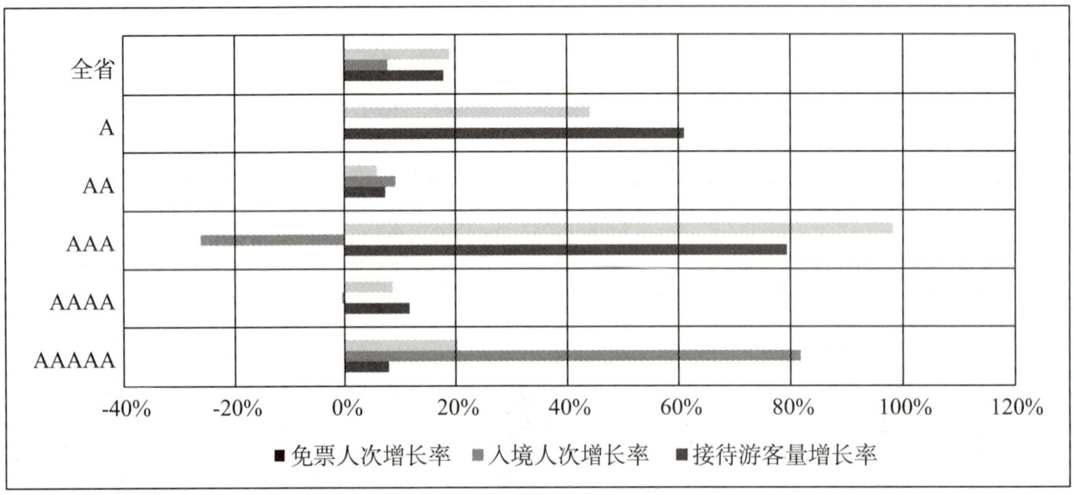

图Ⅰ-7　2016年四川省A级旅游景区游客接待量对比图

2. 从比重构成看，“大头小尾”的结构继续保持

2016年，全省A级旅游景区游客接待量继续保持“大头小尾”的结构，即5A和4A两个高等级的旅游景区接待量占全省A级旅游景区接待总量的69.43%，其余等级旅游景区接待量只占全省接待总量的3成。入境游客方面，5A级旅游景区以11家的景区数量取得了超过2成的市场份额，景区平均接待量继续保持领先地位。此外，全省A级旅游景区政策性免票游客量占全省游客总量的74.10%，较上年增加了1个百分点，门票福利进一步凸显（见表Ⅰ-8和图Ⅰ-8）。

表Ⅰ-8　2016年四川省A级旅游景区游客接待量占比情况

等级	游客接待量（万人次）	占比	入境人次（万人次）	占比	免票人次（万人次）	占比
AAAAA	3811.94	9.92%	77.18	21.75%	1422.91	4.99%
AAAA	22880.45	59.51%	245.17	69.08%	16410.25	57.60%
AAA	6109.17	15.89%	25.71	7.24%	5372.53	18.86%
AA	5370.48	13.97%	6.84	1.93%	5037.26	17.68%
A	273.8	0.71%	0	0.00%	245	0.86%
全省	38445.84	—	354.9	—	28487.95	—

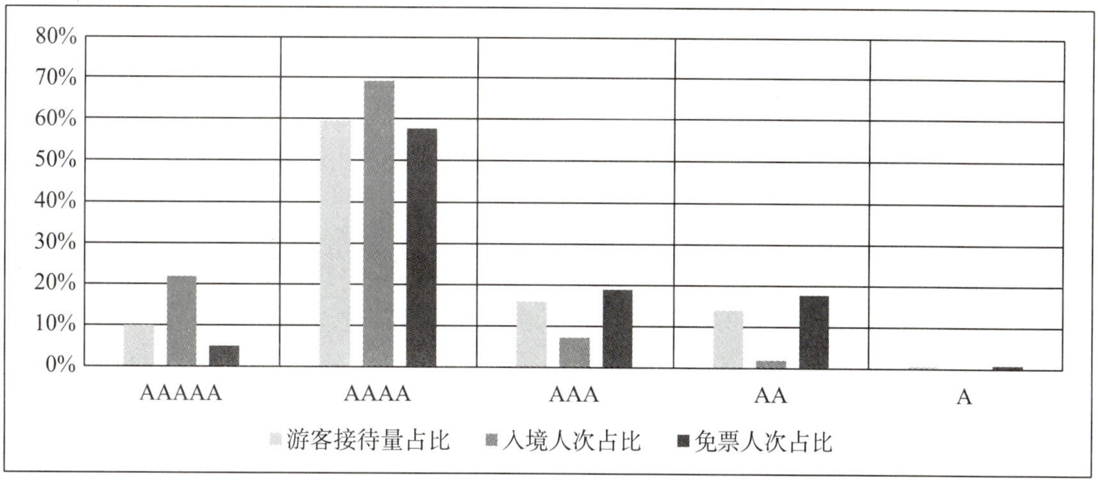

图Ⅰ-8　2016 年四川省 A 级旅游景区游客接待量占比图

从游客接待量占比变化情况来看，5A 级旅游景区接待规模占全省接待总量的比重较上年下降了 0.93 个百分点，但同时入境人次占全省入境人次的比重却明显上浮了 8.86 个百分点，可见在入境旅游市场中，5A 级旅游景区的市场认可度依然高于其他等级的景区。4A 级旅游景区在游客接待量、入境人次和免票人次三个方面的占比均出现了下调，可见 4A 级旅游景区虽是全省旅游景区的主体，但其在游客接待规模方面的影响力较上年有所减弱。3A 级旅游景区游客接待量和免票人次的占比情况有明显上浮，分别上浮了 5.44 个百分点和 7.54 个百分点，但其入境人次占比却有所下降，下降了 3.31 个百分点（见表Ⅰ-9 和图Ⅰ-9）。

表Ⅰ-9　2016 年 A 级旅游景区游客接待量占比变化情况

等级	游客接待量占比		入境人次占比		免票人次占比	
	比率	百分点变化	比率	百分点变化	比率	百分点变化
AAAAA	9.92%	-0.93%	21.75%	8.86%	4.99%	0.06%
AAAA	59.51%	-3.31%	69.08%	-5.58%	57.60%	-5.52%
AAA	15.89%	5.44%	7.24%	-3.31%	18.86%	7.54%
AA	13.97%	-1.39%	1.93%	0.03%	17.68%	-2.22%
A	0.71%	0.19%	0.00%	—	0.86%	0.15%

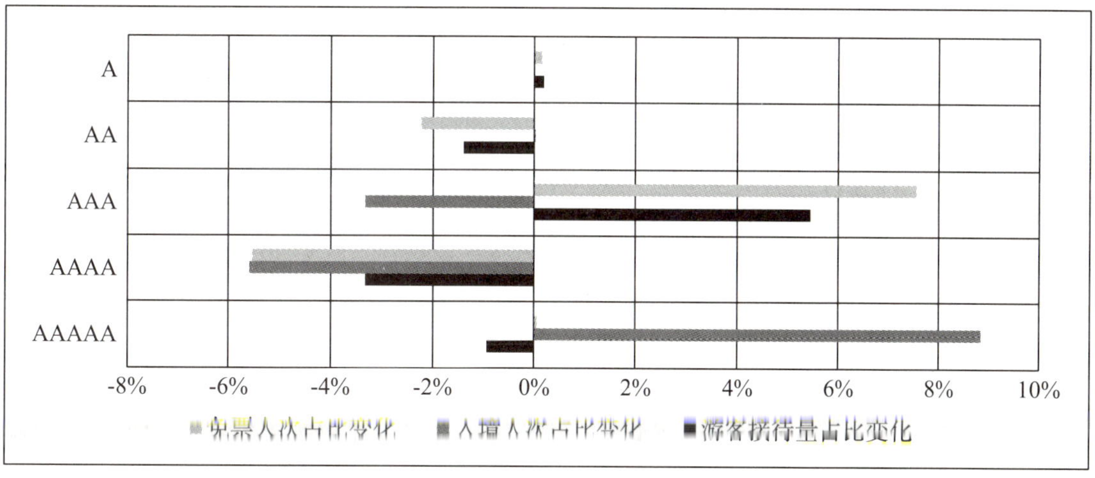

图Ⅰ-9　2016 年 A 级旅游景区游客接待量占比变化图

3. 从景区平均游客接待量来看，全省A级旅游景区的平均接待量和入境游客平均接待量均有所下降

2016年，全省A级旅游景区平均游客接待量较上年下降1.25%，由2015年的92.92万人次下降到91.76万人次；景区入境游客平均接待量也由0.94万人次略下降至0.85万人次，下调幅度为9.83%（见表Ⅰ-10）。

从等级结构看，5A级旅游景区平均游客接待量为346.54万人次，远远高于其他等级旅游景区的平均值，但增长率有所下调，下调比例为1.99%；4A级旅游景区平均游客接待量为124.35万人次，同比下降了4.72%。此外，3A和2A级旅游景区的游客平均接待量均有不同程度的增长，增长率为27.34%和1.23%。入境旅游市场方面，5A级旅游景区平均入境游客接待量为7.02万人次，同比增长了65.13%，入境游客市场吸引力明显增强；2A级旅游景区的平均入境游客接待量亦有小幅上升，但4A和3A级旅游景区的平均入境游客接待量皆出现了下调，尤其是3A级旅游景区下降明显，下降幅度达到了47.49%（见表Ⅰ-10、图Ⅰ-10和图Ⅰ-11）。

表Ⅰ-10 2016年四川省A级旅游景区平均游客接待量情况

等级	接待游客量（万人次）	景区平均游客接待量		入境人次（万人次）	景区平均入境游客接待量	
		数量（万人次）	同比		数量（万人次）	同比
AAAAA	3811.94	346.54	-1.99%	77.18	7.02	65.13%
AAAA	22880.45	124.35	-4.72%	245.17	1.33	-15.01%
AAA	6109.17	53.59	27.34%	25.71	0.23	-47.49%
AA	5370.48	49.73	1.23%	6.84	0.06	3.03%
A	273.8	136.90	-19.54%	0	0.00	—
全省	38445.84	91.76	-1.25%	354.9	0.85	-9.83%

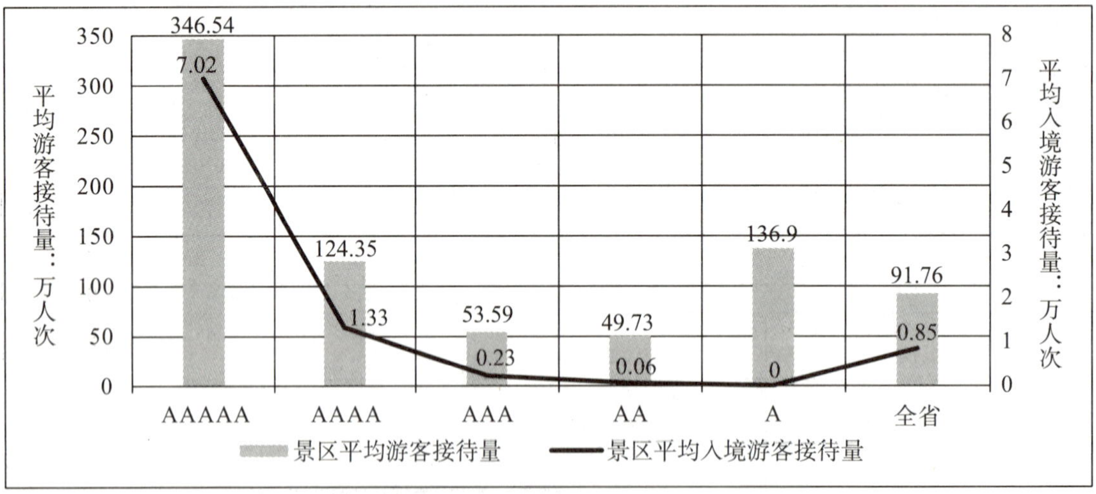

图Ⅰ-10 2016年四川省A级旅游景区平均游客接待量对比图

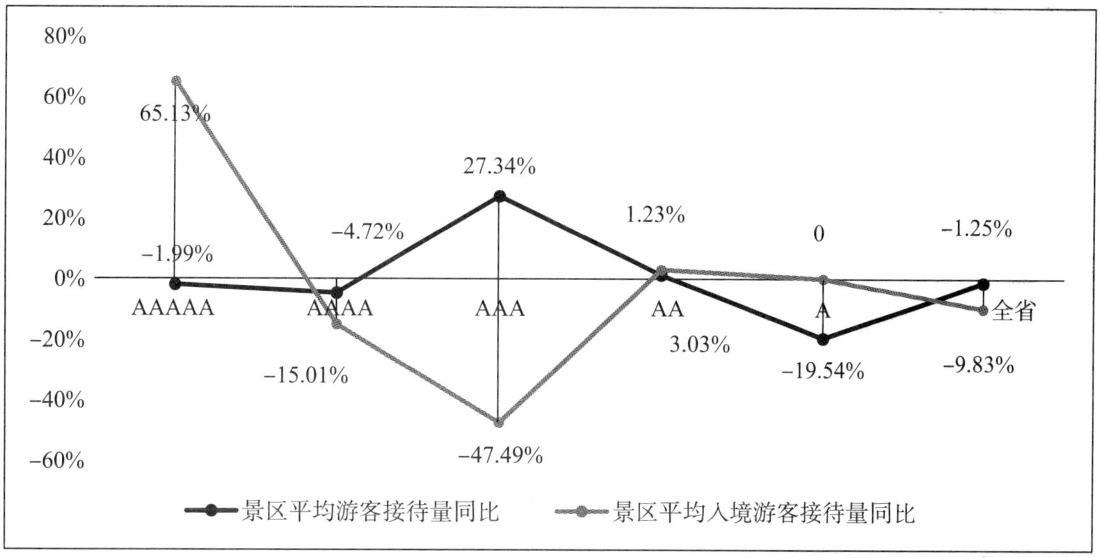

图Ⅰ-11　2016年四川省A级旅游景区平均游客接待量增长率对比图

从经济区看，游客主要集中在成都平原经济区，其景区平均游客接待量为117.82万人次，同比增长了1.60%；川西北生态经济区的景区平均游客接待量也超过了百万人次，达到了102.74万人次；而其余三个经济区的景区平均游客接待量均低于全省的平均游客接待量。与2015年相比，攀西经济区和成都平原经济区的景区平均游客接待量略有增长，增长率分别为9.31%和1.60%，其余三个经济区的景区平均接待量均略有下降。入境旅游市场方面，川西北生态经济区以1.97万人次的平均入境游客接待量位居首位，与2015年相比也实现了增长，增长率为16.36%；成都平原经济区、川南经济区和川东北经济区的景区平均入境游客接待量均出现了不同程度的下降，下降比例分别为7.53%、12.36%和17.89%（见表Ⅰ-11和图Ⅰ-12）。

表Ⅰ-11　2016年各经济区A级旅游景区平均游客接待量情况

经济区	接待游客量（万人次）	景区平均游客接待量		入境人次（万人次）	平均入境游客接待量	
		数量（万人次）	同比		数量（万人次）	同比
成都平原经济区	23093.07	117.82	1.60%	244.99	1.25	-7.53%
川南经济区	4222.28	67.02	-3.30%	14.74	0.23	-12.36%
川东北经济区	6250.57	62.51	-4.26%	53.79	0.54	-17.89%
攀西经济区	2722.35	69.80	9.31%	0.07	0.002	52.56%
川西北生态经济区	2157.57	102.74	-3.65%	41.31	1.97	16.36%
全省	38445.84	91.76	-1.25%	354.9	0.85	-9.83%

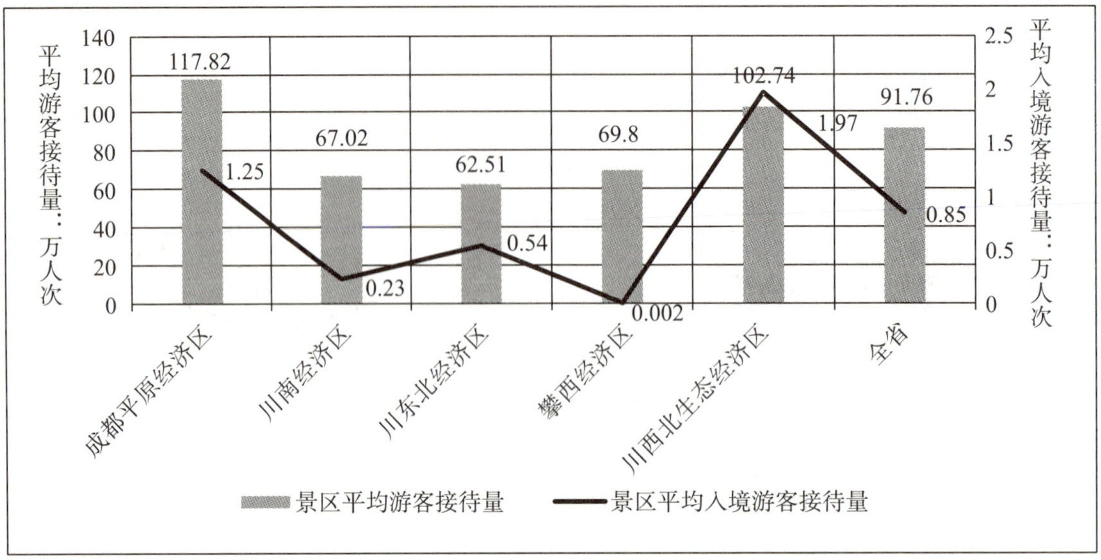

图Ⅰ-12　2016年各经济区A级旅游景区平均游客接待量对比图

（三）全省A级旅游景区收入情况

1. 从增长情况看，全省A级旅游景区经营总收入和门票收入均稳步上升

2016年，全省A级旅游景区经济运行平稳，规模效益稳步上升，实现景区经营总收入475.8亿元，同比增长26.28%；其中，门票收入52.3亿元，同比增长4.99%（见表Ⅰ-12）。

各等级旅游景区的经营总收入和门票收入均实现了不同程度的增长。经营总收入方面，3A级旅游景区总收入增长最快，增长率达到98.21%；1A级旅游景区总收入也有较快增长，增长比例为49.74%；5A和2A级旅游景区总收入增速较缓，增长率分别为0.69%和5.29%。门票收入方面，2A级旅游景区门票收入实现了倍增，增幅达到了114.67%；除此之外，5A、4A和3A级旅游景区的门票收入均有小幅增长，增长率分别是1.42%、7.85%和3.08%（见表Ⅰ-12和图Ⅰ-13）。

表Ⅰ-12　2016年四川省A级旅游景区经营收入增长情况

等级	景区经营总收入（万元）	同比	门票收入（万元）	同比
AAAAA	507285.73	0.69%	252205.15	1.42%
AAAA	3480290.47	28.61%	249340.22	7.85%
AAA	378497	98.21%	16442.39	3.08%
AA	373572.65	5.29%	4989.32	114.67%
A	18369.2	49.74%	0	0
全省	4758015.05	26.28%	522977.08	4.99%

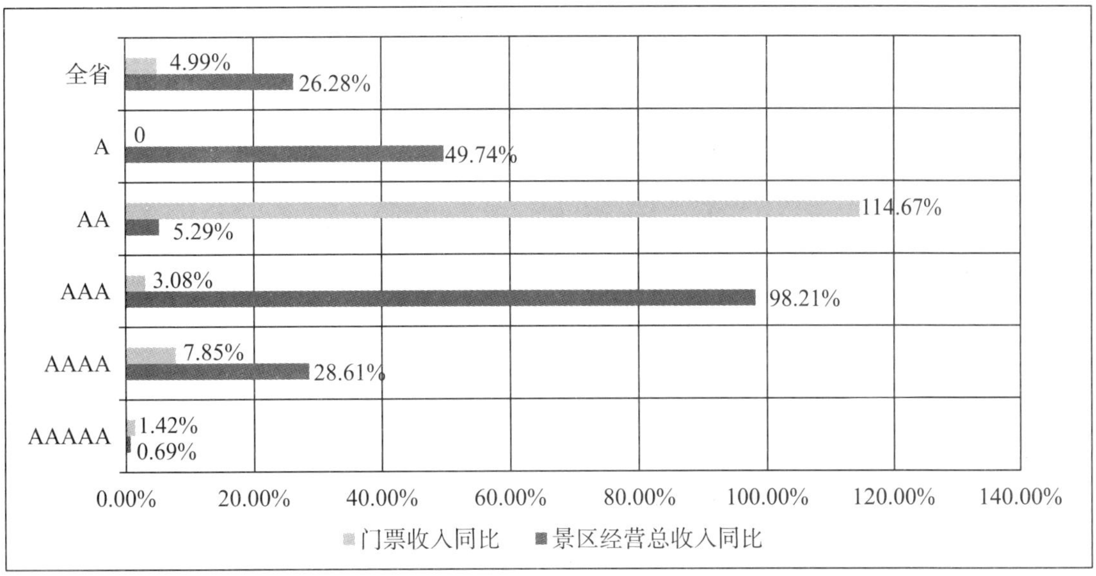

图Ⅰ-13　2016年四川省A级旅游景区经营收入增长情况对比图

2. 从比重构成看，景区经营总收入和门票收入均呈现“高度集中”的特点

2016年，5A和4A两个高等级旅游景区的经营总收入之和占全省A级旅游景区总收入的8成以上，其中，5A和4A的门票收入之和占所有景区门票总收入的比重更是高达95.9%，景区经营总收入和门票收入“高度集中”的特点十分显著（见表Ⅰ-13、图Ⅰ-14和图Ⅰ-15）。值得注意的是，5A级旅游景区仅以11家的景区数量和近一成的游客接待量就取得全省48.22%的门票收入，究其原因，主要是5A级旅游景区在旅游市场中有较高的资源吸引力和市场认可度，游客在做出旅游决策时更倾向于选择特色鲜明、知名度高的5A级旅游景区；另外，门票价格居高不下也是影响其门票收入比重较高的重要因素。

表Ⅰ-13　2016年四川省A级旅游景区经营收入占比情况

等级	景区经营总收入		门票收入	
	数值（万元）	占比	数值（万元）	占比
AAAAA	507285.73	10.66%	252205.15	48.22%
AAAA	3480290.47	73.15%	249340.22	47.68%
AAA	378497	7.95%	16442.39	3.14%
AA	373572.65	7.85%	4989.32	0.95%
A	18369.2	0.39%	0	0
全省	4758015.05	—	522977.08	—

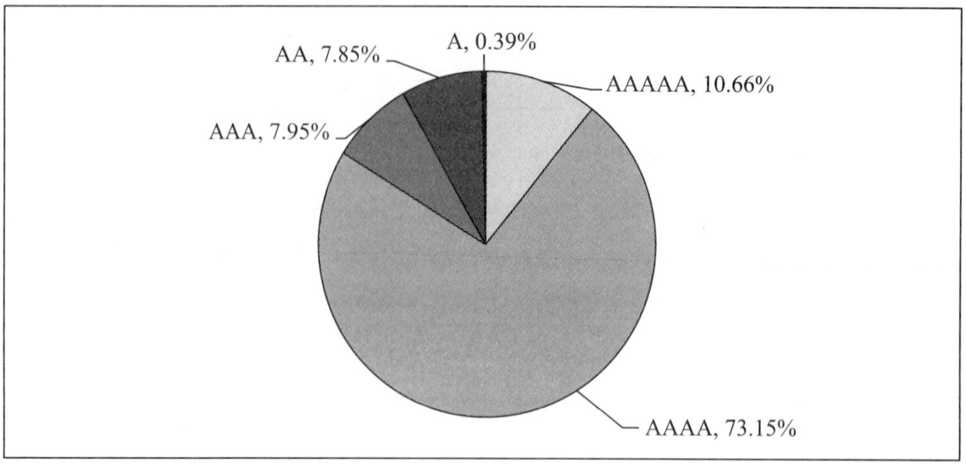

图Ⅰ－14　2016 年四川省 A 级旅游景区经营收入占比图

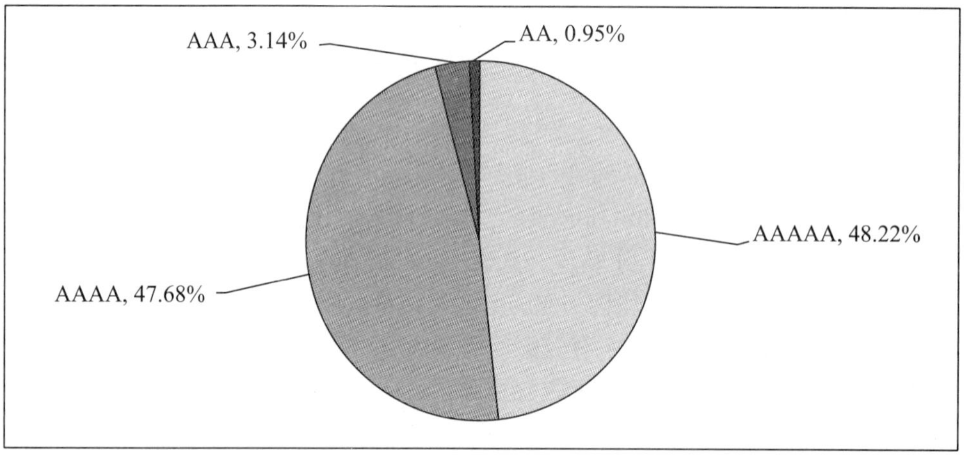

图Ⅰ－15　2016 年四川省 A 级旅游景区门票收入占比图

从景区收入占比变化情况来看，5A 级旅游景区的经营总收入和门票收入占全省景区经营总收入和门票收入的比重与 2015 年相比均出现了下滑，分别下降了 2.71 个百分点和 1.7 个百分点；4A 级旅游景区的经营总收入和门票收入在全省中的占比较上一年均有上浮，分别上浮了 1.33 个百分点和 1.27 个百分点；3A 级旅游景区的经营总收入在全省总收入中的占比有所提升，但门票收入占全省门票收入的比重却有所下降；2A 级旅游景区呈现出与 3A 级旅游景区相反的特征，总收入占比出现下滑，门票收入占比有所上升。总体而言，5A 级旅游景区对全省景区经济的贡献在逐渐减弱，而 4A 级旅游景区对全省景区经济的贡献在逐渐增强（见表Ⅰ－14 和图Ⅰ－16）。

表Ⅰ－14　2016 年四川省 A 级旅游景区经营收入占比及其变化情况

等级	景区经营总收入占比			门票收入占比		
	2016	2015	百分点变化	2016	2015	百分点变化
AAAAA	10.66%	13.37%	−2.71%	48.22%	49.92%	−1.70%
AAAA	73.15%	71.82%	1.33%	47.68%	46.41%	1.27%
AAA	7.95%	5.07%	2.89%	3.14%	3.20%	−0.06%
AA	7.85%	9.42%	−1.57%	0.95%	0.47%	0.49%
A	0.39%	0.33%	0.06%	0	0	—

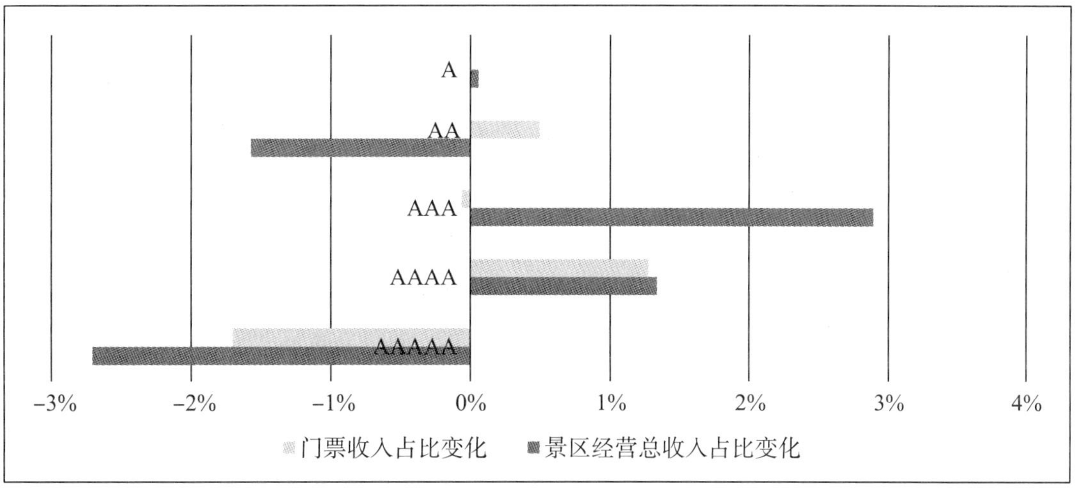

图Ⅰ-16　2016年四川省A级旅游景区经营收入占比变化情况图

3. 从门票收入看，全省A级旅游景区的门票收入在景区经营总收入中的比重进一步降低，对门票经济的依赖性在逐渐减弱

2016年，全省A级旅游景区的门票收入在经营总收入中的比重从上一年的13.22%下降至10.99%，下降了2.23个百分点，可见四川省A级旅游景区整体上对门票经济的依赖程度在逐渐减弱（见表Ⅰ-15）。

各等级旅游景区中，5A级旅游景区的门票收入占其经营总收入的比重达到了49.72%，同时，该比重较上一年还略上浮了0.36个百分点，可见5A级旅游景区对门票收入的依赖程度较大，远远超过其他等级旅游景区对门票收入的依赖性。4A、3A和2A级旅游景区的门票收入在其经营总收入中的比重均较低，分别为7.16%、4.34%和1.34%，其中4A和3A级旅游景区的门票收入比重较上一年还有下调，可见4A和3A级旅游景区对门票收入的依赖程度在逐渐减弱，其从门票经济向产业经济转变的趋势正在加强（见表Ⅰ-15和图Ⅰ-17）。

表Ⅰ-15　2016年四川省A级旅游景区门票收入占比变化情况

等级	景区经营总收入（万元）	门票收入（万元）	门票收入占经营总收入的比重	
			比重	百分点变化
AAAAA	507285.73	252205.15	49.72%	0.36%
AAAA	3480290.47	249340.22	7.16%	-1.38%
AAA	378497	16442.39	4.34%	-4.01%
AA	373572.65	4989.32	1.34%	0.68%
A	18369.2	0	0	—
全省	4758015.05	522977.08	10.99%	-2.23%

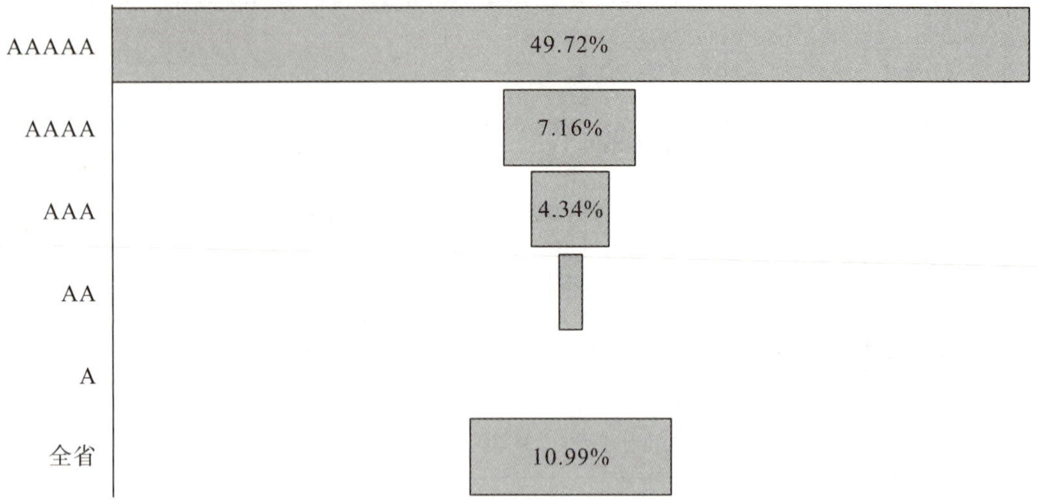

图Ⅰ－17 2016 年四川省 A 级旅游景区门票收入占总收入比重对比图

各经济区中，除了川西北生态经济区门票收入同比下降了 5.11%之外，其余四大经济区的门票收入均实现了不同程度的增长。其中，攀西经济区的门票收入增长最快，增长率为 56.17%。另外，在五大经济区中，川西北生态经济区门票收入占经营总收入的比重最高，达到了 32.78%，且该比重较上一年还有上浮了 5.8 个百分点；其余四个经济区的门票收入占总收入的比重均呈现较低水平，成都平原经济区和川南经济区的门票收入比重较上一年还下降了 3.83 个百分点和 1.69 个百分点（见表Ⅰ－16、图Ⅰ－18 和图Ⅰ－19）。总体来看，川西北生态经济区对门票收入的依赖性较强，成都平原经济区和川南经济区对门票收入的依赖程度在逐渐减弱。

表Ⅰ－16 2016 年四川省各经济区 A 级旅游景区门票收入情况

经济区	门票收入		门票收入占经营总收入的比重	
	数值（万元）	同比	比重	百分点变化
成都平原经济区	267924	2.26%	10.10%	－3.83%
川南经济区	28790.62	22.64%	6.47%	－1.69%
川东北经济区	72422.06	25.12%	8.69%	1.05%
攀西经济区	17765.2	56.17%	4.32%	0.64%
川西北生态经济区	136075.2	－5.11%	32.78%	5.80%
全省	522977.08	4.99%	10.99%	－2.23%

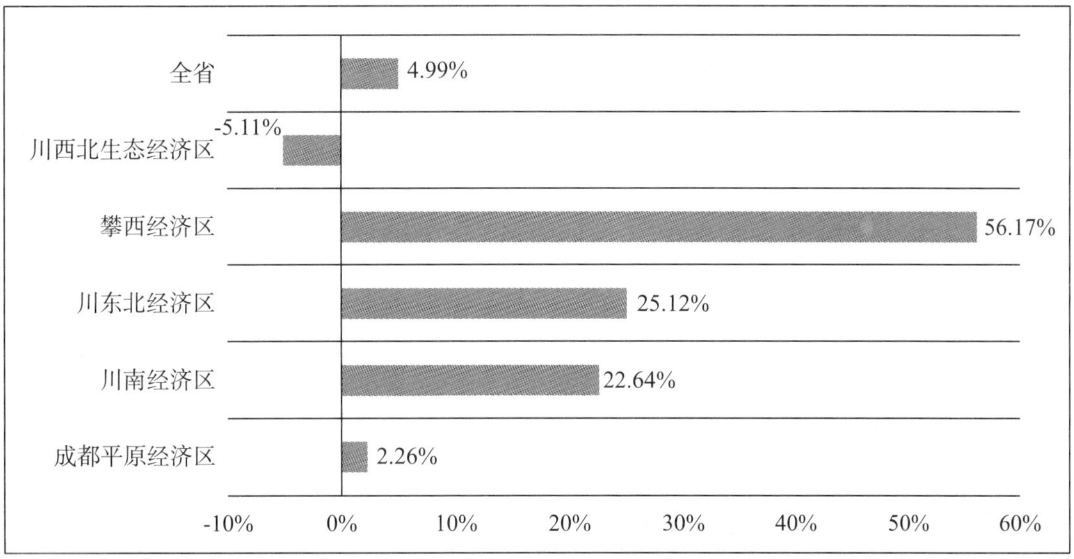

图Ⅰ-18 2016年四川省各经济区A级旅游景区门票收入增长情况对比图

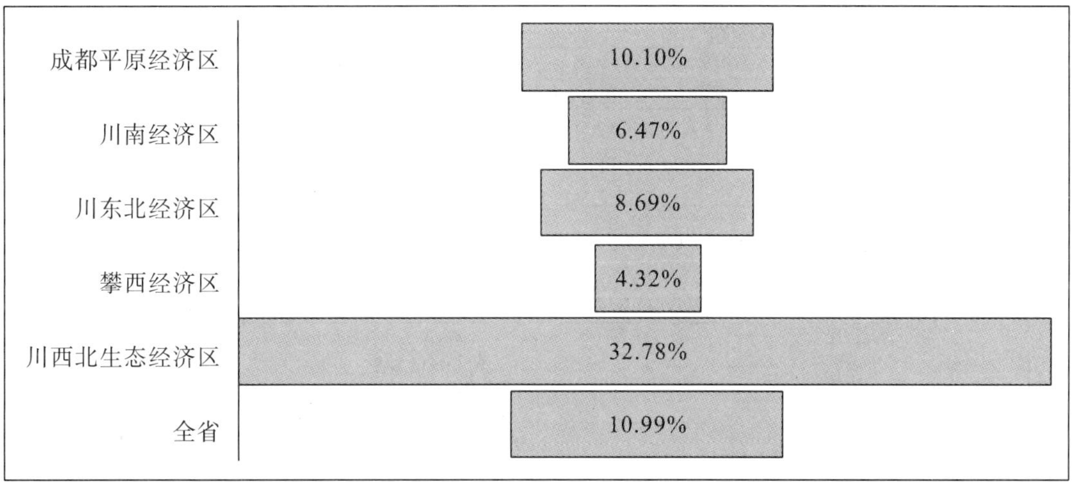

图Ⅰ-19 2016年四川省各经济区A级旅游景区门票收入占经营总收入比重对比图

4. 从景区平均收入看，全省A级旅游景区平均收入有所增长，但平均门票收入有所下降

2016年，全省A级旅游景区平均收入为1.14亿元，同比增长了5.78%；但平均门票收入从上一年的1419.17万元下降至1248.16万元，下降比例为12.05%。各等级旅游景区中，5A级旅游景区以4.61亿元的平均收入位居首位，远高于其他等级旅游景区的平均收入，但其增长率较上年出现下降，下降比例为8.47%。3A和4A级旅游景区平均收入均有增长，增长率为40.83%和9.74%；而2A和1A级旅游景区均出现了不同程度的下降，下降比例为0.56%和25.13%。景区平均门票收入方面，3A级及以上旅游景区的平均门票收入较上年均有下降，其中，3A级旅游景区下降幅度最大，下降比例为26.76%。另外，5A级旅游景区平均门票收入高达2.29亿元，远远高于其他等级旅游景区的平均门票收入，景区门票收益可观（见表Ⅰ-17、图Ⅰ-20和图Ⅰ-21）。

表Ⅰ-17 2016年四川省A级旅游景区平均收入情况

等级	经营总收入（万元）	景区平均收入（万元）	同比	门票收入（万元）	平均门票收入（万元）	同比
AAAAA	507285.73	46116.88	−8.47%	252205.15	22927.74	−7.80%

续表

等级	经营总收入（万元）	景区平均收入（万元）	同比	门票收入（万元）	平均门票收入（万元）	同比
AAAA	3480290.47	18914.62	9.74%	249340.22	1355.11	−7.97%
AAA	378497	3320.15	40.83%	16442.39	144.23	−26.76%
AA	373572.65	3459.01	−0.56%	4989.32	46.20	102.74%
A	18369.2	9184.60	−25.13%	0	0	—
全省	4758015.05	11355.64	5.78%	522977.08	1248.16	−12.05%

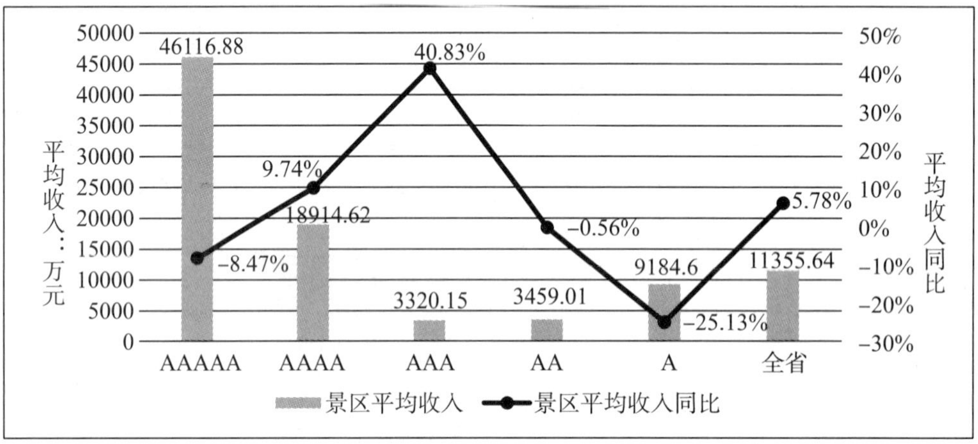

图Ⅰ−20　2016 年四川省 A 级旅游景区平均收入及增长情况对比图

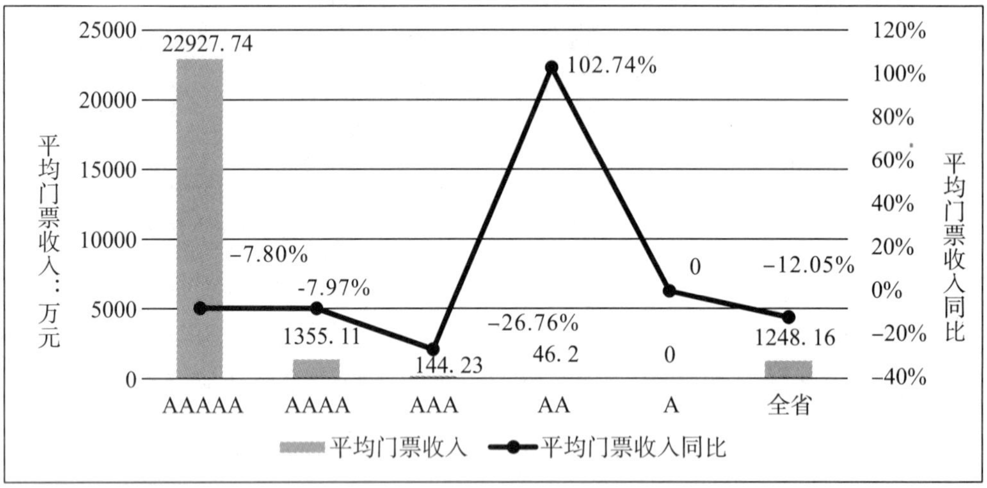

图Ⅰ−21　2016 年四川省 A 级旅游景区平均门票收入及增长情况对比图

各经济区中，成都平原经济区和川西北生态经济区的景区平均收入和平均门票收入均高于全省均值。与 2015 年相比，成都平原经济区、攀西经济区和川南经济区的景区平均收入均实现了增长，增长率分别为 25.18%、16.07%和 12.89%；而川西北生态经济区和川东北经济区的景区平均收入却有所下降，下降比例为 33.06%和 13.15%。景区平均门票收入方面，除攀西经济区增长了 36.15%之外，其余四个经济区的平均门票收入较上一年均有不同程度的下降。另外，川西北生态经济区的平均门票收入高达 6479.77 万元，是其他经济区平均门票收入总和的两倍，可见其对门票收入的依赖性远高于其他经济区（见表Ⅰ−18、图Ⅰ−22 和图Ⅰ−23）。总体而言，成都平原经济区和川南经济区在景区平均收入增长的同时平均门票收入却有下降，可见两个经济区的景区旅游发展对门票经济的依赖程度较上年有所减弱。

表Ⅰ－18　2016年四川省各经济区A级旅游景区平均收入情况

经济区	景区平均收入（万元）	同比	景区平均门票收入（万元）	同比
成都平原经济区	13532.97	25.18%	1366.96	−9.22%
川南经济区	7066.72	12.89%	456.99	−10.46%
川东北经济区	8336.16	−13.15%	724.22	−1.16%
攀西经济区	10554.57	16.07%	455.52	36.15%
川西北生态经济区	19766.95	−33.06%	6479.77	−18.66%
全省	11355.64	5.78%	1248.16	−12.05%

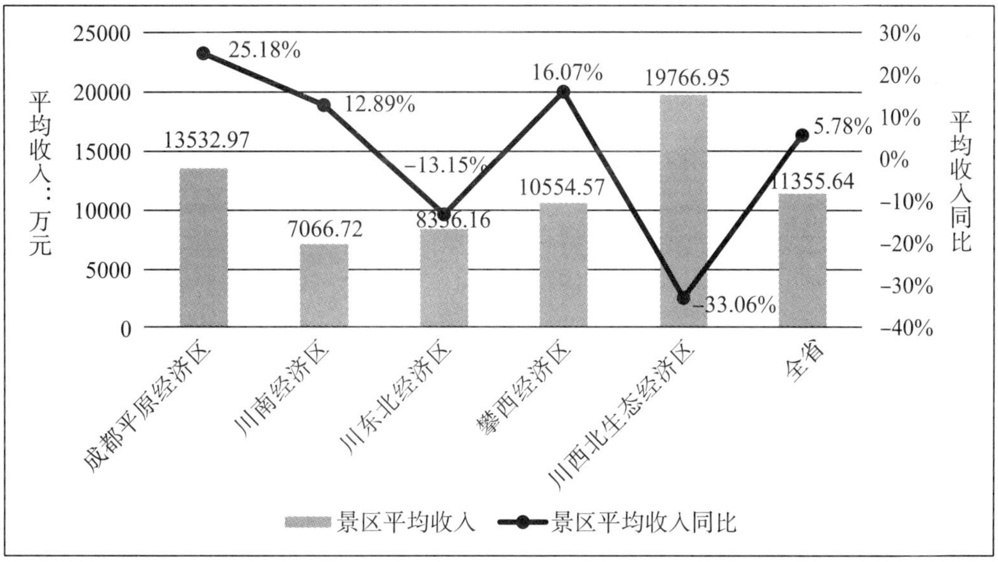

图Ⅰ－22　2016年四川省各经济区A级旅游景区平均收入及增长情况对比图

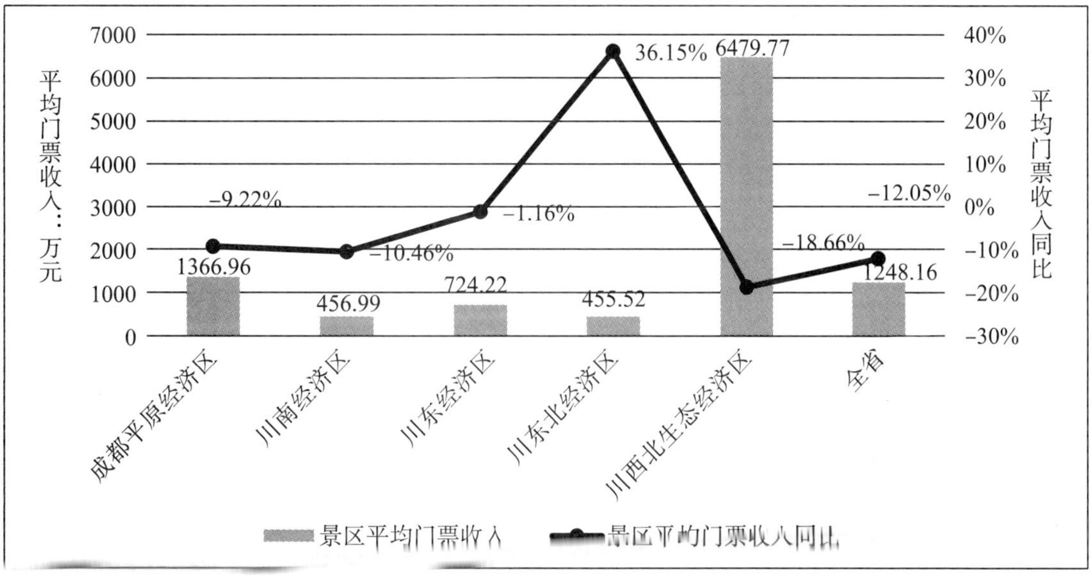

图Ⅰ－23　2016年四川省各经济区A级旅游景区平均门票收入及增长情况对比图

5. 从景区人均花费看，全省A级旅游景区人均花费有所上升，但人均门票花费有所下降

2016年，全省A级旅游景区人均花费为123.76元/人次，同比上升了7.12%；人均门票花费13.60元/人次，同比下降了10.94%。景区人均花费方面，4A级旅游景区人均花费最高，为152.11元/人次；3A级旅游景区人均花费最低，为61.96元/人次；除4A和3A级旅游景区人均花费较上年有所增长外，其余等级旅游景区皆有所下降。人均门票花费方面，游客在5A级旅游景区门票上的平均花费达到66.16元/人次，远远高于其他等级旅游景区的人均门票花费；与2015年相比，除2A级旅游景区的人均门票花费增长了100.27%之外，5A、4A和3A级旅游景区人均门票花费均出现了不同程度的下降，下降幅度最大的是3A级旅游景区，下降比例为42.49%（见表Ⅰ-19、图Ⅰ-24和图Ⅰ-25）。整体来看，游客在4A和3A级旅游景区的门票花费较上一年有所减少，而在景区的其他花费却有增加。

表Ⅰ-19 2016年四川省A级旅游景区人均花费情况

等级	景区人均花费（元/人次）	同比	人均门票花费（元/人次）	同比
AAAAA	133.08	-6.61%	66.16	-5.93%
AAAA	152.11	15.17%	10.90	-3.42%
AAA	61.96	10.59%	2.69	-42.49%
AA	69.56	-1.77%	0.93	100.27%
A	67.09	-6.95%	0.00	—
全省	123.76	7.12%	13.60	-10.94%

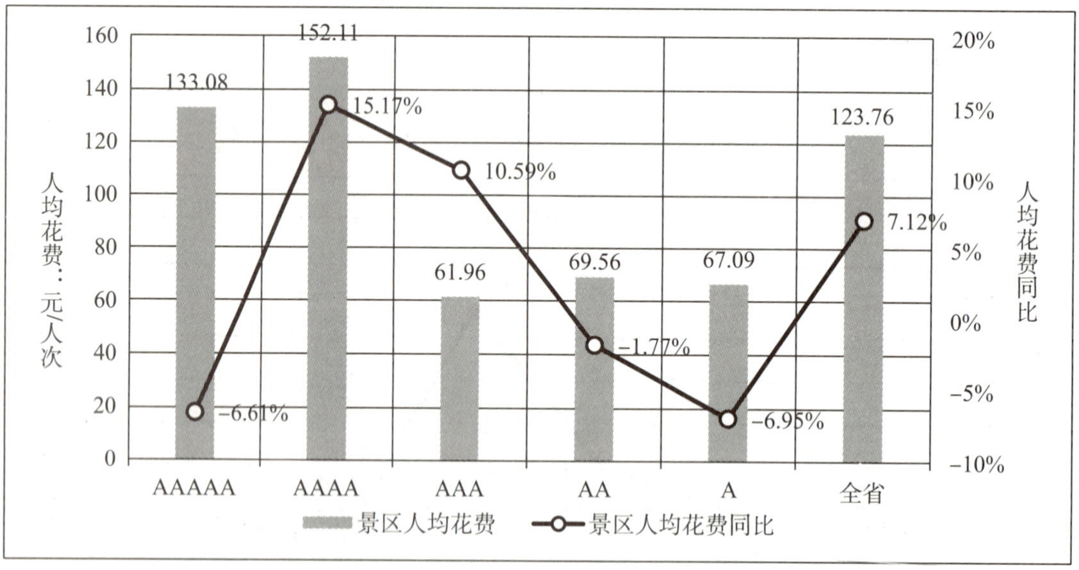

图Ⅰ-24 2016年四川省A级旅游景区人均花费及增长情况对比图

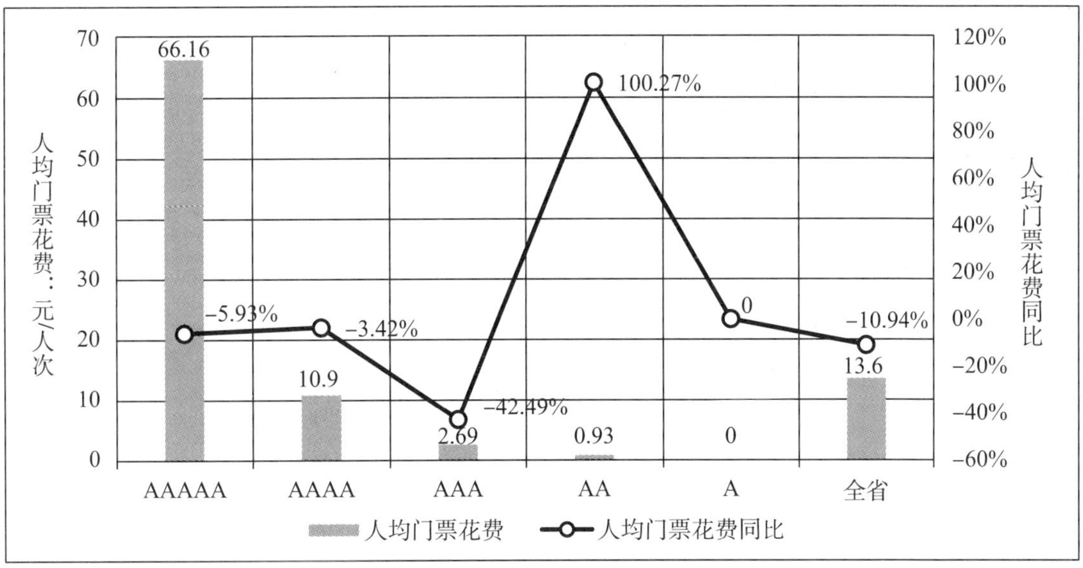

图Ⅰ-25　2016 年四川省 A 级旅游景区人均门票花费及增长情况对比图

各经济区中，川西北生态经济区的景区人均花费和人均门票花费均位居首位，分别是 192.40 元/人次和 63.07 元/人次；与 2015 年相比，二者均出现了一定程度的下降，下降比例分别是 30.52%和 15.58%。成都平原经济区和川南经济区的景区人均花费较上年均有增长，增长率分别为 23.21%和 16.74%，但人均门票花费均有下降，下降比例分别是 10.65%和 7.40%。川东北经济区的情况与之相反，表现为景区人均花费有所下降，但人均门票花费有所上升。只有攀西经济区的景区人均花费和人均门票花费实现双增长（见表Ⅰ-20、图Ⅰ-26 和图Ⅰ-27）。总体而言，游客在川西北生态经济区的平均花费较高，成都平原经济区和川南经济区的景区在门票收入之外的综合效益有所提升，川东北经济区对门票收入的依赖性较上年有所增强。

表Ⅰ-20　2016 年四川省各经济区 A 级旅游景区人均花费情况

经济区	景区人均花费（元/人次）	同比	人均门票花费（元/人次）	同比
成都平原经济区	114.86	23.21%	11.60	-10.65%
川南经济区	105.44	16.74%	6.82	-7.40%
川东北经济区	133.37	-9.28%	11.59	3.24%
攀西经济区	151.20	6.19%	6.53	24.55%
川西北生态经济区	192.40	-30.52%	63.07	-15.58%
全省	123.76	7.12%	13.60	-10.94%

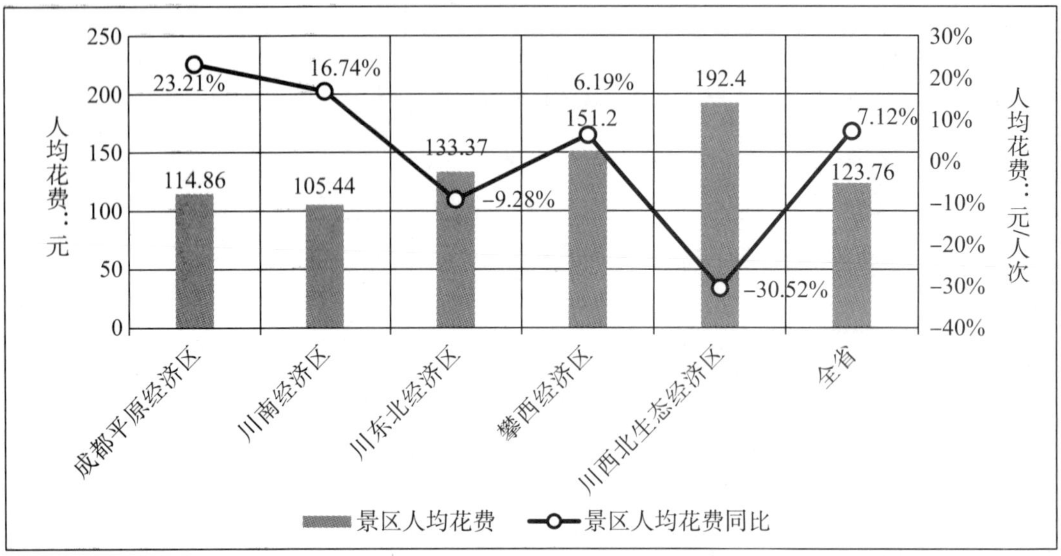

图Ⅰ-26　2016 年四川省各经济区 A 级旅游景区人均花费及增长情况对比图

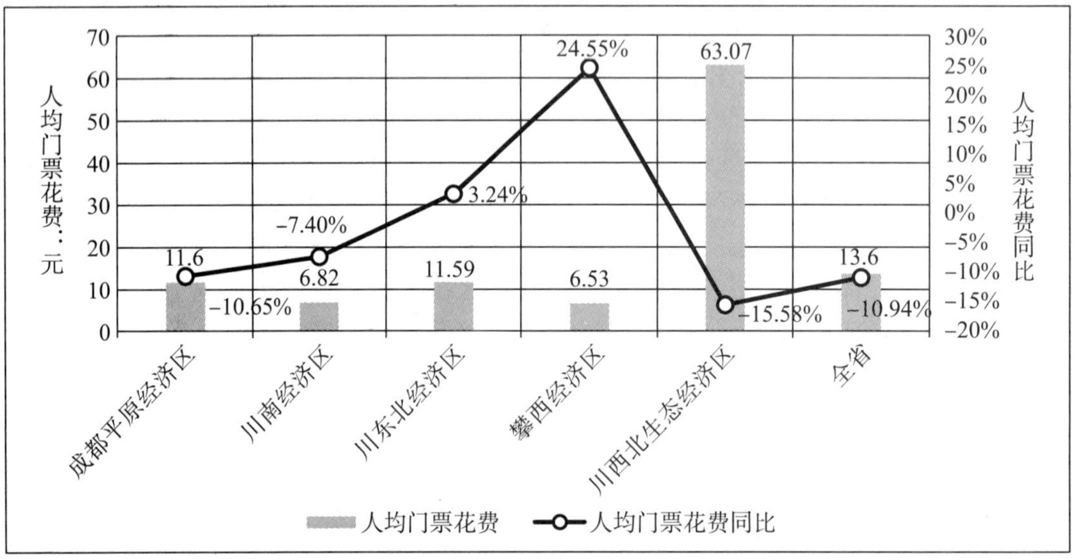

图Ⅰ-27　2016 年四川省各经济区 A 级旅游景区人均门票花费及增长情况对比图

6. 从收入构成看，全省 A 级旅游景区餐饮收入比重最大，演艺收入比重最小，门票收入比重与景区等级结构呈正相关

2016 年，全省 A 级旅游景区的收入构成中，餐饮收入比重最大，占到 28.42%；商品收入、门票收入、住宿收入和其他收入的比重相差无几，均超过了 10%；演艺收入比重最低，仅占 0.45%（见表Ⅰ-21）。此外，门票收入比重与景区等级结构呈正相关，即旅游景区等级越高，门票收入比重越高；4A、3A 和 2A 级旅游景区的门票收入比重均低于全省平均水平（见表Ⅰ-21 和图Ⅰ-28）。

5A 级旅游景区中，门票收入比重最高，达到 42.98%，门票经济依赖程度高；其次是餐饮和住宿收入的比重，均超过了 10%；演艺收入和商品收入的比重最低，仅有 0.34%和 7.21%，低于全省平均水平。4A 级旅游景区中，餐饮收入比重最高，达到 31.18%；其次是商品和住宿收入比重，均高于全省平均水平。3A 级旅游景区中，其他收入比重最高，占到了 35.46%；其次是餐饮收入比重，占到了 16.34%；其余门票、商品、交通、住宿、演艺等收入比重均较低。2A 级旅游景区中，餐饮收入比重最高，达到 44.97%，其次是商品和其他收入比重，均高过全省平均水平。

表Ⅰ-21　2016年四川省A级旅游景区收入构成情况

等级	门票收入比重	商品收入比重	交通收入比重	住宿收入比重	餐饮收入比重	演艺收入比重	其他收入比重
AAAAA	42.98%	7.21%	9.52%	12.36%	17.55%	0.34%	10.04%
AAAA	9.81%	17.27%	3.74%	14.94%	31.18%	0.52%	9.65%
AAA	3.32%	8.31%	1.13%	2.58%	16.34%	0.19%	35.46%
AA	1.83%	20.32%	2.72%	14.94%	44.97%	0.48%	14.25%
全省	13.84%	14.95%	4.31%	13.24%	28.42%	0.45%	12.72%

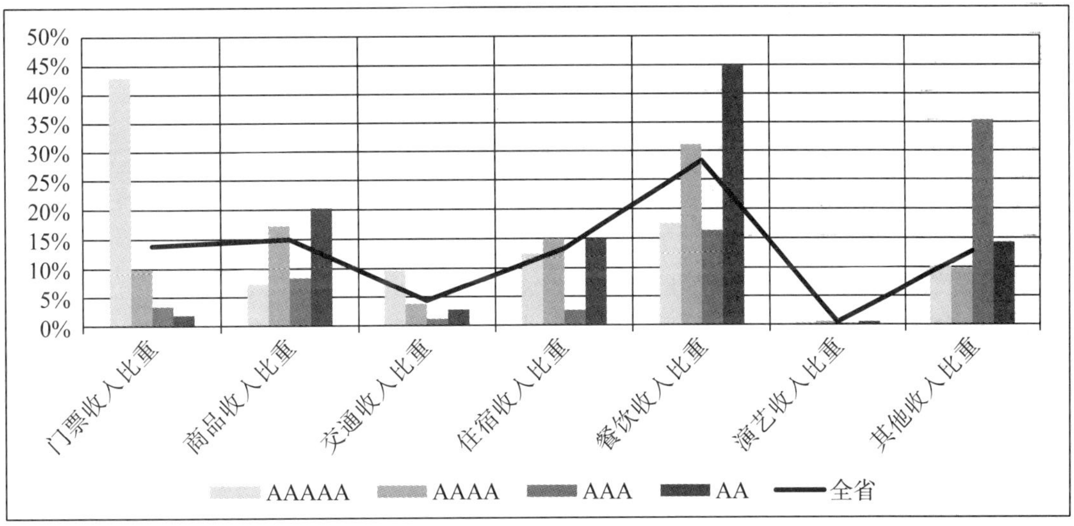

图Ⅰ-28　2016年四川省A级旅游景区收入构成对比图

从收入构成变化情况来看，全省的门票收入比重较上年增加了1.26个百分点，其余商品、交通、住宿、餐饮、演艺和其他收入比重均有所下降，其中，商品收入比重下降最多，比上年下降了4.33个百分点。5A级旅游景区中，门票收入比重较上年上浮了7.79个百分点，增幅较大；此外，比重增加的还有交通和住宿收入，其余商品、餐饮、演艺和其他收入比重均出现了下滑。4A级旅游景区中，除门票和餐饮收入比重有所上升外，其余收入均有不同程度的下降。3A级旅游景区中，演艺收入比重较上年略有上升，其余收入比重均有下降。2A级旅游景区中，餐饮收入比重下降较多，其余收入比重均有上升（见表Ⅰ-22和图Ⅰ-29）。

表Ⅰ-22　2016年四川省A级旅游景区收入构成变化情况

等级	门票收入比重变化	商品收入比重变化	交通收入比重变化	住宿收入比重变化	餐饮收入比重变化	演艺收入比重变化	其他收入比重变化
AAAAA	7.79%	-3.30%	0.92%	0.08%	-5.23%	-0.06%	-0.20%
AAAA	0.85%	-5.25%	-1.11%	-5.41%	1.12%	-0.56%	-2.53%
AAA	-2.33%	-3.92%	-1.09%	-4.29%	-10.10%	0.09%	-11.04%
AA	1.13%	4.90%	0.91%	4.31%	-12.65%	0.11%	0.81%
全省	1.26%	-4.33%	-0.78%	-4.24%	-2.54%	-0.40%	-1.03%

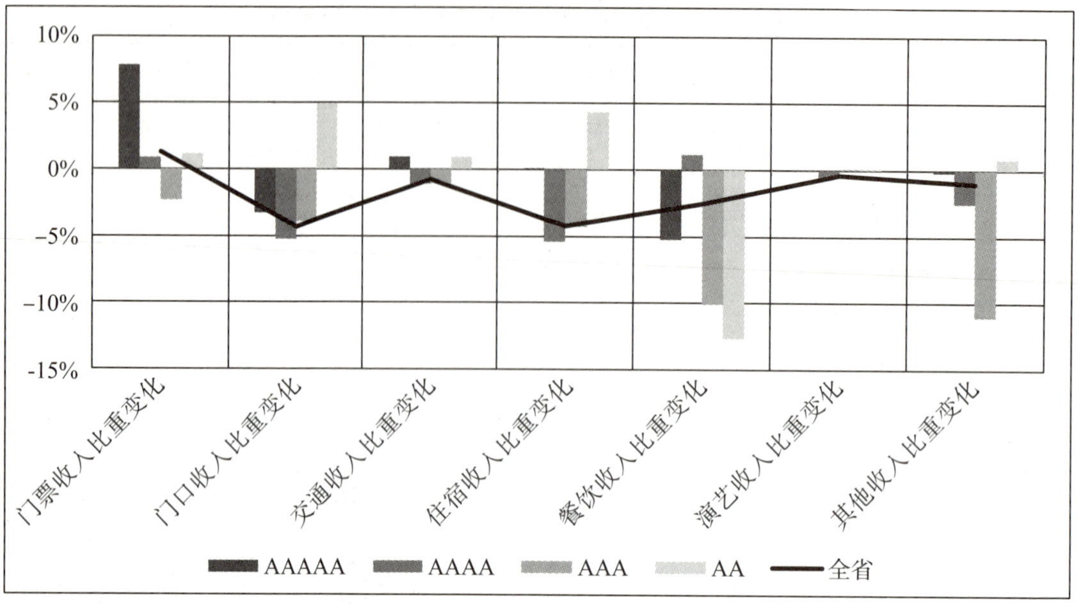

图Ⅰ-29 2016年四川省A级旅游景区收入构成变化对比图

从经济区来看，川西北生态经济区的门票收入比重最高，达到63.12%，较上年增加了34.99个百分点，上升幅度较大。其余四个经济区均以餐饮收入比重最大，成都平原经济区为27.97%，川南经济区为22.70%，川东北经济区为33.09%，攀西经济区为33.42%；其中，川东北经济区和攀西经济区的餐饮收入比重较上年有所上升，成都平原经济区和川南经济区的餐饮收入比重却有所下降。另外，除川东北经济区的门票收入比重略有下降之外，其余四个经济区的门票收入比重均有不同程度的上浮（见表Ⅰ-23、表Ⅰ-24、图Ⅰ-30和图Ⅰ-31）。

表Ⅰ-23 2016年四川省各经济区A级旅游景区收入构成情况

经济区	门票收入比重	商品收入比重	交通收入比重	住宿收入比重	餐饮收入比重	演艺收入比重	其他收入比重
成都平原经济区	12.45%	14.09%	3.55%	14.45%	27.97%	0.53%	14.63%
川南经济区	6.20%	15.59%	1.92%	3.85%	22.70%	0.36%	7.38%
川东北经济区	8.56%	21.20%	7.52%	15.80%	33.09%	0.34%	12.14%
攀西经济区	20.81%	9.94%	13.36%	15.63%	33.42%	0.16%	5.96%
川西北生态经济区	63.12%	1.48%	4.38%	3.96%	25.24%	0.16%	1.18%
全省	13.84%	14.95%	4.31%	13.24%	28.42%	0.45%	12.72%

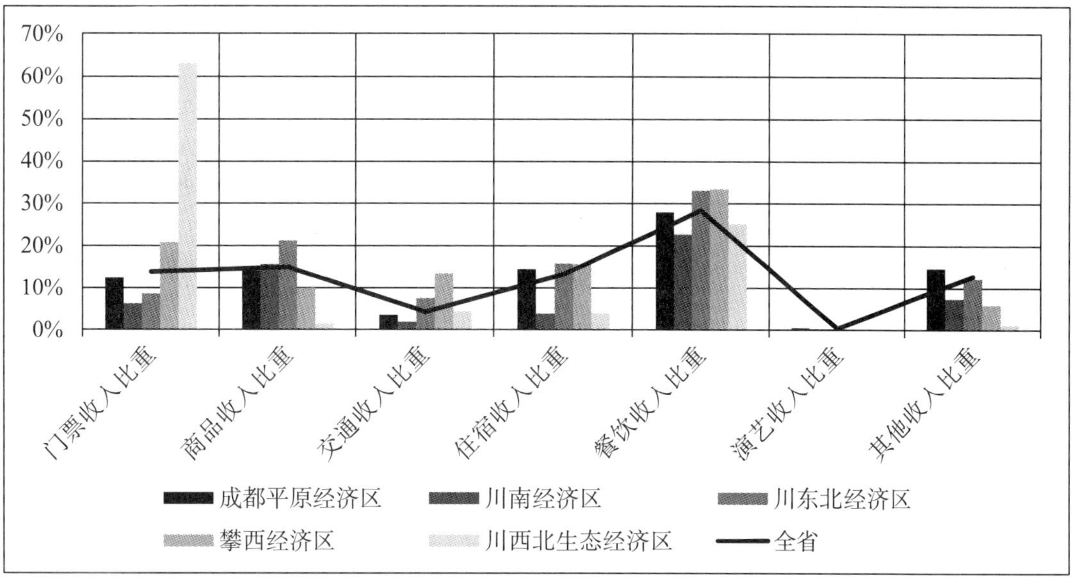

图Ⅰ—30　2016年四川省各经济区A级旅游景区收入构成对比图

表Ⅰ—24　2016年四川省各经济区A级旅游景区收入构成变化情况

经济区	门票收入比重变化	商品收入比重变化	交通收入比重变化	住宿收入比重变化	餐饮收入比重变化	演艺收入比重变化	其他收入比重变化
成都平原经济区	0.05%	−3.56%	0.36%	−2.65%	−2.10%	0.33%	−4.77%
川南经济区	0.47%	−6.14%	−2.13%	−5.67%	−18.95%	−0.32%	−9.24%
川东北经济区	−0.36%	−5.77%	0.27%	−3.52%	1.84%	−0.20%	6.39%
攀西经济区	16.97%	−19.46%	10.20%	−16.79%	13.07%	−1.84%	−2.88%
川西北生态经济区	34.99%	−7.16%	−7.86%	−10.09%	−7.31%	−3.36%	0.31%
全省	1.26%	−4.33%	−0.78%	−4.24%	−2.54%	−0.40%	−1.03%

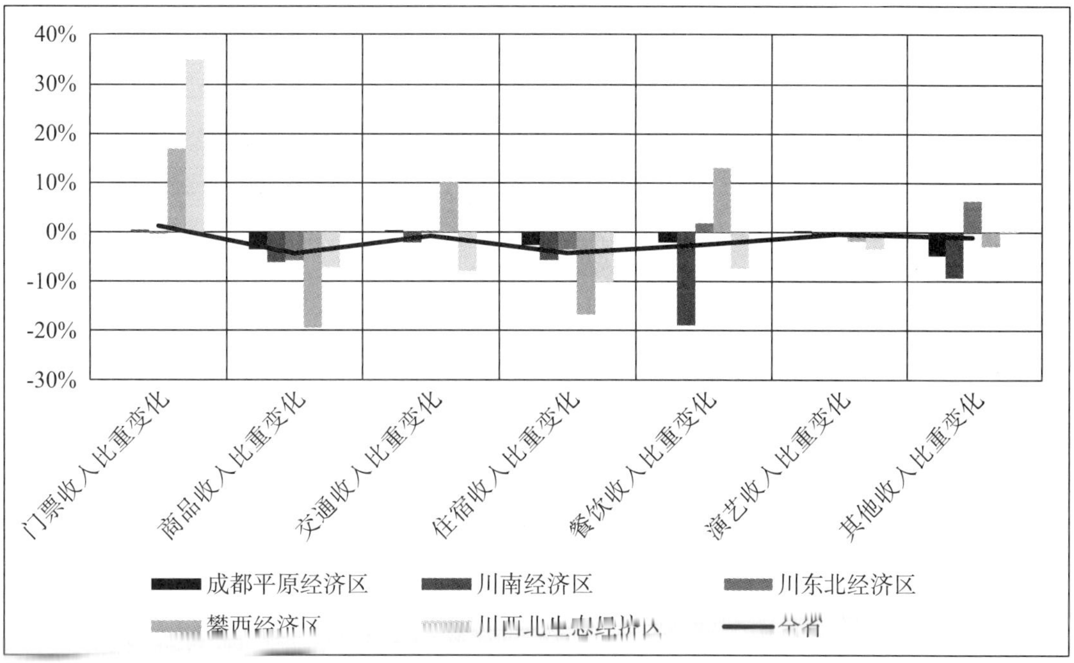

图Ⅰ—31　2016年四川省各经济区A级旅游景区收入构成变化对比图

7. 从对全省旅游经济的贡献情况看，A级旅游景区的经营总收入对全省旅游经济的贡献稳中有升

2016年，全省实现旅游收入7705.5亿元，A级旅游景区实现经营总收入475.80亿元，占全省旅游总收入的6.17%，与2015年相比提高了0.1个百分点，对全省旅游经济的贡献稳中有升。

从等级结构看，4A级旅游景区经营总收入为348.03亿元，占全省旅游总收入的4.52%，远高于其他等级旅游景区的贡献率，在各等级旅游景区中贡献率最高；其次是5A级旅游景区，虽只有11家，但其经营总收入为50.73亿元，占全省旅游总收入的0.66%。3A级及以下旅游景区对全省旅游经济的贡献率与景区等级成正比（见表Ⅰ—25）。

表Ⅰ—25　2016年全省A级旅游景区经营总收入对全省旅游经济的贡献情况

等级	景区经营总收入（亿元）	占全省旅游总收入的比重	占全省旅游总收入的比重变化
AAAAA	50.73	0.66%	−0.15%
AAAA	348.03	4.52%	0.16%
AAA	37.85	0.49%	0.18%
AA	37.36	0.48%	−0.09%
A	1.84	0.02%	0.00%
全省	475.80	6.17%	0.10%

从景区经营总收入占全省旅游总收入比重的变化来看，5A和2A级旅游景区的经营总收入对全省旅游经济的贡献率较上年有所下降，分别下降了0.15个百分点和0.09个百分点；而4A和3A级旅游景区的经营总收入对全省旅游经济的贡献率较上年略有上升，分别上浮了0.16个百分点和0.18个百分点（见表Ⅰ—25和图Ⅰ—32）。

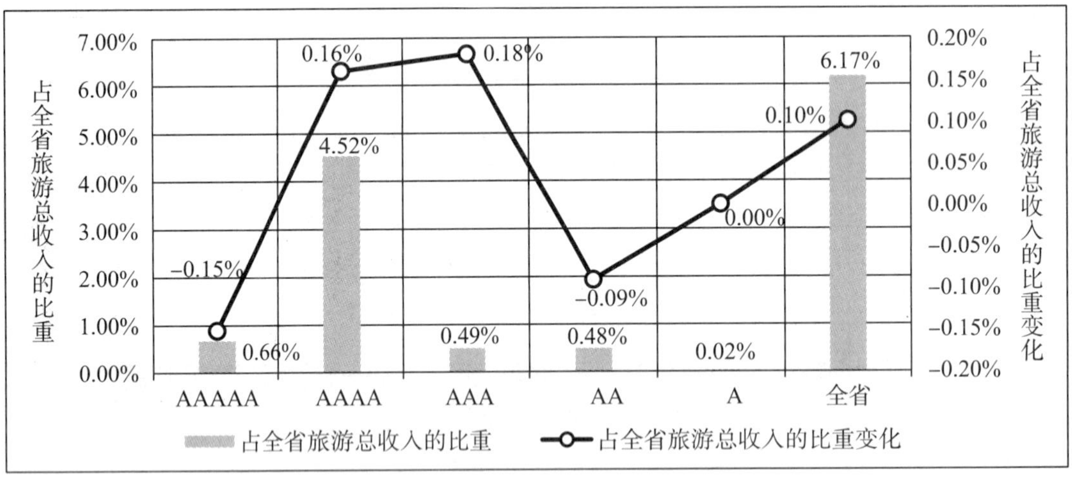

图Ⅰ—32　2016年全省A级旅游景区经营总收入对全省旅游经济的贡献情况对比图

从经济区看，成都平原经济区的景区经营总收入为265.25亿元，占全省旅游总收入的3.44%，远高于其他经济区的景区贡献率；其次是川东北经济区，其景区经营总收入为83.36亿元，占全省旅游总收入的1.08%。川南经济区、川西北生态经济区和攀西经济区的景区经营总收入对全省旅游经济的贡献率相差无几，分别是0.58%、0.54%和0.53%（见表Ⅰ—26）。

表Ⅰ－26　2016年全省各经济区A级旅游景区经营总收入对全省旅游经济的贡献情况

经济区	景区经营总收入（亿元）	占全省旅游总收入的比重	占全省旅游总收入的比重变化
成都平原经济区	265.25	3.44%	0.41%
川南经济区	44.52	0.58%	0.11%
川东北经济区	83.36	1.08%	−0.14%
攀西经济区	41.16	0.53%	0.04%
川西北生态经济区	41.51	0.54%	−0.32%
全省	475.80	6.17%	0.10%

从各经济区的景区经营总收入占全省旅游总收入比重的变化来看，川西北生态经济区和川东北经济区的景区经营总收入对全省旅游经济的贡献率较上年有所下降，分别下降了0.32个百分点和0.14个百分点；而成都平原经济区、川南经济区和攀西经济区的景区经营总收入对全省旅游经济的贡献率较上年略有上升，分别上浮了0.41个百分点、0.11个百分点和0.04个百分点（见表Ⅰ－26和图Ⅰ－33）。

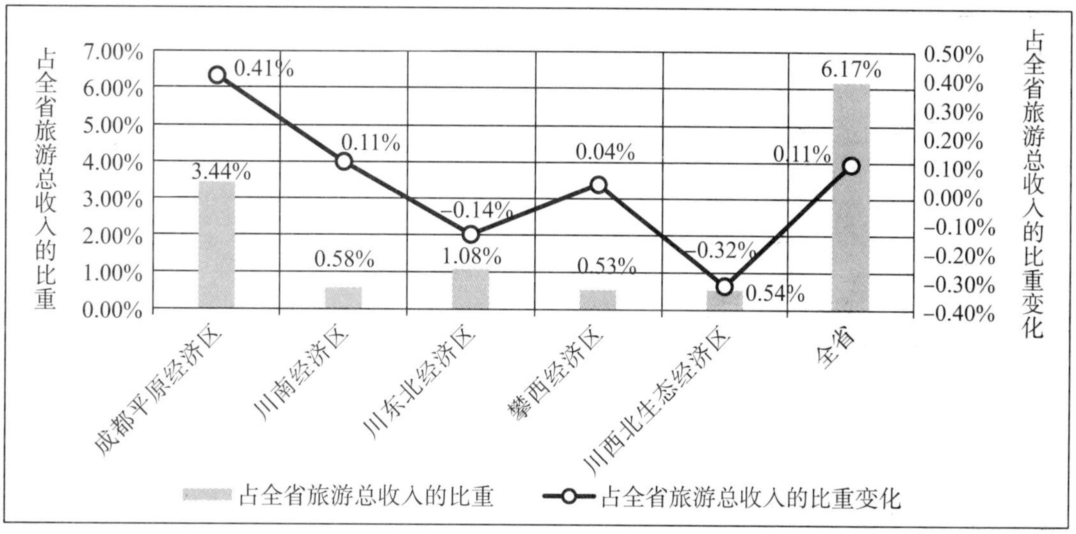

图Ⅰ－33　2016年全省各经济区A级旅游景区经营总收入对全省旅游经济的贡献情况对比图

（四）全省A级旅游景区建设投资情况[①]

1. 从投资构成看，4A级旅游景区是投资主体

依据现有统计数据，2016年，4A级旅游景区是全省景区投资的主体，年度投资总额占全省A级旅游景区当年建设投资的81.67%；其中，景区内部建设投资占全省内部建设投资的83.96%，景区外部建设投资占全省外部建设投资的77.84%（见表Ⅰ－27和图Ⅰ－34）。从景区类型看，自然景观类和度假休闲类的建设投资比例最高，分别占到了全省年度建设投资的35.77%和30.04%。值得注意的是，休闲度假类旅游景区的数量仅占全省景区总量的13.60%，但其年度建设投资占到了30.04%的比重，可见全省对度假休闲类旅游景区的建设投资较大（见表Ⅰ－28和图Ⅰ－35）。

① 纳入该项数据统计的A级旅游景区在2016年共276个，而2015年有324个，数量相差较大，因此本节分析仅对纳入统计的景区平均值进行同比分析。

表Ⅰ－27　2016年四川省A级旅游景区建设投资情况

等级	年度建设投资		景区内部建设投资		景区外部建设投资	
	数值（万元）	各等级景区占比	数值（万元）	各等级景区占比	数值（万元）	各等级景区占比
AAAAA	84324.22	8.57%	37416.22	6.08%	46908	12.72%
AAAA	803848.54	81.67%	516744.91	83.96%	287103.63	77.84%
AAA	65092.66	6.61%	36426.56	5.92%	28666.1	7.77%
AA	31021.61	3.15%	24878.58	4.04%	6143.03	1.67%
全省	984287.03	—	615466.27	—	368820.76	—

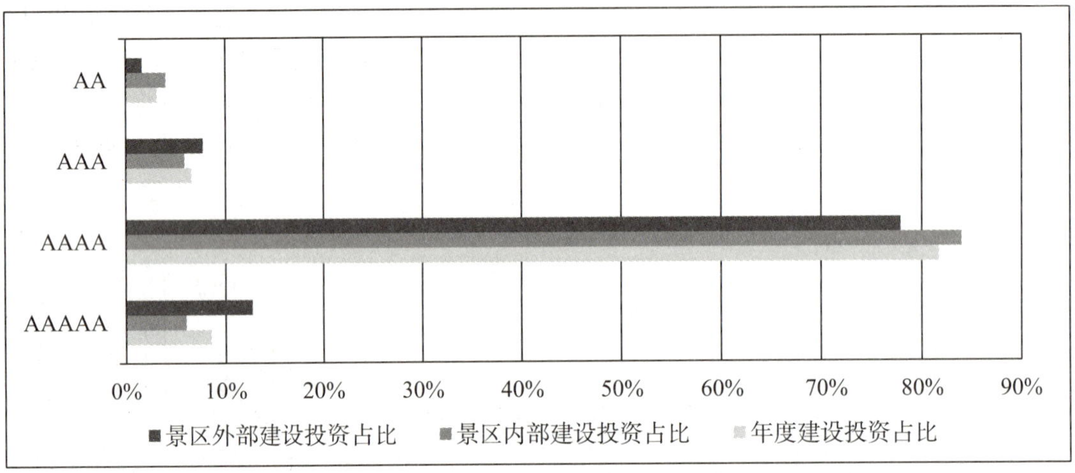

图Ⅰ－34　2016年四川省A级旅游景区建设投资对比图

表Ⅰ－28　2016年四川省各类型A级旅游景区年度建设投资情况

景区类型	年度建设投资（万元）	占比
自然景观	352054.52	35.77%
红色旅游	48768.94	4.95%
历史文化	142628.66	14.49%
博物馆	13247.98	1.35%
度假休闲	295652.5	30.04%
主题游乐	5317.97	0.54%
乡村旅游	58754	5.97%
科技教育	32898.58	3.34%
工业旅游	3866.29	0.39%
其他	31097.59	3.16%
全省	984287.03	—

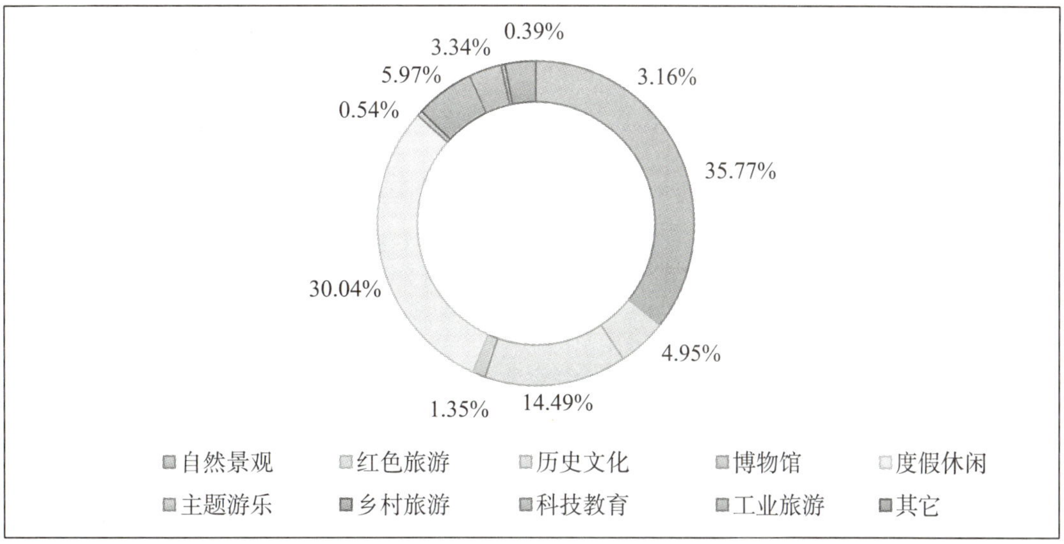

图Ⅰ－35　2016年四川省各类型A级旅游景区年度建设投资占比图

景区内部建设投资与外部建设投资的比例方面，全省A级旅游景区中用于内部建设的投资占到了62.53%，用于外部建设的投资占到37.47%。除5A级旅游景区的外部建设投资高于内部建设投资外，4A、3A和2A级旅游景区均是内部建设投资大于外部建设投资，其中，2A级旅游景区的差额最大，内部建设投资和外部建设投资的比例高达8：2（见表Ⅰ－29和图Ⅰ－36）。

表Ⅰ－29　2016年四川省A级旅游景区建设投资比例情况

等级	年度建设投资（万元）	景区内部建设投资		景区外部建设投资	
		数值（万元）	内部投资占比	数值（万元）	外部投资占比
AAAAA	84324.22	37416.22	44.37%	46908	55.63%
AAAA	803848.54	516744.91	64.28%	287103.63	35.72%
AAA	65092.66	36426.56	55.96%	28666.1	44.04%
AA	31021.61	24878.58	80.20%	6143.03	19.80%
全省	984287.03	615466.27	62.53%	368820.76	37.47%

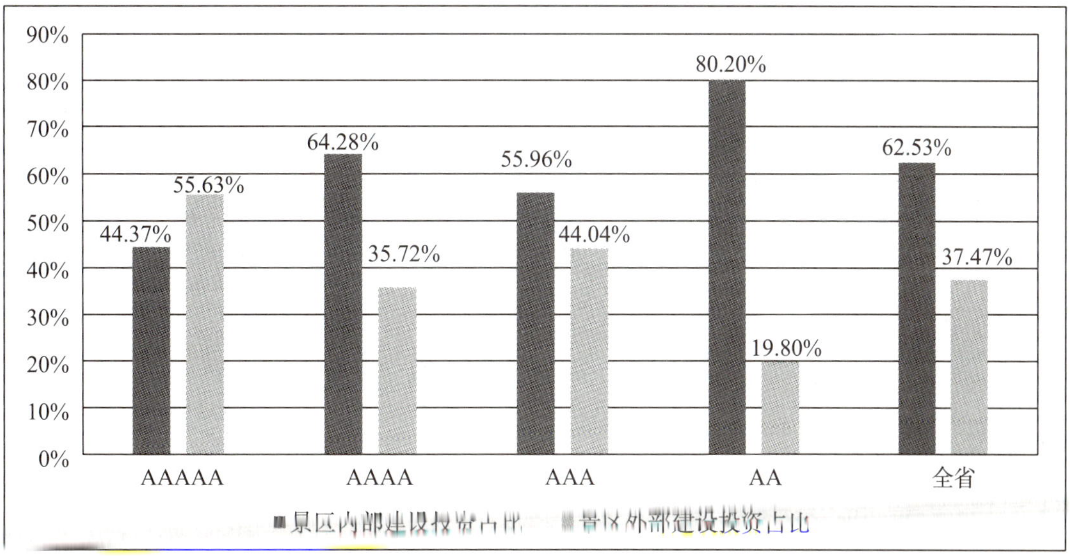

图Ⅰ－36　2016年四川省A级旅游景区建设投资占比对比图

各经济区中，年度建设投资规模最大的是成都平原经济区，投资额度占到了全省年度建设投资的66.45%；其次是川东北经济区，年度建设投资占到了全省的21.69%；攀西经济区建设投资规模最小，仅占到了0.65%（见表Ⅰ-30和图Ⅰ-37）。各经济区的景区内部建设投资规模和外部建设投资规模的排名均与年度建设投资排名一致。

景区内部建设投资与外部建设投资的比例方面，川南经济区的内部建设投资低于外部建设投资，二者的比例分别是42.94%和57.06%；其余四个经济区皆是内部建设投资高于外部建设投资，其中，攀西经济区的二者比例相差最大，其用于外部建设的投资额度相对较低，仅占到了18.53%（见表Ⅰ-31和图Ⅰ-38）。

表Ⅰ-30　2016年四川省各经济区A级旅游景区建设投资情况

经济区	年度建设投资		景区内部建设投资		景区外部建设投资	
	数值（万元）	各经济区占比	数值（万元）	各经济区占比	数值（万元）	各经济区占比
成都平原经济区	654023.28	66.45%	432556.85	70.28%	221466.43	60.05%
川南经济区	80257.86	8.15%	34460.93	5.60%	45796.93	12.42%
川东北经济区	213483.8	21.69%	123605.4	20.08%	89878.4	24.37%
攀西经济区	6406.2	0.65%	5219.2	0.85%	1187	0.32%
川西北生态经济区	30115.89	3.06%	19623.89	3.19%	10492	2.84%
全省	984287.03	—	615466.27	—	368820.76	—

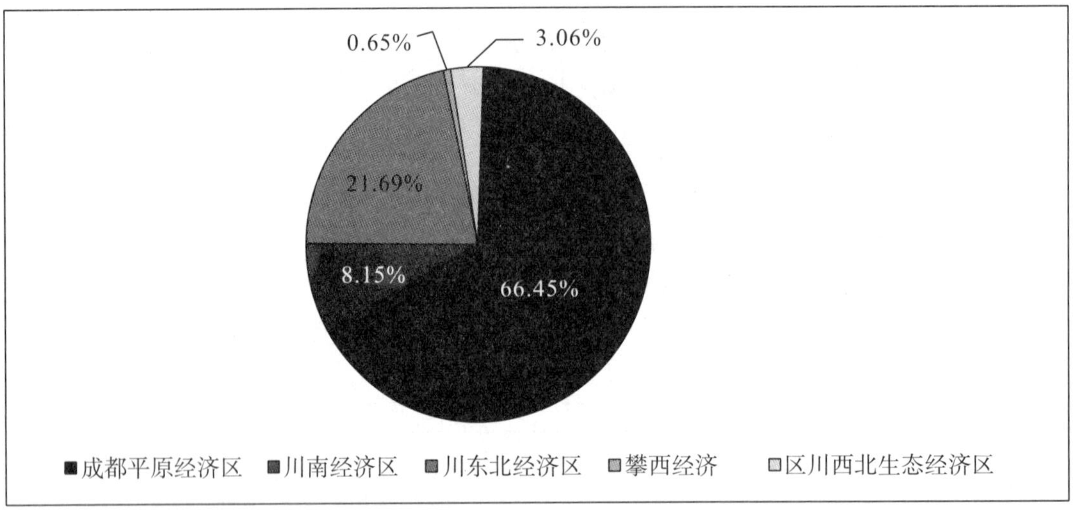

图Ⅰ-37　2016年四川省各经济区A级旅游景区年度建设投资占比图

表Ⅰ-31　2016年四川省各经济区A级旅游景区建设投资比例情况

经济区	年度建设投资	景区内部建设投资		景区外部建设投资	
	数值（万元）	数值（万元）	内部投资占比	数值（万元）	外部投资占比
成都平原经济区	654023.28	432556.85	66.14%	221466.43	33.86%
川南经济区	80257.86	34460.93	42.94%	45796.93	57.06%
川东北经济区	213483.8	123605.4	57.90%	89878.4	42.10%
攀西经济区	6406.2	5219.2	81.47%	1187	18.53%
川西北生态经济区	30115.89	19623.89	65.16%	10492	34.84%
全省	984287.03	615466.27	62.53%	368820.76	37.47%

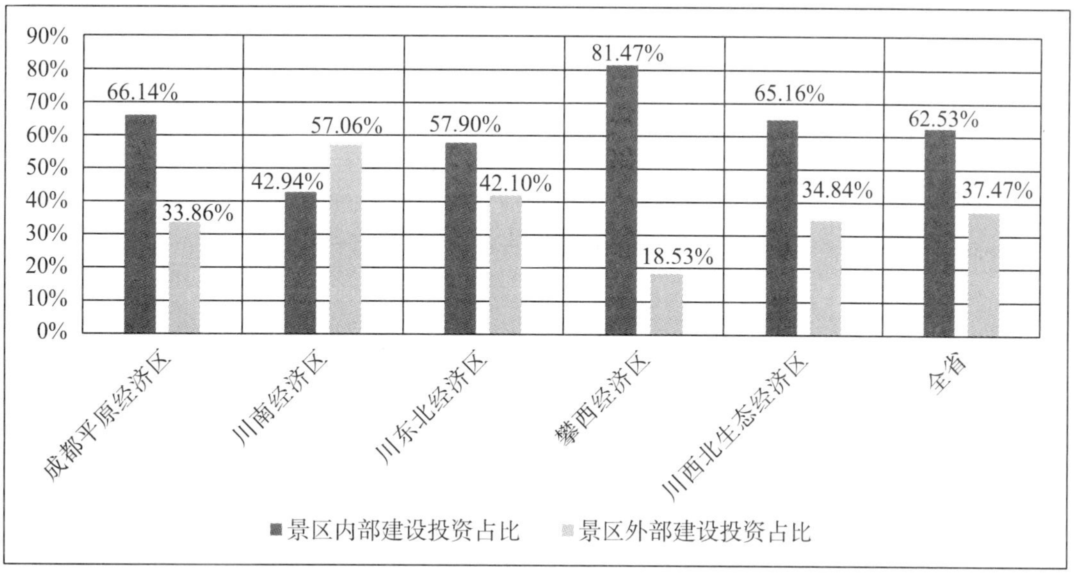

图Ⅰ－38　2016年四川省各经济区A级旅游景区内外部建设投资占比对比图

2. 从景区平均建设投资看，全省A级旅游景区平均建设投资有所增长，但景区外部平均建设投资有所下降

2016年，全省A级旅游景区平均建设投资为3566.26万元，同比增长了14.79%。其中，景区内部平均建设投资2229.95万元，同比增长了30.32%；景区外部平均建设投资1336.31万元，同比下降了4.24%（见表Ⅰ－32）。

各等级旅游景区中，景区平均建设投资规模与景区等级呈正相关，景区等级越高，平均建设投资规模越大。其中，以5A级旅游景区的平均建设投资规模最大，达到了8432.42万元，同比增长了116.77%，投资力度较上年有很大提升。景区内部平均建设投资规模最大的是4A级旅游景区，达到了3799.59万元，略高于5A级旅游景区的均值，同比增长了31.75%。景区外部平均建设投资规模最大的是5A级旅游景区，达到了4690.80万元，明显高于其内部平均建设投资的规模（见表Ⅰ－32和图Ⅰ－39）。

表Ⅰ－32　2016年四川省A级旅游景区平均建设投资情况

等级	平均建设投资		景区内部平均建设投资		景区外部平均建设投资	
	均值（万元）	同比	均值（万元）	同比	均值（万元）	同比
AAAAA	8432.42	116.77%	3741.62	2.66%	4690.80	10.00%
AAAA	5910.65	6.11%	3799.59	31.75%	2111.06	16.91%
AAA	1067.09	83.73%	597.16	15.12%	469.94	16.39%
AA	449.59	0.64%	360.56	57.95%	89.03	18.84%
全省	3566.26	14.79%	2229.95	30.32%	1336.31	−4.24%

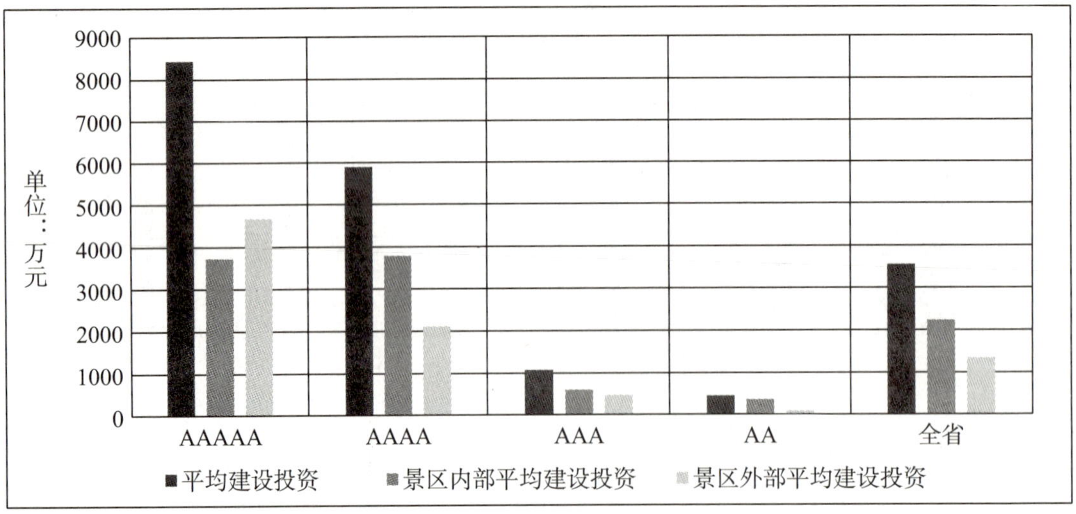

图Ⅰ－39 2016年四川省A级旅游景区平均建设投资对比图

各经济区中，以成都平原经济区和川东北经济区的平均投资规模最大，分别达到了4479.61万元和4028.00万元，同比分别增长了15.71%和83.55%。其余三个经济区的平均投资规模较上年均有不同程度的下降，其中，攀西经济区下调幅度最大，且其平均投资规模最小，仅有320.31万元（见表Ⅰ－33和图Ⅰ－40）。从景区内外部平均建设投资的增速来看，只有川东北经济区的内外部平均建设投资实现增长；成都平原经济区的景区内部平均建设投资有所上升，外部平均建设投资有所下降；川南经济区和川西北生态经济区则是内部平均建设投资下降，外部平均建设投资上升；而攀西经济区的内外部平均建设投资均有较大幅度的下调。

表Ⅰ－33 2016年四川省各经济区A级旅游景区平均建设投资情况

经济区	平均建设投资		景区内部平均建设投资		景区外部平均建设投资	
	均值（万元）	同比	均值（万元）	同比	均值（万元）	同比
成都平原经济区	4479.61	15.71%	2962.72	43.16%	1516.89	－15.81%
川南经济区	1707.61	－11.20%	733.21	－44.99%	974.40	65.18%
川东北经济区	4028.00	83.55%	2332.18	59.12%	1695.82	132.70%
攀西经济区	320.31	－89.72%	260.96	－57.17%	59.35	－97.63%
川西北生态经济区	3011.59	－19.59%	1962.39	－28.93%	1049.20	6.63%
全省	3566.26	14.79%	2229.95	30.32%	1336.31	－4.24%

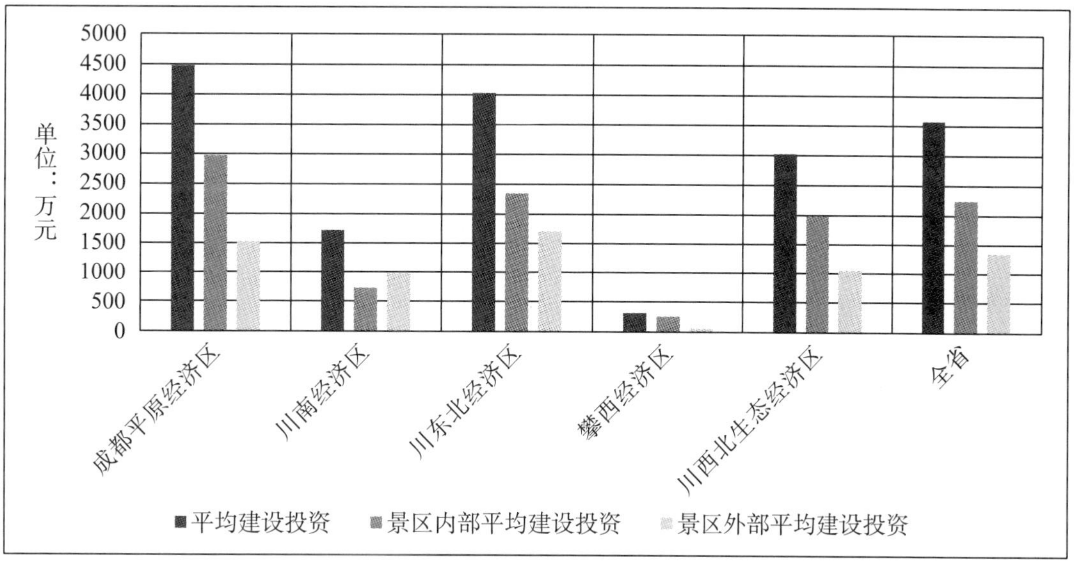

图Ⅰ-40　2016年四川省各经济区A级旅游景区平均建设投资对比图

3. 从资金来源看，自筹资金是全省A级旅游景区建设投资的主要来源

从资金来源看，拨款占全省A级旅游景区当年建设投资的20.20%，贷款占23.73%，自筹资金占55.07%，全省旅游融资市场较不发达。因为4A级旅游景区是全省景区投资的主体，因此在各等级旅游景区中，拨款、贷款和自筹资金占年度建设投资比例最高的均是4A级旅游景区；其中，自筹资金占全省景区年度建设投资的比例最高，达到了48.60%，几乎占了全省建设投资的一半。另外，5A和3A级旅游景区的资金来源中贷款比例高于拨款和自筹的比例；而4A和2A级旅游景区则是自筹比例高于贷款和拨款比例（见表Ⅰ-34和图Ⅰ-41）。

表Ⅰ-34　2016年四川省A级旅游景区资金来源情况

等级	拨款		贷款		自筹	
	数值（万元）	占全省建设投资的比例	数值（万元）	占全省建设投资的比例	数值（万元）	占全省建设投资的比例
AAAAA	25114.37	2.55%	35213	3.58%	22950	2.33%
AAAA	143619.53	14.59%	114542.76	11.64%	478381.67	48.60%
AAA	27195.59	2.76%	82101	8.34%	14524.39	1.48%
AA	2849.51	0.29%	1723.94	0.18%	26225.46	2.66%
全省	198779	20.20%	233580.7	23.73%	542081.52	55.07%

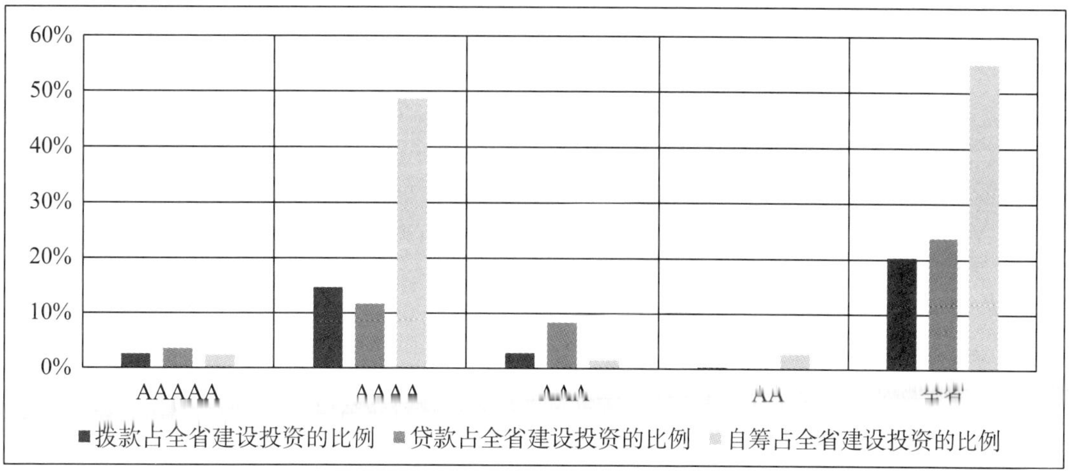

图Ⅰ-41　2016年四川省A级旅游景区资金来源对比图

各经济区中，成都平原经济区、川南经济区和攀西经济区均是自筹资金比例高于拨款和贷款的比例，其中，成都平原经济区的自筹资金是拨款和贷款资金总和的两倍；川东北经济区是贷款比例高于拨款和自筹的比例；川西北生态经济区则是拨款比例高于贷款和自筹的比例，这与四川省近几年加大对四川藏区的扶持力度有关（见表Ⅰ－35和图Ⅰ－42）。

表Ⅰ－35　2016年四川省各经济区A级旅游景区资金来源情况

经济区	拨款		贷款		自筹	
	数值（万元）	占全省投资比例	数值（万元）	占全省投资比例	数值（万元）	占全省投资比例
成都平原经济区	103303.65	10.50%	101459.26	10.31%	420376.67	42.71%
川南经济区	28210	2.87%	1114	0.11%	45689.9	4.64%
川东北经济区	48947.6	4.97%	120600	12.25%	70000.6	7.11%
攀西经济区	1799.5	0.18%	1107.44	0.11%	3452.56	0.35%
川西北生态经济区	16518.25	1.68%	9300	0.94%	2561.79	0.26%

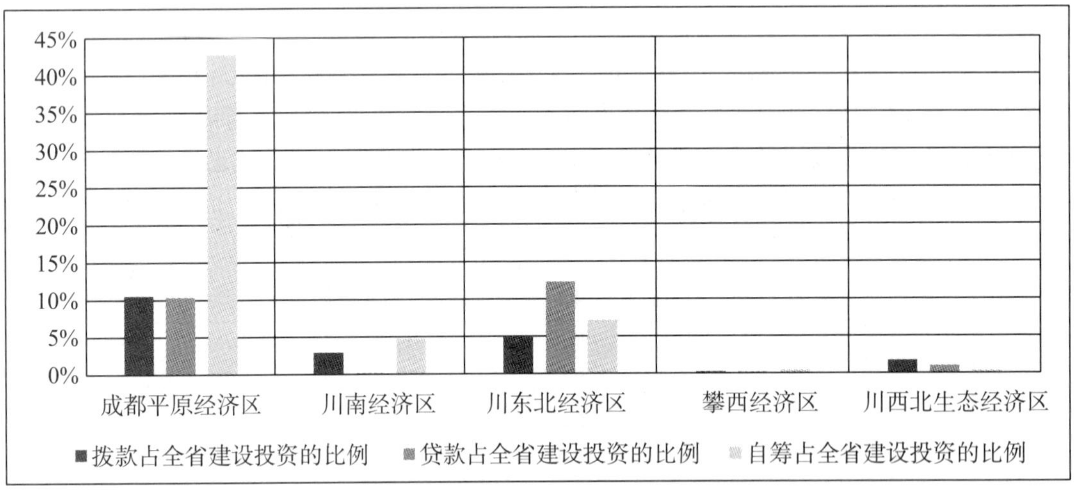

图Ⅰ－42　2016年四川省各经济区A级旅游景区资金来源对比图

（五）全省A级旅游景区就业情况[①]

1. 从等级结构看，4A级旅游景区的就业拉动作用显著，5A级旅游景区的平均就业人数最多

2016年，全省纳入该项数据统计的A级旅游景区共吸纳就业人次10.73万人，其中固定用工5.68万人，专职导游2035人。各等级旅游景区中，4A级旅游景区吸纳就业人数最多，占比56.80%；其次为5A级旅游景区，占比16.17%。5A级旅游景区虽然吸纳就业的比重不大，但平均就业人数最多，达到为1736人，是2A级旅游景区的9倍；平均专职导游人数16个，是2A级旅游景区的4倍。由此可见，平均就业人数与旅游景区的等级呈正相关（见表Ⅰ－36、图Ⅰ－43和图Ⅰ－44）。

① 纳入该项数据统计的A级旅游景区在2016年共276个，而2015年有324个，数量相差较大，因此本节不对同比增长情况进行分析。

表Ⅰ—36　2016 年四川省 A 级旅游景区就业情况

等级	就业人次（人）			固定用工（人）			专职导游人员（人）		
	数值	占比	均值	数值	占比	均值	数值	占比	均值
AAAAA	17356	16.17%	1736	9339	16.46%	934	163	8.01%	16
AAAA	60976	56.80%	448	31793	56.02%	234	1388	68.21%	10
AAA	16170	15.06%	265	8437	14.87%	138	228	11.20%	4
AA	12847	11.97%	186	7185	12.66%	104	256	12.58%	4
全省	107349	—	389	56754	—	206	2035	—	7

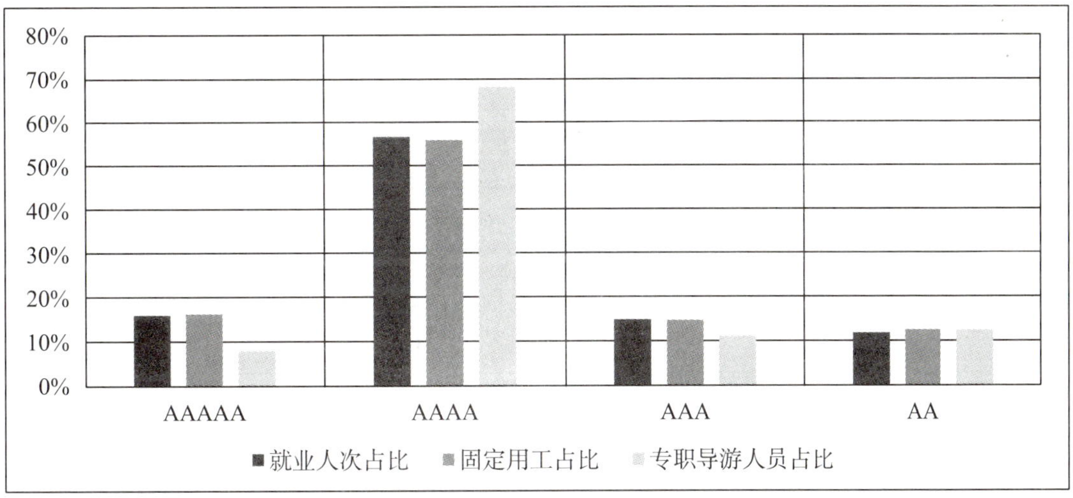

图Ⅰ—43　2016 年四川省 A 级旅游景区就业人次占比对比图

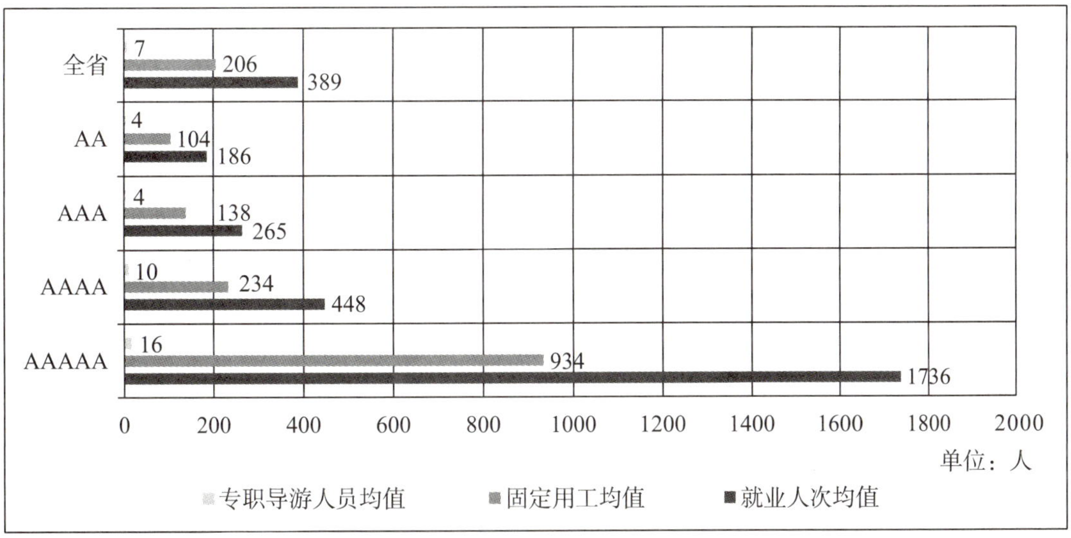

图Ⅰ—44　2016 年四川省 A 级旅游景区平均就业人次对比图

2. 从经济区看，成都平原经济区的吸纳就业人数最多，川西北生态经济区平均就业人数居于首位

各经济区中，成都平原经济区的吸纳就业人数最多，占比 55.17%，其次是川西北生态经济区，占比 15.23%；攀西经济区吸纳就业人数最少，仅占 3.97%。从平均就业人数来看，川西北生态经济区虽然吸纳就业的比重不大，但其平均就业人数最多，是成都平原经济区的 4 倍，是攀西经济区的

7.7 倍；其中，平均专职导游 16 人，是成都平原经济区的 2 倍，是攀西经济区的 3.2 倍（见表Ⅰ—37、图Ⅰ—45 和图Ⅰ—46）。

表Ⅰ—37　2016 年四川省各经济区 A 级旅游景区就业情况

经济区	就业人次（人）			固定用工（人）			专职导游人员（人）		
	数值	占比	均值	数值	占比	均值	数值	占比	均值
成都平原经济区	59221	55.17%	406	31504	55.51%	216	1209	59.41%	8
川南经济区	13794	12.85%	293	6849	12.07%	146	263	12.92%	6
川东北经济区	13724	12.78%	259	5343	9.41%	101	314	15.43%	6
攀西经济区	4262	3.97%	213	1186	2.09%	59	92	4.52%	5
川西北生态经济区	16348	15.23%	1635	11872	20.92%	1187	157	7.71%	16
全省	107349	—	389	56754	—	206	2035	—	7

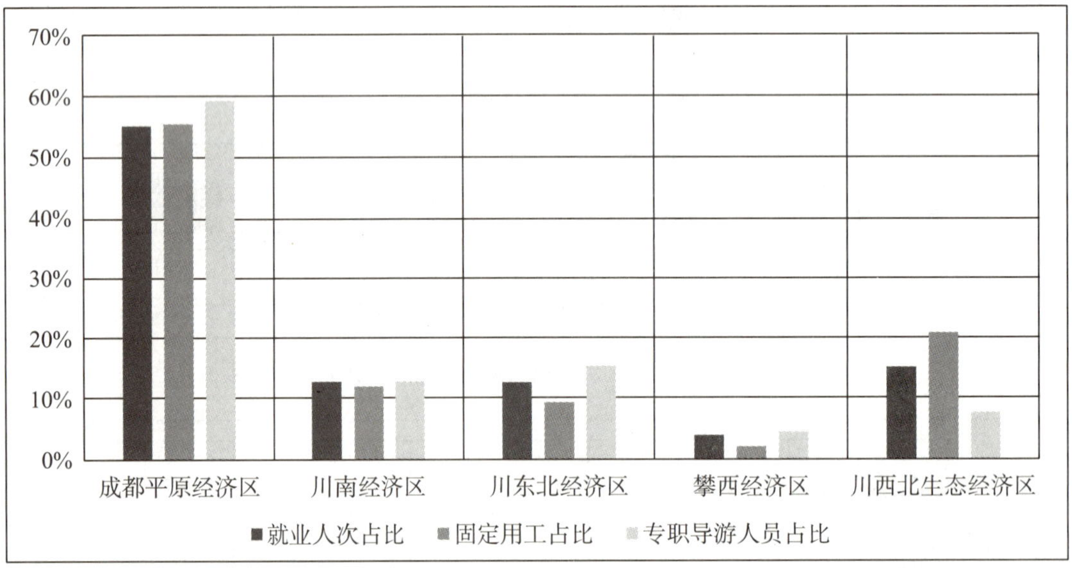

图Ⅰ—45　2016 年四川省各经济区 A 级旅游景区就业人次占比对比图

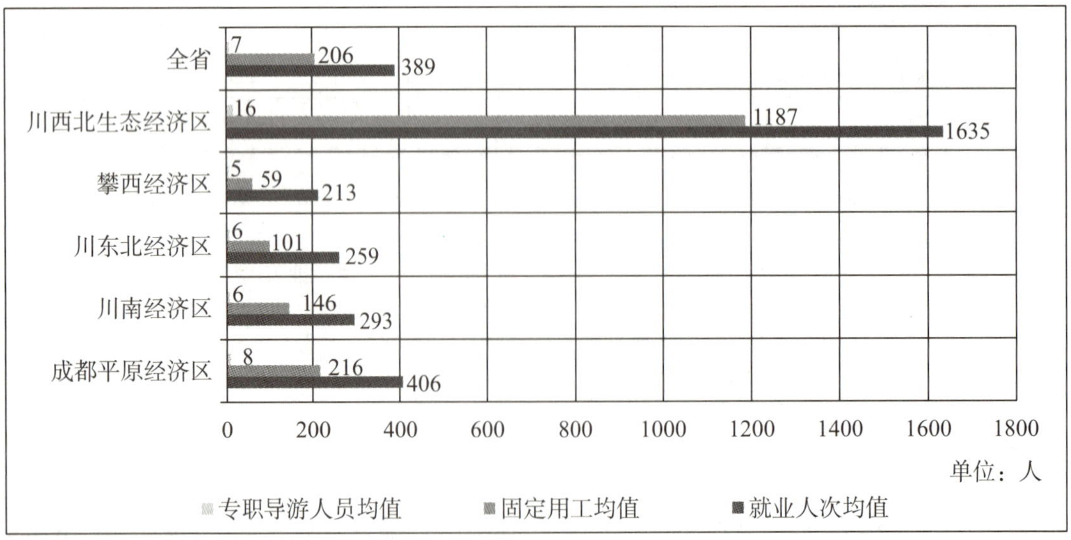

图Ⅰ—46　2016 年四川省各经济区 A 级旅游景区平均就业人次对比图

（六）全省A级旅游景区盈利能力情况[①]

A级旅游景区因机构性质的不同，其财务信息的统计基础也大不相同，对比口径无法统一，因此，本报告将全省A级旅游景区分为企业单位和行政事业单位两类进行盈利能力的分析。企业单位主要以“利润总额”来判断是否盈利或亏损；行政事业单位的盈利能力分析，则是考虑在没有财政拨款的前提下，以“事业收入”和“经营收入”之和能否抵消年度支出总额来判断其盈利能力。此外，为了深入了解不同机构性质的A级旅游景区的盈利点，本报告抽样选取12家4A级旅游景区的专业财务报告进行收入构成和支出构成的分析。

1. 从企业单位看，实现盈利的旅游景区明显多于亏损的旅游景区

2016年，纳入统计的全省企业单位中，利润总额为正的旅游景区数量占到了68.29%，远高于利润为负的旅游景区数量。5A级旅游景区中，只有3家属于企业单位性质（占比27.27%），其中纳入该项统计的共有2家（剑门蜀道剑门关旅游景区、汶川特别旅游区），这两家单位2016年均出现了亏损。4A、3A和2A级旅游景区中，皆是利润总额为正的景区数量高于利润为负的景区数量，利润总额为正的景区占比分别是70.91%、56.67%、77.78%（见表Ⅰ－38和图Ⅰ－47）。各经济区中，五大经济区利润总额为正的景区数量占比均高于利润总额为负的景区数量占比，其中川东北经济区实现盈利的景区比例最高，占到了75.00%。整体来看，企业单位性质的旅游景区盈利能力较强（见表Ⅰ－39和图Ⅰ－48）。

表Ⅰ－38　2016年四川省A级旅游景区中企业单位盈利情况

等级	利润总额为正的景区数量占比	利润总额为负的景区数量占比	利润总额为零的景区数量占比
AAAAA	0	100.00%	0
AAAA	70.91%	27.27%	1.82%
AAA	56.67%	40.00%	3.33%
AA	77.78%	11.11%	11.11%
全省	68.29%	26.83%	4.88%

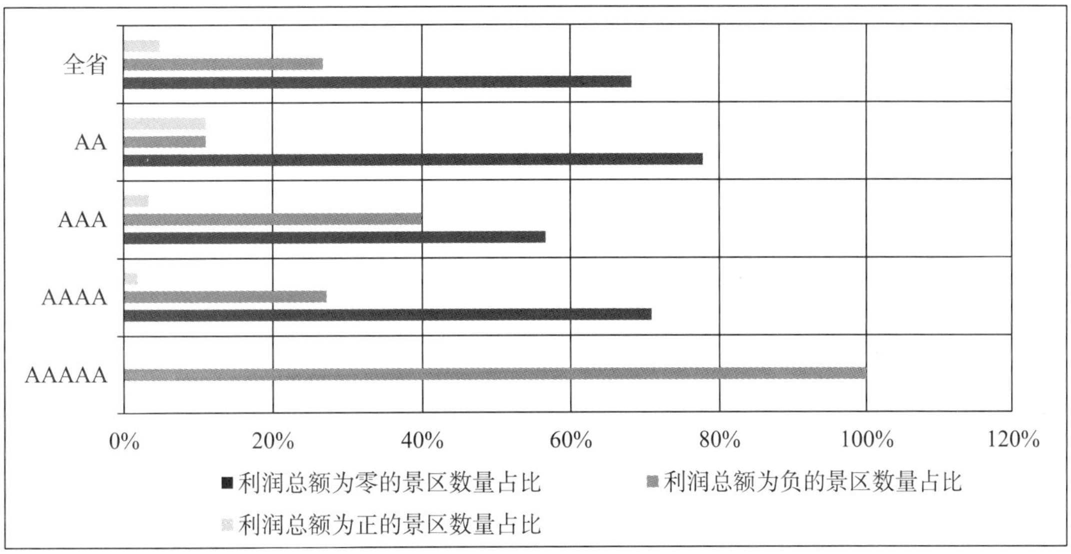

图Ⅰ－47　2016年四川省A级旅游景区中企业单位盈利情况对比图

① 注：2016年纳入该项数据统计的A级旅游景区共有225家，其中，企业单位123家，行政事业单位102家。

表Ⅰ-39　2016年四川省各经济区A级旅游景区中企业单位盈利情况

经济区	利润总额为正的景区数量占比	利润总额为负的景区数量占比	利润总额为零的景区数量占比
成都平原经济区	67.16%	29.85%	2.99%
川南经济区	66.67%	20.83%	12.50%
川东北经济区	75.00%	25.00%	0
攀西经济区	69.23%	23.08%	7.69%
川西北生态经济区	66.67%	33.33%	0
全省	68.29%	26.83%	4.88%

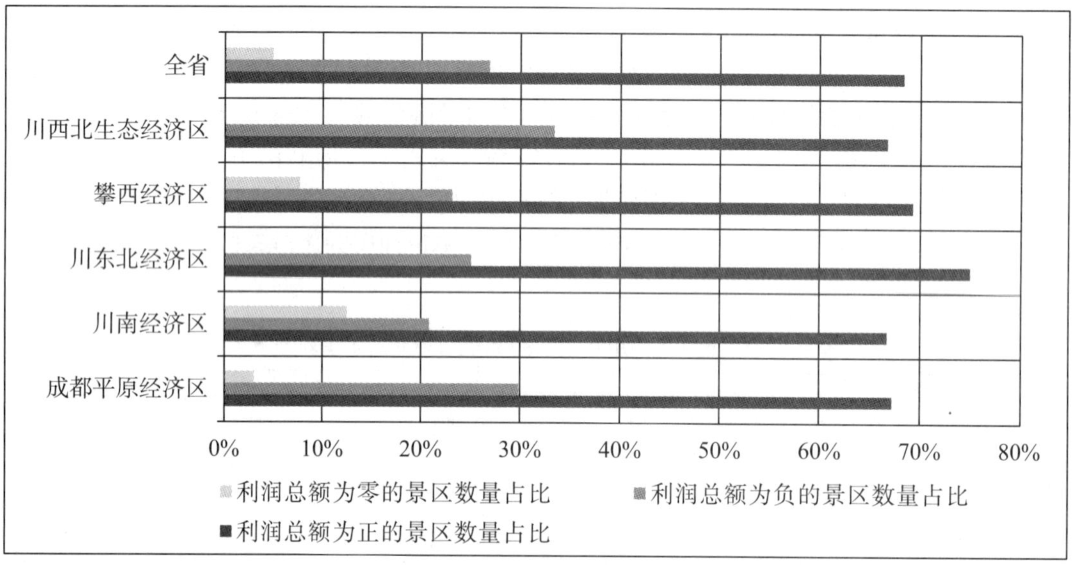

图Ⅰ-48　2016年四川省各经济区A级旅游景区中企业单位盈利情况对比图

2. 从行政事业单位看，实现收入大于支出的旅游景区相对较少

由于行政事业单位的独特性，在会计财务中不对“利润”指标进行统计，其“结余”的指标并不能体现盈利能力，因此本报告对行政事业单位的盈利能力分析，则是考虑在没有财政拨款的前提下，以“事业收入”和“经营收入”之和能否抵消年度支出总额来判断其盈利能力。如果“事业收入”和“经营收入”之和减去年度支出总额的差额为正，则表明其盈利能力强。

2016年，纳入统计的行政事业单位中，仅有31.37%的A级旅游景区“事业收入”和“经营收入”之和能抵消景区年度支出总额，其余64.71%的景区皆还需要依靠财政拨款来维持运营。在各等级旅游景区中，差额为正的景区数量比例均低于差额为负的景区数量比例；在各经济区中，也表现出同样的特征（见表Ⅰ-40、表Ⅰ-41、图Ⅰ-49和图Ⅰ-50）。整体而言，行政事业单位性质的旅游景区在没有财政拨款的前提下，能够实现收支平衡的能力相对较差。

表Ⅰ-40　2016年四川省A级旅游景区中行政事业单位盈利情况

等级	差额为正的景区数量比例	差额为负的景区数量比例	差额为零的景区数量比例
AAAAA	25.00%	75.00%	0.00%
AAAA	27.42%	70.97%	1.61%
AAA	33.33%	55.56%	11.11%
AA	44.44%	50.00%	5.56%
全省	31.37%	64.71%	3.92%

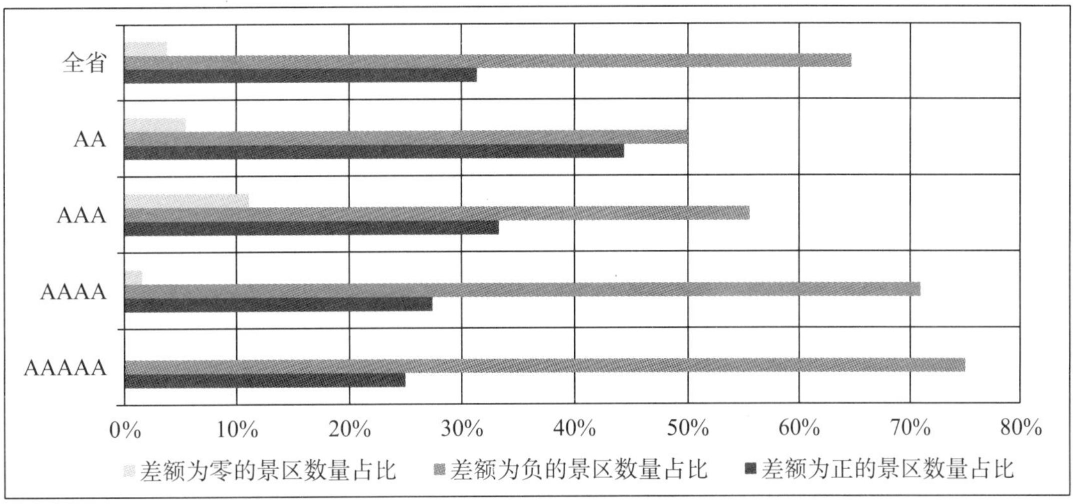

图Ⅰ－49　2016年四川省A级旅游景区中行政事业单位盈利情况对比图

表Ⅰ－41　2016年四川省各经济区A级旅游景区中行政事业单位盈利情况

经济区	差额为正的景区数量比例	差额为负的景区数量比例	差额为零的景区数量比例
成都平原经济区	29.82%	64.91%	5.26%
川南经济区	26.67%	73.33%	0.00%
川东北经济区	44.00%	52.00%	4.00%
攀西经济区	0.00%	100.00%	0.00%
川西北生态经济区	0.00%	100.00%	0.00%
全省	31.37%	64.71%	3.92%

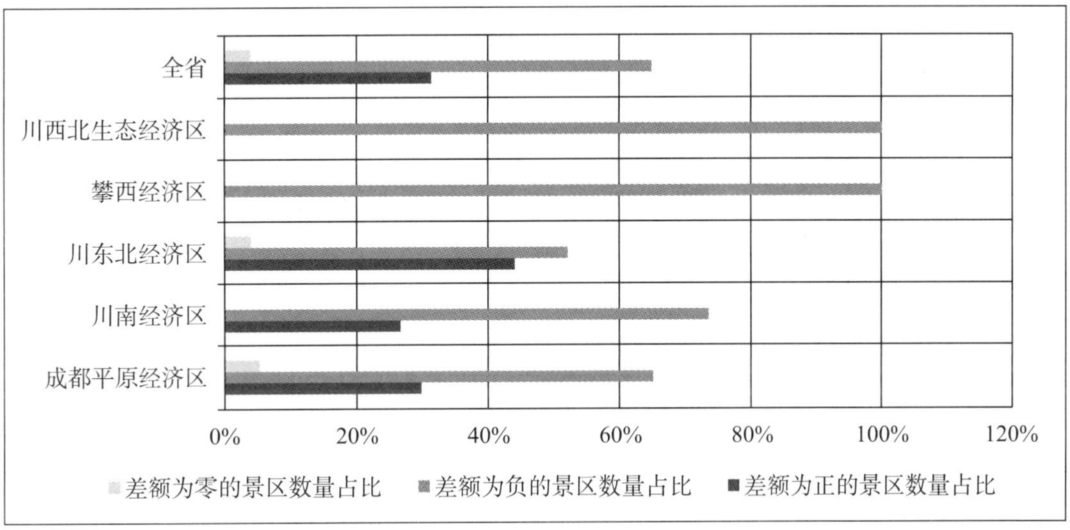

图Ⅰ－50　2016年四川省各经济区A级旅游景区中行政事业单位盈利情况对比图

9. 从收入和支出的构成看，多样化的营收渠道是企业性质旅游景区实现盈利的关键点

为了深入了解不同机构性质的A级旅游景区的盈利点，本报告抽样选取12家4A级旅游景区的专业财务报告进行收入构成和支出构成的分析（见表Ⅰ－42）。

表Ⅰ-42　12家旅游景区名录

景区名称	机构性质
四姑娘山风景名胜区管理局	行政事业单位
广元市唐家河景区	行政事业单位
三苏祠景区	行政事业单位
梓潼县七曲山风景区	行政事业单位
自贡恐龙博物馆	行政事业单位
自贡市荣县大佛文化旅游区	行政事业单位
毕棚沟旅游景区	企业单位
成都市建川博物馆聚落	企业单位
乐山市黑竹沟风景区	企业单位
泸州张坝桂圆林	企业单位
兴文石海	企业单位
五粮液旅游景区	企业单位

从收入构成看，企业单位的收入渠道趋于多样化，且其销售商品收入超过门票收入成为第一大收入来源；除此之外，观光车收入、酒店收入等也成了景区重要的收入构成，各种项目收入占比相对分散。行政事业单位的收入中，门票收入占到了所有收入的50%以上，在其主要收入来源中依然占主导地位，且财政拨款、社会捐赠等非自主经营获得的收入，仍然占到了所有收入的五分之一以上，景区收入构成较为单一（见表Ⅰ-43和图Ⅰ-51）。

表Ⅰ-43　12家旅游景区收入构成占比情况

类型	行政事业单位		企业单位	
	金额（万元）	占比	金额（万元）	占比
门票收入	6106.82	56.29%	5141.14	23.63%
营业外收入	2129.63	19.63%	396.42	1.82%
销售商品收入	1607.21	14.82%	5327.15	24.48%
酒店收入	624.98	5.76%	2174.66	9.99%
停车场收入	84.04	0.77%	—	0.00%
讲解收入	32.00	0.29%	44.51	0.20%
体育项目收入	—	0.00%	57.77	0.27%
观光车收入	—	0.00%	3529.21	16.22%
餐饮收入	—	0.00%	1257.85	5.78%
会议会展收入	—	0.00%	1004.69	4.62%
文化之旅收入	—	0.00%	774.55	3.56%
博物馆收入	—	0.00%	2052.19	9.43%
其他收入	263.27	2.43%	—	0.00%
合计	10847.95	—	21760.14	—

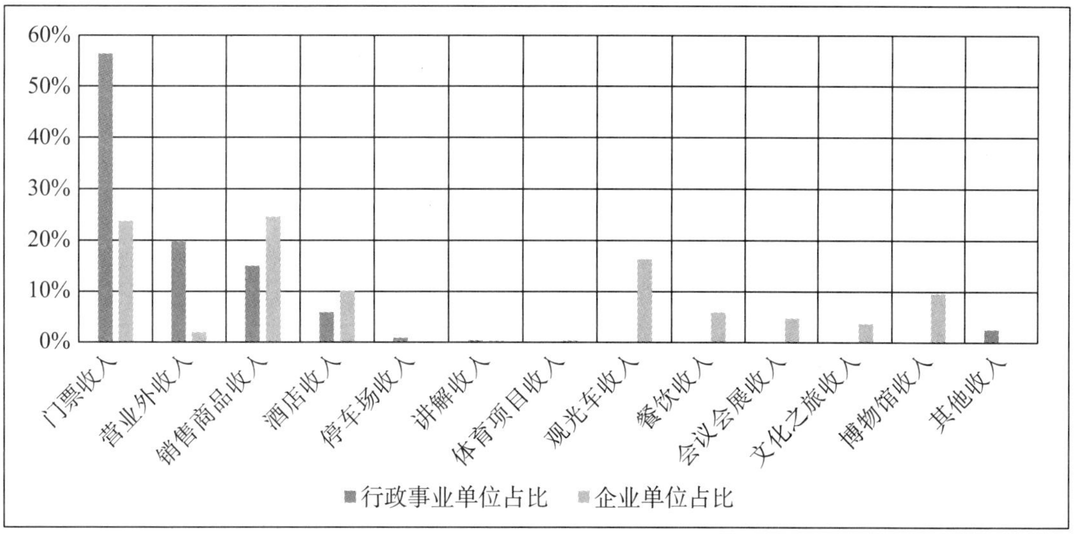

图Ⅰ－51　12家旅游景区收入构成对比图

从成本构成看，无论是企业单位还是行政事业单位，人工成本在成本费用支出中均居于首位（行政事业单位购置的设备，由于其属于收付实现制，一次性计入费用支出，不具备可比性），行政事业单位的人工成本占到了26.39%，企业单位的人工成本占到了49.53%。折旧摊销费在两种性质的旅游景区中也都占有较高比重，主要包括大型设备的采购、景区经营年度摊销等，可见旅游景区前期资本性投入的大小对后期经营期间成本费用的影响较大。旅游景区的广告宣传费也是较大的成本支出，行政事业单位的广告宣传费支出比例明显高于企业单位。另外，企业单位的支出中，财务费用占到了13.07%，主要体现在大型在建工程项目的借款利息、日常经营负债的借款利息等。行政事业单位的支出中，维修费也占到了一定的比例（3.79%）（见表Ⅰ－44和图Ⅰ－52）。

总体而言，企业单位性质的旅游景区盈利能力较强的原因主要是旅游消费项目和营收渠道多样化，旅游综合效益明显；而行政事业单位性质的旅游景区盈利能力较差的主要原因在于，对门票经济依赖程度较高，旅游消费项目单一，且费用支出成本的类型较多。

表Ⅰ－44　12家旅游景区成本费用构成占比情况

类型	行政事业单位		企业单位	
	金额（万元）	占比	金额（万元）	占比
人工成本	3242.47	26.39%	4908.36	49.53%
折旧摊销费	1472.05	11.98%	1623.52	16.38%
财务费用	259.19	2.11%	1294.95	13.07%
酒店成本	—	0.00%	748.05	7.55%
广告宣传费	1435.27	11.68%	659.70	6.66%
保险费	40.60	0.33%	291.73	2.94%
水电气费	155.19	1.26%	151.55	1.53%
防护性费	57.04	0.46%	127.00	1.28%
维修费	465.84	3.79%	105.58	1.07%
劳务费	471.58	3.84%	—	0.00%
绿化垃圾处理	33.22	0.27%	—	0.00%

续表

类型	行政事业单位		企业单位	
	金额（万元）	占比	金额（万元）	占比
差旅费	184.41	1.50%	—	0.00%
设备购置	4404.93	35.85%	—	0.00%
印刷费	66.33	0.54%	—	0.00%
合计	12288.13	—	9910.44	—

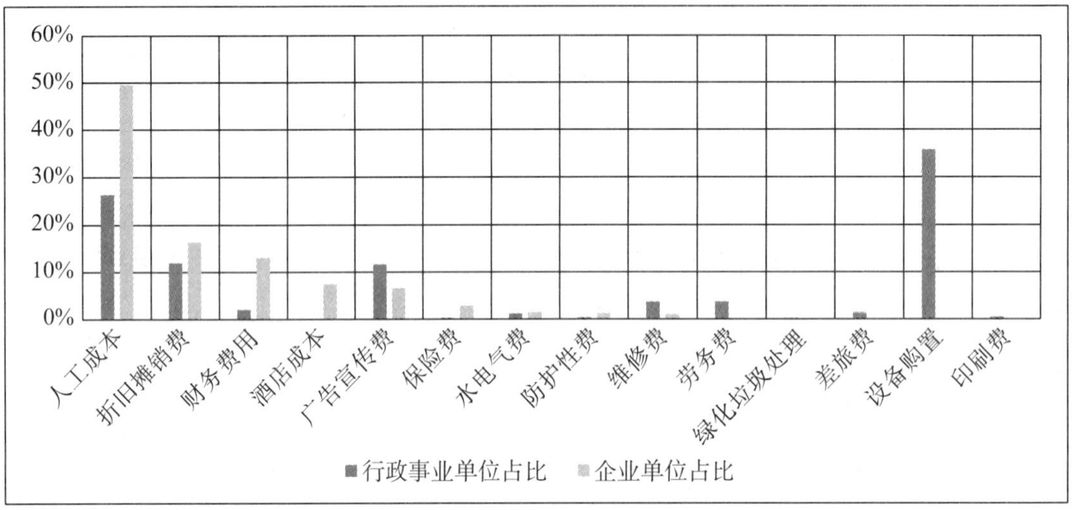

图Ⅰ－52　12 家旅游景区成本费用构成对比图

（七）全省 A 级旅游景区季度对比情况

1. 从总量上来看，第三季度 A 级旅游景区运行情况最佳

2016 年，全省 A 级旅游景区季度运行中，第三季度在接待游客量、入境游客量、景区经营总收入、门票收入和人均花费 5 项指标上均位列第一。其中，景区经营总收入、门票收入和人均花费 3 项指标皆远超其他三个季度，分别为 140.18 亿元、18.91 亿元和 136.90 元/人次。第一季度的旅游规模效益表现最差，在 5 项指标上均居于末位（见表Ⅰ－45、图Ⅰ－53 和图Ⅰ－54）。整体而言，全省 A 级旅游景区经济运行具有较为明显的季节性，第二、三季度是旺季，第一、四季度是淡季。究其原因，主要是二、三季度气候舒适，利于出行，且有清明、五一、端午和中秋四个小长假以及教师学生群体的暑假，游客开展旅游活动的可支配自由时间相对宽裕，因此二、三季度成了游客集中出行的主要时间段。一、四季度虽有春节、国庆两个黄金周以及一个元旦小长假，但因气候较为寒冷，且其他社会经济活动较多，因此游客在这两个季度的出行频率相对较低。

表Ⅰ－45　2016 年四川省 A 级旅游景区四季度经济运行情况

季度	游客接待量（万人次）	入境人次（万人次）	免票人次（万人次）	景区经营总收入（万元）	门票收入（万元）	人均花费（元/人次）
第一季度	8626.63	55.74	6546.72	951252.5	84661.15	110.27
第二季度	10226.27	91.56	7762.74	1200737	121036.3	117.42
第三季度	10239.11	115.35	7346.54	1401764	189086.7	136.90
第四季度	9353.83	92.25	6831.95	1204262	128193	128.75

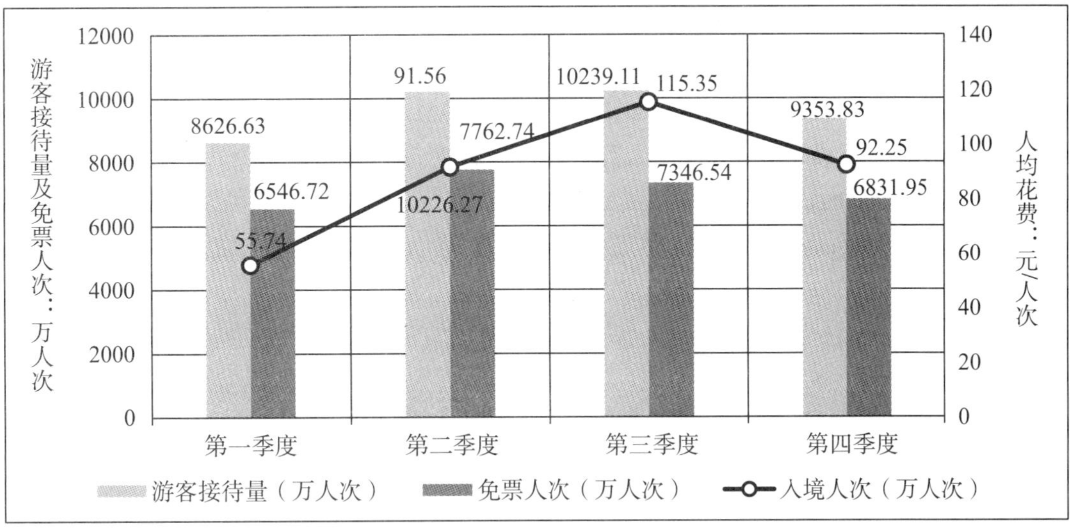

图Ⅰ-53　2016 年四川省 A 级旅游景区四季度游客接待量对比图

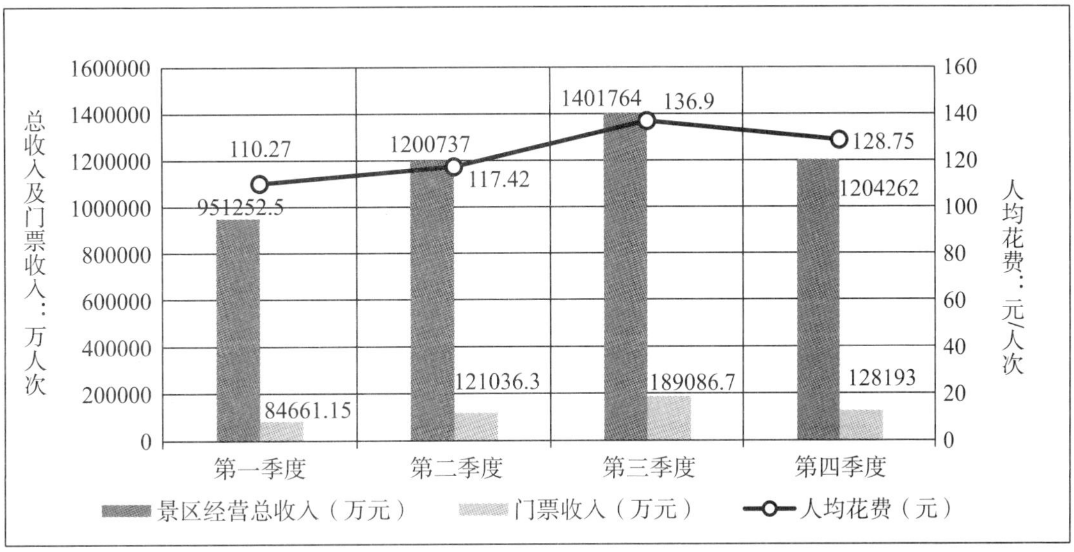

图Ⅰ-54　2016 年四川省 A 级旅游景区四季度收入级人均花费对比图

各经济区中，川东北生态经济区四个季度的旅游规模效益差异最大，第三季度明显高于其他季度。主要表现在，第三季度的游客接待量是第一季度的 4.9 倍，景区总收入是第一季度的 6.3 倍，门票收入是第一季度的 11.6 倍，淡旺季特性极为显著（见表Ⅰ-46、图Ⅰ-55 和图Ⅰ-56）。川南经济区四个季度的旅游规模效益呈现出与全省相同的特征，即第三季度表现最佳，二、三季度的游客接待量、景区经营总收入和门票收入均高于一、四季度。其余三个经济区在游客接待量方面表现出了相同的特征，即二、三季度高于一、四季度，但景区经营总收入和门票收入却各有差异。成都平原经济区的总收入和门票收入均是三、四季度高于一、二季度；川东北经济区的总收入是二、四季度高于一、三季度，门票收入是三、四季度高于一、二季度；攀西经济区的总收入和门票收入是三、四季度明显高于一、二季度。

表Ⅰ－46 2016年四川省各经济区A级旅游景区四季度旅游经济运行情况

经济区	季度	游客接待量（万人次）	入境人次（万人次）	免票人次（万人次）	景区经营总收入（万元）	门票收入（万元）	人均花费（元/人次）
成都平原经济区	第一季度	5434.93	43.71	4238.19	596175	57750.85	109.69
	第二季度	5947.21	62.88	4658.07	631084.9	61588.74	106.11
	第三季度	5931.04	74.37	4491.87	740708.1	86833.47	124.89
	第四季度	5779.89	64.03	4502.1	684493.8	61750.94	118.43
川南经济区	第一季度	1008.6	2.69	759.52	92102.85	6491.45	91.32
	第二季度	1153.15	2.84	918.74	140386.1	7051.88	121.74
	第三季度	1124.24	6.14	849.36	124443.3	8846.85	110.69
	第四季度	936.29	3.07	669.09	88271.03	6400.44	94.28
川东北经济区	第一季度	1369.04	6.34	923.71	129965.9	11997.75	94.93
	第二季度	1736.42	19.58	1125.16	250315.6	17822.6	144.16
	第三季度	1583.45	12.86	1001.73	213692.3	21204.02	134.95
	第四季度	1561.66	15.01	959.56	239642.2	21397.69	153.45
攀西经济区	第一季度	631.64	0	544.06	99811.77	2715.24	158.02
	第二季度	720.54	0.04	632.29	91514.23	3858.39	127.01
	第三季度	706.1	0.03	588.87	113142.7	5997.18	160.24
	第四季度	664.07	0	555.81	107159.4	5194.39	161.37
川西北生态经济区	第一季度	182.42	3	81.24	33196.93	5705.86	181.98
	第二季度	668.95	6.22	428.48	87435.74	30714.67	130.71
	第三季度	894.28	21.95	414.71	209777.8	66205.15	234.58
	第四季度	411.92	10.14	145.39	84695.58	33449.52	205.61

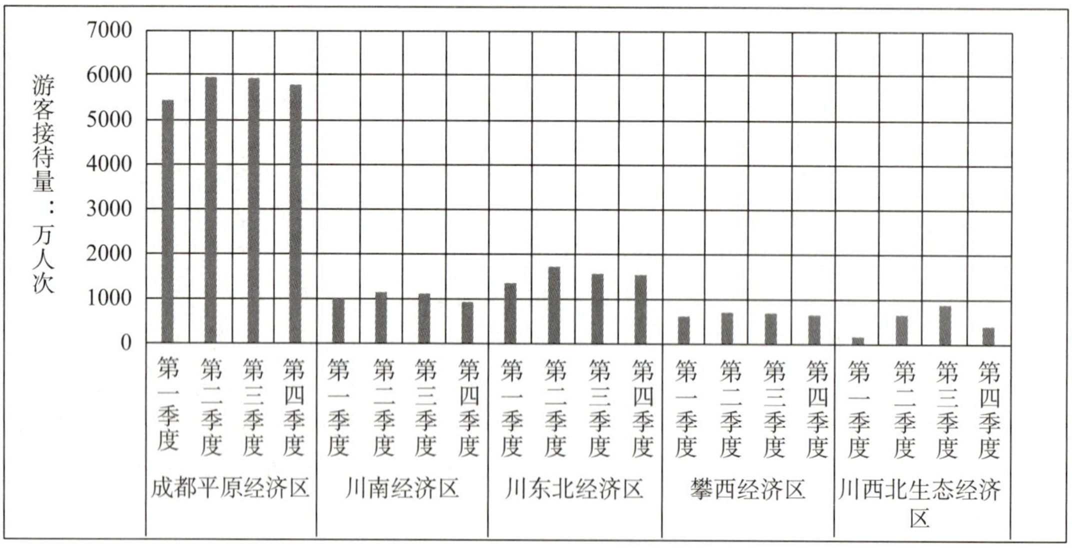

图Ⅰ－55 2016年四川省各经济区A级旅游景区四季度游客接待量对比图

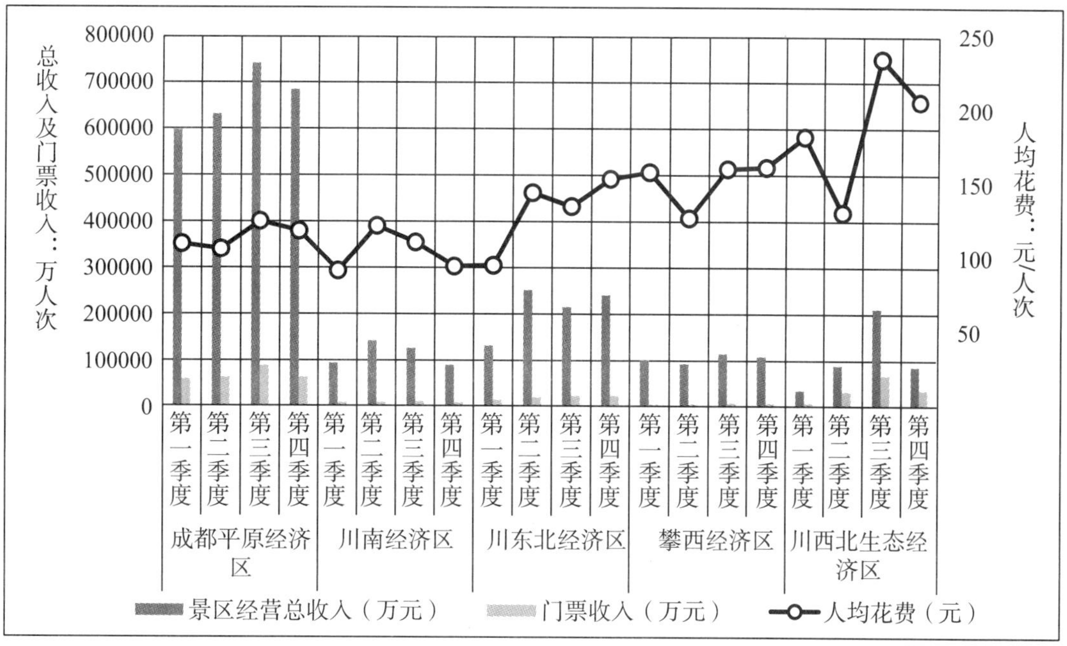

图Ⅰ-56　2016 年四川省各经济区 A 级旅游景区四季度收入及人均花费对比图

2. 从增长情况来看，各季度的游客接待量和景区经营总收入实现了不同程度的增长，但一二季度的人均花费略有下降

2016 年，全省 A 级旅游景区各季度的游客接待量和景区经营总收入较上年均有不同程度的增长。其中，游客接待量增长最快的是第二季度，增长率为 33.15%；景区经营总收入增长最快的是第三季度，增长率为 36.60%。此外，第一季度的入境人次、第三季度的门票收入和第一二季度的人均花费较上年出现了下调的情况，其中，下调最大的是第一季度的入境人次，下调比例为 24.23%（见表Ⅰ-47 和图Ⅰ-57）。

表Ⅰ-47　2016 年四川省 A 级旅游景区四季度经济增长情况

季度	游客接待量同比	入境人次同比	景区经营总收入同比	门票收入同比	人均花费同比
第一季度	22.20%	-24.23%	15.88%	9.70%	-5.17%
第二季度	33.15%	12.32%	31.03%	6.67%	-1.59%
第三季度	16.79%	32.01%	36.60%	-0.44%	16.97%
第四季度	2.71%	5.74%	19.88%	9.04%	16.72%

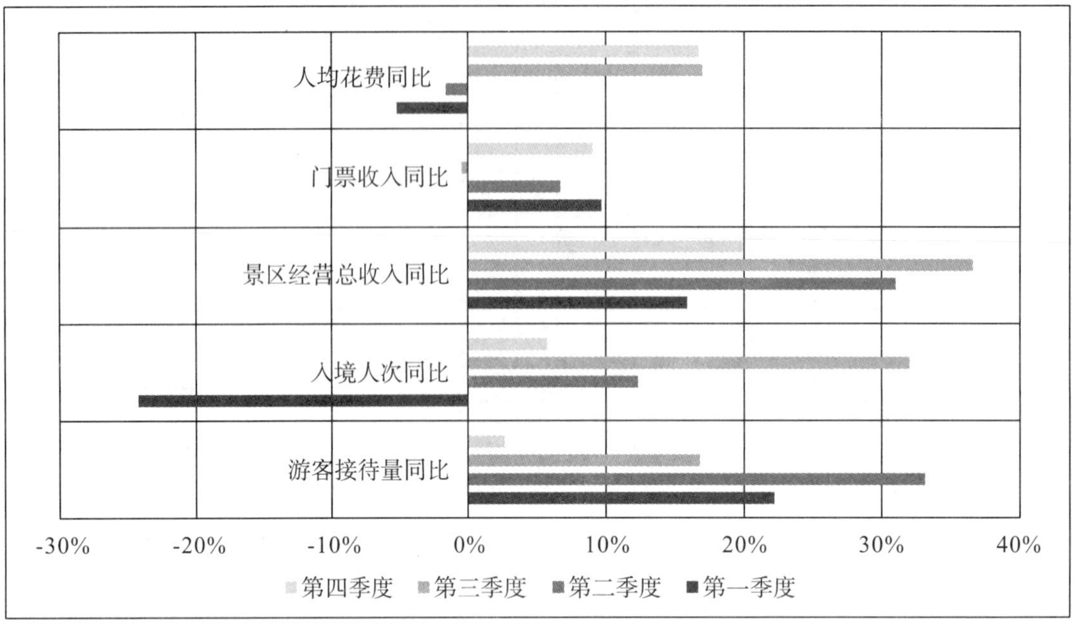

图Ⅰ-57 2016年四川省A级旅游景区四季度经济增长对比图

各经济区中，成都平原经济区各季度的景区经营总收入和人均花费均实现了增长，但第一季度的入境人次、第三季度的门票收入和第四季度的游客接待量略有下降。川南经济区除第四季度的入境人次和第一季度的人均花费较上年有所下降外，其余指标同比均实现了增长，各季度旅游经济增长情况表现较好。川东北经济区四个季度的游客接待量均有增长，但人均花费有所下降，旅游平均效益的增长情况表现不佳。攀西经济区中，除第一、四季度的入境人次和第一季度的门票收入、人均花费有所下降外，其余指标均实现了增长。川西北生态经济区中，出现下调的指标相对较多，虽四个季度的游客接待量均有增长，但人均花费全部下降；景区经营总收入中，只有第三季度略有上升，其他季度均有不同程度的下降，各个季度的旅游效益增长情况表现较差（见表Ⅰ-48和图Ⅰ-58）。

表Ⅰ-48 2016年四川省各经济区A级旅游景区四季度旅游经济增长情况

经济区	季度	游客接待量同比	入境人次同比	经营总收入同比	门票收入同比	人均花费同比
成都平原经济区	第一季度	20.78%	−24.62%	30.51%	5.78%	8.06%
	第二季度	31.75%	34.91%	55.29%	0.59%	17.86%
	第三季度	15.08%	6.87%	55.23%	−2.21%	34.89%
	第四季度	−3.82%	4.95%	26.61%	7.63%	31.64%
川南经济区	第一季度	39.38%	11.62%	9.31%	22.17%	−21.57%
	第二季度	55.16%	15.45%	127.76%	29.19%	46.79%
	第三季度	21.57%	65.05%	76.65%	15.98%	45.30%
	第四季度	17.55%	−16.80%	23.28%	26.09%	4.87%
川东北经济区	第一季度	18.14%	−32.84%	−9.54%	26.87%	−23.43%
	第二季度	31.77%	−21.65%	24.57%	27.55%	−5.46%
	第三季度	22.63%	174.79%	13.21%	39.52%	−7.69%
	第四季度	12.36%	18.75%	6.57%	11.12%	−5.16%

续表

经济区	季度	游客接待量同比	入境人次同比	经营总收入同比	门票收入同比	人均花费同比
攀西经济区	第一季度	21.95%	−100.00%	14.17%	−7.95%	−6.38%
	第二季度	32.71%	300.00%	47.31%	62.08%	11.00%
	第三季度	19.06%	200.00%	31.54%	62.32%	10.48%
	第四季度	28.36%	−100.00%	45.58%	120.98%	13.41%
川西北生态经济区	第一季度	14.70%	−19.14%	−31.82%	17.49%	−40.56%
	第二季度	18.98%	−16.51%	−52.81%	0.94%	−60.34%
	第三季度	11.22%	134.01%	2.96%	−11.25%	−7.42%
	第四季度	4.53%	2.53%	−9.70%	−0.19%	−13.62%

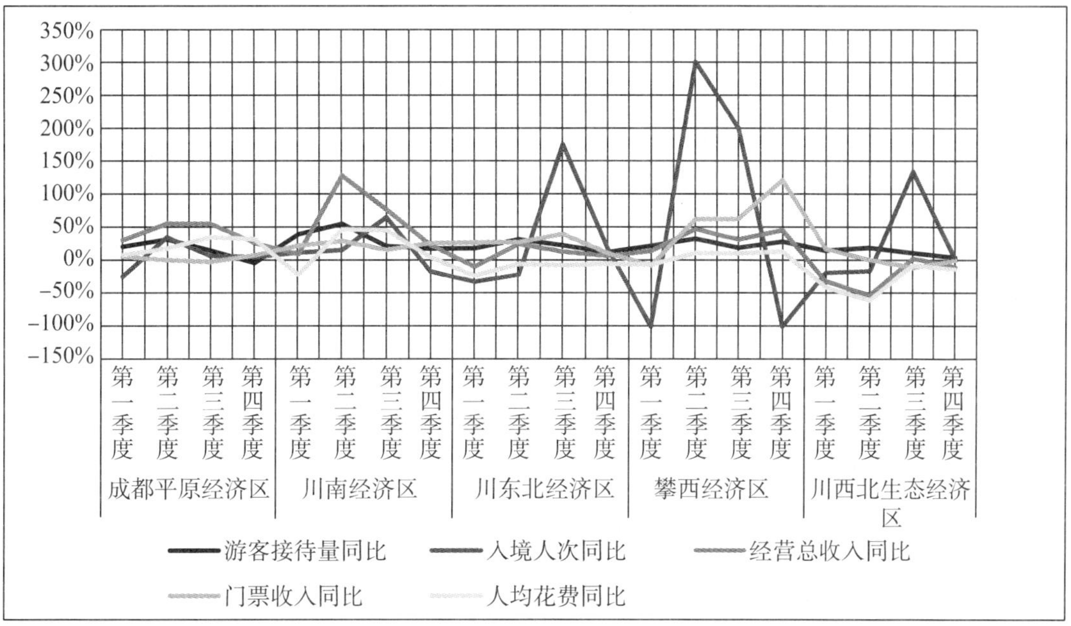

图Ⅰ−58　2016年四川省各经济区A级旅游景区四季度旅游经济增长对比图

（八）全省A级旅游景区游客满意度评价

游客满意度评价的数据来源于四川省重点旅游景区测评，该测评是为跟踪监测重点景区的旅游服务状况，及时反映游客对景区服务的满意度、诉求及意见建议等而开展的活动。综合评测分为游客满意度评价和暗访测评两部分，其中游客满意度评价占90%，暗访测评占10%。2016年全省重点旅游景区评测调查对象包括30家旅游景区，其中，5A级旅游景区9家，4A级旅游景区19家，3A和2A级旅游景区各有1家。

1. 从综合测评来看，游客满意度较上年有所提高

2016年，全省重点旅游景区综合测评得分81.86分，较2015年上升了0.97分，游客满意度较高。其中，游客满意度评价综合得分为83.11分，比2015年提高1.64分，游客满意度较上年有所提升；但暗访评测综合得分为70.63分，较上年下降了5.08分，整体满意度处于一般水平。有21个重点景区的游客满意度评价综合得分在80分及以上，与2015年相比增加了2个。从具体景区看，2015年的评测冠军——广安市邓小平故里旅游区，2016年的综合得分上升1.13，蝉联榜首；九寨沟风景名胜区和资阳市陈毅故里景区分别为第二和第三位。

2. 从变化情况看，游客满意度评价有所上升，但暗访测评有所下降

从综合测评得分的变化情况来看，2016年共有60%的旅游景区测评得分较上年有所提高，另有30%的旅游景区测评得分出现下降的情况。从游客满意度评价得分的变化情况看，共有63.33%的旅游景区测评得分比上年有所提升，而26.67%的旅游景区测评得分均出现了不同程度的下调。从暗访测评得分的变化情况看，超过一半（56.67%）的旅游景区测评得分较2015年有所下降，仅有23.33%的旅游景区测评得分较上年有所提升（见表Ⅰ-49）。

表Ⅰ-49　2016年四川省重点旅游景区评分变化情况

旅游景区	综合测评得分变化
青城山—都江堰景区	0.56
峨眉山风景名胜区	-1.03
九寨沟风景名胜区景区	1.78
乐山大佛景区	2.62
黄龙风景名胜区	1.58
成都大熊猫繁育研究基地	-2.05
成都双流黄龙溪	-1.63
成都武侯祠博物馆	0.90
自贡恐龙博物馆	2.29
米易县龙潭溶洞风景区	—
广汉三星堆博物馆	1.11
梓潼县七曲山风景区	1.15
广元市剑门关景区	-2.06
泸州市纳溪区花田酒地旅游景区	—
内江市隆昌石牌坊景区	0.72
乐山市夹江县天福观光茶园	2.37
遂宁市中国死海旅游度假区	-2.53
南充市阆中古城旅游区	-0.46
宜宾蜀南竹海风景名胜区	-0.24
广安市邓小平故里旅游区	1.13
雅安碧峰峡旅游区	-3.94
达州市渠县賨人谷旅游景区	0.06
巴中市光雾山景区	-1.19
阿坝州汶川特别旅游区	2.05
甘孜州稻城亚丁景区	1.76
泸定海螺沟冰川森林公园	3.45
邛海泸山国家级风景名胜区	3.18
眉山市洪雅县柳江古镇旅游景区	—
资阳市陈毅故里景区	1.11
成都市宽窄巷子	0.35

3. 从游客满意度评价内容看，游客对景区设施和门票\娱乐等服务性项目收费性价比评价最低

游客满意度评价测评内容中，大项测评指标共包括“旅游交通”“景区设施”“环境卫生”“景区服务”以及“景区旅游资源保护和吸引力”四个方面。小项具体指标共有18个。其中，旅游交通包

含“进入景区的便捷程度”“景区交通设施的安全完善程度”“景区游览线路的合理通畅程度”和“景区车辆停放秩序”4个指标；景区设施包含“游客中心（管理处）和公共休息设施功能完善程度”“引导标识指引的清楚程度”和“宣传资料的丰富程度和特色”3个指标；环境卫生包含“环境卫生条件”“公厕设置的完善及卫生状况”“垃圾箱数量和布局合理程度”和“食品的卫生安全状况”4个指标；景区服务包含“管理秩序和人身财产安全”“工作人员（导游）业务熟练、服务热情礼貌”“娱乐项目的安全和特色”和“门票\娱乐等服务性项目收费性价比”；景区旅游资源保护和吸引力包含“自然或文化景观的独特、优美程度”“自然或文化景观的保护”和“游览体验的满足程度”3个指标。

从大项测评指标看，2016年，游客对景区旅游资源保护和吸引力的满意度评价最高，平均得分达到了84.89；对景区设施的评价最低，平均得分为80.23。从具体测评指标看，游客对“自然或文化景观的独特、优美程度”“自然或文化景观的保护”和“管理秩序和人身财产安全”的满意度评价最高，三者的平均得分分别是86.13、86.06和85.79；对“娱乐项目的安全和特色”“游客中心（管理处）和公共休息设施功能完善程度”“宣传资料的丰富程度和特色”和“门票\娱乐等服务性项目收费性价比”的满意度评价最低，而这4个具体指标分别属于景区服务和景区设施，可见景区的设施和服务质量还有待进一步提高（见表Ⅰ－50、表Ⅰ－51、图Ⅰ－59和图Ⅰ－60）。

表Ⅰ－50　2016年四川省重点旅游景区游客满意度评价测评内容平均得分情况

测评内容	平均得分
旅游交通	82.57
景区设施	80.23
环境卫生	82.69
景区服务	82.94
景区旅游资源保护和吸引力	84.89

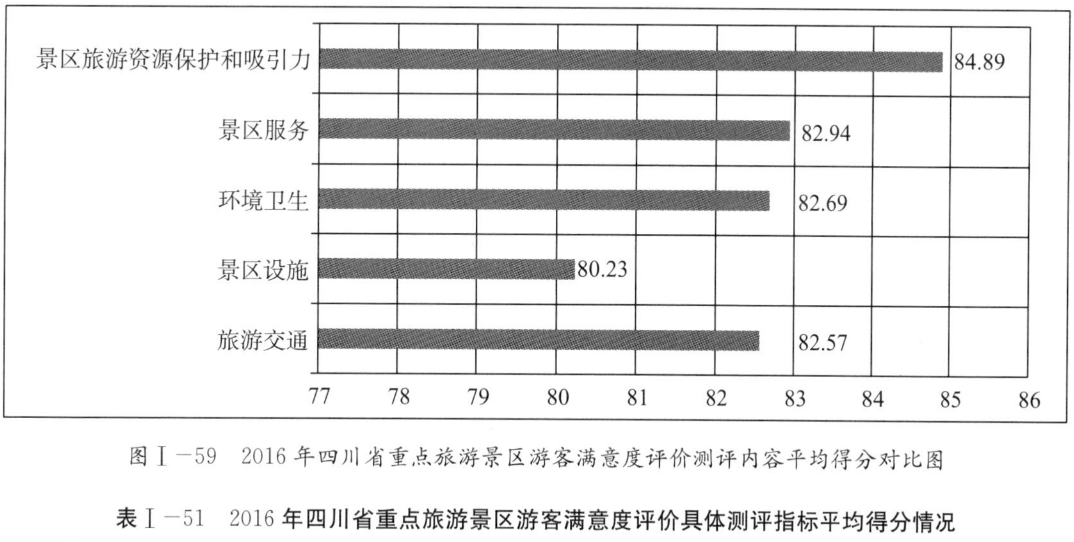

图Ⅰ－59　2016年四川省重点旅游景区游客满意度评价测评内容平均得分对比图

表Ⅰ－51　2016年四川省重点旅游景区游客满意度评价具体测评指标平均得分情况

具体测评指标	平均得分
自然或文化景观的独特、优美程度	86.13
自然或文化景观的保护	86.06
管理秩序和人身财产安全	85.79
环境卫生条件	84.75

续表

具体测评指标	平均得分
景区车辆停放秩序	84.31
景区游览线路的合理通畅程度	83.70
工作人员（导游）业务熟练、服务热情礼貌	83.23
进入景区的便捷程度	82.59
景区交通设施的安全完善程度	82.44
游览体验的满足程度	82.31
引导标识指引的清楚程度	82.10
垃圾箱数量和布局合理程度	81.68
公厕设置的完善及卫生状况	80.76
食品的卫生安全状况	80.59
娱乐项目的安全和特色	79.43
游客中心（管理处）和公共休息设施功能完善程度	79.23
宣传资料的丰富程度和特色	76.47
门票\娱乐等服务性项目收费性价比	75.13

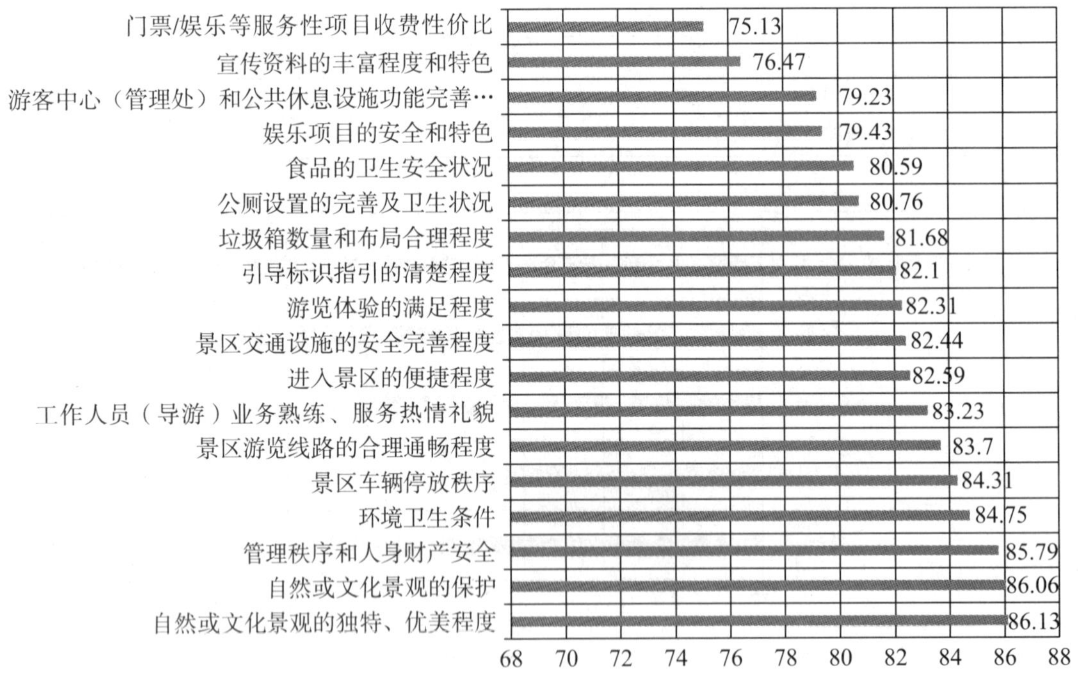

图Ⅰ-60　2016 年四川省重点旅游景区游客满意度评价具体测评指标平均得分对比图

（九）全省 A 级旅游景区暗访与处理情况

四川省 A 级旅游景区暗访和处理，是由四川旅游标准评定委员会组织 A 级旅游景区评定员和监督员，依据《旅游景区质量等级的划分与评定》国家标准，通过明察暗访的方式，重点围绕被暗访景区的旅游安全、旅游厕所、设施设备、环境卫生、服务管理、信息化建设、游客高峰时段应急处理等方面，对 A 级旅游景区进行评审检查的手段。

2016 年四川旅游标准评定委员会累计暗访 96 家 A 级旅游景区（包括 11 家 5A 级旅游景区，85

家4A级旅游景区），整体上全省旅游景区建设管理情况良好。在所有暗访景区中，共处理17家旅游景区（均为4A），占所有暗访景区的17.71%。其中，取消等级2家（遂宁市中国红海生态旅游景区、阿坝州茂县羌乡古寨旅游景区），严重警告12家，警告3家。另外，由各市州旅游主管部门暗访后处理的3A级及以下旅游景区共有12家，其中，取消等级5家（均为2A），警告7家。在被处理的旅游景区中，主要存在的问题有旅游安全隐患较大、旅游厕所卫生差、设施设备陈旧、环境卫生脏乱、服务管理差、信息化建设滞后等，与国家A级旅游景区标准存在较大的差距。

三、2016年四川省5A级旅游景区运营情况

（一）5A级旅游景区数量情况

截至2016年底，全省共有5A级旅游景区11家（以等级公告时间为准），占全省A级旅游景区的2.63%。其中，新增旅游景区1家，即朱德故里景区，增长率为10%（见表Ⅰ－52）。

表Ⅰ－52　2016年四川省5A级旅游景区名录

序号	名称	景区类型	所在市州	评定时间
1	青城山—都江堰旅游景区	自然景观	成都市	2007年5月
2	峨眉山风景名胜区	自然景观	乐山市	2007年5月
3	九寨沟风景名胜区	自然景观	阿坝州	2007年5月
4	乐山大佛景区	自然景观	乐山市	2011年7月
5	黄龙风景名胜区	自然景观	阿坝州	2011年12月
6	汶川特别旅游区	红色旅游	阿坝州	2013年5月
7	北川羌城旅游区	其他	绵阳市	2013年5月
8	邓小平故里旅游区	红色旅游	广安市	2013年9月
9	阆中古城旅游区	历史文化	南充市	2013年9月
10	剑门蜀道剑门关旅游区	自然景观	广元市	2015年7月
11	朱德故里景区	红色旅游	南充市	2016年10月

从景区类型看，5A级旅游景区主要以自然景观类为主，占5A级旅游景区总数的54.55%；其次是红色旅游类，占5A级旅游景区总数的27.27%（见图Ⅰ－61）。

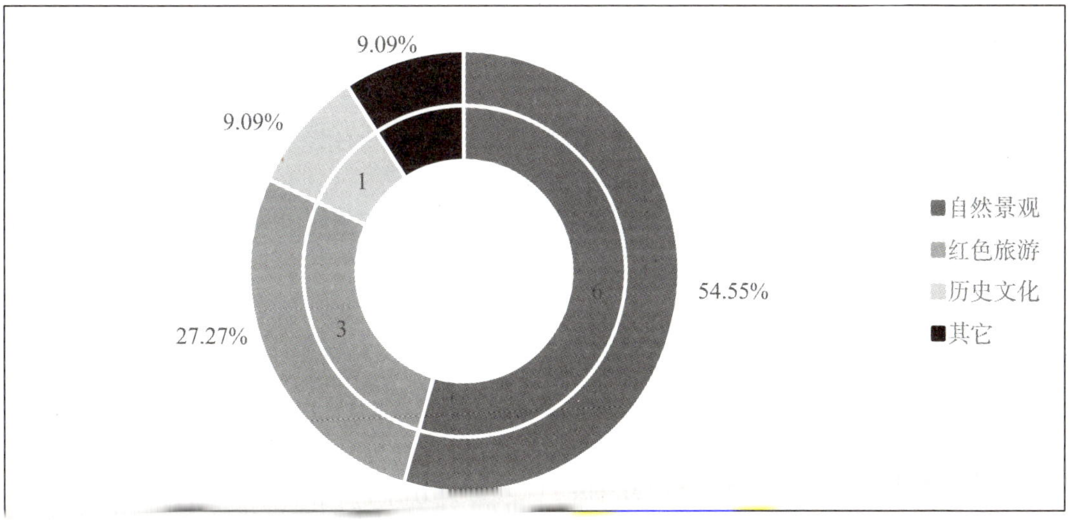

图Ⅰ－61　2016年四川省5A级旅游景区类型占比图

从经济区看，2016 年，成都平原经济区和川东北经济区均有 4 家 5A 级旅游景区，所占比例分别为 36.26%；川西北生态经济区有 3 家，占全部 5A 级旅游景区的 27.27%。川南经济区和攀西经济区目前没有 5A 级旅游景区（见图Ⅰ-62）。

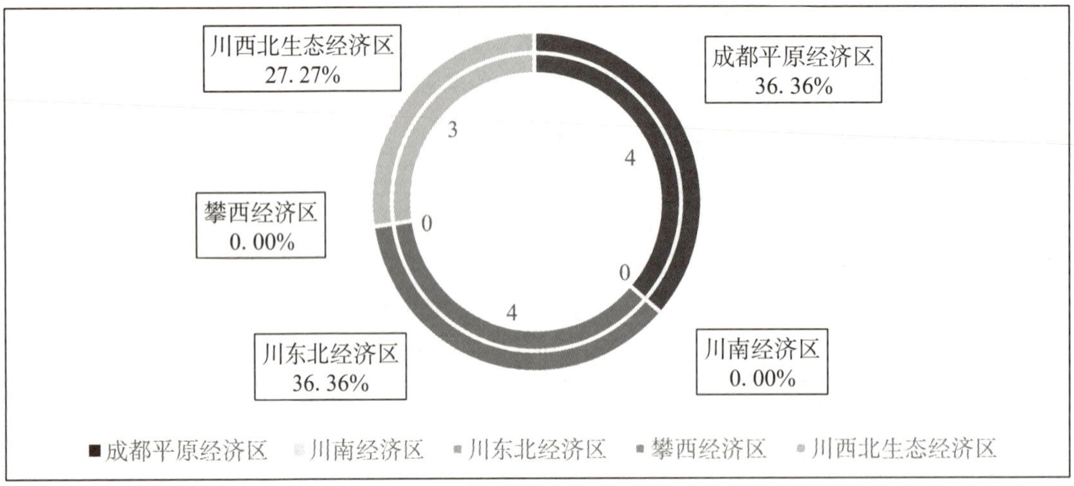

图Ⅰ-62　2016 年四川省五大经济区的 5A 级旅游景区数量对比图

从机构性质看，2016 年全省 5A 级旅游景区中，行政事业单位的数量高于企业单位的数量，其中，行政事业单位共有 8 家，占比 72.73%；企业单位共有 3 家，占比 27.27%（见图Ⅰ-63）。

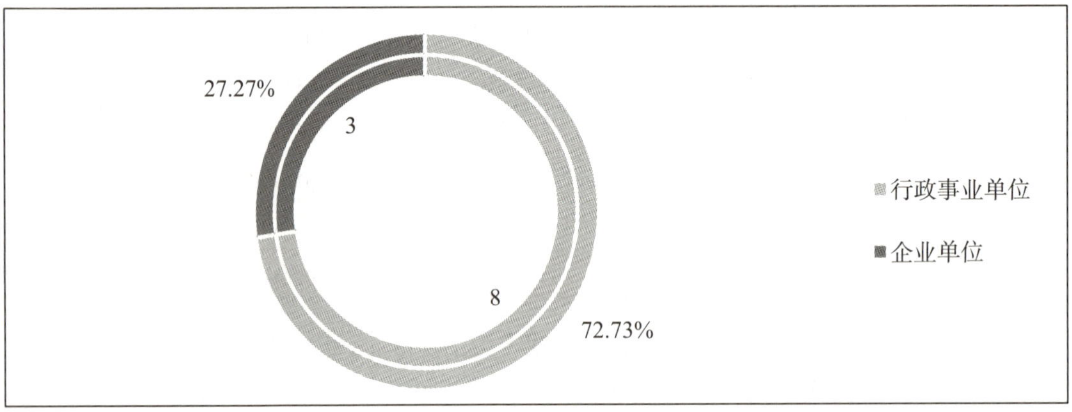

图Ⅰ-63　2016 年四川省 5A 级旅游景区机构性质对比图

（二）5A 级旅游景区游客接待量情况

2016 年，全省 5A 级旅游景区共接待游客 3811.94 万人次，同比增长 7.82%，占全省 A 级旅游景区游客接待量的 9.92%。其中，接待入境游客 77.18 万人次，同比增长 81.64%；免票人次 1422.91 万人次，同比增长 20.31%。从各个旅游景区接待量的变化情况来看，北川羌城旅游区、阆中古城、黄龙风景名胜区和九寨沟风景名胜区 4 个旅游景区的游客接待量较上年出现不同程度的下降，下降比例分别为 41.55%、17.86%、3.73%和 1.89%。其余景区均实现了不同程度的增长，其中，汶川特别旅游区增长幅度最大，达到了 16.72%（见有Ⅰ-53 和图Ⅰ-64）。

表Ⅰ-53　2016 年四川省 5A 级旅游景区游客接待量情况

景区名称	接待游客量（万人次）	接待游客量同比	入境人次（万人次）	免票人次（万人次）
青城山—都江堰旅游景区	696.88	8.50%	8.14	115.68

续表

景区名称	接待游客量（万人次）	接待游客量同比	入境人次（万人次）	免票人次（万人次）
九寨沟风景名胜区	500.01	−1.89%	19.12	29.95
汶川特别旅游区	491.05	16.72%	0	488.01
乐山大佛景区	363.15	0.31%	12.96	15.77
峨眉山风景名胜区	322.4	3.82%	5.93	20.96
剑门蜀道剑门关旅游景区	301.5	13.99%	11	25.57
邓小平故里旅游景区	291.65	5.37%	4.75	291.65
朱德故里景区	243.1	—	10.55	243.1
阆中古城	242.37	−17.86%	4.12	63.71
黄龙风景名胜区	240.39	−3.73%	0.61	9.07
北川羌城旅游区	119.44	−41.55%	0	119.44
总计	3811.94	7.82%	77.18	1422.91

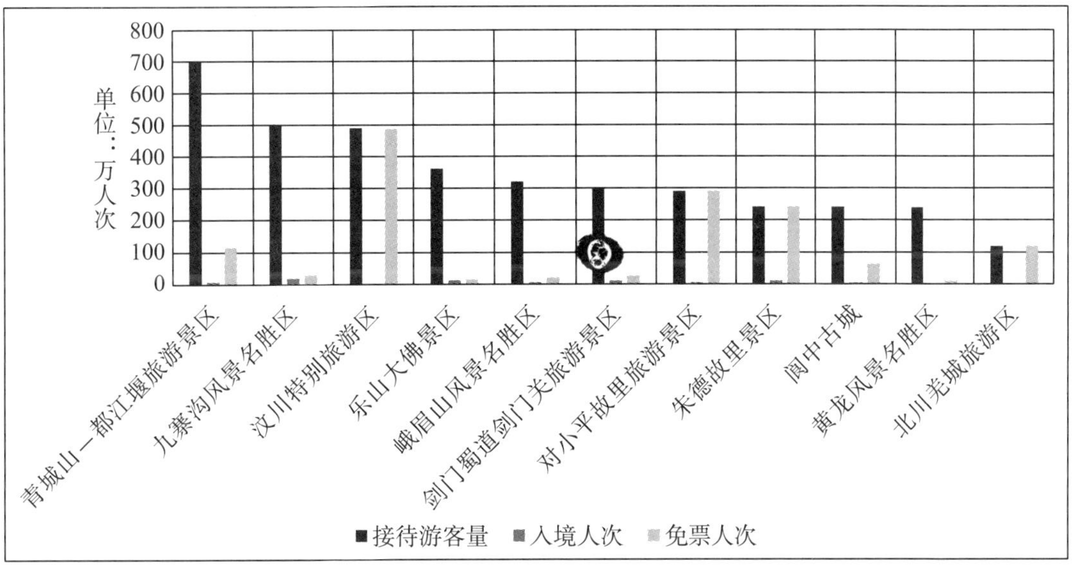

图Ⅰ−64　2016年四川省5A级旅游景区游客接待量对比图

从游客接待量占比变化情况来看，5A级旅游景区游客接待量占全省接待总量的比重较上年下降了0.93个百分点，但同时入境人次占全省入境人次的比重却明显上浮了8.86个百分点，可见在入境旅游市场中，5A级旅游景区的市场认可度依然高于其他等级的景区。此外，5A级旅游景区的免票人次占全省免票人次的比重较上年也略有上浮，上浮了0.06个百分点（见图Ⅰ−65）。

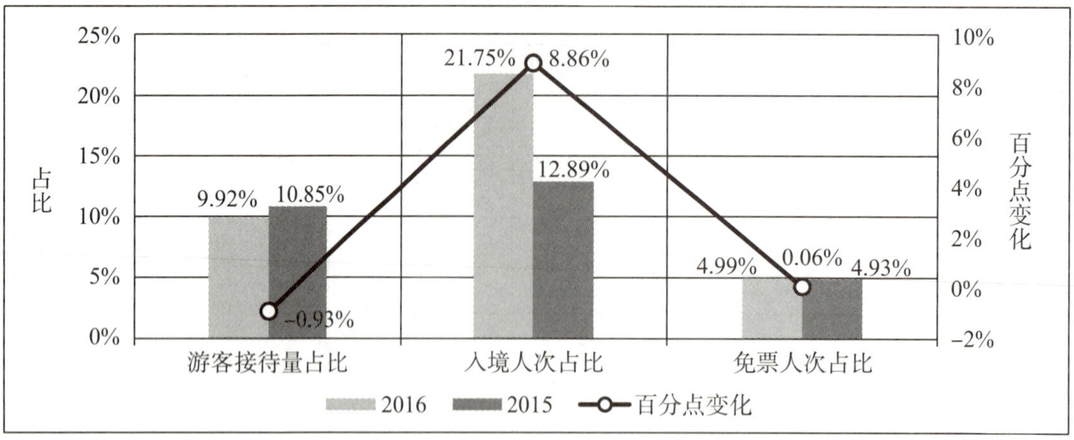

图Ⅰ−65　2016年四川省5A级旅游景区游客接待量占比变化对比图

从平均游客接待量看，5A级旅游景区平均游客接待量为346.54万人次，是全省平均水平的3.78倍，远高于其他等级旅游景区的平均值，但增长率有所下调，下降比例为1.99%。入境旅游市场方面，5A级旅游景区平均入境游客接待量为7.02万人次，同比增长了65.13%，增长速度远高于其他等级的旅游景区，入境游客市场吸引力明显增强（见表Ⅰ−54和图Ⅰ−66）。

表Ⅰ−54　2016年四川省A级旅游景区平均游客接待量情况

等级	接待游客量（万人次）	景区平均游客接待量		入境人次（万人次）	景区平均入境游客接待量	
		数量（万人次）	同比		数量（万人次）	同比
AAAAA	3811.94	346.54	−1.99%	77.18	7.02	65.13%
AAAA	22880.45	124.35	−4.72%	245.17	1.33	−15.01%
AAA	6109.17	53.59	27.34%	25.71	0.23	−47.49%
AA	5370.48	49.73	1.23%	6.84	0.06	3.03%
A	273.8	136.90	−19.54%	0	0.00	—
全省	38445.84	91.76	−1.25%	354.9	0.85	−9.83%

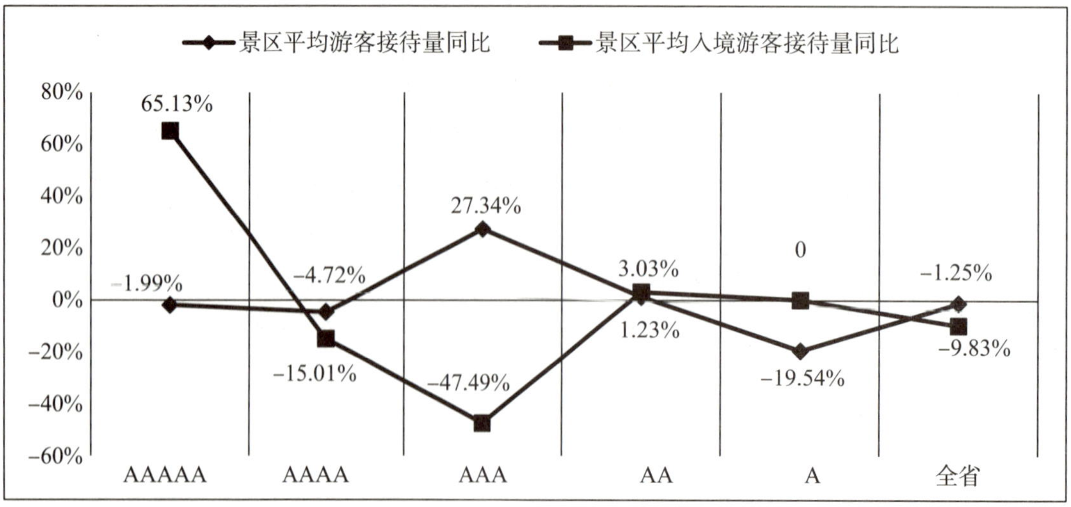

图Ⅰ−66　2016年四川省A级旅游景区平均游客接待量增长情况对比图

（三）5A级旅游景区旅游收入情况

2016年，全省5A级旅游景区旅游收入实现了小幅增长，其中，景区经营总收入50.73亿元，同比增长0.69%；门票收入25.22亿元，同比增长1.42%。从各个旅游景区的收入来看，汶川特别旅游区和北川羌城旅游区的经营总收入下降明显，下降比例分别为70.73%和68.47%；九寨沟风景名胜区和黄龙风景名胜区的经营总收入也略有下降，分别下降了5.97%和2.33%，其余景区均有不同程度的增长。门票收入方面，汶川特别旅游区、九寨沟风景名胜区和黄龙风景名胜区的门票收入均有下降，分别下降了26.60%、5.97%和2.33%，其余景区（不包括门票收入为0的景区）均有不同程度的增长（见表Ⅰ－55）。

表Ⅰ－55　2016年四川省5A级旅游景区经营收入增长情况

景区名称	景区经营总收入（万元）	同比	门票收入（万元）	同比
峨眉山风景名胜区	97812.89	1.60%	44633.89	1.01%
朱德故里景区	85219.15	—	0	—
九寨沟风景名胜区	78871.88	−5.97%	78871.88	−5.97%
阆中古城	55138.27	3.17%	6045.31	6.23%
青城山—都江堰旅游景区	54757.75	17.48%	38019.8	13.47%
黄龙风景名胜区	40500.6	−2.33%	40500.6	−2.33%
汶川特别旅游区	36512.4	−70.73%	142.2	−26.60%
剑门蜀道剑门关旅游景区	29102.42	35.60%	18773.5	27.82%
乐山大佛景区	25992.97	0.33%	25217.97	0.65%
北川羌城旅游区	3073.1	−68.47%	0	0
邓小平故里旅游景区	304.3	12.00%	0	0
总计	507285.73	0.69%	252205.15	1.42%

2016年，5A级旅游景区的经营总收入占全省A级旅游景区经营总收入的10.66%，较上年下降了2.71个百分点；其门票收入占全省A级旅游景区门票收入的近一半，达到了48.22%，比重较高，但该比重较上年下降了1.7个百分点（见图Ⅰ－67）。总体而言，5A级旅游景区对全省旅游景区的经济贡献在逐渐减弱。但值得注意的是，5A级旅游景区仅以11家的景区数量和近一成的游客接待量就取得全省48.22%的门票收入，究其原因，主要是5A级旅游景区在旅游市场中有着较高的资源吸引力和市场认可度；另外，门票价格居高不下也是影响其门票收入比重较高的重要因素。

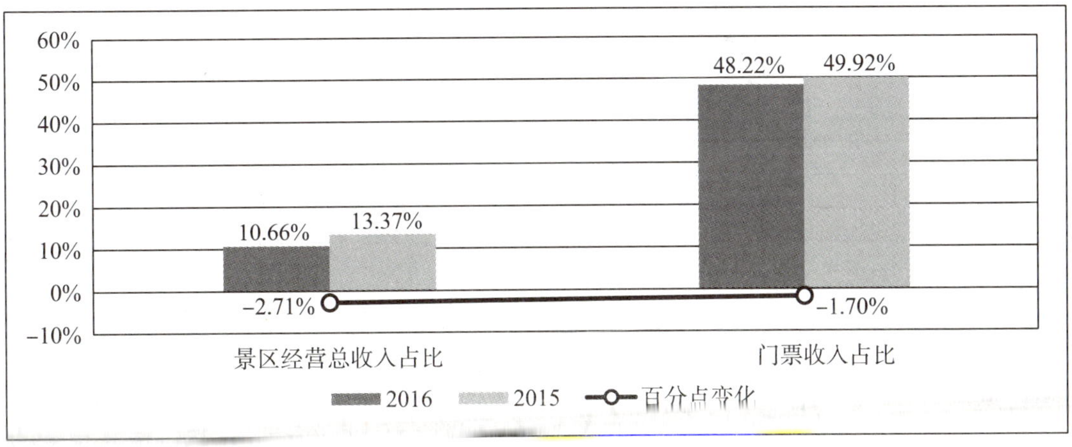

图Ⅰ－67　2016年四川省5A级旅游景区经营收入占比情况对比图

从门票收入占景区经营总收入的比重来看，2016年全省5A级旅游景区的门票收入占其经营总收入的比重达到了49.72%，远远高于全省10.99%的平均水平；同时，该比重较上一年还略上浮了0.36个百分点，而全省门票收入占经营总收入的比重却在下降（见图Ⅰ－68）。可见，5A级旅游景区对门票收入的依赖程度较大，远远超过其他等级旅游景区对门票收入的依赖性。

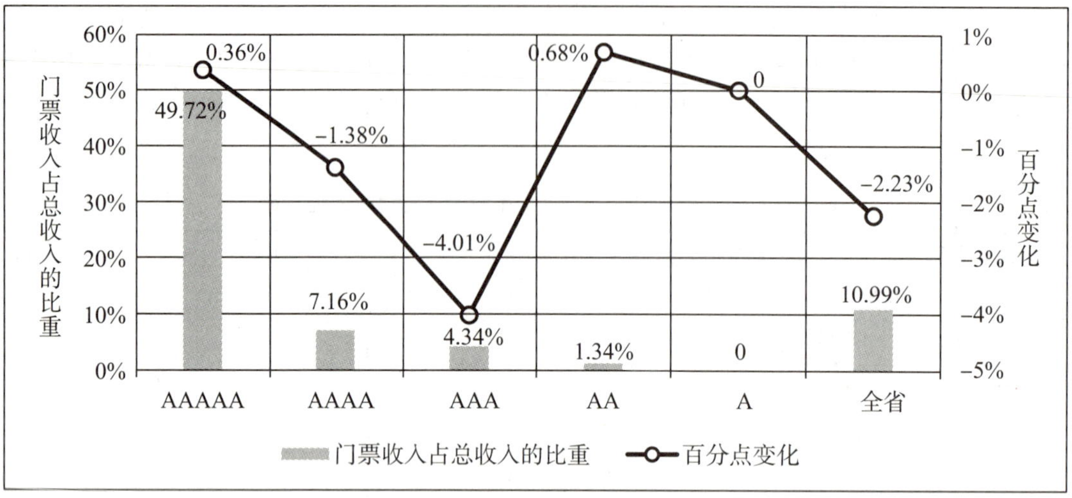

图Ⅰ－68 2016年四川省A级旅游景区门票收入占比变化情况对比图

从景区平均收入看，2016年全省5A级旅游景区平均收入为46116.88万元，是全省平均水平的4.04倍，但增长幅度有所下调，下调比例为8.47%；平均门票收入为22927.74万元，是全省平均水平的18.37倍，景区门票收益可观，但增长幅度亦有下降，下降比例为7.80%（见表Ⅰ－56和图Ⅰ－69）。

表Ⅰ－56 2016年四川省5A级旅游景区平均收入情况

等级	景区平均收入（万元）	同比	平均门票收入（万元）	同比
AAAAA	46116.88	−8.47%	22927.74	−7.80%
全省	11355.64	5.78%	1248.16	−12.05%

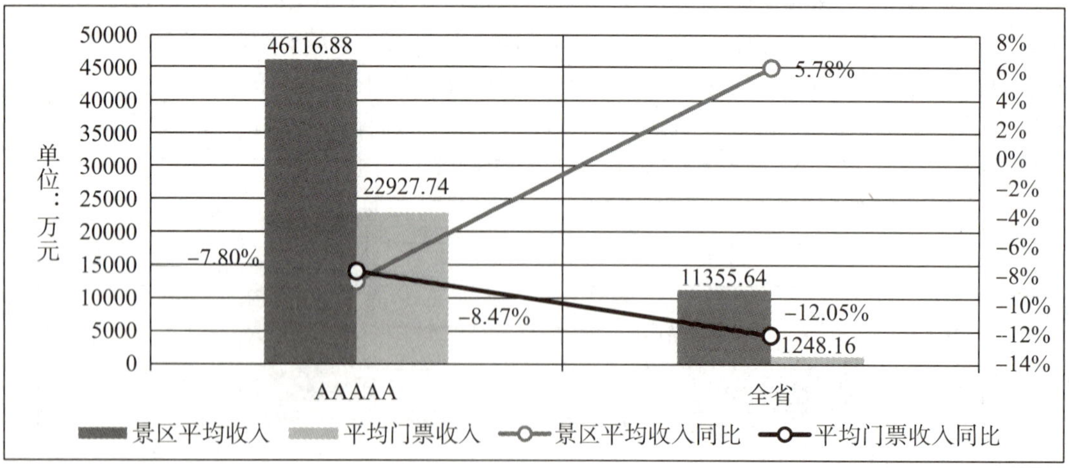

图Ⅰ－69 2016年四川省5A级旅游景区平均收入情况对比图

从人均花费看，2016年全省5A级旅游景区人均花费为133.08元/人次，略高于全省均值（123.76元/人次），同比下降了6.61%；人均门票花费66.16元/人次，远高于全省均值（13.60元/

人次），同比下降了 5.93%（见表Ⅰ—57）。

表Ⅰ—57　2016 年四川省 A 级旅游景区人均花费情况

等级	景区人均花费（元/人次）	同比	人均门票花费（元/人次）	同比
AAAAA	133.08	−6.61%	66.16	−5.93%
全省	123.76	7.12%	13.60	−10.94%

从收入构成看，2016 年全省 5A 级旅游景区的门票收入占经营总收入的将近一半，达到 42.98%，门票经济依赖程度高；其次是餐饮和住宿收入的比重，分别为 17.55%和 12.36%，低于全省平均水平；演艺收入和商品收入的比重最低，仅有 0.34%和 7.21%，亦低于全省平均水平（见图Ⅰ—58 和图Ⅰ—70）。

表Ⅰ—58　2016 年四川省 5A 级旅游景区收入构成情况

等级	门票收入比重	商品收入比重	交通收入比重	住宿收入比重	餐饮收入比重	演艺收入比重	其他收入比重
AAAAA	42.98%	7.21%	9.52%	12.36%	17.55%	0.34%	10.04%
全省	13.84%	14.95%	4.31%	13.24%	28.42%	0.45%	12.72%

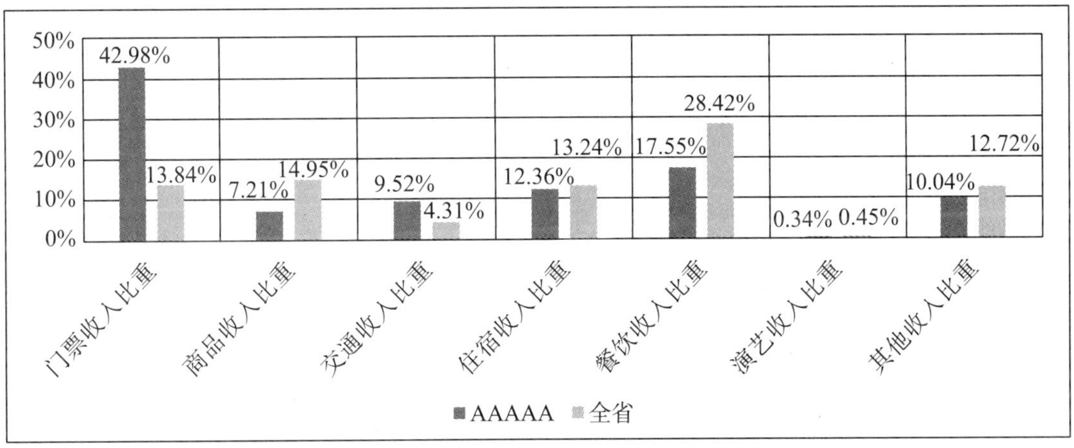

图Ⅰ—70　2016 年四川省 5A 级旅游景区收入构成情况对比图

从收入构成变化情况来看，5A 级旅游景区的门票收入比重较上年上浮了 7.79 个百分点，与其他比重变化情况相比，增幅较大。此外，比重增加的还有交通和住宿收入，分别上浮了 0.92 个百分点和 0.08 个百分点，其余商品、餐饮和演艺收入比重均出现了下降，分别下降了 3.30 个百分点、5.23 个百分点和 0.06 个百分点（见表Ⅰ—59 和图Ⅰ—71）。

表Ⅰ—59　2016 年四川省 5A 级旅游景区收入构成变化情况

等级	门票收入比重变化	商品收入比重变化	交通收入比重变化	住宿收入比重变化	餐饮收入比重变化	演艺收入比重变化	其他收入比重变化
AAAAA	7.79%	−3.30%	0.92%	0.08%	−5.23%	−0.06%	−0.20%
全省	1.26%	−4.33%	−0.78%	−4.24%	−2.54%	−0.40%	−1.03%

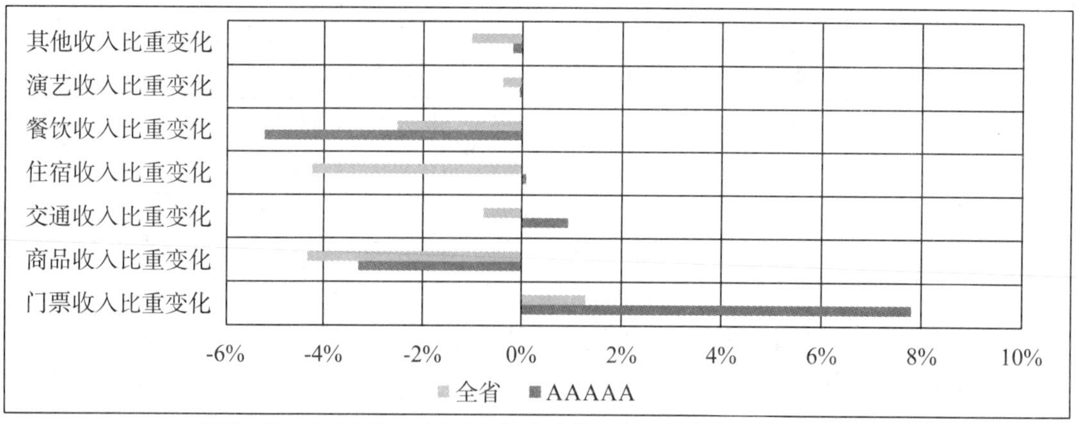

图Ⅰ－71　2016年四川省5A级旅游景区收入构成变化情况对比图

（四）5A级旅游景区建设投资情况

从投资构成看，2016年5A级旅游景区年度建设投资8.43亿元，占全省A级旅游景区当年建设投资总额的8.57%；其中，景区内部建设投资为3.74亿元，占全省内部建设投资的6.08%；景区外部建设投资为4.69亿元，占全省外部建设投资总量的12.72%。景区内部建设投资与外部建设投资的比例方面，5A级旅游景区外部建设投资占其年度建设投资的55.63%，内部建设投资占其年度建设投资的44.37%，景区外部建设投资高于内部建设投资（见图Ⅰ－72和图Ⅰ－73）。

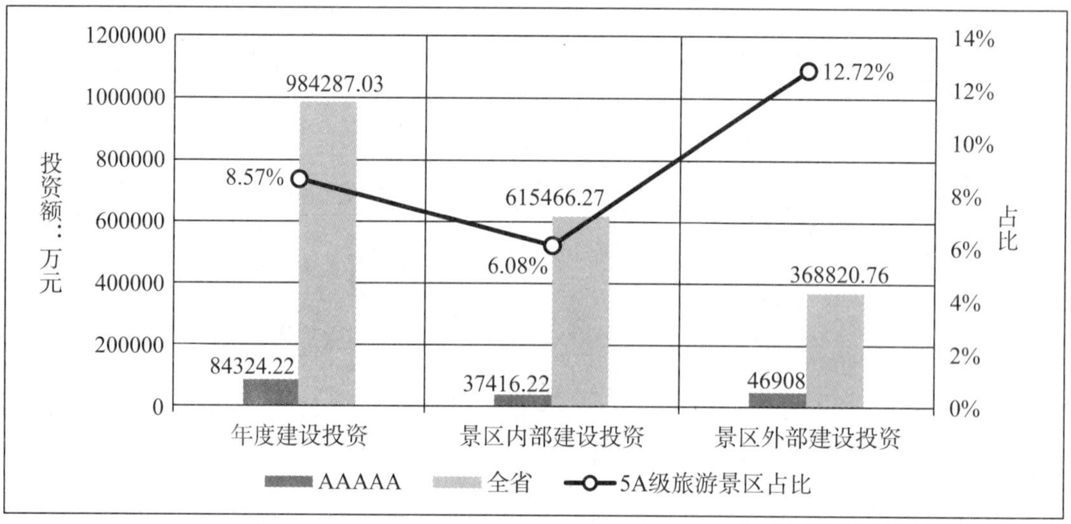

图Ⅰ－72　2016年四川省5A级旅游景区建设投资情况对比图

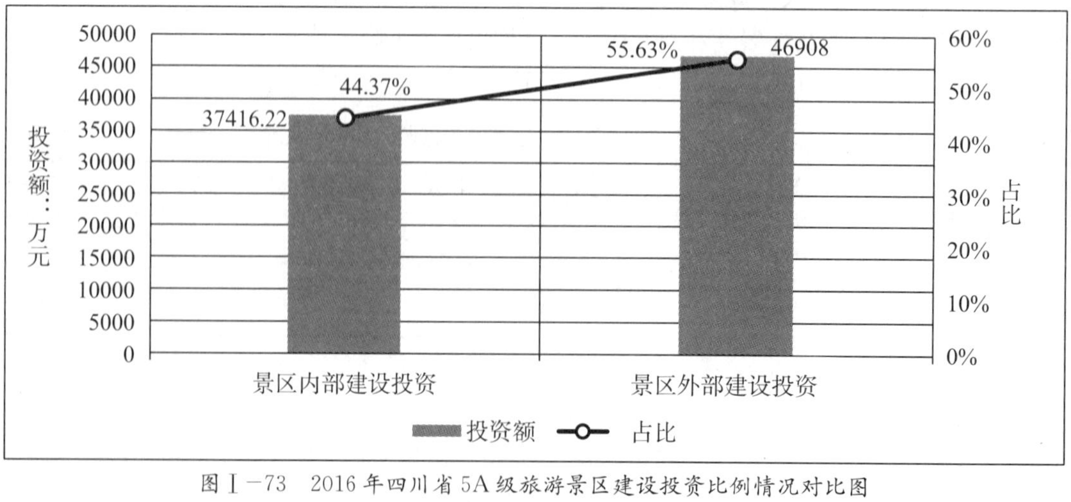

图Ⅰ－73　2016年四川省5A级旅游景区建设投资比例情况对比图

从景区平均建设投资规模看，5A级旅游景区的平均建设投资规模最大，达到了8432.42万元，同比增长了116.77%。其中，景区外部平均建设投资规模为4690.80万元，高于其他等级旅游景区的外部平均建设投资，同比增长了10%；景区内部平均建设投资规模为3741.62万元，同比增长了2.66%（见表Ⅰ—60和图Ⅰ—74）。

表Ⅰ—60　2016年四川省A级旅游景区平均建设投资情况

等级	平均建设投资		景区内部平均建设投资		景区外部平均建设投资	
	均值（万元）	同比	均值（万元）	同比	均值（万元）	同比
AAAAA	8432.42	116.77%	3741.62	2.66%	4690.80	10.00%
AAAA	5910.65	6.11%	3799.59	31.75%	2111.06	16.91%
AAA	1067.09	83.73%	597.16	15.12%	469.94	16.39%
AA	449.59	0.64%	360.56	57.95%	89.03	18.84%
全省	3566.26	14.79%	2229.95	30.32%	1336.31	−4.24%

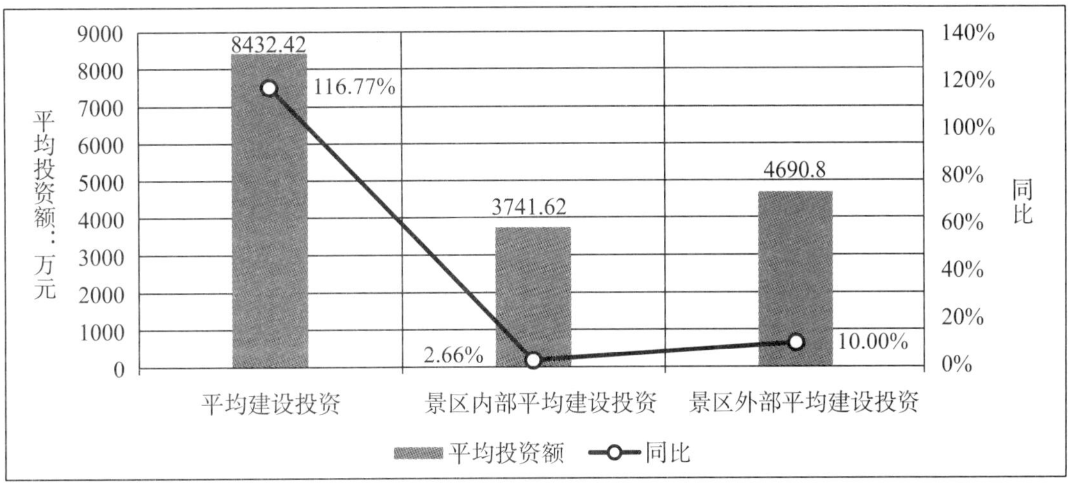

图Ⅰ—74　2016年四川省5A级旅游景区平均建设投资对比图

从资金来源看，5A级旅游景区建设投资中，贷款比例高于拨款和自筹的比例，其中贷款资金为3.52亿元，占5A级旅游景区来源资金总额的42.28%；拨款资金为2.51亿元，占5A级旅游景区来源资金总额的30.16%；自筹资金为2.29亿元，占5A级旅游景区来源资金总额的27.56%（见图Ⅰ—75）。

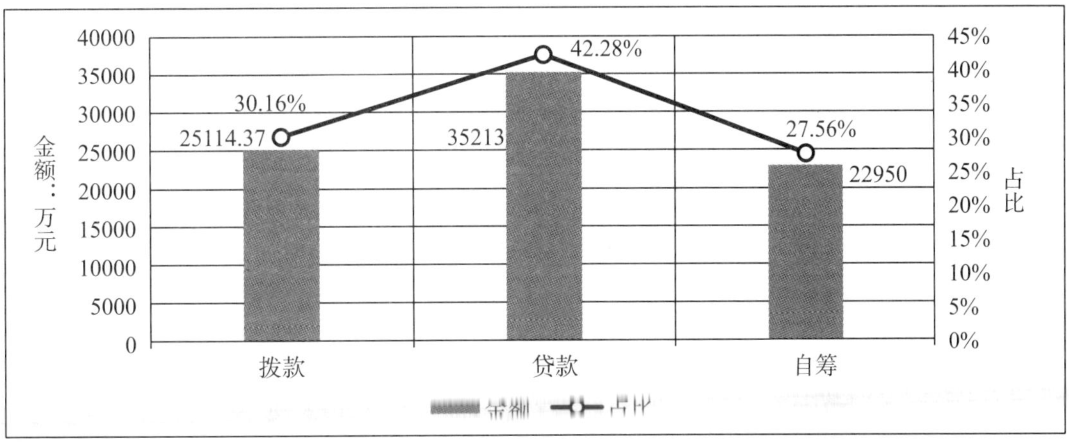

图Ⅰ—75　2016年四川省5A级旅游景区资金来源情况对比图

（五）5A 级旅游景区就业情况

2016 年，5A 级旅游景区共吸纳就业人次 17356 人，占全省 A 级旅游景区就业人次的 16.17%。其中，固定用工 9339 人，占全省 A 级旅游景区固定用工人次的 16.46%；专职导游 163 人，占全省 A 级旅游景区专职导游人员的 8.01%。5A 级旅游景区虽然吸纳就业的比重不大，但平均就业人次最多，达到为 1736 人，是平均就业人次最低的 2A 级旅游景区的 9.3 倍；平均固定用工为 934 人，是 2A 级旅游景区的 9 倍；平均专职导游人数 16 个，是 2A 级旅游景区的 4 倍（见表Ⅰ－61 和图Ⅰ－76）。

表Ⅰ－61　2016 年四川省 A 级旅游景区就业情况

等级	就业人次（人）			固定用工（人）			专职导游人员（人）		
	数值	占比	均值	数值	占比	均值	数值	占比	均值
AAAAA	17356	16.17%	1736	9339	16.46%	934	163	8.01%	16
AAAA	60976	56.80%	448	31793	56.02%	234	1388	68.21%	10
AAA	16170	15.06%	265	8437	14.87%	138	228	11.20%	4
AA	12847	11.97%	186	7185	12.66%	104	256	12.58%	4
全省	107349	—	389	56754	—	206	2035	—	7

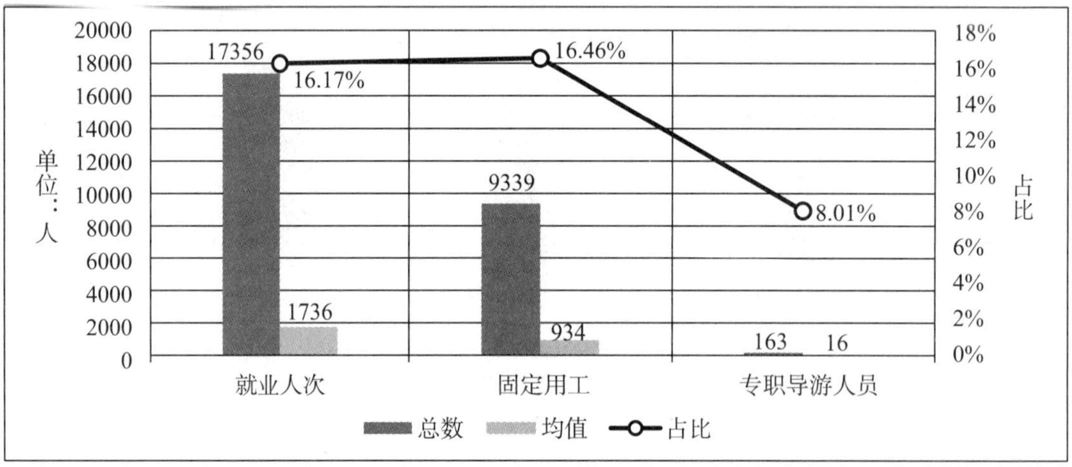

图Ⅰ－76　2016 年四川省 5A 级旅游景区就业情况对比图

四、2016 年四川省 4A 级旅游景区运营情况

（一）4A 级旅游景区数量情况

截至 2016 年底，全省共有 4A 级旅游景区 184 家（以等级公告时间为准），占全省 A 级旅游景区的 43.91%。其中，新增 4A 级旅游景区 27 家，同比增长 17.20%，占全省新增旅游景区数量的 39.71%（见表Ⅰ－62）。

表Ⅰ－62　2016 年四川省 4A 级旅游景区数量情况（单位：家）

等级	2016 年	2015 年	增数	同比	占比
AAAA	184	157	27	17.20%	43.91%
全省	419	351	68	19.37%	—

从景区类型看，4A 级旅游景区主要以自然景观类为主，占 4A 级旅游景区总数的 31.52%；其次

是历史文化类和度假休闲类，分别占4A级旅游景区总数的23.91%和14.67%。其他类型的旅游景区数量占比均低于10%（见表Ⅰ-63和图Ⅰ-77）。

表Ⅰ-63　2016年四川省4A级旅游景区类型情况

景区类型	数量（家）	占比
自然景观	58	31.52%
历史文化	44	23.91%
度假休闲	27	14.67%
乡村旅游	17	9.24%
博物馆	13	7.07%
其他	9	4.89%
红色旅游	7	3.80%
工业旅游	4	2.17%
主题游乐	3	1.63%
科技教育	2	1.09%
总计	184	—

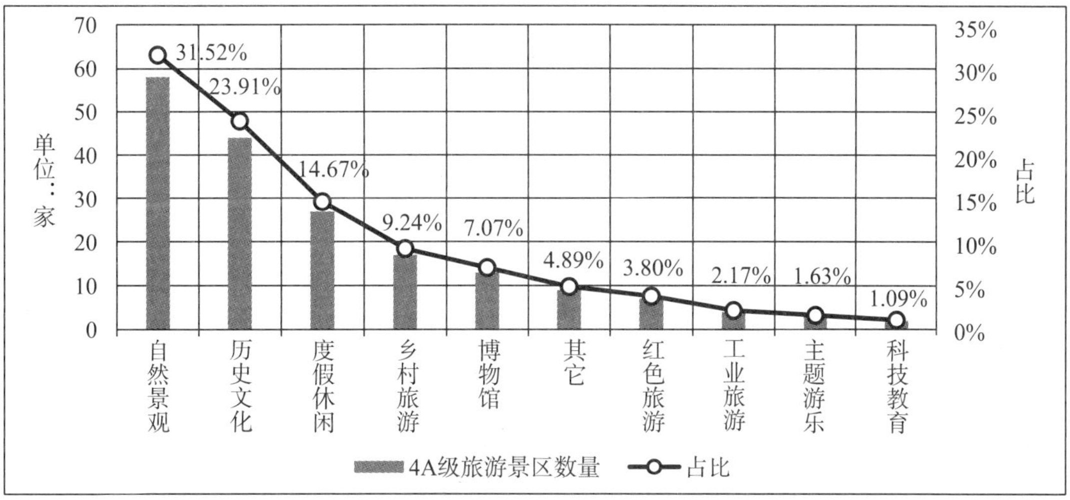

图Ⅰ-77　2016年四川省4A级旅游景区类型情况对比图

从经济区看，2016年全省4A级旅游景区数量最多的区域仍然是成都平原经济区，共计95家，占全省4A级旅游景区数量的51.63%，超过一半。虽成都平原经济区包含了数量最多的市州（8个），但每个市州的景区平均拥有数达到了12家，依然超过其他经济区的各市州景区平均拥有数。紧随其后的是川东北经济区，4A级旅游景区数量为46家，占到了全省4A级旅游景区总数的1/4。攀西经济区的4A级旅游景区数量最少，仅有9家，占全省4A级旅游景区数量的4.89%。另外，攀西经济区和川南经济区每个市州的景区平均拥有数均为5家，位居各经济区末位。从增数看，2016年4A级旅游景区数量增加较多的是成都平原经济区和川东北经济区，分别增加了12家和8家；数量增加较少的是川西北生态经济区和攀西经济区，仅分别增加了1家和2家（见表Ⅰ-64和图Ⅰ-78）。

表Ⅰ-64 2016年四川省各经济区4A级旅游景区数量情况（单位：家）

经济区	数量	增数	占比	市州平均拥有数
成都平原经济区	95	12	51.63%	12
川东北经济区	46	8	25.00%	9
川南经济区	19	4	10.33%	5
川西北生态经济区	15	1	8.15%	8
攀西经济区	9	2	4.89%	5
全省	184	27	—	20

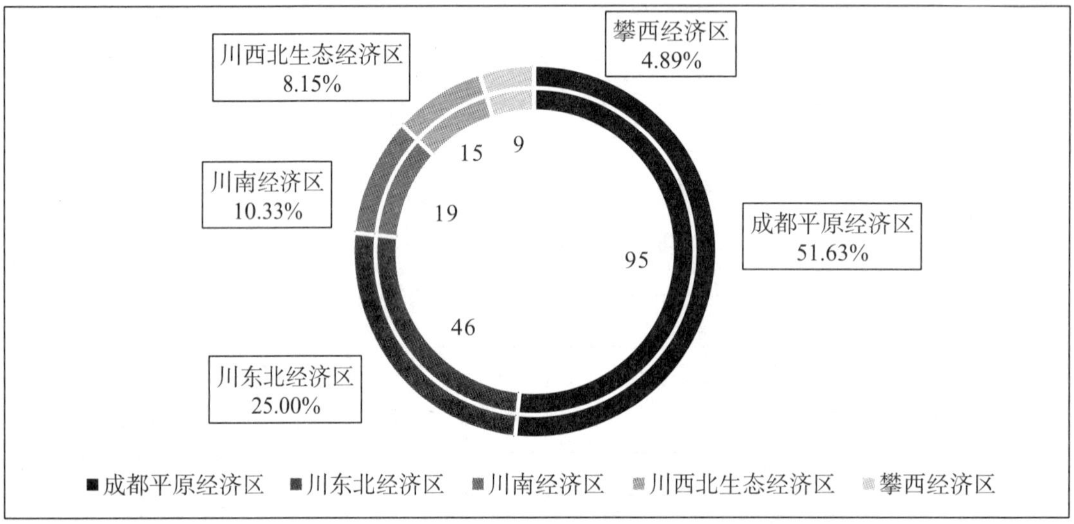

图Ⅰ-78 2016年四川省各经济区4A级旅游景区数量情况对比图

从机构性质看，2016年全省4A级旅游景区中，行政事业单位的数量略高于企业单位的数量。其中，行政事业单位共有96家，占全省4A级旅游景区总量的52.17%；企业单位共有88家，占全省总量的47.83%；二者基本持平（见图Ⅰ-79）。

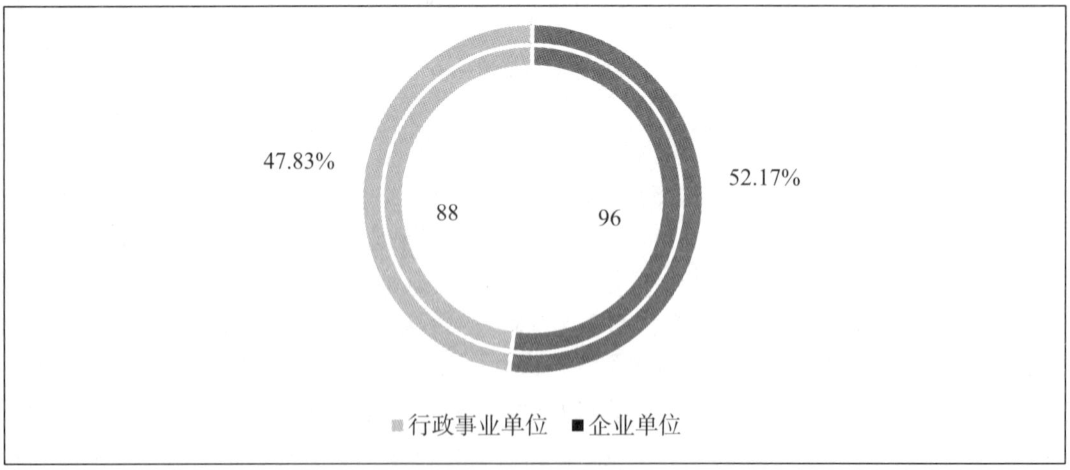

图Ⅰ-79 2016年四川省4A级旅游景区机构性质情况对比图

（二）4A级旅游景区游客接待量情况

2016年，全省4A级旅游景区共接待游客2.29亿人次，同比增长11.67%，占全省A级旅游景区游客接待量的59.51%。其中，接待入境游客245.17万人次，同比下降0.40%；免票人次1.64亿人次，同比增长8.55%（见表Ⅰ-65和图Ⅰ-80）。

从接待量占全省A级旅游景区游客接待总量的比重来看，4A级旅游景区的游客接待量占全省A级旅游景区接待总量的59.51%，接近六成，但该比重较上年下降了3.31个百分点；入境人次占全省A级旅游景区入境人次的69.08%，接近七成，但该比重较上年下降了5.58个百分点；免票人次占全省A级旅游景区免票人次的57.60%，较上年下降了5.52个百分点（见图Ⅰ-80）。整体而言，4A级旅游景区在游客接待量、入境人次和免票人次三个方面的比重均出现了下调，可见4A级旅游景区虽是全省景区旅游接待的主体，但其在游客接待规模方面的影响力较上年有所减弱。

表Ⅰ-65　2016年4A级旅游景区游客接待量情况

指标	数量（万人次）	同比	占全省A级旅游景区的比重	占全省A级旅游景区的比重变化
接待游客量	22880.45	11.67%	59.51%	-3.31%
入境人次	245.17	-0.40%	69.08%	-5.58%
免票人次	16410.25	8.55%	57.60%	-5.52%

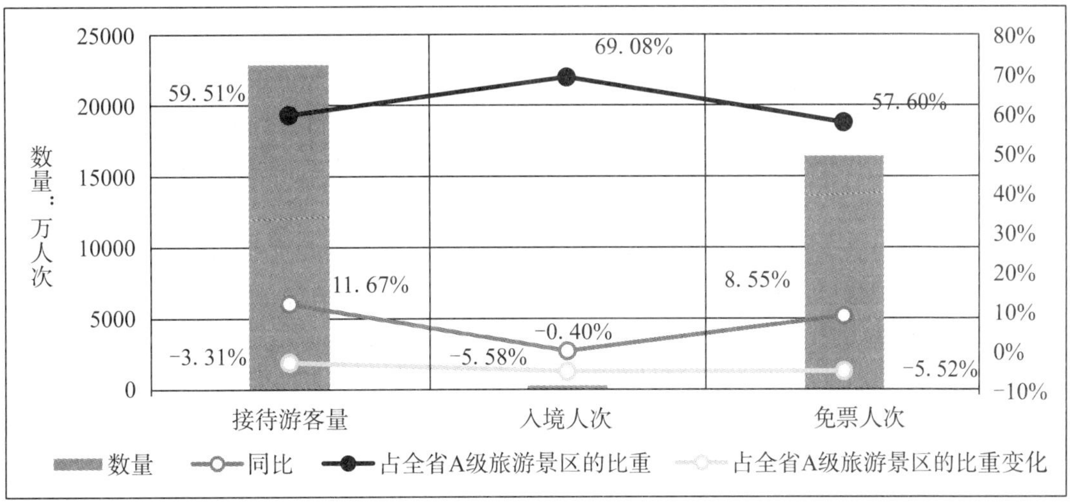

图Ⅰ-80　2016年4A级旅游景区游客接待量情况对比图

从平均游客接待量看，2016年全省4A级旅游景区平均游客接待量为124.35万人次，是全省均值的1.36倍，但同比下降了4.72%；平均入境游客接待量为1.33万人次，是全省均值的1.56倍，但同比下降了15.01%，单个景区的入境游客市场吸引力明显下降（见表Ⅰ-66和图Ⅰ-81）。

表Ⅰ-66　2016年四川省4A级旅游景区平均游客接待量情况

等级	平均游客接待量		平均入境游客接待量	
	数量（万人次）	同比	数量（万人次）	同比
AAAA	124.35	-4.72%	1.33	-15.01%
全省	91.76	-1.25%	0.85	-9.83%

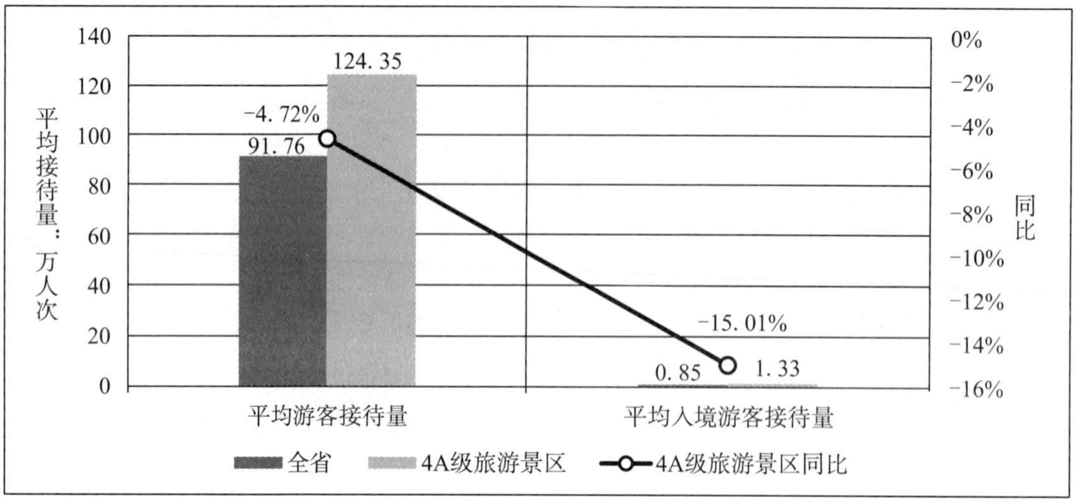

图Ⅰ－81　2016 年四川省 4A 级旅游景区平均游客接待量情况对比图

从景区类型看，2016 年 4A 级旅游景区中，自然景观类和历史文化类的旅游景区游客接待量最多，分别达到了 6139.31 万人次和 6081.61 万人次，分别占全省 4A 级旅游景区游客接待量的 26.83%和 26.58%，远高于其他类型旅游景区的游客接待量；紧随其后的是度假休闲类和乡村旅游类旅游景区，游客接待量分别达到了 2736.71 万人次和 2700.56 万人次，分别占全省 4A 级旅游景区游客接待量的 11.96%和 11.80%；游客接待量最低的是科技教育类旅游景区，游客接待量为 45.8 万人次，仅占全省 4A 级旅游景区游客接待量的 0.20%。入境人次方面，接待量最高的是历史文化类旅游景区，接待人次为 74.29 万人次，占全省 4A 级旅游景区入境人次的 30.30%；其次是自然景观类旅游景区，接待入境游客 43.96 万人次，占全省 4A 级旅游景区入境人次的 17.93%；入境游客接待量最低的是红色旅游类景区，仅占全省 4A 级旅游景区入境人次的 0.04%。免票人次方面，历史文化类和自然景观类的旅游景区免票人次最多，分别为 4487.76 万人次和 4006.66 万人次，分别占全省 4A 级旅游景区免票人次的 27.35%和 24.42%（见表Ⅰ－67 和图Ⅰ－82）。

表Ⅰ－67　2016 年四川省各类型 4A 级旅游景区游客接待量情况（单位：万人次）

景区类型	接待游客量		入境人次		免票人次	
	数值	占比	数值	占比	数值	占比
自然景观	6139.31	26.83%	43.96	17.93%	4006.66	24.42%
历史文化	6081.61	26.58%	74.29	30.30%	4487.76	27.35%
度假休闲	2736.71	11.96%	18.16	7.41%	1974.62	12.03%
乡村旅游	2700.56	11.80%	28.34	11.56%	2554.99	15.57%
其他	1872.53	8.18%	32.22	13.14%	1478.28	9.01%
博物馆	1336.66	5.84%	20.99	8.56%	428.54	2.61%
工业旅游	770.99	3.37%	15.78	6.44%	696.19	4.24%
红色旅游	647.79	2.83%	0.1	0.04%	571.39	3.48%
主题游乐	548.49	2.40%	10.03	4.09%	180.07	1.10%
科技教育	45.8	0.20%	1.3	0.53%	31.75	0.19%
4A 总计	22880.45	—	245.17	—	16410.25	—

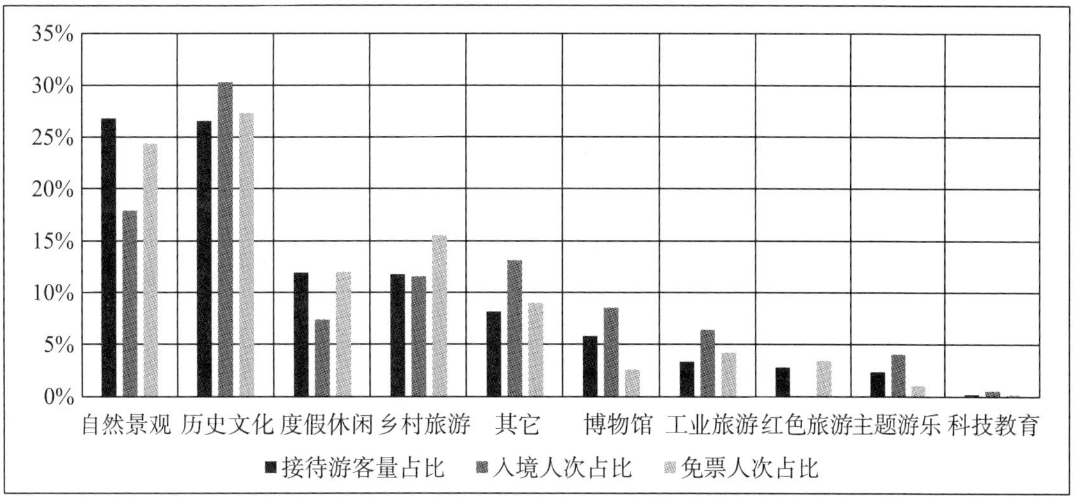

图Ⅰ—82　2016年四川省各类型4A级旅游景区游客接待量占比图

（三）4A级旅游景区旅游收入情况

2016年，全省4A级旅游景区实现经营总收入348.03亿元，同比增长28.61%；其中，门票收入24.93亿元，同比增长7.85%。从占全省A级旅游景区收入的比重来看，4A级旅游景区在全省旅游景区中的主体地位进一步加强，其经营总收入占全省A级旅游景区经营总收入的73.15%，该比重较上年上浮了1.33个百分点；门票收入占全省4A级旅游景区门票总收入的47.68%，该比重较上年上浮了1.27个百分点（见表Ⅰ—68和图Ⅰ—83）。

表Ⅰ—68　2016年四川省4A级旅游景区经营收入情况

指标	收入（万元）	同比	占全省A级旅游景区的比重	占全省A级旅游景区的比重变化
景区经营总收入	3480290.47	28.61%	73.15%	1.33%
门票收入	249340.22	7.85%	47.68%	1.27%

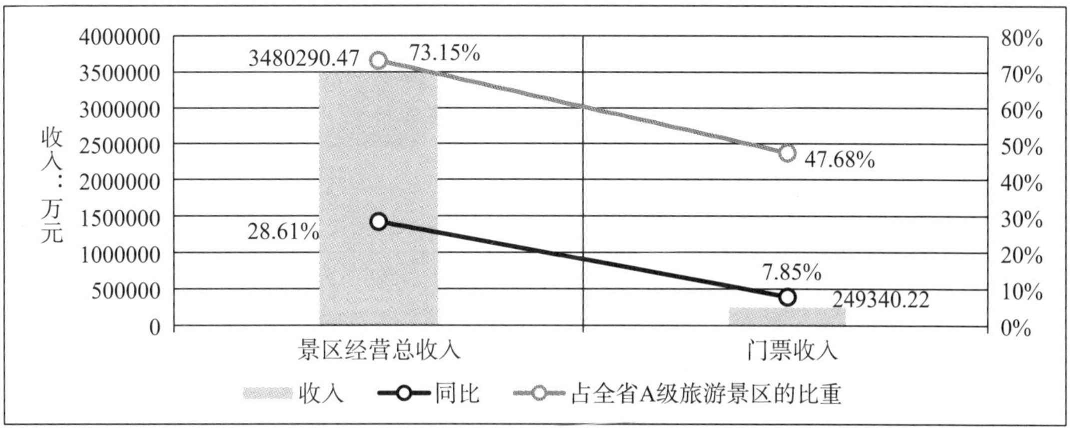

图Ⅰ—83　2016年四川省4A级旅游景区经营收入情况对比图

从门票收入占景区经营总收入的比重来看，2016年全省4A级旅游景区的门票收入占其经营总收入的比重为7.16%，低于全省10.99%的平均水平；同时，该比重较上一年还下降了1.38个百分点，可见4A级旅游景区对门票收入的依赖程度在逐渐减弱，其从门票经济向产业经济转变的趋势正在加强（见图Ⅰ—84）。

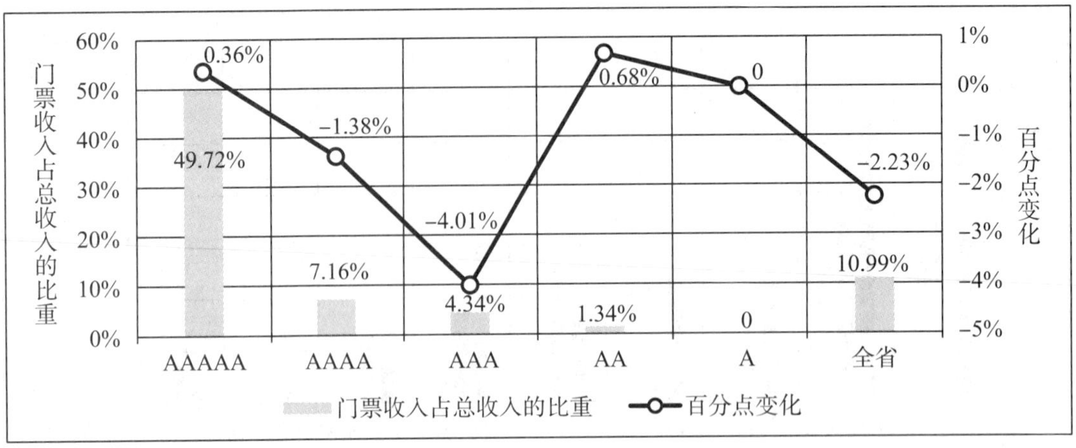

图Ⅰ-84　2016 年四川省 A 级旅游景区门票收入占比图

从景区平均收入看，2016 年 4A 级旅游景区的总收入均值和门票收入均值皆高于全省平均水平。4A 级旅游景区平均经营收入为 18914.62 万元，是全省平均水平的 1.66 倍，同比增长了 9.74%；平均门票收入为 1355.11 万元，是全省平均水平的 1.09 倍，但增长幅度有所下调，下调比例为 7.97%（见表Ⅰ-69 和图Ⅰ-85）。4A 级旅游景区在景区平均收入有所增长的同时平均门票收入有所下降，又从一个侧面证明 4A 级旅游景区对门票经济的依赖程度在逐渐减弱。

表Ⅰ-69　2016 年四川省 4A 级旅游景区平均收入情况

等级	景区平均收入（万元）	同比	平均门票收入（万元）	同比
AAAA	18914.62	9.74%	1355.11	-7.97%
全省	11355.64	5.78%	1248.16	-12.05%

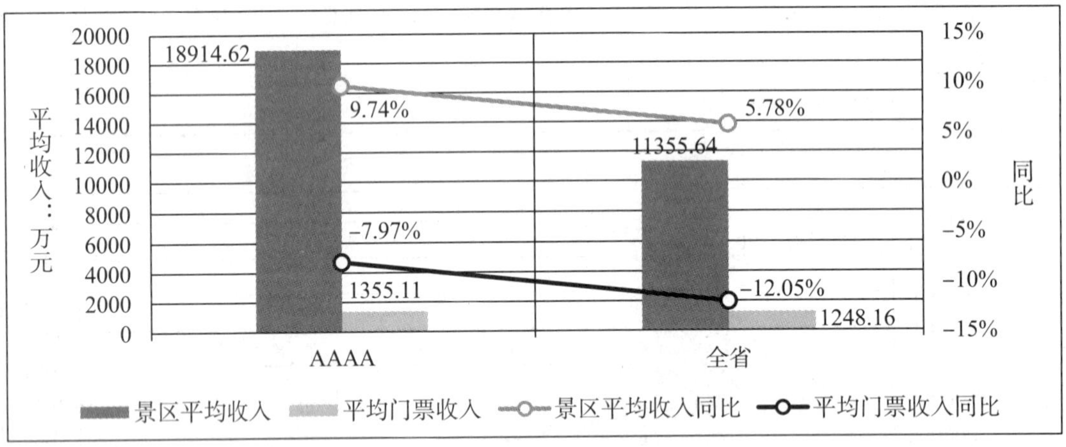

图Ⅰ-85　2016 年四川省 4A 级旅游景区平均收入对比图

从人均花费看，2016 年全省 4A 级旅游景区人均花费最高，为 152.11 元/人次，同比增长了 15.17%；人均门票花费 10.90 元/人次，低于于全省均值（13.60 元/人次），同比下降了 3.42%（见表Ⅰ-70 和图Ⅰ-86）。整体来看，游客在 4A 级旅游景区的门票花费较上一年有所减少，而在景区的其他花费有所增加。

表Ⅰ-70　2016 年四川省 A 级旅游景区人均花费情况

等级	景区人均花费（元/人次）	同比	人均门票花费（元/人次）	同比
AAAAA	133.08	-6.61%	66.16	-5.93%
AAAA	152.11	15.17%	10.90	-3.42%

续表

等级	景区人均花费（元/人次）	同比	人均门票花费（元/人次）	同比
AAA	61.96	10.59%	2.69	−42.49%
AA	69.56	−1.77%	0.93	100.27%
A	67.09	−6.95%	0.00	—
全省	123.76	7.12%	13.60	−10.94%

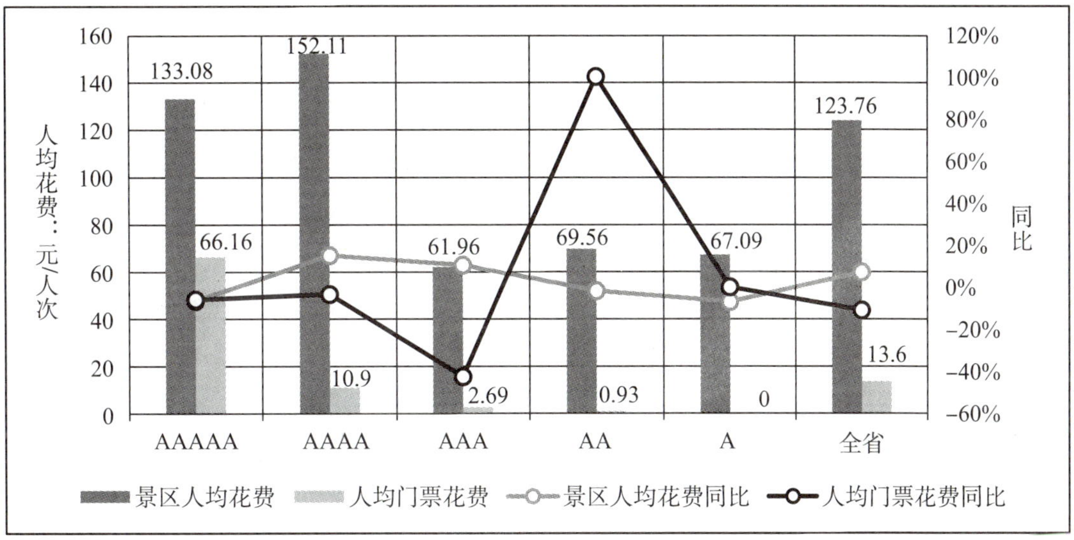

图Ⅰ−86　2016年四川省A级旅游景区人均花费对比图

从收入构成看，2016年，全省4A级旅游景区的收入构成中以餐饮收入比重最高，达到31.18%；其次是商品和住宿收入比重，分别为17.27%和14.94%；三者的比重均高于全省平均水平。比重最低的为演艺收入，仅占4A级旅游景区收入的0.52%（见表Ⅰ−71和图Ⅰ−87）。

表Ⅰ−71　2016年四川省4A级旅游景区收入构成情况

等级	门票收入比重	商品收入比重	交通收入比重	住宿收入比重	餐饮收入比重	演艺收入比重	其他收入比重
AAAA	9.81%	17.27%	3.74%	14.94%	31.18%	0.52%	9.65%
全省	13.84%	14.95%	4.31%	13.24%	28.42%	0.45%	12.72%

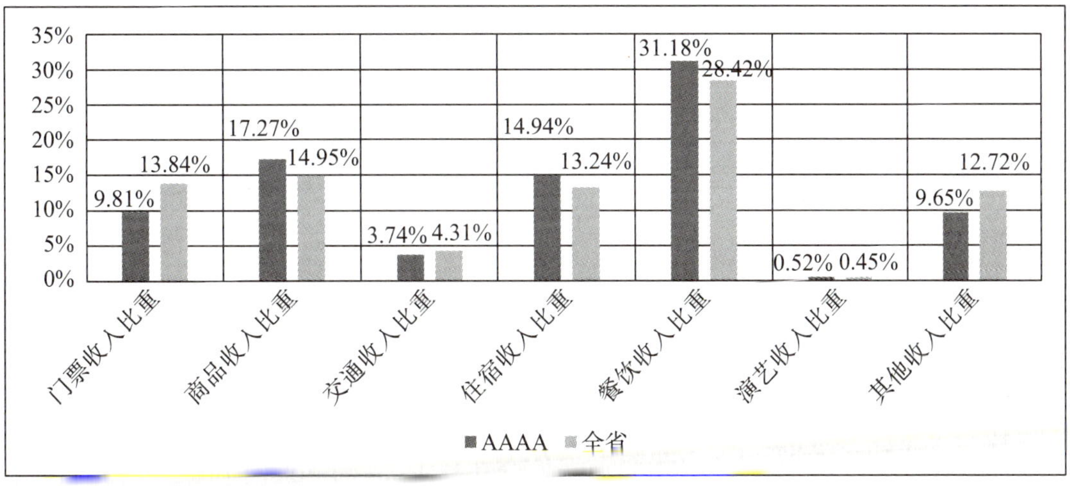

图Ⅰ−87　2016年四川省4A级旅游景区收入构成对比图

从收入构成比重变化看，2016年全省4A级旅游景区收入构成中，门票收入和餐饮收入的比重较上年上浮了0.85个百分点和1.12个百分点，其余商品收入、交通收入、住宿收入、演艺收入和其他收入的比重较上年均有不同程度的下降，其中住宿收入和商品收入的比重下降最多，分别下降了5.41个百分点和5.25个百分点（见表Ⅰ－72和图Ⅰ－88）。

表Ⅰ－72　2016年四川省4A级旅游景区收入构成比重变化情况

等级	门票收入比重变化	商品收入比重变化	交通收入比重变化	住宿收入比重变化	餐饮收入比重变化	演艺收入比重变化	其他收入比重变化
AAAA	0.85%	－5.25%	－1.11%	－5.41%	1.12%	－0.56%	－2.53%
全省	1.26%	－4.33%	－0.78%	－4.24%	－2.54%	－0.40%	－1.03%

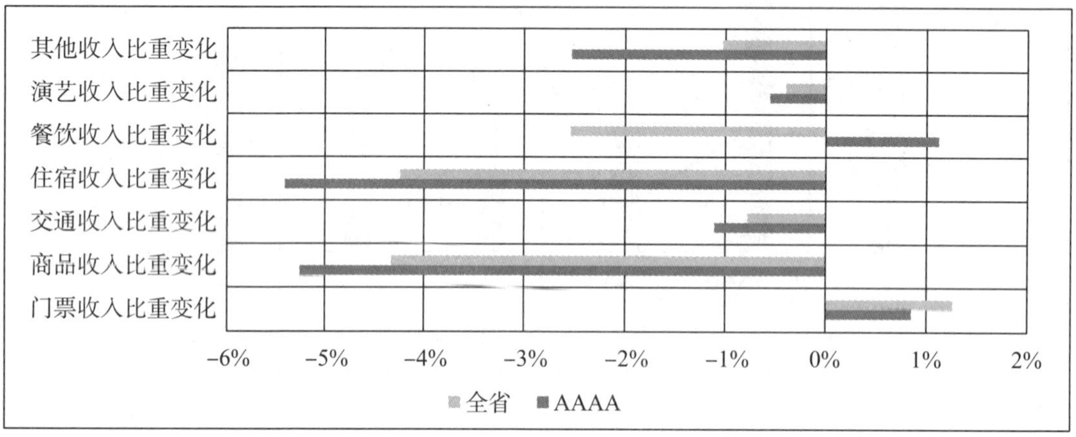

图Ⅰ－88　2016年四川省4A级旅游景区收入构成比重变化对比图

从景区类型看，2016年自然景观类和历史文化类的景区经营总收入最多，分别为109.24亿元和106.89亿元，占全省4A级旅游景区经营总收入的31.39%和30.71%；度假休闲类景区经营总收入位居第三，为51.31亿元，占全省4A级旅游景区经营总收入的14.74%；其余类型的景区经营总收入占比均低于10%，其中，科技教育类景区经营总收入最低，仅有529.93万元，仅占全省4A级旅游景区经营总收入的0.02%。门票收入方面，自然景观类旅游景区以9.25亿元位居首位，占全省4A级旅游景区门票收入的37.10%，远高于其他类型的景区门票收入；度假休闲类、主题游乐类、博物馆类和历史文化类的景区门票收入也较高，分别达到了3.67亿元、3.49亿元、3.04亿元和2.54亿元，占全省4A级旅游景区门票收入的比重均超过了10%；门票收入最低的为工业旅游类景区，仅有157.06万元，仅占全省4A级旅游景区门票收入的0.06%（见表Ⅰ－73和图Ⅰ－89）。

表Ⅰ－73　2016年四川省各类型4A级旅游景区收入情况

景区类型	景区经营总收入		门票收入	
	数值（万元）	占比	数值（万元）	占比
自然景观	1092438.02	31.39%	92508.23	37.10%
历史文化	1068916.6	30.71%	25401.93	10.19%
度假休闲	513133.96	14.74%	36650.64	14.70%
乡村旅游	262686.9	7.55%	4135.43	1.66%
其他	253079.49	7.27%	18796.24	7.54%
博物馆	124664.45	3.58%	30390.93	12.19%

续表

景区类型	景区经营总收入		门票收入	
	数值（万元）	占比	数值（万元）	占比
工业旅游	62100.61	1.78%	157.06	0.06%
红色旅游	52105.41	1.50%	5993.38	2.40%
主题游乐	50635.1	1.45%	34942.72	14.01%
科技教育	529.93	0.02%	363.66	0.15%
4A总计	3480290.47	—	249340.22	—

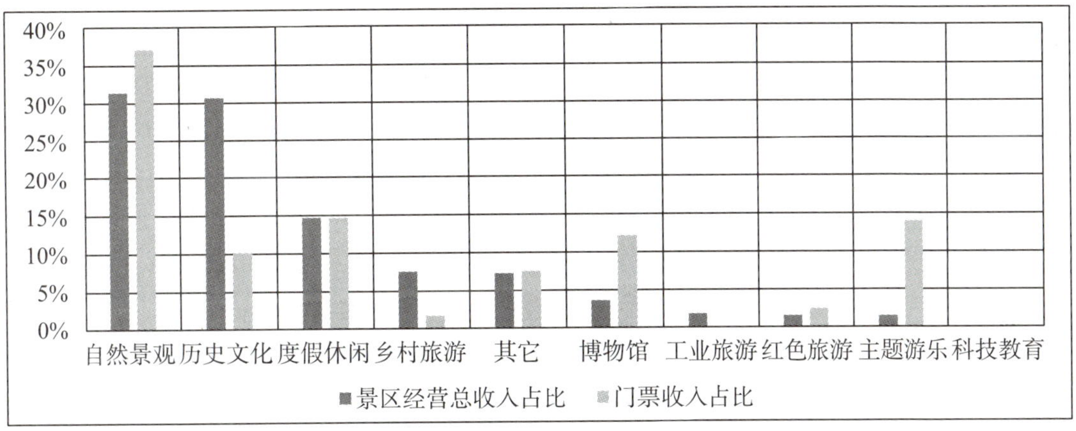

图Ⅰ-89　2016年四川省各类型4A级旅游景区收入对比图

（四）4A级旅游景区建设投资情况

从投资构成看，4A级旅游景区是全省景区投资的主体，2016年年度建设投资80.38亿元，占全省A级旅游景区当年建设投资的81.67%。其中，景区内部建设投资51.67亿元，占全省内部建设投资的83.96%；景区外部建设投资28.71亿元，占全省外部建设投资的77.84%（见图Ⅰ-90）。景区内部建设投资与外部建设投资的比例方面，4A级旅游景区内部建设投资占其年度建设投资的64.28%，外部建设投资占其年度建设投资的35.72%，景区内部建设投资远高于外部建设投资（见图Ⅰ-91）。

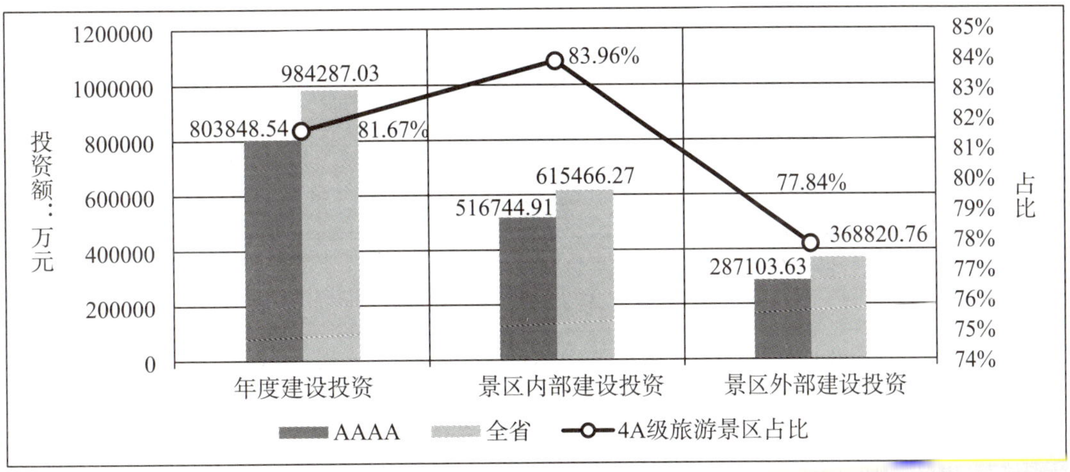

图Ⅰ-90　2016年四川省4A级旅游景区建设投资对比图

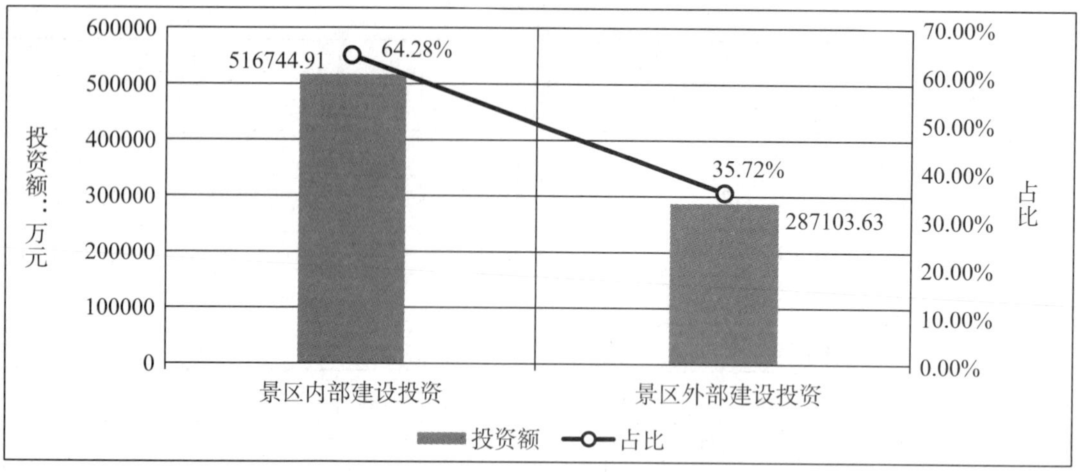

图Ⅰ-91　2016 年四川省 4A 级旅游景区建设投资比例对比图

从景区平均建设投资规模看，4A 级旅游景区的平均建设投资规模为 5910.65 万元，同比增长了 6.11%。其中，景区内部平均建设投资规模为 3799.59 万元，高于其他等级旅游景区的内部平均建设投资，同比增长了 31.75%；景区外部平均建设投资规模为 2111.06 万元，同比增长了 16.91%（见表Ⅰ-74 和图Ⅰ-92）。

表Ⅰ-74　2016 年四川省 A 级旅游景区平均建设投资情况

等级	平均建设投资		景区内部平均建设投资		景区外部平均建设投资	
	均值（万元）	同比	均值（万元）	同比	均值（万元）	同比
AAAAA	8432.42	116.77%	3741.62	2.66%	4690.80	10.00%
AAAA	5910.65	6.11%	3799.59	31.75%	2111.06	16.91%
AAA	1067.09	83.73%	597.16	15.12%	469.94	16.39%
AA	449.59	0.64%	360.56	57.95%	89.03	18.84%
全省	3566.26	14.79%	2229.95	30.32%	1336.31	-4.24%

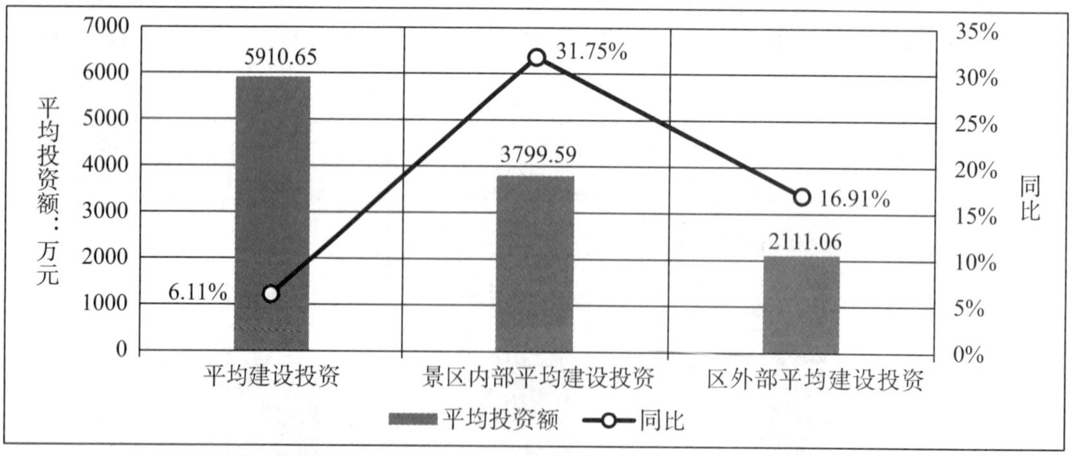

图Ⅰ-92　2016 年四川省 4A 级旅游景区平均建设投资对比图

从资金来源看，4A 级旅游景区的建设投资中，自筹比例远高于拨款和贷款的比例，其中自筹资金为 47.84 亿元，占 4A 级旅游景区来源资金总额的 64.95%；拨款资金为 14.36 亿元，占 4A 级旅游景区来源资金总额的 19.50%；贷款资金为 11.45 亿元，占 4A 级旅游景区来源资金总额的 15.55%（见图Ⅰ-93）。

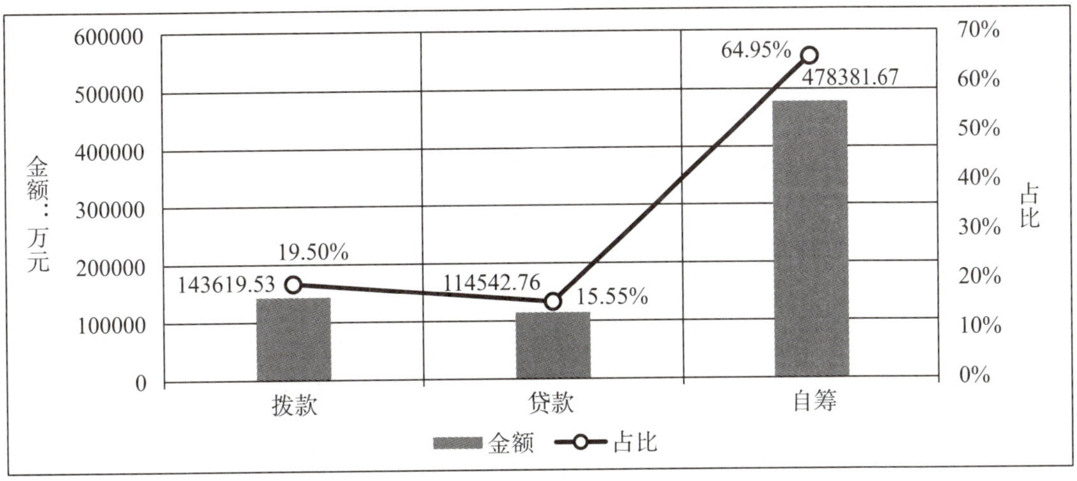

图Ⅰ-93　2016年四川省4A级旅游景区资金来源对比图

（五）4A级旅游景区就业情况

2016年，4A级旅游景区吸纳就业人数最多，就业人次为60976人，占全省A级旅游景区就业人次的56.80%。其中，固定用工31793人，占全省A级旅游景区固定用工人次的56.02%；专职导游1388人，占全省A级旅游景区专职导游人员的68.21%。从平均就业情况看，4A级旅游景区平均就业人次为448人，平均固定用工人数为234人，平均专职导游人数为10人，三者均高于全省平均水平（见表Ⅰ-75和图Ⅰ-94）。

表Ⅰ-75　2016年四川省A级旅游景区就业情况

等级	就业人次（人）			固定用工（人）			专职导游人员（人）		
	数值	占比	均值	数值	占比	均值	数值	占比	均值
AAAAA	17356	16.17%	1736	9339	16.46%	934	163	8.01%	16
AAAA	60976	56.80%	448	31793	56.02%	234	1388	68.21%	10
AAA	16170	15.06%	265	8437	14.87%	138	228	11.20%	4
AA	12847	11.97%	186	7185	12.66%	104	256	12.58%	4
全省	107349	—	389	56754	—	206	2035	—	7

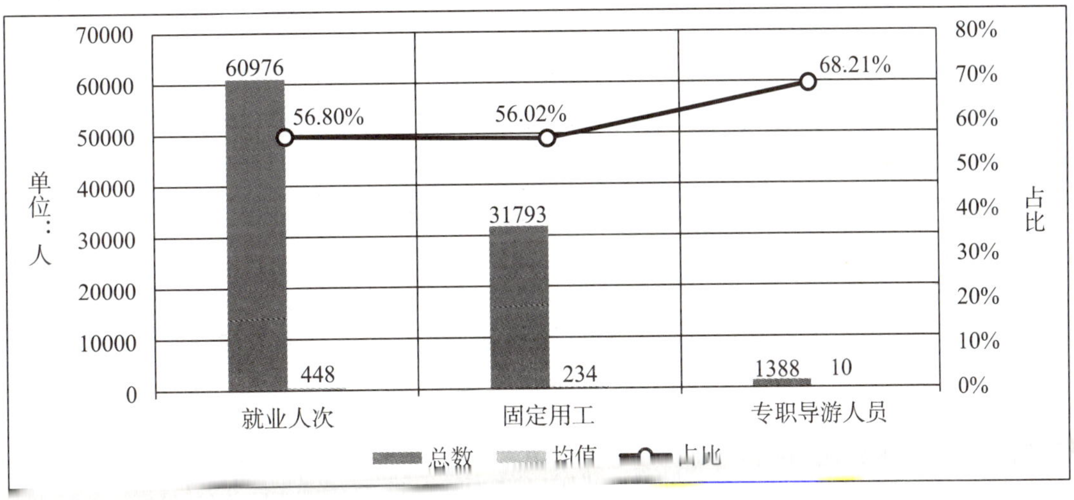

图Ⅰ-94　2016年四川省4A级旅游景区就业情况对比图

五、2016年四川省A级旅游景区发展特征

（一）旅游景区等级与各项指标均值水平呈正相关①

从景区等级看，高A级旅游景区在平均接待规模、平均收入、平均门票收入、平均建设投资和平均就业人次等方面远高于中低A级旅游景区，景区等级与各项指标均值水平呈正相关。2016年，全省A级旅游景区平均接待规模为91.76万人次，平均收入1.14亿元，平均门票收入1248.16万元，平均建设投资3566.26万元，平均就业人次389人。5A和4A级旅游景区的各项指标均值均高于全省平均水平，而3A和2A级旅游景区的各项指标均值皆低于全省均值。

5A级旅游景区中，各项指标均值均远高于全省平均水平和其他等级的旅游景区。其中，平均接待规模为346.54万人次，是全省平均水平的3.78倍；平均收入4.61亿元，是全省平均水平的4.04倍；平均门票收入2.29亿元，是全省平均水平的18.37倍，是第二名4A级旅游景区的16.92倍；平均建设投资4690.80万元，是全省平均水平的3.51倍；平均就业人次1736人，是全省平均水平的4.46倍。值得注意的是，5A级旅游景区的门票收入占其经营总收入的比重达到了49.72%，该比重是全省平均水平（10.99%）的4.52倍，而其他等级旅游景区的该项指标均低于8%，可见5A级旅游景区对门票收入的依赖程度较高。另外，5A级旅游景区的外部建设投资高于内部建设投资，加大了景区外部道路及服务配套设施的建设力度，其社会经济综合带动效应日趋明显。

4A级旅游景区中，各项指标均值亦高于全省平均水平。其中，平均接待规模为124.35万人次，是全省均值的1.36倍；平均收入1.89亿元，是全省均值的1.66倍；平均门票收入1355.11万元，是全省均值的1.09倍；平均建设投资5910.65万元，是全省均值的1.66倍；平均就业人次448人，是全省均值的1.15倍。

（二）区域经济和资源是影响旅游景区平均规模效益的主要因素

从经济区看，区域经济发展水平和资源丰富程度是影响各经济区A级旅游景区规模效益的主要因素。2016年，全省A级旅游景区平均接待规模为91.76万人次，平均收入1.14亿元，平均门票收入1248.16万元。这三项指标均值超过全省平均水平的经济区有成都平原经济区和川西北生态经济区。

成都平原经济区人口众多，经济发展水平较高，产业体系较为完备，是西部地区重要的金融、物流、商贸中心和全国重要的旅游目的地。该经济区各市州景区平均拥有数为25家，超过其他经济区各市州的景区平均拥有数。2016年，成都平原经济区景区平均游客接待量为117.82万人次，是全省平均水平的1.28倍；景区平均收入1.35亿元，是全省平均水平的1.19倍；景区平均门票收入1366.96万元，是全省平均水平的1.10倍。

川西北生态经济区资源优势突出，景观优美独特，现有3个世界自然文化遗产地、14个国家和省级风景名胜区、3个国家5A级旅游景区、38个国家级非物质文化遗产项目，动植物资源十分丰富。因此，尽管该经济区地理区位偏远，人口稀少，经济社会发展滞后，但其景区平均规模效益亦排在前列。其中，景区平均收入和平均门票收入位居五大经济区之首，达到了1.98亿元和6479.77万元，是全省平均水平的1.74倍和5.19倍；景区平均游客接待量排行第二，为102.74万人次，是全省平均水平的1.12倍。另外，川西北生态经济区的景区门票收入占其经营总收入的比重达到了32.78%，远高于全省平均水平（10.99%），与其他经济区相比，该经济区对门票经济的依赖程度相对较高，旅游对综合性产业的带动性相对较差。

① 注：因为1A级旅游景区数量仅有2家，其均值不具可比性，因此不纳入分析讨论范围。

（三）旅游景区复合型旅游消费逐渐增强

随着旅游业的发展，全省A级旅游景区的门票收入占总收入的比重呈现逐渐降低趋势，收益结构不断优化，复合型旅游消费逐渐增强。2016年，全省门票收入52.3亿元，占全省A级旅游景区经营总收入的10.99%，较2015年下降了2.23个百分点。各等级旅游景区中，4A和3A级旅游景区的门票收入占其总收入的比重均有下降，分别较2015年下降了1.38个百分点和4.01个百分点。从收入构成看，全省A级旅游景区餐饮收入比重最大，达到了28.42%；其次是商品收入，所占比重为14.95%；还有住宿收入和其他收入的比重均超过了10%，虽然门票收入的比重仍有13.84%，但全省已形成了餐饮、门票、住宿和商品收入共同主导的营业收入构成状况，门票作为单一盈利模式的状况逐渐改变，全省旅游景区正从门票经济阶段逐步步入复合型旅游消费阶段。

（四）旅游景区公益性不断加强

2016年，全省A级旅游景区免费开放、减免票政策力度持续加大，免费开放型旅游景区和减免票游客数量得以快速提升，免票人次总量达到了2.85亿人次，较上年增加了4539.25万人次，增长率为18.95%。全省免票范围进一步扩大，免费开放旅游景区数量有所增加，减免门票政策不断落实，全省A级旅游景区免票游客量占全省游客总量的比重高达74.10%，较上年同比增加了1个百分点。其中，4A级旅游景区是免票的主体，其免票游客量共计1.64亿人次，同比增长了8.55%，占全省免票游客总量的57.60%。从人均门票花费上看，2016年在全省A级旅游景区人均花费增长的同时，游客的人均门票花费从上一年的15.27元/人次下降至13.60元/人次，下降比例为10.94%，门票福利进一步凸显。

（五）企业单位性质的旅游景区盈利能力较强

从旅游景区机构性质看，企业单位中能够实现盈利的景区明显多于亏损的景区；而行政事业单位中，仅有31.37%的A级旅游景区“事业收入”和“经营收入”之和能抵消景区年度支出总额，其余64.71%的景区在没有财政拨款的前提下，不能实现收支平衡。从收入构成看，企业单位的收入渠道多样，且门票收入并非其最主要的收入来源；行政事业单位的门票收入占到了所有收入的50%以上，且财政拨款、社会捐赠等非自主经营获得的收入，仍然占到了所有收入的五分之一以上，景区收入构成较为单一。总体而言，企业单位性质的旅游景区盈利能力较强，主要原因在于其旅游消费项目和营收渠道多样化，旅游综合效益明显；而行政事业单位性质的旅游景区盈利能力较差，主要原因在于其对门票经济依赖程度较高，旅游消费项目单一，且费用支出成本的类型较多。

六、2016年四川省A级旅游景区存在的主要问题

（一）全省A级旅游景区总体供给不足

2016年，四川省共有A级旅游景区419家，平均每92万人次游客才拥有1家旅游景区。代表景区最高品质的5A级旅游景区，总量仅为11家，平均每3495万人次游客才拥有1家，景区平均游客接待量达到346.54万人次，处于较高水平。4A级旅游景区虽有184家，但每209万人次游客才拥有1家，也远高于全省A级旅游景区的平均拥有数。一些高等级旅游景区长期处于高容量状态运行，如宽窄巷子、三圣花乡、西昌市邛海泸山风景名胜区、黄龙溪旅游区、青城山－都江堰旅游景区等，2016年度游客接待量均超过了600万人次，突显了旅游景区供给的稀缺性。从景区类型看，2016年全省A级旅游景区以自然景观和乡村旅游两大类为主，二者数量占到全省A级旅游景区总量的近一半，而度假休闲类旅游景区仅占13.60%，博物馆、红色旅游、工业旅游、主题游乐、科技教育等主题类型更少，不能满足游客日益增长的多样化、特色化旅游需求，也与四川省实施度假四川计划和打造多样化特色业态产品的目标相去甚远。此外，黄金周假期及高速公路免费通行等假日政策的叠加，在空间及时间上让游客更加集中，显化、激化景区设施、服务、管理、应急、生态等供给的严重

不足。

（二）入境旅游市场发展依然薄弱

2016年，全省A级旅游景区接待入境游客354.9万人次，同比增长了7.64%；景区平均入境游客接待量0.85万人次，同比下降了9.83%。另外，入境人次仅占景区接待游客量的0.92%，该比重较上年还下降了0.09个百分点。总体而言，全省A级旅游景区接待入境游客的份额太小且增速缓慢，国内旅游市场和国际旅游市场发展不平衡，入境旅游市场发展依然薄弱，与四川省建设世界重要旅游目的地的目标还有很大差距。究其原因，一方面是因为全国入境旅游发展缓慢，无法避免主要客源市场经济增长乏力、国际游客出境旅游趋于保守、各旅游目的地竞争加剧、入境游客在华消费意愿下降等问题；但另一方面，依然存在全省旅游品牌建设仍处于初级阶段、入境旅游营销体系有待进一步完善、内部环境问题严重等负面因素。

（三）景区门票价格问题依然存在

旅游景区门票价格问题一直是景区发展中最敏感也最不可回避的问题，虽然近年来旅游业取得了飞速发展，但旅游的消费需求以及层次仍然相对较低，且门票价格与居民的收入比也处于较高水平。2016年，尽管全省免票人次进一步增长，但景区门票价格问题依然存在，尤其是高等级旅游景区的门票价格问题更为突出。目前，5A级旅游景区的平均门票价格达到了107.92元，门票价格居高不下。2016年5A级旅游景区门票收入虽较上年略有下降，但依然达到了25.22亿元，占其总收入的一半；景区平均门票收入亦远高于全省均值，达到了2.29亿元，是全省平均水平（1248.16万元）的18.37倍。此外，仍有一部分旅游景区存在“园中园”、“票中票”的问题，产权不清晰、管理不统一、利益分配机制不合理等问题依然困扰景区的管理，景区门票成为争夺的重点，景区门票管理的规范化、透明化等都亟须加强。

（四）全省A级旅游景区人均消费水平偏低

从景区人均花费看，全省A级旅游景区存在人均消费水平偏低的情况。2016年，游客在A级旅游景区的人均花费仅为123.76元/人次，远低于2016年全省旅游业的人均花费（1223.1元），尤其是中低等级旅游景区的人均花费更在百元以内，旅游景区的消费水平依然偏低。从消费项目上看，在餐饮、住宿、门票和交通上的消费占到景区所有消费的六成，其他诸如购物、娱乐、演艺等项目的旅游消费潜力还有待进一步挖掘。

（五）旅游景区管理体制整体活力不足

目前全省旅游景区管理体制主要存在以下几种模式：一是传统经营模式，即政府主管或管委会模式；二是产权对内分离模式，即国有企业为主模式；三是产权对外分离模式，即民营企业经营或整体租赁模式、合资经营模式等。从景区性质来看，全省A级旅游景区中有58.95%的景区归属行政事业单位和国有企业，旅游景区管理缺乏足够的主动性、积极性和专业性，且存在较多不必要的行政干预，旅游服务水平低、旅游产品设计较为初级，在市场中缺乏竞争力，丰富的旅游资源不能有效地转化为产品优势和市场优势。此外，旅游景区管理条块分割、多头管理、政企不分、权责不明等也是全省A级旅游景区存在的问题。

（六）旅游景区整体运营能力不强

目前，全省A级旅游景区存在整体运营能力不强的问题。首先，从旅游景区投资建设看，旅游投资存在投资额度大、回报周期长、涉及领域广、综合要求高等特点，旅游资源因其生态、文化、公益等要素难以量化，尤其是国有景区大部分都是历史文化遗产、风景名胜区、森林公园和地质公园，价值评估上存在一定难度与障碍，与资本难以形成有效对接，在风景旅游资源的天然垄断属性和多头管理体制的综合影响下，景区的产权和使用权缺乏清晰的界定，民间资本获取特许经营权和进入景区开发受到多方限制。其次，缺乏有效的旅游盈利模式，多数旅游项目的盈利点主要是依靠门票和旅游地产，大型旅游投资项目更多是依靠土地资源获得回报。第三，旅游景区运营管理相对薄弱，全省大部分旅游景区运营模式处于初级阶段，仍维持在收入靠门票、运营靠人扛、管理靠经验的状态；受传统景区开发及管理认知的局限，重视景区硬件设施建设而忽视景区研发、营销和管理的相应投入，旅游景区发展缺乏专业有效的运营管理团队。

（七）旅游景区存在区域发展不平衡问题

受区域人口数量、社会经济与旅游发展水平的影响，五大经济区的旅游景区存在区域发展不平衡的问题。从旅游景区数量上看，攀西经济区和川西北生态经济区的A级旅游景区数量仅有39家和21家，与其丰富的资源禀赋不相匹配；攀西经济区和川南经济区截至2016年底尚未有5A级旅游景区。从景区平均游客接待量、景区平均收入和平均门票收入看，成都平原经济区和川西北生态经济区在这三项指标方面均高于全省平均水平，而川东北经济区、攀西经济区和川南经济区的三项指标均低于全省平均水平。另外，在五大经济区中，川西北生态经济区门票收入占总收入的比重最高，达到了32.78%，且该比重较上一年还有上浮了5.8个百分点，对门票收入的依赖性较强。

（八）旅游景区生态安全形势不容乐观

近年来，虽然全省已经健全了旅游景区规章制度，加强了景区流量控制，做好了旅游紧急预案，增加了救援医疗设施设备，但是旅游景区的生态安全形势仍旧不容乐观。2016年6月4日，广元游船在白龙湖突遇强烈阵风发生翻覆沉没，造成15人遇难。2016年10月1日，蓬溪县红海景区内高空钢索演出发生演职人员落水的意外，造成2人死亡、1人失踪。虽然全省旅游安全事故的发生频次较小，但任何一次事故的发生所产生的影响都是巨大的，因此，仍需建立健全更加严格的安全管理制度，营造良好的安全氛围。

另外，景区不文明管理和服务行为时有发生。通过对人民网旅游投诉平台——“旅游3·15”上的投诉看，关于2016年四川省旅游景区的有效投诉共有16条，较2015年增长了23.08%。从投诉内容看，主要集中在购物价格欺诈、商品质量和服务质量等方面；从典型区域和景区看，主要集中在阿坝州和九寨沟；从媒体曝光看，“央视曝光九寨沟旅游黑幕：回扣最高60%，店家称不怕被查”成为热点事件，引发社会强烈关注。但与此同时，四川省旅游执法总队2016年在“旅游3·15”平台上的投诉回复率达到85%，位居全国第一，旅游市场专项整治行动快速有效。

七、四川省A级旅游景区发展建议

（一）加快景区规划建设，扩大旅游有效供给

1. 加大力度推进实施旅游景区“千A工程”

加快把四川各类旅游资源因地制宜建成不同级别的A级旅游景区，“十三五”期间，新创建A级景区700个以上，期末全省A级景区总量突破1000个。进一步提升九寨沟等现有5A级旅游景区，培育海螺沟、平乐古镇—天台山、碧峰峡、稻城亚丁、安仁古镇、光雾山、四姑娘山、兴文石海等多个旅游景区创建国家5A级旅游景区。

2. 优化全省旅游景区空间布局

加大全省各经济区旅游景区建设力度，用全域化理念谋划景区建设，引导旅游景区集群化、全域化、休闲化、产业化发展，优化全省A级旅游景区布局。尤其是要集中力量加快川西北生态经济区和攀西经济区的A级旅游景区建设步伐，充分依托其旅游资源在生态独特性、历史遗存珍稀性、民族民俗文化丰富性的优势，在资金、人才和政策等方面给予大力支持，有效带动两个经济区的景区建设和发展。另外，要加大对贫困地区景区的扶持力度，在资金安排和项目建设上给予重点支持，通过旅游景区的建设发展来促进周边贫困地区基础设施优化、生活环境改善和贫困人口就业脱贫。

3. 加快培育产业融合旅游景区

以山地旅游产品打造为抓手，重点在民族地区建设国家4A级以上的特种旅游景区20个；以乡村旅游类A级景区和旅游扶贫类景区建设为抓手，重点打造四大城镇群周边，G5高速、国道318/317沿线和长江、嘉陵江、岷江、大渡河、雅砻江、沱江等沿岸乡村旅游带，新建650个特色A级旅游景区；完善旅游城市、城镇和乡村的主客共享旅游功能，结合中国特色小镇培育和我省百镇建设试点，力争打造100个国家3A级以上景区的特色旅游镇；加快打造一批文化旅游景区，大力发展文化旅游、文化创意、出版发行、影视制作、文化会展、动漫旅游等重点产业；加快发展一批生态旅游景区，以标准化引导全省生态旅游资源（风景名胜区、森林公园、地质公园、自然保护区、水利风景区、湿地公园等）建设生态旅游景区和创建生态旅游示范区；加快培育一批特色新型景区，依托中医药资源培育医疗康体景区，依托户外休闲、康体活动、自驾车露营地等建设休闲运动项目景区，依托特色工业企业，打造工业旅游A级景区等。

（二）提升景区产品业态，提高旅游综合效益

1. 提升旅游景区游览功能

加强景区规划，统筹考虑休闲度假需求，加强产品开发，加强游览设施建设，合理优化景区布局，营造景区休闲度假空间，不断提高度假景区过夜游客比例，延长人均逗留时间，提高人均消费。依托峨眉山、龙门山、贡嘎山、雪宝顶、九鼎山等大力发展自然观光、避暑休闲、健康养生、山地运动等旅游产品；依托邛海、嘉陵江、向家坝等，大力开发邮轮游艇、湿地观鸟、水上运动、水上演艺、湖泊度假等旅游产品；依托花水湾、罗浮山、峨眉山、海螺沟、红格、古尔沟、周公山等打造温泉旅游产业集聚区；在攀西、川南等地区发展冬季阳光康养、户外运动、生态休闲、民族文化旅游、落地自驾游等阳光旅游产品；充实完善红色旅游经典景区，强化宣传“长征丰碑”“将帅故里”和“川陕苏区”三大红色旅游品牌，大力发展红色旅游。以特色民宿、乡村旅游景区、农业休闲观光园等建设为抓手，开展乡村度假、深山探险、溪水漂流、森林氧吧、采摘尝鲜等特色乡村休闲旅游活动，引导乡村旅游品质化、品牌化、特色化和景区化发展。

2. 提升旅游景区餐饮住宿功能

推进旅游餐饮特色化，充分发挥川菜的品牌优势，大力挖掘四川传统菜系和地方特色餐饮，与巴蜀文化、三国文化、熊猫文化、茶文化、民族民俗文化、宗教文化等融合，创新菜式、环境、服务，发展一批具有鲜明地方特色的风味菜系，丰富和提升景区餐饮文化内涵，形成一地一品一特色；鼓励旅游景区（点）建设一批具有文化内涵、整洁美观、特色鲜明的美食文化街（区）。推动旅游住宿业态多元化，以市场为导向，坚持高端化、大众化相结合，在景区内外重点建设一批自然风光酒店、历史文化酒店、时尚精品酒店、艺术特色酒店等主题酒店，积极发展客栈、民宿、公寓、度假别墅、小木屋、帐篷、房车等非标准住宿，加快发展会展酒店、温泉酒店、度假酒店、商务型酒店、汽车旅馆、汽车营地等多形式住宿设施，形成多样化、多层次的旅游住宿设施体系。

3. 提升旅游景区购物功能

实施四川旅游商品品牌提升工程和乡村旅游后备箱行动，加大对老字号商品、民族旅游商品和乡土绿色商品的宣传，推出四川旅游商品推荐名录；大力加强景区旅游商品、纪念品创意设计和研发，开发具有浓郁地方文化特色、质地优良、做工精细、价格适中的旅游纪念品或土特产品，不断丰富旅游商品特色、类型和品种；合理布局景区的旅游购物经营点，鼓励规模景区的出入口处建设有规模、上档次、具特色、聚人气，个性鲜明、造型独特、风格协调的旅游购物商业街，实行统一管理、集中经营、诚信服务，提高旅游购物整体形象，努力使旅游购物在景区营业收入的比重超过30%。

4. 提升景区旅游文化内涵

充分依托景区的文化资源和深厚底蕴，着重做好文化的挖掘、展示和体验文章，不断提升景区的文化内涵。改变资源展示、产品陈列的单一模式，把静态的文化资源、分散的文化元素、高深的文化

内涵转化为既有鲜明的文化特色，又有很强参与性和很广消费面的文化休闲娱乐产品。将文化贯穿于旅游活动的全过程，把文化元素融入吃、住、行、游、购、娱各个环节，让文化真正扎根在旅游景区之中，成为旅游景区的亮点和卖点。

（三）提升景区品质服务，打造旅游知名品牌

1. 加快推进旅游景区公共服务设施建设

以游客更加满意为导向，加快推进景区公共设施建设，不断完善旅游景区公共配套服务体系。继续实施《四川省旅游厕所建设管理三年行动计划》，在“十三五”期间实现全省A级旅游景区的厕所达到国家旅游厕所质量等级标准，旅游厕所品质得到全面提升，国家5A级旅游景区内80%以上的旅游厕所达到AAA标准，4A级旅游景区内60%的旅游厕所达到AAA标准，3A级旅游景区、乡村旅游A级景区内40%的旅游厕所达到AAA标准。推进旅游景区游客中心提升改造，引导景区新建改建规模适度、设施完善、功能齐全、管理优良的游客中心，为广大游客提供人性化的服务。适应当前游客出行以自驾游为主的发展趋势，大力推进全省主要旅游线路沿途，景区、乡村旅游集聚区自驾车营地、停车场建设。推进游客集散地至景区通行道路质量，提高通往景区道路的建设标准，特别是高速、国道、省道、县道通往景区入口道路的通行等级，彻底解决通景公路问题。与交通部门联合开展全省旅游交通标识系统改造提升工程，对高速公路和国省道沿线及通往景区主要道路沿途旅游交通标识牌进行系统设计和全面改造提升，在高速公路和国省道设置4A级及以上旅游景区的交通标识。

2. 加强智慧景区建设

夯实景区信息的基础，重点建设景区宽带互联网络、免费wifi及景区基础数据库，建设景区资讯及WAP网站、官方微信等自媒体。加强景区信息化监管，建设景区流量监控、旅游车辆统计分析、景区防火、防灾及环保监测为重点的景区监管设施，2020年底前，全省4A级（含）以上景区全部接入四川旅游运行监管及安全应急管理联动指挥平台，建立健全重点景区流量实时监控、数据实时发布，网上预售门票和预售高峰期分时门票等制度。提升景区信息服务，建设完善的景区公共信息发布平台，提供景区导游导览及企业诚信信息服务。推进景区的电子商务，加强与在线旅游交易平台的合作，建立景区在线分销系统，旅游电子商务线下支撑设施，大力开展旅游网络营销，提升景区市场营销的信息化水平。

3. 优化旅游景区服务品质

以游客满意为第一标准，以游客需求为第一信号，强化个性化、人性化、细节化服务，倡导微笑服务、诚信服务、快乐服务。建立健全更加完善的监管长效机制，加强游客咨询、投诉处理，坚决依法查处和整治行业中出现的各种违法违规经营行为，强化景区日常监管和综合协调能力，不断优化旅游服务环境，力争景区实现零投诉。加强人才的培养和使用，重点对景区讲解员、管理人员、一线员工经常性开展培训，有效提升景区服务人员的整体素质。加强游客满意度监测，每年公布各市（州）游客满意度调查报告，将游客满意度结果与全省A级旅游景区的等级评定与复核挂钩，全面实施《四川省旅游景区质量等级提升标准》（A+标准）和《游客高峰时段旅游景区应对标准》（A++标准）等地方标准和行业规范，2020年全省游客满意度达到80%以上，4A级（含）以上景区的游客满意度达到80%以上。

4. 提升旅游景区环境质量

着力提升旅游景区环境质量，全面开展景区内外环境“洁化、绿化、美化”提升改造，不断优化旅游景区综合环境质量。全面开展景区洁化，加强通景公路沿线、景区主要出入口可视范围及景区内部环境整治，对路面边坡、设备设施、建筑立面、水体环境、垃圾卫生进行全面整治，拆除或改建景区内外的违法建（构）筑物、破旧建筑、无序市场、垃圾回收中转站等有碍观瞻的场所。扎实开展景区绿化，实施景区通景公路沿线绿化改造工程，通景公路沿线宜林地段绿化率达到90%以上，对景区内山体、水域、道路、公共场所周边进行绿化改造，提升景区的整体生态环境。精心开展景区美

化，加强景区建筑物外立面提升改造，确保各单体建筑风格与景区整体环境协调一致、和谐相融。

（四）加强景区市场营销，拓展入境旅游市场

1. 创新境外客源地市场营销

将“一带一路”沿线国家以及欧美、日韩、东南亚、港澳台作为主要入境旅游客源地市场，遵循“航线开到哪里，境外营销就做到哪里”原则，加强与国际航空公司合作，建设境外旅游营销中心。借力国家旅游局驻外办事处，加大直航城市、国际友城落地营销力度。每年选择3—5个国际友好城市或境外直航城市，与相关部门联办“四川文化旅游周”推广促销活动。搭建好“熊猫走世界·美丽中国”全球旅游营销活动和“全球川菜名馆与四川美食之旅营销活动”等平台，持续开展系列重点旅游营销活动，不断扩大四川国际影响力，加强境外网络平台整合与合作，营销推广四川旅游产品、线路和文化美食。

2. 强化国内客源地市场营销

着力针对京津冀、长三角、珠三角以及周边省市的国内客源市场，联合四川驻外办事机构，组织市（州）和旅游企业参加国内主要客源地的旅游会展和营销活动。设立旅游营销专项资金，采用申报立项制度，通过共管资金划拨，支持和鼓励市（州）以及旅游企业在客源地举办多种形式的旅游节会和营销活动。

3. 构建智慧旅游营销体系

依据旅游大数据挖掘建立智慧旅游营销系统，逐步建成网络、广播、电视、短信、多媒体等传统渠道和移动互联网、微博、微信等新媒体渠道相结合的全媒体信息传播机制。到2020年，市级旅游主管部门和4A级（含）以上景区微信平台开通率达到100%。

（五）实施景区优惠政策，引导游客错峰出行

1. 推行旅游景区季节性门票优惠活动

鼓励A级旅游景区实行“非假日旅游”惠民政策，根据季节性客流量变化，在非国家法定节假日、旅游淡季制定惠民政策，针对不同旅游群体，在景区门票、景区住宿、景区交通和娱乐项目等方面推行价格优惠活动，实现“非假日旅游”票价减免及旅游消费优惠的常态化。规范旅游景区的门票价格，全面落实对未成年人、教师、高校学生、老年人、现役军人、残疾人等群体减免门票等优惠政策。

2. 积极推进公共资源型景区免费开放

开发更多的公益性景区，推进文博场馆、红色旅游景区、城市公园等公益景区免费向游客开放。设立全省公共资源型景区免费开放日，探索设立免费开放周或免费开放月制度，大力支持公共资源型景区实行全年免费开放，支持具备条件的市（州）、县（市、区）实行公共资源型景区全域免费开放。丰富景区旅游淡季的旅游活动和服务项目，引导民众错峰出游，从而缓解假日景区过度拥挤，旅游淡旺季波动过大的问题。

3. 鼓励错峰休假和弹性休假

推动机关、企事业单位切实落实职工带薪年休假制度，鼓励企业将安排职工旅游休闲作为奖励和福利措施。鼓励错峰休假，有条件的地区和单位可根据实际情况探索弹性作息制度。在教学时间总量不变的情况下，高等学校可结合实际调整寒暑假时间，中小学可按有关规定安排放春假。

（六）改革景区管理体制，创新经营管理模式

1. 加快政府职能转变

以放事权、稳调控、强服务为导向，加强旅游行政主管部门和行业协会对旅游景区的改革力度，积极推进政府职能放权于地方、放权于协会、放权于市场，提高科学化管理水平。旅游行政主管部门要将工作重点进一步放在提升宏观调控能力、优化行业微观管理上来，要以供给管理为中心转向以需

求管理为中心，以产业规划、市场促进和信息引导为支撑，逐步建立包括调控目标、调控工具和政策绩效评估在内的旅游宏观调控体系。

2. 推进旅游景区市场化经营

旅游景区管理体制改革要建立更加灵活的市场机制，尤其要明晰旅游资源产权，推进所有权、管理权和经营权的三权分治，即旅游景区的规划、土地、居民等管理权归政府，而具体的景区运营，就是在所有权产权归属不变的前提下，将景区的经营权交给具有较强经营管理能力并能够承担相应景区经营风险的企业，从而提升景区开发建设经营的专业化和市场化水平。另外，要拓展景区融资渠道，建立以政府为引导、社会资金为主体的多元投融资体系，通过银行贷款、企业债券、旅游基金、上市等举措搭建融资平台，推动实现民营资本参与景区运营、管理以及合作开展PPP模式，撬动社会资金和金融资本投入旅游景区的建设中。

3. 加快旅游景区的市场主体培育

放宽旅游景区经营准入，加快消除行业、区域壁垒，鼓励各类社会资本公平参与旅游景区建设和发展，让推动旅游业发展的劳动、知识、技术、管理、资本等要素实现自由流动和充分竞争。推动传统业态向市场化、现代化过渡，培育一批旅游新经济体，引导各类主体重点投资老百姓需求和常态化需要的产品和服务，加快需求导向下的产业布局，提升服务品质和竞争力，有效激发市场活力。加快旅游行业协会改革，更好发挥行业协会在联系政府、服务会员、促进行业自律方面的功能作用，把旅游协会发展成旅游公共管理服务的参与者、旅游行业利益的代表者、具有较大影响和独立运作的社会组织。加强社会中介组织的培育，鼓励建立各种旅游企业联合体，在各细分领域形成企业之间的协调组织。

（七）加强景区调控监管，营造安全文明环境

1. 构建旅游景区宏观调控体系

以大众需求和市场化为导向，构建旅游景区的利益协调框架和宏观调控体系，加强为景区健康持续发展营造良好环境、制定旅游景区分类目录、优化景区发展结构，为景区投资运营提供服务支持。

2. 建立健全旅游市场综合监管机制

建立健全旅游综合协调、旅游案件联合查办、旅游投诉统一受理等综合监管机制，统筹旅游市场秩序整治工作，以专项整治与综合督查相结合，以严厉打击与长效机制相结合，积极推进旅游市场综合监管。开展旅游综合执法试点，公安、旅游发展、工商、交通运输等职能部门实行联合执法行动，严厉打击扰乱旅游市场秩序的无照经营、强迫交易、假冒伪劣、价格欺诈以及商业贿赂、虚假宣传等违法违规行为。强化景区日常监管和综合协调能力，不断优化旅游服务环境，力争景区实现零投诉。

3. 完善旅游景区安全保障体系

以景区交通、景区消防、景区环保、景区设施建设、景区餐饮安全等为重点，完善安全设施，加强安全检查，落实安全责任，消除安全隐患，建立健全旅游安全保障机制。加强对景区游览设施及部分景点危险点监控系统的设置，力争实现对景区及游览设施全方位、全天候的信息化安全监控。加强景区游客最大承载量控制，加快建立景区门票预约制度，实时发布景区游客容量情况，做到提前预警、疏导分流。

4. 大力加强文明景区建设

开展景区旅游行为文明教育和宣传活动，根据《旅游法》和《中国公民国内旅游文明行为公约》，结合景区行业特点和管理职能，制定出切实可行的景区文明教育实施细则、保障措施和工作计划，利用电视、网络等媒体持之以恒地开展公民旅游文明素质教育。旅游景区通过制作发布公益广告，设立文明监督岗、评选文明游客等形式教育和引导游客文明旅游。另外，要进一步规范景区管理制度与服务行为制度与标准，加强景区从业人员的文明素质培训，倡导景区从业人员文明言行，优化景区环境，提高景区管理水平，着力提升从业人文明素质和景区文明程度。

（八）推进景区绿色发展，实践生态文明建设

1. 建立健全四川绿色旅游认证体系

针对景区、酒店、乡村旅游经营点、旅游车公司等不同涉旅经营主体，研究出台“四川绿色旅游认证标准体系”，建立健全绿色旅游认证机制，推出绿色旅游产品和绿色企业名录，引导涉旅企业实施绿色标准，开展绿色管理，开发绿色产品，研发绿色技术，实现绿色发展。全行业、全过程和全方位地鼓励绿色消费方式，倡导游客在吃、住、行、游、购、娱各环节上树立勤俭节约的旅游消费观。引导游客树立绿色旅游价值观，践行绿色消费方式，培育绿色旅游文化，引领全社会低碳生活方式。宣传一批践行绿色消费的典型人物、事件、企业和旅游目的地。

2. 加强旅游资源与环境保护的综合管理

完善旅游资源、旅游环境保护与管理制度，对旅游资源、旅游环境实施严格保护。落实环境影响评价制度，严格遵守生态保护红线，全面执行旅游规划和旅游项目开发环境影响评价。实施旅游行业节能减排计划和能效提升计划，在旅游规划中明确生态环境保护要求，依法进行环境影响评价。在旅游城镇、旅游乡村和旅游景区规划、建设和管理中，要以改善和提升环境质量为核心，严格落实环境综合治理、环保基础设施建设管理等生态环境保护措施，并与旅游规划项目同时设计、同时施工、同时投产使用。加强对旅游资源生态补偿机制相关工作的组织领导，建立评估检测、考核和责任追究等监督协调保障机构。

第Ⅱ篇　2016年五大经济区A级旅游景区运行情况

一、五大经济区A级旅游景区总体情况

截至2016年底，全省共有A级旅游景区419家（以等级公告时间为准）。其中，成都平原经济区196家、川东北经济区100家、川南经济区63家、攀西经济区39家、川西北生态经济区21家。据统计，2016年全省A级旅游景区共接待游客3.84亿人次，同比增长17.88%。其中，接待入境游客354.9万人次，同比增长7.64%；免票人次2.85亿人次，同比增长18.95%。景区营业总收入475.8亿元，较上年增加99.01亿元，同比增长26.28%；其中，门票收入52.3亿元，同比增长4.99%。

（一）2016年五大经济区A级旅游景区数量情况

1. 五大经济区内各市州平均拥有景区数量情况

从五大经济区内各市州平均拥有景区数量来看，成都平原经济区共有8个市州，平均每个市州拥有A级旅游景区25家，排名第一；川东北经济区（5个市州）和攀西经济区（2个市州）市州平均拥有A级旅游景区数量相同，为20家，并列第二名；川南经济区（4个市州）市州平均拥有A级旅游景区16家；川西北生态经济区（2个市州）排名垫底，市州平均拥有A级旅游景区数仅11家（见表Ⅱ－1）。

表Ⅱ－1　2016年五大经济区A级旅游景区分布情况（单位：家）

经济区	AAAAA	AAAA	AAA	AA	A	合计	市州平均拥有数
成都平原经济区	4	95	54	42	1	196	25
川南经济区	0	19	17	27	0	63	16
川东北经济区	4	46	30	20	0	100	20
攀西经济区	0	9	11	18	1	39	20
川西北生态经济区	3	15	2	1	0	21	11
合计	11	184	114	108	2	419	20

2. 2016年与2015年五大经济区A级景区数量对比

2016年，成都平原经济区共有A级旅游景区196家，比去年增加22家；其中，4A级旅游景区增加12家，3A级旅游景区增加13家，2A级旅游景区减少4家，1A级旅游景区增加1家。川南经济区共有A级旅游景区63家，比去年增加17家；其中，4A级旅游景区增加4家，3A级旅游景区增加6家，2A级旅游景区增加7家。川东北经济区共有A级旅游景区100家，比去年增加21家；其中，5A级旅游景区增加1家，4A级旅游景区增加8家，3A级旅游景区增加9家，2A级旅游景区增加3家。攀西经济区共有A级旅游景区39家，比去年增加5家；其中，4A级旅游景区增加2家，3A级旅游景区增加3家。川西北生态经济区共有A级旅游景区21家，比去年增加3家；其中，4A级旅游景区增加1家，3A级旅游景区增加2家（见表Ⅱ－2）。

表Ⅱ—2　2016年五大经济区A级旅游景区数量统计表（单位：家）

经济区	年份	AAAAA	AAAA	AAA	AA	A	合计
成都平原经济区	2015年	4	83	41	46	0	174
	2016年	4	95	54	42	1	196
	增数	0	12	13	−4	1	22
川南经济区	2015年	0	15	11	20	0	46
	2016年	0	19	17	27	0	63
	增数	0	4	6	7	0	17
川东北经济区	2015年	3	38	21	17	0	79
	2016年	4	46	30	20	0	100
	增数	1	8	9	3	0	21
攀西经济区	2015年	0	7	8	18	1	34
	2016年	0	9	11	18	1	39
	增数	0	2	3	0	0	5
川西北生态经济区	2015年	3	14	0	1	0	18
	2016年	3	15	2	1	0	21
	增数	0	1	2	0	0	3

（二）2016年五大经济区A级旅游景区游客接待量情况

1. 五大经济区A级旅游景区游客接待量

从景区游客接待总量来看，五大经济区中，成都平原经济区因拥有的市州和景区数量最多，其游客接待量（23093.07万人次）以绝对优势领先。攀西经济区和川西北生态经济区的游客接待量相对较少，其中，川西北生态经济区的游客接待量最少（2157.57万人次）。接待入境人数方面，排名第一的同样是成都平原经济区（244.99万人次）。值得注意的是，接待游客量排名最后的川西北生态经济区接待入境游客人数（41.31万人次）超过川南经济区和攀西经济区，排名第三。攀西经济区的入境游客接待量最少，仅有0.07万人次（见表Ⅱ—3）。

从增长率来看，五大经济区的游客接待量均呈现较快的增长速度，且差距不大。增速最快的为川南经济区，高达32.44%；增速最慢的为川西北生态经济区，增长率为12.41%。入境游客接待人次的增长速度则出现较大的差距，虽然攀西经济区的入境人次最少，但增长速度最快，高达75.00%。川南经济区（20.03%）和川西北生态经济区（35.75%）保持较快的增长速度，成都平原经济区（4.16%）和川东北经济区（3.94%）同比增速相对平稳（见图Ⅱ—1）。

表Ⅱ—3　2016年五大经济区A级旅游景区接待游客量情况

经济区	接待游客量（万人次）	同比	入境人次（万人次）	同比
成都平原经济区	23093.07	14.45%	244.99	4.16%
川南经济区	4222.28	32.44%	14.74	20.03%
川东北经济区	6250.57	21.19%	53.79	3.94%
攀西经济区	2722.35	25.38%	0.07	75.00%
川西北生态经济区	2157.57	12.41%	41.31	35.75%
全省	38445.84	17.88%	354.9	7.64%

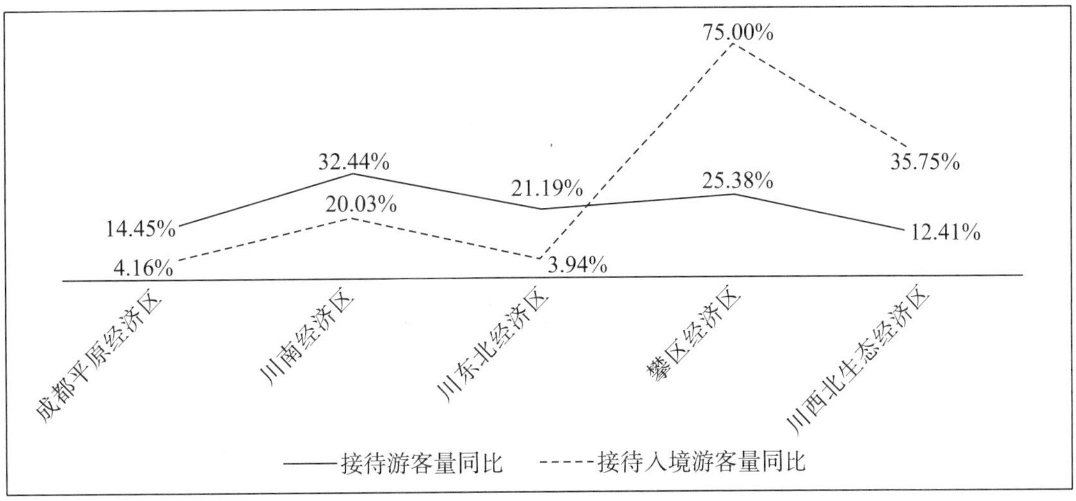

图Ⅱ－1　2016 年五大经济区 A 级旅游景区接待游客量增长对比图

2. 五大经济区 A 级旅游景区平均游客接待量

2016 年，全省 A 级旅游景区平均游客接待量为 91.76 万人次，同比下降了 1.25%。景区入境游客平均接待量为 0.85 万人次，同比下降 9.83%。受区域人口数量、旅游景区数量和省会城市等一系列因素的影响，游客主要集中在成都平原经济区，其景区平均接待游客量为 117.82 万人次。除成都平原经济区和川西北生态经济区（102.74 万人次），其余三个经济区的景区平均游客接待量均低于全省的平均游客接待量。从景区平均接待游客量的增长率看，除成都平原经济区（1.60%）和攀西经济区（9.31%）有所增长外，其余三个经济区均呈下降态势，其中，川东北经济区下降幅度最大，下降比例为 4.26%（见表Ⅱ－4 和图Ⅱ－2）。

从景区平均入境游客接待量方面来看，川西北生态经济区以 1.97 万人次的平均入境游客接待量位居首位，与 2015 年相比也实现了增长，增长率为 16.36%；成都平原经济区、川南经济区和川东北经济区的景区平均入境游客接待量均出现了不同程度的下降，下降比例分别为 7.53%、12.36%和 17.89%（见表Ⅱ－4 和图Ⅱ－3）。

表Ⅱ－4　2016 年五经济区 A 级旅游景区平均接待游客量情况

经济区	平均游客接待量（万人次）	同比	平均入境游客接待量（万人次）	同比
成都平原经济区	117.82	1.60%	1.25	−7.53%
川南经济区	67.02	−3.30%	0.23	−12.36%
川东北经济区	62.51	−4.26%	0.54	−17.89%
攀西经济区	69.80	9.31%	0.002	52.56%
川西北生态经济区	102.74	−3.65%	1.97	16.36%
全省	91.76	−1.25%	0.85	−9.83%

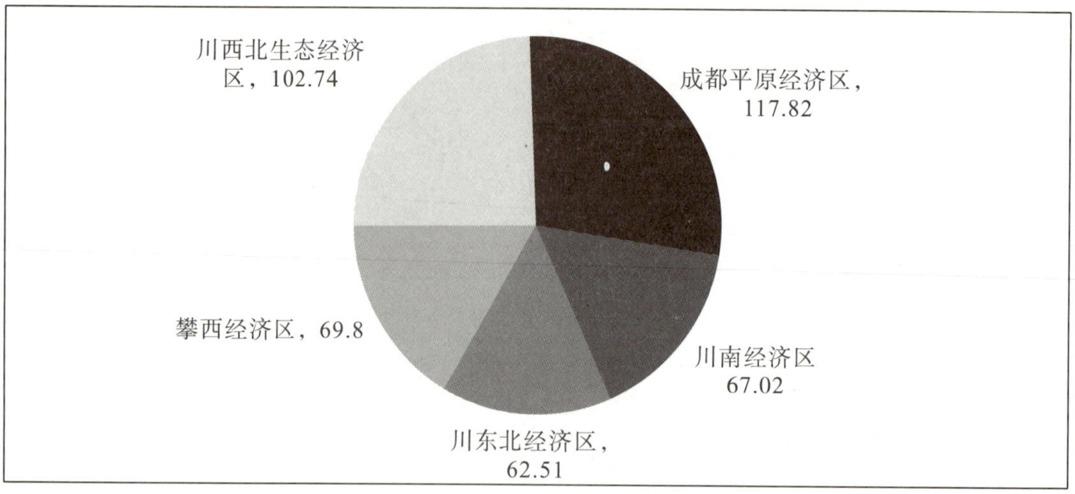

图Ⅱ—2　2016年五大经济区A级旅游景区平均接待游客量对比图（单位：万人次）

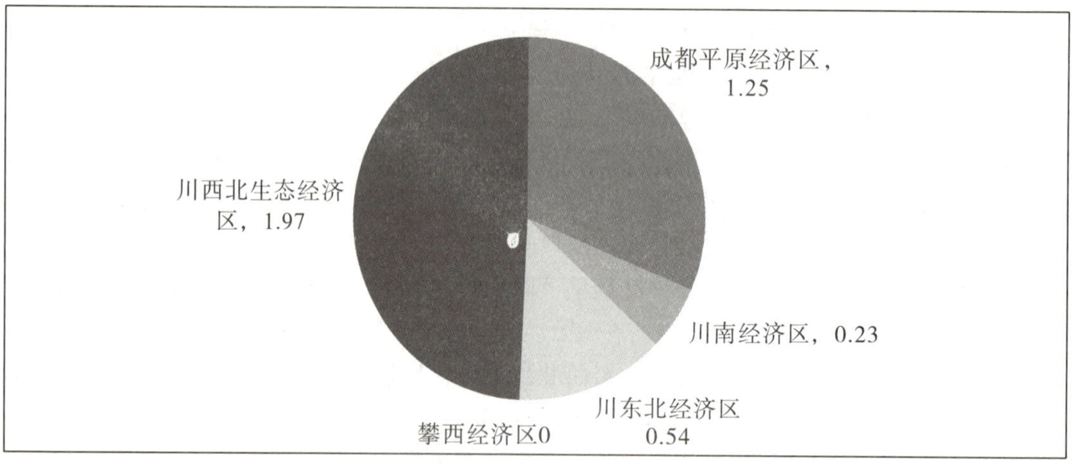

图Ⅱ—3　2016年五大经济区A级旅游景区平均接待入境游客量对比图（单位：万人次）

3. 五大经济区各等级旅游景区平均游客接待量情况

成都平原经济区中，平均游客接待量最多的是5A级旅游景区，达到了375.47万人次，同比下降1.14%；最少的是3A级旅游景区，为63.44万人次，仅有5A级旅游景区的1/6，但其增长速度最快，达到了70.95%。川南经济区中，平均游客接待量最多的是4A级旅游景区，为100.76万人次，同比增长了15.69%；最少的是2A级旅游景区，为34.96万人次，同比下降了25.14%。川东北经济区中，各等级旅游景区平均游客接待量与景区等级成正比，其中，5A级旅游景区平均接待游客量最多，达到了269.66万人次，远大于其他等级旅游景区的平均游客接待量。攀西经济区中，景区平均接待游客量最多的为1A级旅游景区，达到了273.80万人次，同比增长60.93%；最少的为3A级旅游景区，仅有4.49万人次，但同比增长了166.77%，增幅最大。川西北生态经济区中，5A级旅游景区在接待游客量方面具有突出贡献，平均接待游客量高达410.48万人次，同比增长了4.36%，其余等级旅游景区平均接待游客量则相对较少①。

各等级旅游景区平均接待游客量方面，5A级旅游景区平均接待人数最多的为川西北生态经济区，达到了410.48万人次，成都平原经济区和川西北生态经济区超过全省平均水平（346.54万人次），同比增长率仅川西北生态经济区为正增长。4A级旅游景区平均接待人数最多的为攀西经济区，

① 川南经济区和攀西经济区无5A级旅游景区，川南经济区、川东北经济区和川西北生态经济区无1A级旅游景区，成都平原经济区1A级旅游景区和川西北生态经济区3A级旅游景区缺少相关数据统计，因此以上指标未纳入对比。

达到了215.67万人次，除成都平原经济区和攀西经济区，其余经济区未达到全省平均水平；3A级旅游景区平均接待人数最多的为川南经济区，达到了80.23万人次，其余经济区均低于全省平均水平(53.59万人次)；2A级旅游景区平均接待人数最多的为成都平原经济区，达到了83.35万人次；1A级旅游景区仅攀西经济区有数据统计，其平均游客接待量为273.80万人次（见表Ⅱ－5和图Ⅱ－4）。

表Ⅱ－5　2016年五大经济区各等级旅游景区平均游客接待量情况（单位：万人次）

经济区	AAAAA	同比	AAAA	同比	AAA	同比	AA	同比	A	同比
成都平原经济区	375.47	-1.14%	154.36	-6.77%	63.44	70.95%	83.35	12.98%	0.00	—
川南经济区	0.00	—	100.76	15.69%	80.23	-6.87%	34.96	-25.14%	0.00	—
川东北经济区	269.66	-3.28%	74.80	-5.07%	42.33	-4.00%	23.05	-2.26%	0.00	—
攀西经济区	0.00	—	215.67	-12.02%	4.49	166.77%	25.45	68.56%	273.80	60.93%
川西北生态经济区	410.48	4.36%	61.31	17.66%	0.00	—	6.52	-33.81%	0.00	—
全省	346.54	-1.99%	124.35	-4.72%	53.59	27.34%	49.73	1.23%	136.90	-19.54%

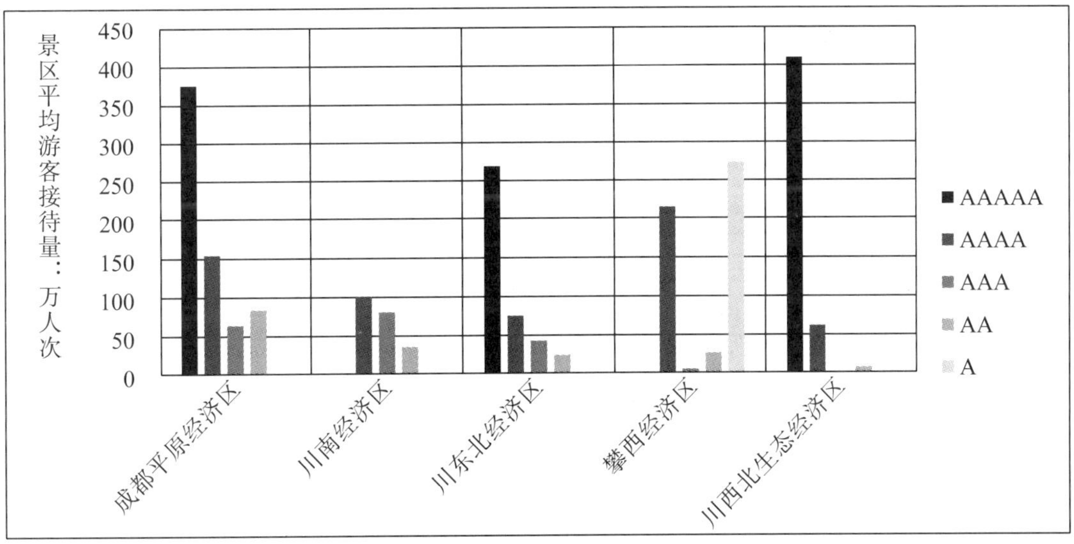

图Ⅱ－4　2016年五大经济区各等级旅游景区平均游客接待量对比图

4. 五大经济区各等级旅游景区平均入境游客接待量情况

2016年全省入境旅游人次主要集中在5A级旅游景区。横向比较来看，各经济区中，各等级旅游景区的平均入境游客接待量与其等级成正比，即旅游景区等级越高，其平均入境游客接待量越高。成都平原经济区中，5A级旅游景区平均接待入境游客量约为6.76万人次，是4A级旅游景区的3倍，3A级旅游景区的18倍。川东北经济区中，5A级旅游景区平均接待入境游客量约为7.61万人次，是4A级旅游景区的20倍，3A级旅游景区的48倍。川西北生态经济区中，5A级旅游景区平均接待入境游客量约为6.58万人次，是4A级旅游景区的5倍（见表Ⅱ－6和图Ⅱ－5）。

纵向比较来看，5A级旅游景区中，川东北经济区的景区平均接待入境游客量最高，成都平原经济区和川西北生态经济区的景区平均接待入境游客量相差无几，三者基本保持在6－7万人次之间，差距较小。4A级旅游景区中，成都平原经济区以2.03万人次的景区平均接待入境游客量位居首位，紧随其后的是川西北生态经济区，为 1.44 万人次。3A 和 2A 级旅游景区中，亦是成都平原经济区的景区平均接待入境游客量最高，分别是 0.37 万人次和 0.13 万人次。

从增速看，5A 级旅游景区中，成都平原经济区、川东北经济区和川西北生态经济区的景区平均入境游客接待量均有不同程度的增长，其中，成都平原经济区（108.08%）和川东北经济区（91.72%）呈现高速增长态势，相较而言，川西北生态经济区则增速稳定（12.10%）。4A 级旅游景区中，除川西北生态经济区（56.99%）和攀西经济区（36.11%）的景区平均入境游客接待量有较大增长外，其余三个经济区均呈现下降趋势。3A 和 2A 级旅游景区中，川东北经济区的景区平均入境游客接待量较上年均有下降，而成都平原经济区和川南经济区则均有不同程度的增长①。

表Ⅱ－6　2016 年五大经济区各等级旅游景区平均入境游客接待量情况（单位：万人次）

经济区	AAAAA	同比	AAAA	同比	AAA	同比	AA	同比
成都平原经济区	6.76	108.08%	2.03	−16.53%	0.37	0.12%	0.13	7.92%
川南经济区	—	—	0.68	−14.94%	0.05	404.71%	0.04	344.44%
川东北经济区	7.61	91.72%	0.39	−24.48%	0.16	−82.29%	0.02	−41.98%
攀西经济区	—	—	0.01	36.11%	0.00	—	0.00	—
川西北生态经济区	6.58	12.10%	1.44	56.99%	0.00	—	0.00	—
全省	7.02	65.13%	1.33	−15.01%	0.23	−47.49%	0.06	3.03%

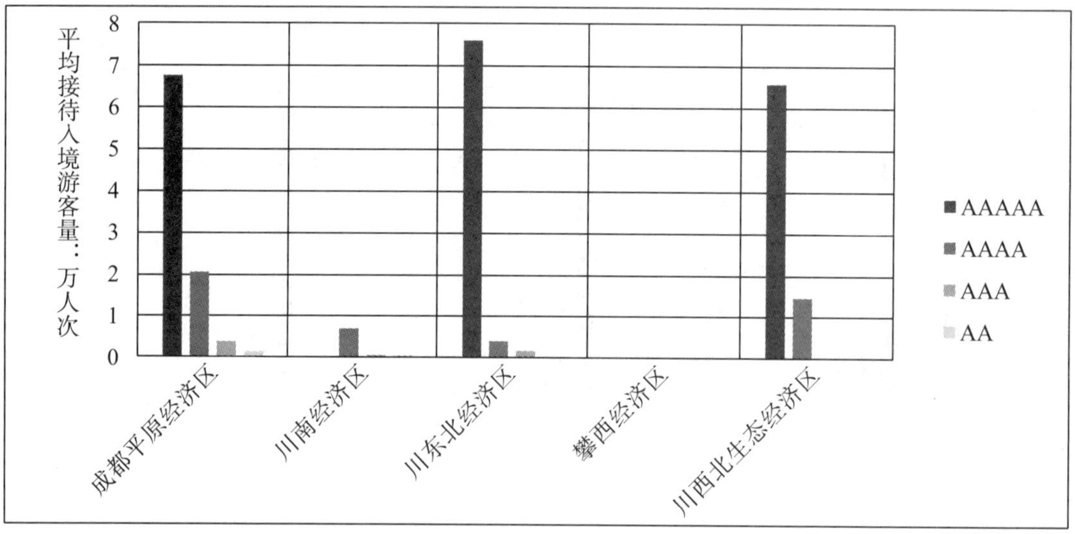

图Ⅱ－5　2016 年五大经济区各等级旅游景区平均入境游客接待量对比图

5. 五大经济区免票游客接待情况

2016 年全省 A 级旅游景区共接待免票人次 28487.95 万人次，同比增长 18.95%。五大经济区中，成都平原经济区免票人次最多，共接待 17890.23 万人次，同比增长 14.55%，占全省免票人次的比重为 62.80%，远远超过其他经济区的免票人次。位居第二的是川东北经济区，免票人次 4010.16 万人次，同比增长 26.92%，占全省免票人次的 14.08%；位居第三的是川南经济区，免票人次为 3196.71 万人次，同比增长 33.57%，占全省免票人次的 11.22%；位居第四的是攀西经济区，免票人次 2321.03 万人次，同比增长 21.16%，占全省免票人次的 8.15%；居于末位的是川西北生态经济区，免票人次 1069.82 万人次，同比增长 23.96%，仅占全省免票人次的 3.76%（见表Ⅱ－7 和

① 川南经济区和攀西经济区无 5A 级旅游景区，攀西经济区和川西北生态经济区 3A 和 2A 级旅游景区、以及全省 1A 级旅游景区没有入境游客的统计数据，因此以上指标未纳入对比。

图Ⅱ－6）。

表Ⅱ－7　2016年五大经济区各等级免票游客接待量情况

经济区	免票人次（万人次）	同比	各经济区免票人次占总免票人次的比重
成都平原经济区	17890.23	14.55%	62.80%
川南经济区	3196.71	33.57%	11.22%
川东北经济区	4010.16	26.92%	14.08%
攀西经济区	2321.03	21.16%	8.15%
川西北生态经济区	1069.82	23.96%	3.76%
全省	28487.95	18.95%	100%

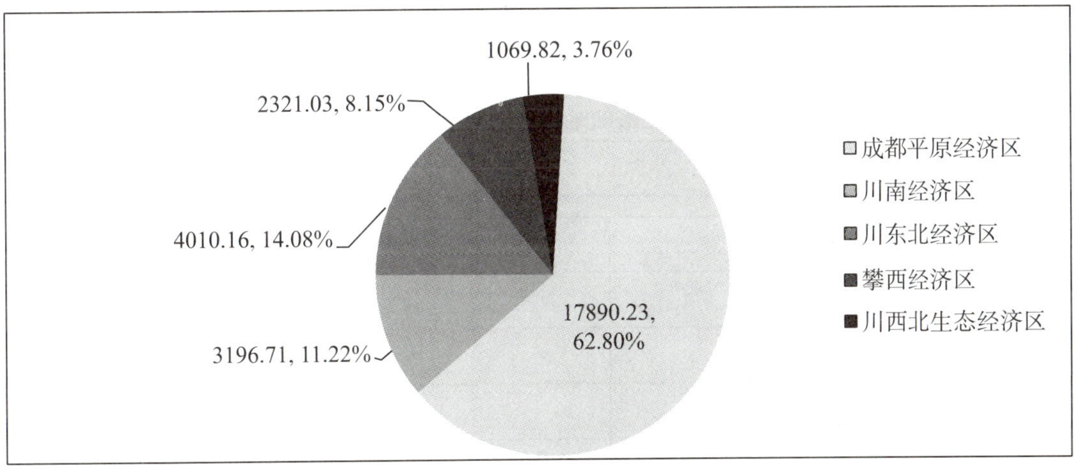

图Ⅱ－6　2016年五大经济区免票游客接待量及占比情况图（单位：万人次）

2016年全省接待免票人次最多的都为4A级旅游景区，同比增速最快的为3A级旅游景区。横向比较来看，各经济区的4A级旅游景区免票人次均高于其他等级旅游景区的免票人次，而免票人次最少的A级旅游景区却有所不同。其中，成都平原经济区中，5A级旅游景区的免票人次最少，为271.85万人次，同比下降17.71%；川南经济区中，2A级旅游景区的免票人次最少，为863.87万人次，同比增长0.36%；川东北经济区中，2A级旅游景区的免票人次最少，为459.71万人次，同比增长15.07%；攀西经济区中，3A级旅游景区的免票人次最少，仅有31.93万人次；川西北生态经济区中2A级旅游景区免票人次最少，仅有6.52万人次，同比下降了33.81%（见表Ⅱ－8、表Ⅱ－9、图Ⅱ－7和图Ⅱ－8）。

纵向比较来看，5A级旅游景区中，川东北经济区免票人次最多，为624.03万人次；成都平原经济区免票人次最少，为271.85万人次。4A级旅游景区中，成都平原经济区免票人次最多，为11103.03万人次，远高于其他经济区的免票人次；川西北生态经济区免票人次最少，为536.27万人次。3A和2A级旅游景区中均是成都平原经济区的免票人次最多，分别达到了3179.18万人次和3336.17万人次，亦远高于其他经济区的免票人次。

表Ⅱ－8　2016年五大经济区各等级免票游客接待量情况（单位：万人次）

经济区	AAAAA	AAAA	AAA	AA	A
成都平原经济区	271.85	11103.03	3179.18	3336.17	—
川南经济区	—	1381.42	951.42	863.87	—
川东北经济区	624.03	1716.42	1210	459.71	—
攀西经济区	—	1673.11	31.93	370.99	245

续表

经济区	AAAAA	AAAA	AAA	AA	A
川西北生态经济区	527.03	536.27	—	6.52	—
全省	1422.91	16410.25	5372.53	5037.26	245

表Ⅱ－9　2016年五大经济区各等级免票游客接待量增长情况

经济区	AAAAA	AAAA	AAA	AA	A
成都平原经济区	－17.71%	3.23%	146.33%	2.96%	—
川南经济区	—	51.24%	53.68%	0.36%	—
川东北经济区	56.34%	9.90%	51.43%	15.07%	—
攀西经济区	—	12.50%	1673.89%	44.64%	44.00%
川西北生态经济区	16.29%	34.06%	—	－33.81%	—
全省	20.31%	8.55%	98.20%	5.67%	44.00%

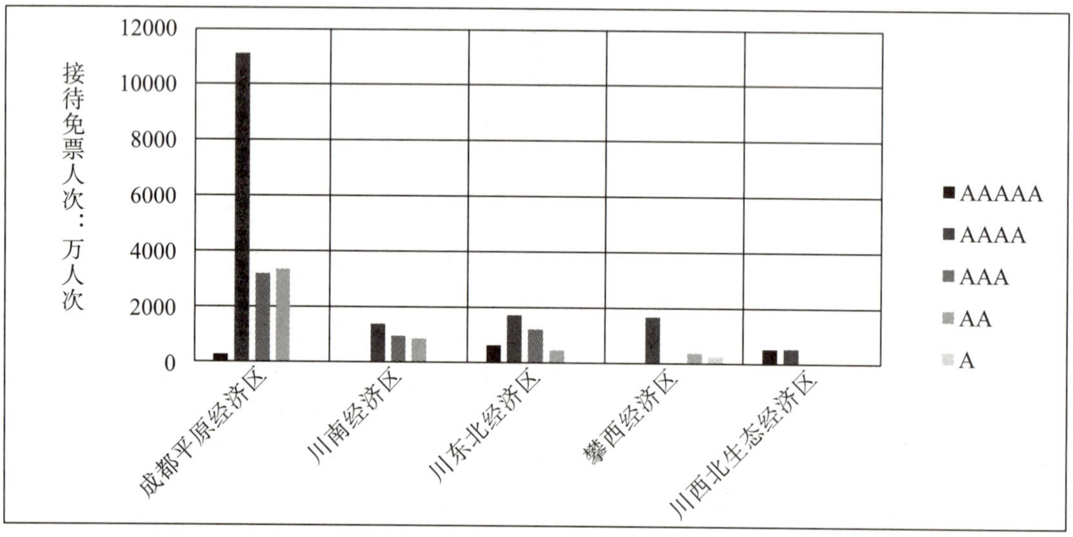

图Ⅱ－7　2016年五大经济区免票游客接待量对比图

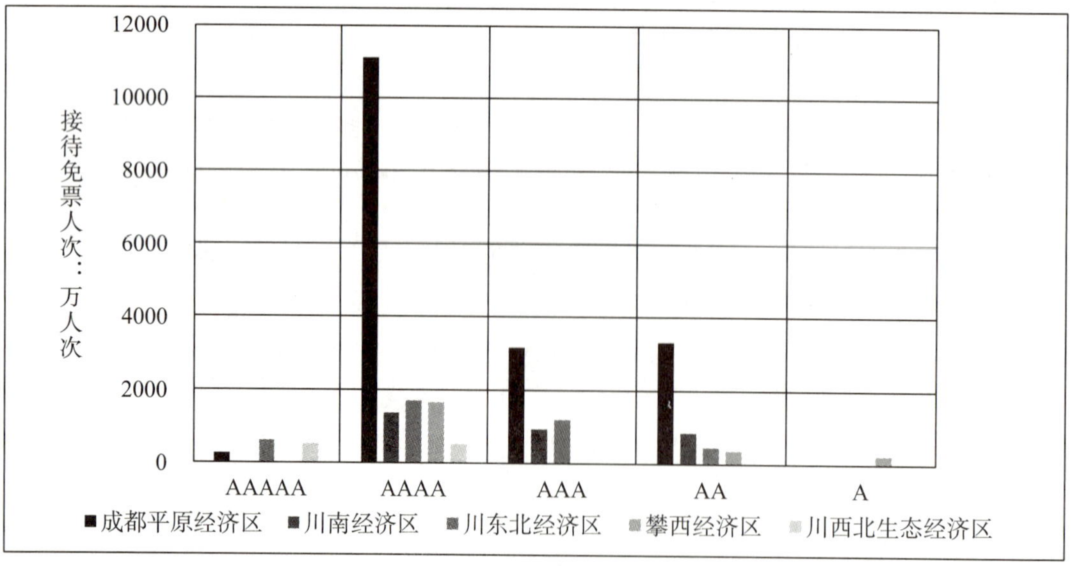

图Ⅱ－8　2016年五大经济区免票游客接待量对比图

（三）2016年五大经济区A级旅游景区收入情况

1. 2016年五大经济区A级旅游景区经营总收入和门票收入情况

2016年，全省A级旅游景区实现经营总收入475.8亿元，同比增长26.28%；其中，门票收入52.3亿元，同比增长4.99%。各经济区中，景区经营总收入最多的是成都平原经济区，达到了265.25亿元，同比增长了41.01%；景区经营总收入最少的是攀西经济区，为41.16亿元，同比增长了33.14%。从增速看，除川西北生态经济区的景区经营总收入较上年下降了21.90%之外，其余四大经济区均实现了不同程度的增长，其中，川南经济区增长率最高，达到了54.61%（见表Ⅱ－10和图Ⅱ－9）。

门票收入方面，除了川西北生态经济区门票收入同比下降了5.11%之外，其余四大经济区的门票收入均实现了不同程度的增长。其中，成都平原经济区的门票收入最高，为26.79亿元，同比增长了2.26%；紧随其后的是川西北生态经济区，门票收入达到了13.61亿元，同比下降了5.11%。其余三个经济区的门票收入均低于10亿元，其中，最低的为攀西经济区，仅有1.78亿元，但其增长率却远高于其他经济区的门票收入增长率，达到了56.17%（见表Ⅱ－10和图Ⅱ－9）。

从门票收入占经营总收入的比重来看，川西北生态经济区的门票收入占经营总收入的比重最高，达到了32.78%，该比重较上年还上浮了5.80个百分点，上浮幅度高于其他经济区。门票收入占总收入比重最低的是攀西经济区，仅占4.32%，该比重较上年上浮了0.64个百分点。从门票收入占经营总收入的比重变化来看，除成都平原经济区和川南经济区的比重较上年有所下降外，其余三个经济区均略有上浮。总体来看，川西北生态经济区对门票收入的依赖性较强，成都平原经济区和川南经济区对门票收入的依赖程度在逐渐减弱。

表Ⅱ－10　2016年五大经济区A级旅游景区门票收入情况

经济区	景区经营总收入		门票收入		门票收入占总收入的比重	
	数值（万元）	同比	数值（万元）	同比	比重	变化
成都平原经济区	2652461.79	41.01%	267924.00	2.26%	10.10%	−3.83%
川南经济区	445203.25	54.61%	28790.62	22.64%	6.47%	−1.69%
川东北经济区	833615.96	9.94%	72422.06	25.12%	8.69%	1.05%
攀西经济区	411628.05	33.14%	17765.20	56.17%	4.32%	0.64%
川西北生态经济区	415106.00	−21.90%	136075.20	−5.11%	32.78%	5.80%
全省	4758015.05	26.28%	522977.08	4.99%	10.99%	−2.23%

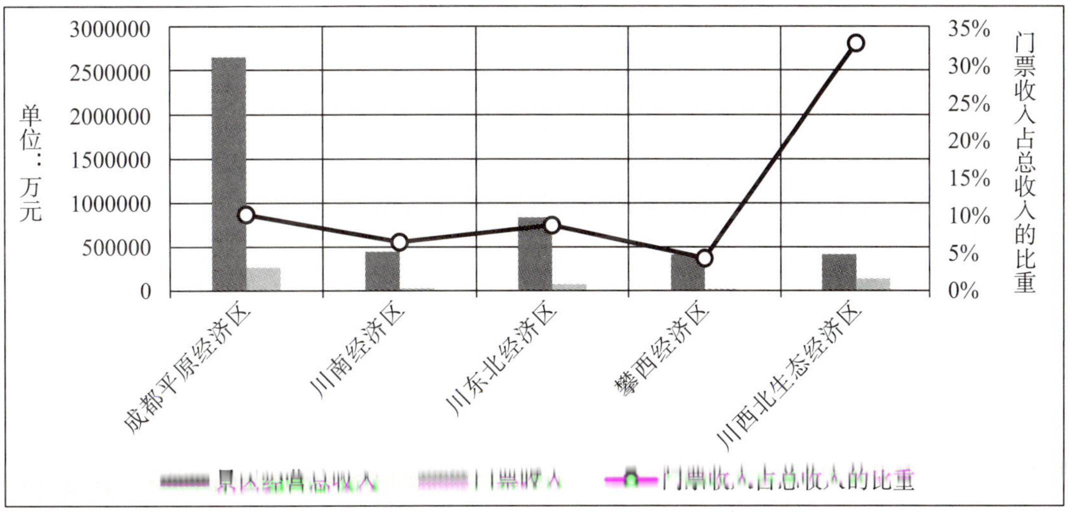

图Ⅱ－9　2016年五大经济区A级旅游景区门票收入对比图

2. 2016 年五大经济区 A 级旅游景区平均收入和平均门票收入情况

2016 年，全省 A 级旅游景区平均收入为 1.14 亿元，同比增长了 5.78%；但平均门票收入从上一年的 1419.17 万元下降至 1248.16 万元，下降比例为 12.05%。各经济区中，成都平原经济区和川西北生态经济区的景区平均收入和平均门票收入均高于全省均值，分别是 13532.97 万元和 19766.95 万元。景区平均收入最低的是川南经济区，为 7066.72 万元，仅有川西北生态经济区的 1/3。与 2015 年相比，成都平原经济区、攀西经济区和川南经济区的景区平均收入均实现了增长，增长率分别为 25.18%、16.07%和 12.89%；而川西北生态经济区和川东北经济区的景区平均收入却有所下降，下降比例为 33.06%和 13.15%。景区平均门票收入方面，川西北生态经济区和成都平原经济区景区平均门票收入高于全省平均水平。与 2015 年相比，除攀西经济区增长了 36.15%之外，其余四个经济区的平均门票收入较上一年均有不同程度的下降。另外，川西北生态经济区的平均门票收入高达 6479.77 万元，是其他经济区的平均门票收入总和的两倍，可见其对门票收入的依赖性远高于其他经济区（见表Ⅱ－11 和图Ⅱ－10）。总体而言，成都平原经济区和川南经济区在景区平均收入增长的同时平均门票收入却有下降，景区旅游发展对门票经济的依赖程度较上年有所减弱。

表Ⅱ－11　2016 年五大经济区 A 级旅游景区平均收入情况

经济区	景区平均收入（万元）	同比	景区平均门票收入（万元）	同比
成都平原经济区	13532.97	25.18%	1366.96	－9.22%
川南经济区	7066.72	12.89%	456.99	－10.46%
川东北经济区	8336.16	－13.15%	724.22	－1.16%
攀西经济区	10554.57	16.07%	455.52	36.15%
川西北生态经济区	19766.95	－33.06%	6479.77	－18.66%
全省	11355.64	5.78%	1248.16	－12.05%

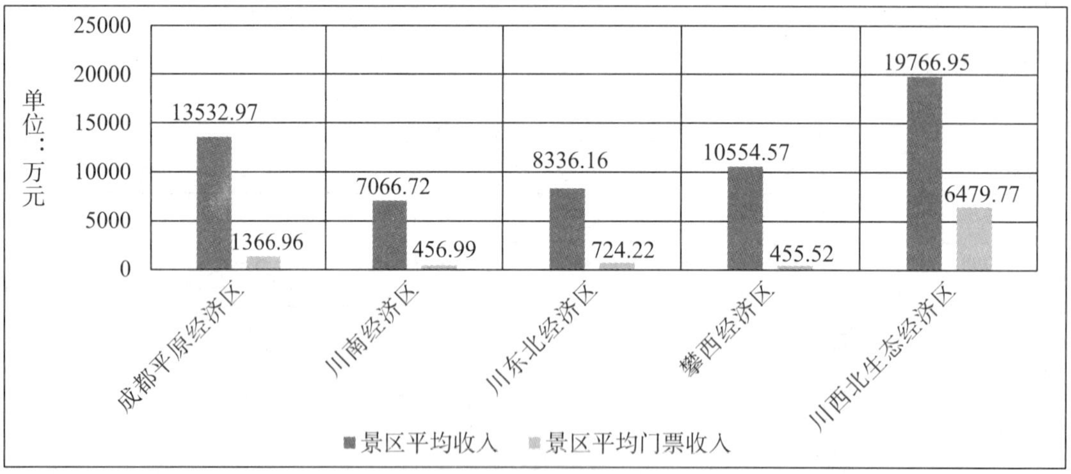

图Ⅱ－10　2016 年五大经济区 A 级旅游景区平均收入对比图

3. 2016 年五大经济区各等级旅游景区平均收入情况

横向比较来看，成都平原经济区和川西北生态经济区的各等级旅游景区平均收入随等级递减而减少，即高等级旅游景区平均收入高，低等级旅游景区平均收入低。与 2015 年相比，成都平原经济区除 1A 外所有等级旅游景区平均收入均实现增长，但川西北生态经济区有数据统计的各等级旅游景区平均收入皆出现了下降。川南经济区中，以 4A 级旅游景区平均收入最高，为 14511.75 万元，同比增长了 107.09%；最少的是 3A 级旅游景区平均收入，为 3540.76 万元，同比下降了 20.90%。川东北经济区中，5A 级旅游景区平均收入最高，为 42441.04 万元，同比增长了 69.37%；3A 级旅游景区平均收入最低，为 1066.83 万元，同比下降了 44.07%。攀西经济区中，4A 级旅游景区平均收入最高，为 38931.07 万元，同比下降了 0.62%；3A 级旅游景区平均收入最低，为 168.65 万元，同比增长了 106.77%（见表Ⅱ—12、表Ⅱ—13 和图Ⅱ—11）。

纵向比较来看，5A 级旅游景区中，川西北生态经济区以 51961.63 万元的景区平均收入位居首位，成都平原经济区略高于川东北经济区。4A 级旅游景区中，攀西经济区以 38931.07 万元的景区平均收入位居首位，川东北经济区以 12732.97 万元居于末位。3A 级旅游景区中，成都平原经济区以 5267.48 万元的景区平均收入位列第一，而排在末位的攀西经济区仅有 168.65 万元。2A 级旅游景区中，成都平原经济区以 4209.65 万元的景区平均收入居于首位，而居于末位的川西生态经济区仅有 325.80 万元（见表Ⅱ—12）。

表Ⅱ—12 2016 年五大经济区各等级旅游景区平均收入情况（单位：万元）

经济区	AAAAA	AAAA	AAA	AA	A
成都平原经济区	45409.18	21153.43	5267.48	4209.65	0.00
川南经济区	—	14511.75	3540.76	4047.67	—
川东北经济区	42441.04	12732.97	1066.83	2306.52	—
攀西经济区	—	38931.07	168.65	2279.12	18369.20
川西北生态经济区	51961.63	17259.69	—	325.80	—
全省	46116.88	18914.62	3320.15	3459.01	9184.60

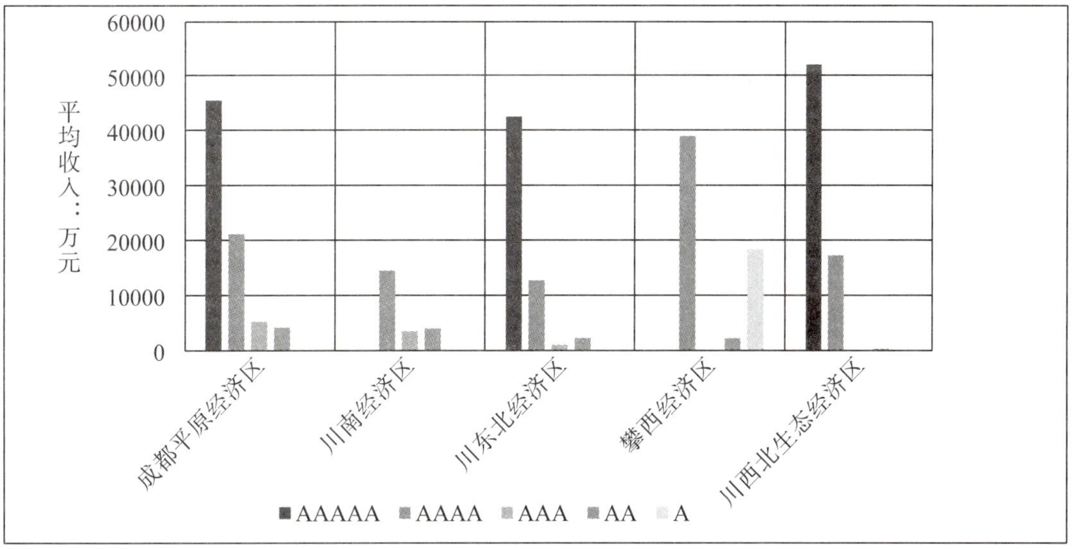

图Ⅱ—11 2016 年五大经济区各等级旅游景区平均收入对比图

表Ⅱ—13 2016 年五大经济区各等级旅游景区平均收入变化情况

经济区	AAAAA	AAAA	AAA	AA	A
成都平原经济区	1.74%	22.29%	113.80%	16.79%	—
川南经济区	—	107.09%	−20.90%	−39.40%	—
川东北经济区	69.37%	−20.70%	−44.07%	10.23%	
攀西经济区	—	−0.62%	106.77%	86.22%	49.74%

续表

经济区	AAAAA	AAAA	AAA	AA	A
川西北生态经济区	-37.67%	-13.98%	—	-33.85%	—
全省	-8.47%	9.74%	40.83%	-0.56%	-25.13%

4. 2016年五大经济区各等级旅游景区平均门票收入情况

横向比较来看，除攀西经济区外，其余四大经济区各等级景区平均门票收入与景区等级成正比，即景区等级越高，其景区平均门票收入越高。而攀西经济区略有不同，其2A级旅游景区平均门票收入高于3A级旅游景区平均门票收入。增速方面，成都平原经济区中，5A和2A级旅游景区平均门票收入较上年有所增长，而4A和3A级旅游景区较上年有所下降；川南经济区中，除4A级旅游景区平均门票收入有所增长外，3A和2A级旅游景区平均有下降；川东北经济区中，4A级旅游景区平均门票收入有所增长，5A和3A级旅游景区均有下降；攀西经济区中，4A和2A级旅游景区均门票收入有所增长，而3A级旅游景区则出现下降情况；川西北生态经济区中，5A和4A级旅游景区平均门票收入均有下降。

纵向比较来看，5A级旅游景区中，川西北生态经济区以39838.23万元的平均门票收入位居首位，远高于成都平原经济区和川东北经济区。4A级旅游景区中，成都平原经济区以1608.94万元的平均门票收入位列第一，川东北经济区以971.95万元居于末位。3A级旅游景区中，景区平均门票收入最高的是川南经济区，为420.18万元，最低的是攀西经济区，为78.53万元（川西北生态经济区为0，不纳入比较范围）。2A级旅游景区中，景区平均门票收入最高的是攀西经济区，为165.61万元，最低是川南经济区，为12.88万元（川东北经济区和川西北生态经济区为0，不纳入比较范围）（见表Ⅱ-14和图Ⅱ-12）。

表Ⅱ-14 2016年五大经济区各等级旅游景区平均门票收入情况（单位：万元）

经济区	AAAAA	同比	AAAA	同比	AAA	同比	AA	同比
成都平原经济区	26967.92	4.98%	1608.94	-12.07%	102.63	-31.39%	39.54	47.16%
川南经济区	—	—	1121.04	3.34%	420.18	-32.49%	12.88	-28.08%
川东北经济区	6204.70	-8.66%	971.95	4.98%	96.45	-12.83%	0.00	—
攀西经济区	—	—	1546.70	8.30%	78.53	-3.04%	165.61	308.23%
川西北生态经济区	39838.23	-4.80%	1104.03	-13.43%	0.00	—	0.00	—
全省	22927.74	-7.80%	1355.11	-7.97%	144.23	-26.76%	46.20	102.74%

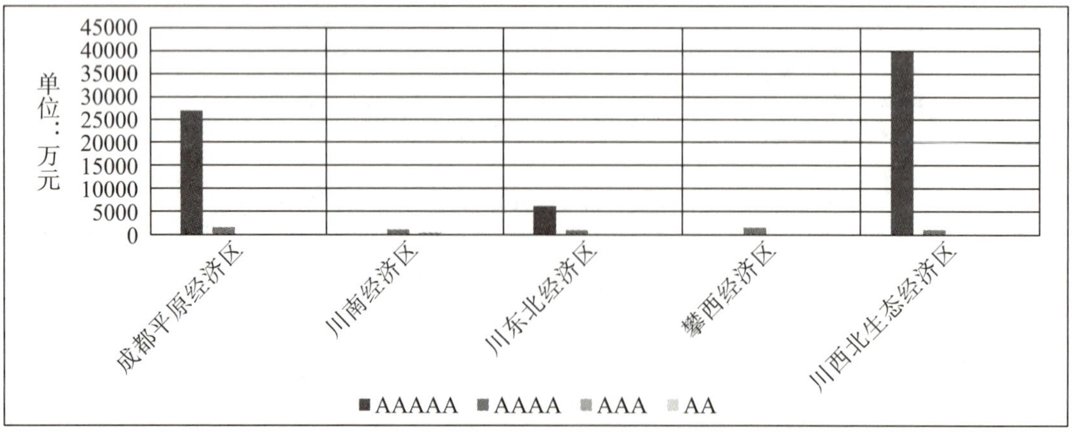

图Ⅱ-12 2016年五大经济区各等级旅游景区平均门票收入对比图

5. 五大经济区A级旅游景区平均花费情况

各经济区中，川西北生态经济区的景区人均花费和人均门票花费均位居首位，分别是192.40元/人次和63.07元/人次，与2015年相比，二者均出现了一定程度的下降，下降比例分别是30.52%和15.58%。成都平原经济区和川南经济区的景区人均花费较上年均有增长，增长率分别为23.21%和16.74%，但人均门票花费均有下降，下降比例分别是10.65%和7.40%。川东北经济区的情况与之相反，景区人均花费有所下降，但人均门票花费有所上升。只有攀西经济区实现景区人均花费和人均门票花费的双增长（见表Ⅱ－15和图Ⅱ－13）。总体而言，游客在川西北生态经济区的平均花费较高，成都平原经济区和川南经济区的景区在门票收入之外的综合效益在不断提升，川东北经济区对门票收入的依赖性较上年有所增强。

表Ⅱ－15　2016年四川省各经济区A级旅游景区人均花费情况

经济区	景区人均花费（元/人次）	同比	人均门票花费（元/人次）	同比
成都平原经济区	114.86	23.21%	11.60	－10.65%
川南经济区	105.44	16.74%	6.82	－7.40%
川东北经济区	133.37	－9.28%	11.59	3.24%
攀西经济区	151.20	6.19%	6.53	24.55%
川西北生态经济区	192.40	－30.52%	63.07	－15.58%
全省	123.76	7.12%	13.60	－10.94%

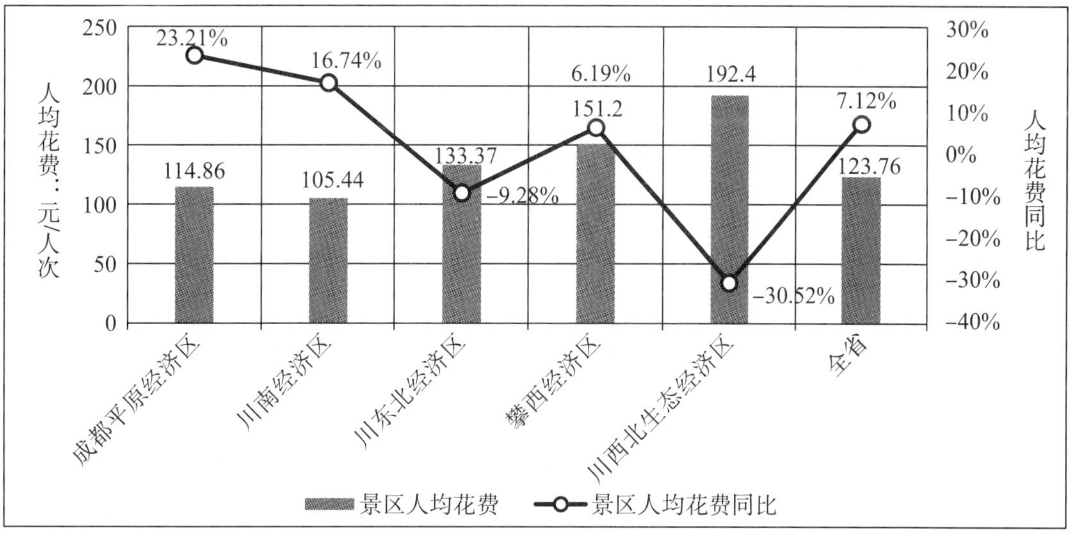

图Ⅱ－13　2016年四川省各经济区A级旅游景区人均花费及增长情况对比图

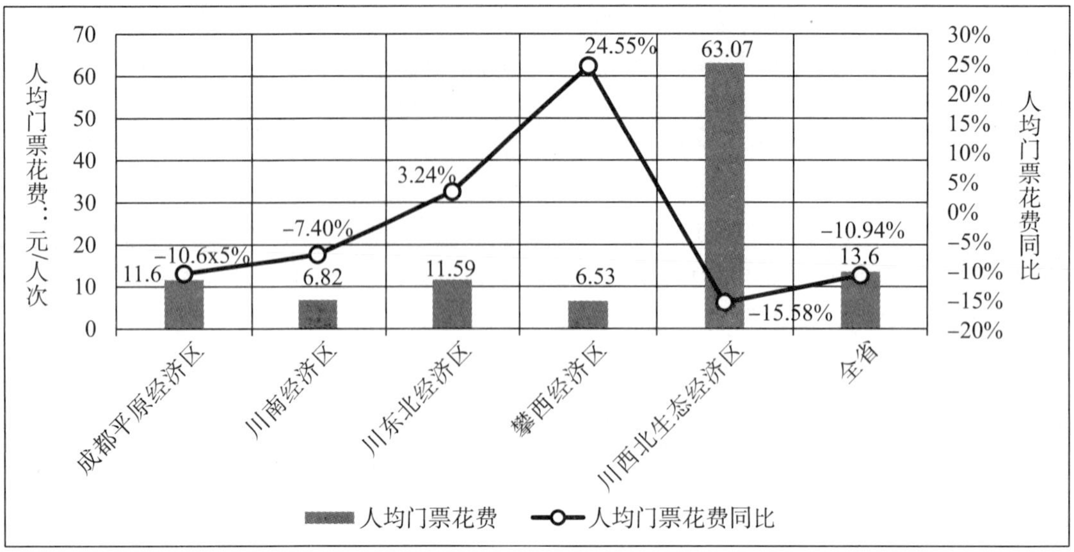

图Ⅱ-14　2016年四川省各经济区A级旅游景区人均门票花费及增长情况对比图

6. 2016年五大经济区A级旅游景区收入构成情况

从收入构成比重看，成都平原经济区、川南经济区、川东北经济区和攀西经济区均以餐饮收入比重最大；其中，成都平原经济区为27.97%，川南经济区为22.70%，川东北经济区为33.09%，攀西经济区为33.42%。而川西北生态经济区收入构成呈现出来的特征与其他四个经济区有所差异，其表现为门票收入比重最高，达到63.12%，远远超过其余收入的比重，对门票经济的依赖性较强（见表Ⅱ-16和图Ⅱ-15）。

从收入构成比重变化来看，成都平原经济区中，门票收入、交通收入和演艺收入比重较上年有所上浮，其余收入比重较上年有所下降。川南经济区中，除门票收入比重有所上浮外其余收入比重均有不同程度的下降。川东北经济区中，交通收入、餐饮收入和其他收入的比重有所上浮，其余收入比重有所下降。攀西经济区中，门票收入、交通收入和餐饮收入比重均有较大幅度的上浮，其余收入比重有不同程度的下降。川西北生态经济区中，除门票收入比重大幅度上升及其他收入比重小幅上升之外，其余收入比重均有下降（见表Ⅱ-17和图Ⅱ-16）。

表Ⅱ-16　2016年五大经济区A级旅游景区收入构成比例情况

经济区	门票收入比重	商品收入比重	交通收入比重	住宿收入比重	餐饮收入比重	演艺收入比重
成都平原经济区	12.45%	14.09%	3.55%	14.45%	27.97%	0.53%
川南经济区	6.20%	15.59%	1.92%	3.85%	22.70%	0.36%
川东北经济区	8.56%	21.20%	7.52%	15.80%	33.09%	0.34%
攀西经济区	20.81%	9.94%	13.36%	15.63%	33.42%	0.16%
川西北生态经济区	63.12%	1.48%	4.38%	3.96%	25.24%	0.16%

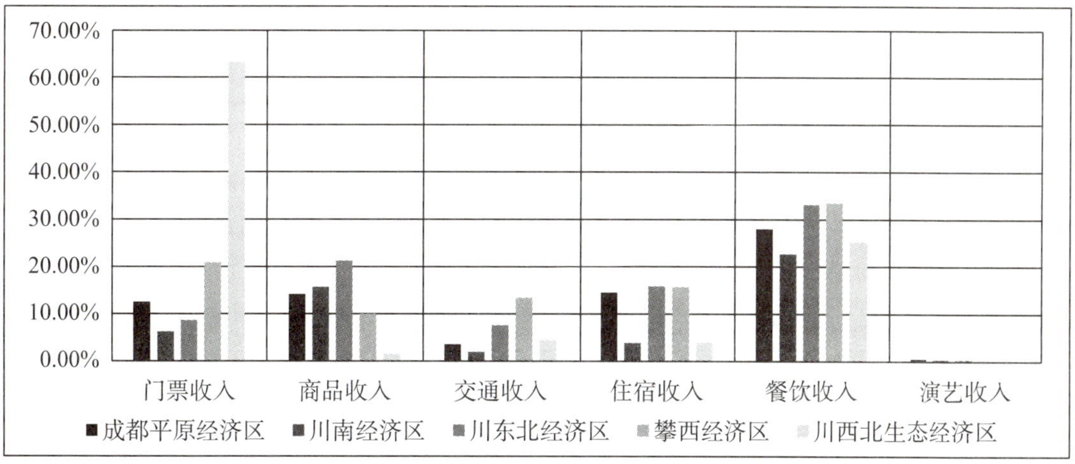

图Ⅱ－15　2016年五大经济区A级旅游景区收入构成对比图

表Ⅱ－17　2016年四川省各经济区A级旅游景区收入构成变化情况

经济区	门票收入比重变化	商品收入比重变化	交通收入比重变化	住宿收入比重变化	餐饮收入比重变化	演艺收入比重变化	其他收入比重变化
成都平原经济区	0.05%	−3.56%	0.36%	−2.65%	−2.10%	0.33%	−4.77%
川南经济区	0.47%	−6.14%	−2.13%	−5.67%	−18.95%	−0.32%	−9.24%
川东北经济区	−0.36%	−5.77%	0.27%	−3.52%	1.84%	−0.20%	6.39%
攀西经济区	16.97%	−19.46%	10.20%	−16.79%	13.07%	−1.84%	−2.88%
川西北生态经济区	34.99%	−7.16%	−7.86%	−10.09%	−7.31%	−3.36%	0.31%
全省	1.26%	−4.33%	−0.78%	−4.24%	−2.54%	−0.40%	−1.03%

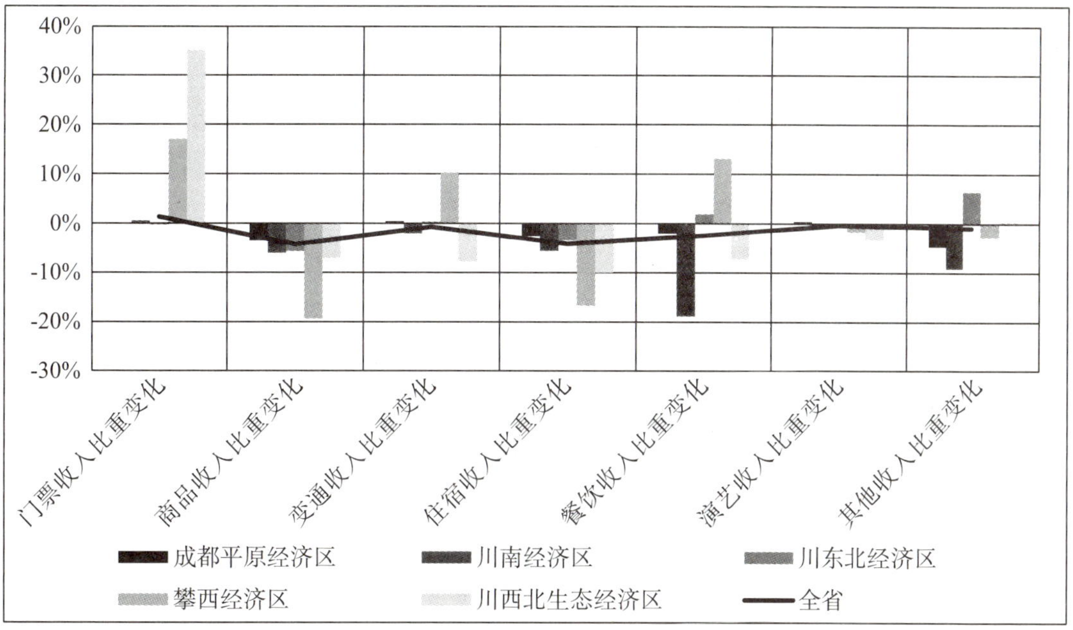

图Ⅱ－16　2016年四川省各经济区A级旅游景区收入构成变化对比图

（四）2016年五大经济区A级旅游景区建设投资情况

2016年，成都平原经济区A级景区年度建设投资为65.4亿元，居五大经济区之首；其次是川东北经济区，年度建设投资为 21.35 亿元；排第三位的是川南经济区，年度建设投资为 8.03 亿元；排位第四的是川西北生态经济区，年度建设投资为 3.01 亿元；居于末位的是攀西经济区，年度建设投资仅有 0.64 亿元。各经济区的景区内部建设投资和外部建设投资排位均表现出与年度建设投资排位相同的特征。景区内部建设投资与外部建设投资的比例方面，川南经济区的内部建设投资低于外部建设投资，二者的比例分别是 42.94%和 57.06%；其余四个经济区皆是内部建设投资高于外部建设投资，其中，攀西经济区的二者比例相差最大，其用于外部建设的投资额度相对较低，仅占到了 18.53%（见表Ⅱ－18 和图Ⅱ－17）。

表Ⅱ－18　2016 年五大经济区 A 级旅游景区建设投资情况（单位：万元）

经济区	年度建设投资	景区内部建设投资	内部投资占总投资比重	景区外部建设投资	外部投资占总投资比重
成都平原经济区	654023.28	432556.85	66.14%	221466.43	33.86%
川南经济区	80257.86	34460.93	42.94%	45796.93	57.06%
川东北经济区	213483.8	123605.4	57.90%	89878.4	42.10%
攀西经济区	6406.2	5219.2	81.47%	1187	18.53%
川西北生态经济区	30115.89	19623.89	65.16%	10492	34.84%
全省	654023.28	432556.85	66.14%	221466.43	33.86%

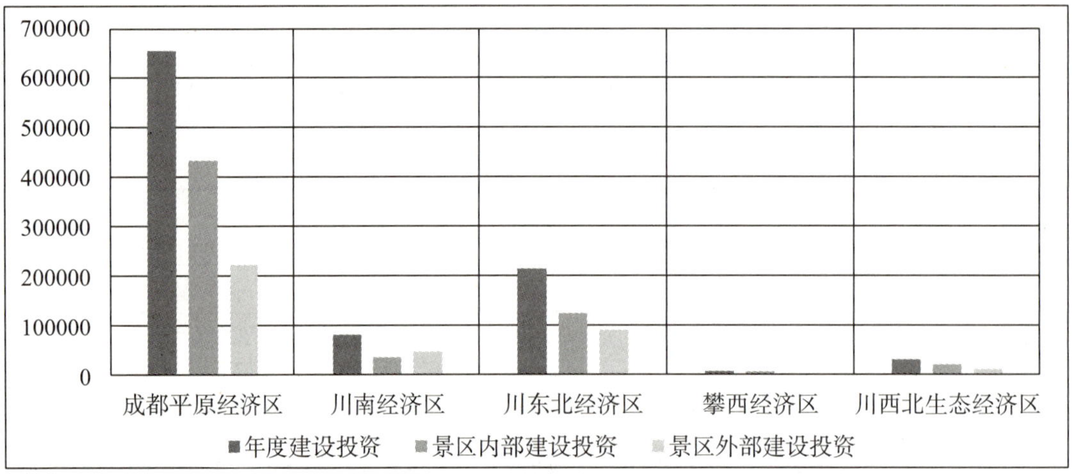

图Ⅱ－17　2016 年五大经济区 A 级旅游景区建设投资对比图（单位：万元）

二、五大经济区 A 级旅游景区经济运行中存在的问题

（一）从各市州平均拥有景区数量看，川西北生态经济区和川南经济区的 A 级旅游景区供给不足

截至 2016 年底，川南经济区和攀西经济区还未有 5A 级旅游景区。成都平原经济区市州平均拥有景区数量为五大经济区之首，川西北生态经济区和川南经济区的市州平均拥有景区数分别为 11 家和 16 家，与成都平原经济区差距大，远低于全省平均水平。川西北生态经济区旅游资源丰富，5A 级旅游景区就有 3 家，但 4A 级旅游景区十分缺乏，亟待增加景区数量。

（二）从新增景区看，攀西经济区和川西北生态经济区旅游景区增速缓慢

2016 年，成都平原经济新增景区 22 家，川东北经济区新增景区 21 家，而攀西经济区和川西北生态经济区新增景区数量均低于 10 家，尤其是攀西经济区仅新增 3 家。攀西经济区和川西北生态经

济区旅游景区增速缓慢，不能满足游客日益增长的需求。目前，全省4A和3A级旅游景区增速较快，但5A级旅游景区增速缓慢。五大经济区中，仅川东北经济区新增1家5A级旅游景区，各经济区需加大5A和4A级旅游景区的创建力度。

（三）从游客量接待看，川南、川东北和攀西经济区的平均接待量较低

2016年，受区域人口数量、旅游景区数量和省会城市等一系列因素的影响，游客主要集中在成都平原经济区，其景区平均接待游客量为117.82万人次。川南经济区、川东北经济区和攀西经济区的景区平均接待游客量远低于成都平原经济区，分别是67.02万人次、62.51万人次和69.80万人次，均低于全省平均水平。从景区平均入境游客接待量方面来看，川西北生态经济区以1.97万人次的平均入境游客接待量位居首位，与2015年相比也实现了增长，增长率为16.36%；成都平原经济区、川南经济区和川东北经济区的景区平均入境游客接待量均出现了不同程度的下降，下降比例分别为7.53%、12.36%和17.89%。

（四）从免票人次看，除成都平原经济区外，其他经济区接待免票人数较少

成都平原经济区景区接待免票人数17890.23万人次，同比增长14.55%，占五大经济区总免票人数的比重为62.80%，涵盖了半数以上的免票人数。其他经济区接待免票人数较少，其中攀西经济区接待免票人数比重为8.15%，川西北生态经济区接待免票人数仅为3.76%。各大经济区接待免票人多集中于4A级旅游景区，尤其是集中于成都平原经济区的4A级旅游景区。

（五）从门票收入看，各经济区门票收入差距显著

2016年，各经济区之间门票收入差距大，成都平原经济区景区门票收入26.79亿元，是攀西经济区（1.78亿元）的15倍。川西北生态经济区门票收入比重高达32.78%，门票经济依赖程度较大。川南经济区、川东北经济区和攀西经济区的景区平均门票收入低于全省均值。景区平均门票收入方面，除攀西经济区外，其余四个经济区均有不同程度的下降，其中，下降幅度最大的是川西北生态经济区。另外，5A级旅游景区门票仍较高，门票收入占总收入的比重仍较大。

（六）从收入构成看，川西生态经济区门票收入比重较高

2016年，各大经济区景区门票收入、餐饮收入和住宿收入比重较高，其余收入比重较低，收入构成单一。特别是川西北生态经济区，景区门票收入比重高达63.12%，远高于其他经济区的门票收入比重，对门票经济的依赖程度较为严重。另外，川西北生态经济区和攀西经济区商品收入比重少，大部分产品依然为低端传统的商品，缺乏创新，不能满足游客日益增长的个性化和多样化的需求；川西北生态经济区和川南经济区旅游住宿收入比重低，表明景区过夜游客较少，游客停留时间短。

（七）从建设投资看，攀西经济区的景区建设投资相对较低

2016年，成都平原经济区A级旅游景区年度建设投资居五大经济区之首，川南经济区、川西北生态经济区和攀西经济区建设投资额较少。其中，攀西经济区的年度建设投资仅有0.64亿元，其用于外部建设的投资额度相对较低，仅占到了18.53%，景区建设投资严重不足。

三、五大经济区A级旅游景区发展建议

（一）加快川西北生态经济区、攀西和川南经济区旅游景区建设

加快川西北和川南经济区旅游景区建设，增加旅游景区数量，提高攀西经济区旅游景区建设速度，增加有效供给。充分利用川西北经济区丰富的旅游资源，将资源优势转化为经济优势。加快攀西经济区旅游景区建设速度，紧紧围绕“康养+”，打造国家级战略资源创新开发试验区和全国阳光康养旅游目的地。加强川南经济区旅游一体化建设，充分利用自贡的彩灯、恐龙和盐都，宜宾、泸州的白酒、蜀南竹海和兴文石海，内江市的张大千故乡和甜城等旅游品牌形象，建设一批有创意有内涵的

旅游景区。加快推进兴文石海创建国家5A级旅游景区。

（二）加大对川南和攀西经济区入境游营销宣传力度

2016年，五大经济区接待入境游客量均较少，特别是川南和攀西经济区。因此，要加强两个经济区入境游市场的研究，重点分析入境游市场运行情况，了解入境游市场特征，解释入境游市场愈发成为短板的原因。同时，加强川南和攀西经济区入境游市场营销推广力度，根据各经济区排名前10位的入境游客源国/地区，有针对性地进行精准营销，积极开展推介会等境外营销活动，巩固传统客源地，挖掘新兴潜力市场。

（三）不断完善川西北生态经济区和攀西经济区旅游景区门票优惠政策

各经济区根据实际情况制定门票优惠政策，对儿童、学生、老年人、军人、残疾人等特殊群体实行门票价格优惠。鼓励景区结合各自特色扩大门票价格优惠范围，建立对特定群体的免费开放日活动。积极推动攀西经济区和川西北生态经济区优惠政策实施力度，不断提高各经济区景区接待免票人数的比重。

（四）促进川西北生态经济区和攀西经济区旅游景区收入结构合理化

川西北生态经济区和攀西经济区景区经营管理者应改变思路，摆脱“门票经济”，促进旅游转型升级。除门票收入外，食宿和交通等收入也是景区总收入的主要构成部分，其他方面收入所占比例极少。因此，川西北生态经济区和攀西经济区的旅游景区应不断创新旅游产品，为游客提供多样化的产品和服务，增加景区附加值，提高各经济区旅游景区商品收入和演艺收入等所占比例，实现收入渠道多样化，降低对门票收入的依赖性。

（五）加大攀西经济区和川西北生态经济区的建设投资力度

加大对旅游景区的建设投资力度，促进内外部建设投资均衡发展。增加川西北生态经济区和攀西经济区旅游景区建设投资，不断完善景区基础设施。增加攀西经济区景区外部建设投资，扩大外部投资占总投资的比重。

（六）平衡各经济区旅游景区发展

五大经济区旅游景区在数量、接待人数、景区收入等方面差距显著。成都平原经济区景区发展具有绝对优势，其他经济区与之相比差距巨大。攀西经济区和川西北生态经济区应加快促进旅游景区发展，增加投资，加强宣传营销，不断缩小与成都平原经济区的差距。川南经济区和攀西经济区加快创建5A级旅游景区，提升综合实力。增加川西北生态经济区和川南经济区旅游景区数量，完善各等级旅游景区比例，优化各经济区旅游景区空间布局。

第Ⅲ篇　2016年各市州A级旅游景区运行情况

一、2016年各市州A级旅游景区总体情况

（一）2016年各市州A级旅游景区数量情况

1. 从景区数量看，成都市A级旅游景区数量最多，阿坝州5A级旅游景区拥有数位居全省首位

2016年四川省A级旅游景区数量最多的市州仍然是成都市，共计81家，接近全省A级旅游景区总量的1/5，占比19.33%，远远超过其他市州的景区拥有数。成都市亦拥有数量最多的4A和3A级旅游景区。5A级旅游景区中，阿坝州拥有的景区数量位居首位，达到3家；除此之外，目前拥有5A级旅游景区的市州还包括乐山市（2家）、南充市（2家）、成都市（1家）、广元市（1家）、绵阳市（1家）和广安市（1家）。四川省21个市州中，还有超过六成的市州没有5A级旅游景区（见表Ⅲ—1和图Ⅲ—1）。

表Ⅲ—1　2016年四川省各市州A级旅游景区分布情况（单位：家）

市州	5A	4A	3A	2A	1A	合计	占比
成都市	1	38	27	14	1	81	19.33%
泸州市	0	8	9	11	0	28	6.68%
乐山市	2	10	8	6	0	26	6.21%
广元市	1	14	6	5	0	26	6.21%
雅安市	0	17	5	2	0	24	5.73%
攀枝花市	0	2	2	15	1	20	4.77%
绵阳市	1	12	1	6	0	20	4.77%
宜宾市	0	7	4	8	0	19	4.53%
凉山州	0	7	9	3	0	19	4.53%
南充市	2	6	7	6	0	21	5.01%
广安市	1	5	5	7	0	18	4.30%
巴中市	0	15	2	1	0	18	4.30%
达州市	0	6	10	1	0	17	4.06%
眉山市	0	5	6	4	0	15	3.58%
阿坝州	3	10	1	0	0	14	3.34%
遂宁市	0	7	2	4	0	13	3.10%
自贡市	0	2	2	5	0	9	2.15%

续表

市州	5A	4A	3A	2A	1A	合计	占比
德阳市	0	4	2	3	0	9	2.15%
资阳市	0	2	3	3	0	8	1.91%
内江市	0	2	2	3	0	7	1.67%
甘孜州	0	5	1	1	0	7	1.67%
全省	11	184	114	108	2	419	—

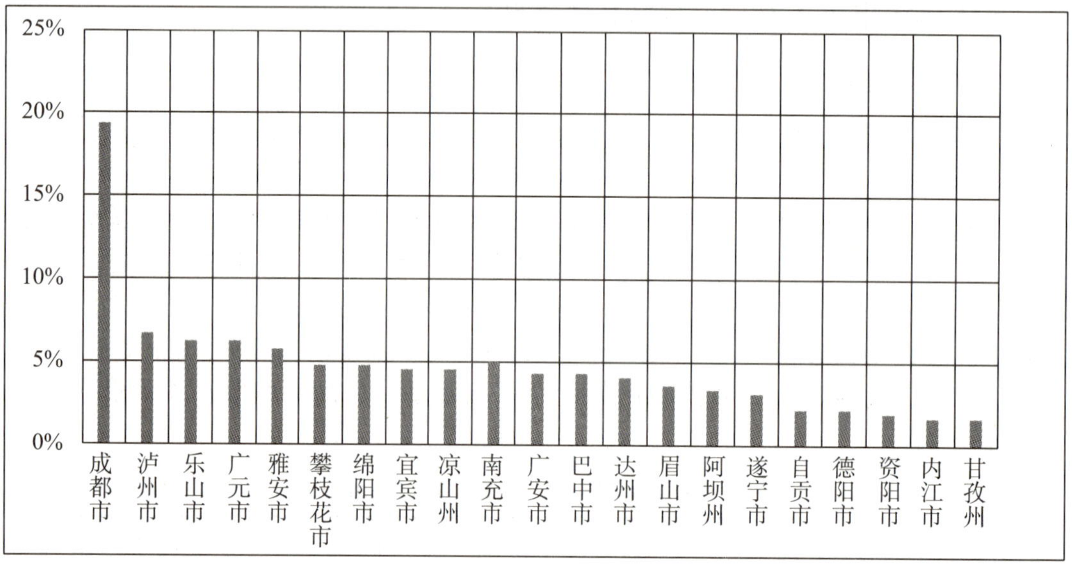

图Ⅲ－1　2016年四川省各市州A级旅游景区占比图

2. 从新增景区看，雅安市旅游景区增加数量及增长速度名列各市州首位

2016年，各市州新增A级旅游景区中，以雅安市、泸州市和成都市最多，分别新增11家、10家和9家，共占新增景区数量的44.12%。另外，攀枝花市、阿坝州和德阳市的旅游景区数量保持不变，绵阳市、遂宁市和资阳市的旅游景区数量有所减少（见表Ⅲ－2）。

从增速看，全国A级旅游景区增长最快的市州是雅安市，增长率达到84.62%，高出全省平均水平65个百分点；其次为甘孜州和达州市，增长率分别为75%和70%。另外，绵阳市、遂宁市和资阳市的旅游景区数量出现下调，下调幅度为4.76%、13.33%和11.11%（见表Ⅲ－2和图Ⅲ－2）。

表Ⅲ－2　2016年四川省各市州A级旅游景区增长情况（单位：家）

市州	2016年景区数量	2015年景区数量	增数	增长率
成都市	81	72	9	12.50%
泸州市	28	18	10	55.56%
乐山市	26	23	3	13.04%
广元市	26	24	2	8.33%
雅安市	24	13	11	84.62%
攀枝花市	20	20	0	0.00%
绵阳市	20	21	－1	－4.76%

续表

市州	2016年景区数量	2015年景区数量	增数	增长率
宜宾市	19	14	5	35.71%
凉山州	19	14	5	35.71%
南充市	21	18	3	16.67%
广安市	18	16	2	12.50%
巴中市	18	11	7	63.64%
达州市	17	10	7	70.00%
眉山市	15	12	3	25.00%
阿坝州	14	14	0	0.00%
遂宁市	13	15	−2	−13.33%
自贡市	9	8	1	12.50%
德阳市	9	9	0	0.00%
资阳市	8	9	−1	−11.11%
内江市	7	6	1	16.67%
甘孜州	7	4	3	75.00%
全省	419	351	68	19.37%

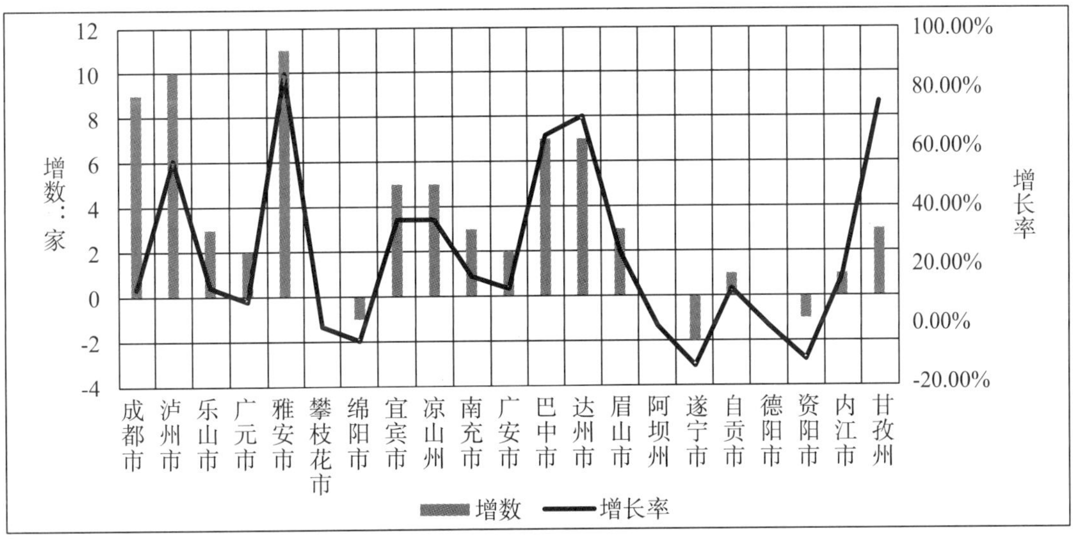

图Ⅲ－2　2016年四川省各市州A级旅游景区增长对比图

3. 从类型特征看，成都市景区类型丰富多样

自然景观类是四川省A级旅游景区的第一大类型，约占总量的1/4，达到107家；其中，以成都市和阿坝州数量最多，分别为11家和9家，占全省自然景观类旅游景区的10.28%和8.41%。乡村旅游类旅游景区以成都市和攀枝花市数量最多，分别是20家和10家，占全省乡村旅游类旅游景区的21.98%和10.99%。历史文化类旅游景区以成都市数量最多，为16家，占全省历史文化类旅游景区的22.22%，其余市州拥有此类景区的数量均在5家及以下。度假休闲类旅游景区以成都市、攀枝花市和绵阳市数量最多，分别为11家、7家和6家，占全省度假休闲类旅游景区的19.30%、12.28%和10.53%，其余市州的度假休闲类旅游景区均少于5家。另外，成都市是唯一一个拥有十种景区类

型的市州（见表Ⅲ－3）。

表Ⅲ－3　2016年四川省各市州A级旅游景区类型情况（单位：家）

市州	自然景观	主题游乐	乡村旅游	其他	历史文化	科技教育	红色旅游	工业旅游	度假休闲	博物馆
成都市	11	5	20	4	16	2	1	5	11	6
雅安市	7	0	7	3	3	0	0	0	4	0
泸州市	8	0	1	3	5	1	2	2	4	2
巴中市	7	1	3	0	2	0	3	0	2	0
达州市	8	0	3	0	3	0	2	0	1	0
乐山市	4	0	5	2	5	0	0	2	3	5
广元市	8	0	7	0	5	0	1	0	3	2
凉山州	5	0	4	4	3	1	1	0	1	0
宜宾市	5	0	8	0	4	0	1	0	1	0
广安市	4	1	5	1	3	0	2	0	2	0
眉山市	4	0	3	2	1	0	0	1	2	2
内江市	3	0	0	0	2	0	0	0	2	0
甘孜州	5	0	1	0	1	0	0	0	0	0
攀枝花市	2	0	10	1	0	0	0	0	7	0
绵阳市	3	0	3	1	5	1	0	0	6	1
南充市	7	0	4	1	4	0	3	0	2	0
阿坝州	9	0	1	0	3	0	1	0	0	0
自贡市	2	0	0	0	3	0	0	0	1	3
资阳市	2	0	0	3	0	0	1	0	2	0
遂宁市	1	0	2	1	3	1	1	0	3	1
德阳市	2	0	4	0	1	0	1	0	0	1
全省	107	7	91	26	72	6	20	10	57	23

4. 从机构性质看，资阳市、自贡市、南充市、达州市、广元市和阿坝州6个市州的行政事业单位数量高于企业单位数量

在各市州的A级旅游景区中，资阳市、自贡市、南充市、达州市、广元市和阿坝州6个市州的行政事业单位数量高于企业单位数量，其中达州市和资阳市的行政事业单位占比以88.24%和87.50%高居前两位。另外，企业单位占比超过六成的有攀枝花市、眉山市、广安市、内江市、甘孜州、雅安市、遂宁市、乐山市、凉山州和绵阳市10个市州，其中攀枝花市以80%的企业单位占比位居首位（见表Ⅲ－4和图Ⅲ－3）。

表Ⅲ－4　2016年四川省各市州A级旅游景区机构性质情况（单位：家）

市州	行政事业单位		企业单位		合计
	数量	占比	数量	占比	
成都市	34	41.98%	47	58.02%	81
攀枝花市	4	20.00%	16	80.00%	20

续表

市州	行政事业单位		企业单位		合计
	数量	占比	数量	占比	
遂宁市	4	30.77%	9	69.23%	13
绵阳市	7	35.00%	13	65.00%	20
资阳市	7	87.50%	1	12.50%	8
乐山市	8	30.77%	18	69.23%	26
德阳市	4	44.44%	5	55.56%	9
泸州市	13	46.43%	15	53.57%	28
自贡市	7	77.78%	2	22.22%	9
宜宾市	8	42.11%	11	57.89%	19
南充市	12	57.14%	9	42.86%	21
广安市	5	27.78%	13	72.22%	18
眉山市	4	26.67%	11	73.33%	15
内江市	2	28.57%	5	71.43%	7
雅安市	7	29.17%	17	70.83%	24
达州市	15	88.24%	2	11.76%	17
广元市	18	69.23%	8	30.77%	26
巴中市	8	44.44%	10	55.56%	18
凉山州	6	31.58%	13	68.42%	19
甘孜州	2	28.57%	5	71.43%	7
阿坝州	9	64.29%	5	35.71%	14
全省	184	43.91%	235	56.09%	419

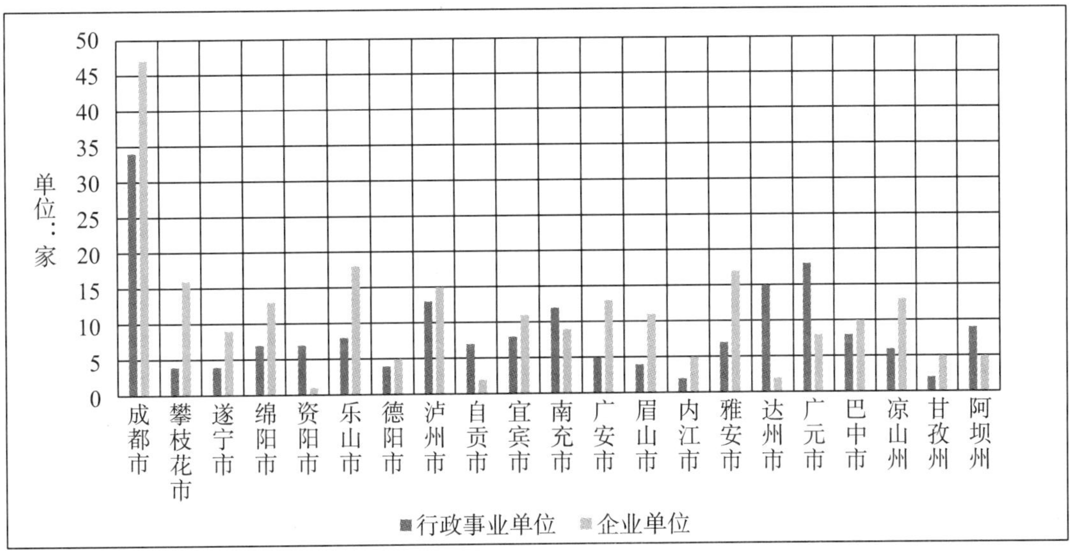

图Ⅲ—3　2016年四川省各市州A级旅游景区机构性质情况对比图

（二）四川省 A 级旅游景区游客接待量情况

1. 从增长情况看，各市州旅游接待总量均有增长，但入境人次增长幅度有涨有跌

从各市州 2016 年旅游接待总量来看，所有市州都有不同程度的增长。眉山市同比增长超过 100%，宜宾市在 70%以上。从市州接待量占全省总量的比例来看，成都市游客接待量为 15114.23 万人次，占全省接待量的 39.31%，遥遥领先；其次是遂宁市 2166.42 万人次、广元市 1938.40 万人次、泸州市 1908.33 万人次，分别占 2016 年全省游客接待总量的 5.63%、5.04%和 4.96%。甘孜州游客接待量最少，为 244.20 万人次，仅占全省总接待量的 0.64%。成都市、遂宁市、广元市、阿坝州、凉山州、泸州市、南充市、乐山市、绵阳市、广安市和宜宾市 11 个市州的旅游接待量在 1000 万人次以上（见表Ⅲ—5 和图Ⅲ—4）。

表Ⅲ—5　2016 年全省各市州 A 级旅游景区旅游接待量情况

市州	接待游客量（万人次）			入境人次（万人次）		
	数值	占比	同比	数值	占比	同比
成都市	15114.23	39.31%	8.34%	163.72	46.13%	28.28%
攀枝花市	813.89	2.12%	56.90%	0.07	0.02%	600.00%
遂宁市	2166.42	5.63%	26.10%	13.76	3.88%	−69.42%
绵阳市	1287.16	3.35%	17.84%	8.18	2.30%	−19.73%
资阳市	660.41	1.72%	11.64%	5.46	1.54%	14.95%
乐山市	1687.46	4.39%	10.35%	29.41	8.29%	70.10%
德阳市	574.56	1.49%	32.62%	13.84	3.90%	−45.87%
泸州市	1908.33	4.96%	8.20%	0.12	0.03%	20.00%
自贡市	293.34	0.76%	27.67%	0.82	0.23%	272.73%
宜宾市	1241.01	3.23%	75.52%	8.90	2.51%	−0.34%
南充市	1801.36	4.69%	5.36%	24.32	6.85%	−37.34%
广安市	1284.42	3.34%	43.01%	5.58	1.57%	−3.63%
眉山市	691.94	1.80%	154.97%	4.32	1.22%	64.26%
内江市	779.60	2.03%	59.89%	4.90	1.38%	61.72%
雅安市	910.89	2.37%	54.28%	6.30	1.78%	193.02%
达州市	578.40	1.50%	48.52%	0.15	0.04%	0.00%
广元市	1938.40	5.04%	11.39%	20.59	5.80%	216.77%
巴中市	647.99	1.69%	54.22%	3.15	0.89%	530.00%
凉山州	1908.46	4.96%	15.49%	0.00	0.00%	−100.00%
甘孜州	244.20	0.64%	3.82%	4.87	1.37%	−44.60%
阿坝州	1913.37	4.98%	13.61%	36.44	10.27%	68.39%

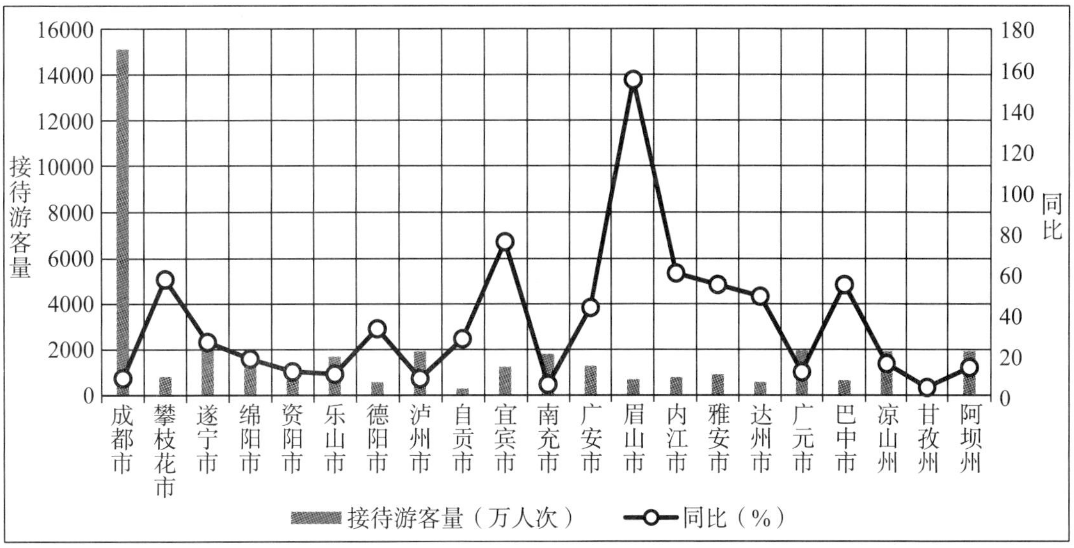

图Ⅲ-4　2016年全省各市州A级旅游景区旅游接待总量对比图

从各市州入境游客数量看，入境游客接待量差异较大，共有13个市州出现增长，涨幅最大的是攀枝花市，同比增长600%。另外8个市州的接待量出现下降，下降幅度最大的是凉山州（-100%）和遂宁市（-69.42%）。入境旅游人次各市州占比情况方面，成都市共接待入境游客163.72万人次，占全省入境游客量的46.13%。阿坝州接待入境游客36.44万人次，占入境人次总量的10.27%，入境旅游市场表现良好。另外，乐山市入境人次29.41万人次、南充市入境人次24.32万人次、广元市入境人次20.59万人次，分别占全省入境总量的8.29%、6.85%和5.80%，在各市州中体现出一定的竞争力（见图Ⅲ-5）。

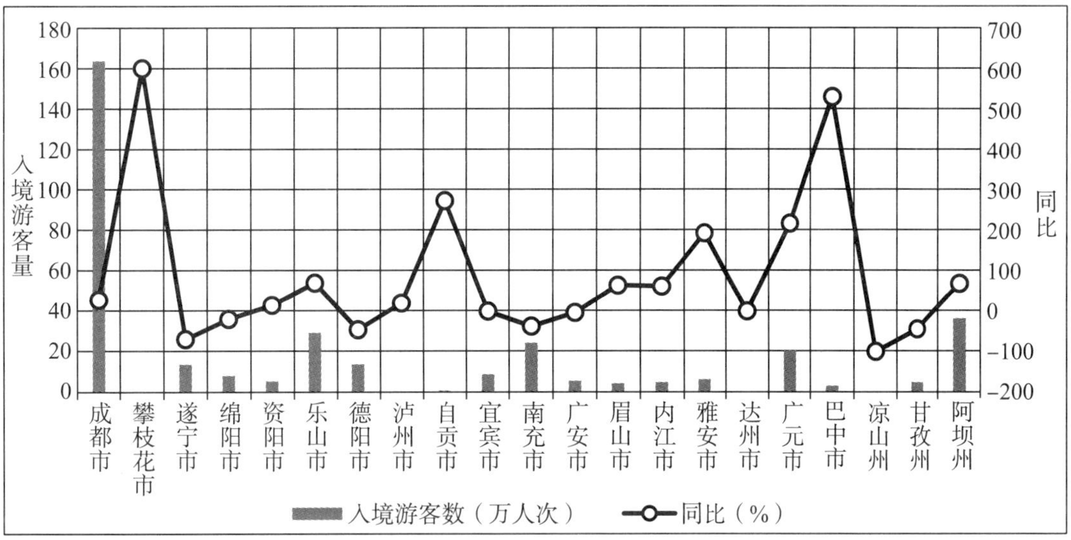

图Ⅲ-5　2016年全省各市州A级旅游景区入境人次对比图

2. 从景区平均游客接待量来看，成都市景区平均游客接待量和入境游客平均接待量均名列第一

各市州中，成都市的景区平均游客接待量和入境游客平均接待量均名列第一，分别是186.6万人次和2.02万人次，在旅游市场中首位城市的地位继续稳固。与2015年相比，成都市景区平均游客接待量下降了3.70%，但景区平均入境游客接待量有所增加，增长幅度为14.02%；遂宁市、阿坝州、内江市和凉山州4个市州的景区平均游客接待量也超过百万人次，其余16个市州景区平均游客接待

量低于全省的平均值（91.76 万人次）。在所有市州中，眉山市的景区平均游客接待量增长速度最快，增长率达到了 103.98%，可见，眉山市旅游景区的吸引力较上年有所增强。另外，有 9 个市州的景区平均入境游客接待量增长率为负，其中，甘孜州的景区平均入境游客接待量较上年下降了 68.34%，是下降幅度最大的市州（见表Ⅲ－6 和图Ⅲ－6）。

表Ⅲ－6　2016 年四川省各市州 A 级旅游景区平均游客接待量情况

市州	接待游客量（万人次）	景区平均游客接待量		入境人次（万人次）	景区平均入境游客接待量	
		数量（万人次）	同比		数量（万人次）	同比
成都市	15114.23	186.6	−3.70%	163.72	2.02	14.02%
遂宁市	2166.42	166.65	45.50%	13.76	1.06	−64.71%
阿坝州	1913.37	136.67	13.61%	36.44	2.6	68.39%
内江市	779.6	111.37	37.04%	4.9	0.7	38.61%
凉山州	1908.46	100.45	−14.90%	0	0	0
南充市	1801.36	85.78	−9.70%	24.32	1.16	−46.29%
资阳市	660.41	82.55	25.59%	5.46	0.68	29.32%
广元市	1938.4	74.55	2.82%	20.59	0.79	192.40%
广安市	1284.42	71.36	27.12%	5.58	0.31	−14.34%
泸州市	1908.33	68.15	−30.44%	0.12	0.0043	−22.86%
宜宾市	1241.01	65.32	29.33%	8.9	0.47	−26.56%
乐山市	1687.46	64.9	−2.38%	29.41	1.13	50.47%
绵阳市	1287.16	64.36	23.73%	8.18	0.41	−15.71%
德阳市	574.56	63.84	32.62%	13.84	1.54	−45.87%
眉山市	691.94	46.13	103.98%	4.32	0.29	31.41%
攀枝花市	813.89	40.69	56.90%	0.07	0.0035	600.00%
雅安市	910.89	37.95	−16.43%	6.3	0.26	58.72%
巴中市	647.99	36	−5.75%	3.15	0.18	285.00%
甘孜州	244.2	34.89	−40.68%	4.87	0.7	−68.34%
达州市	578.4	34.02	−12.63%	0.15	0.01	−41.18%
自贡市	293.34	32.59	13.48%	0.82	0.09	231.31%
全省	38445.84	91.76	−1.25%	354.9	0.85	−9.83%

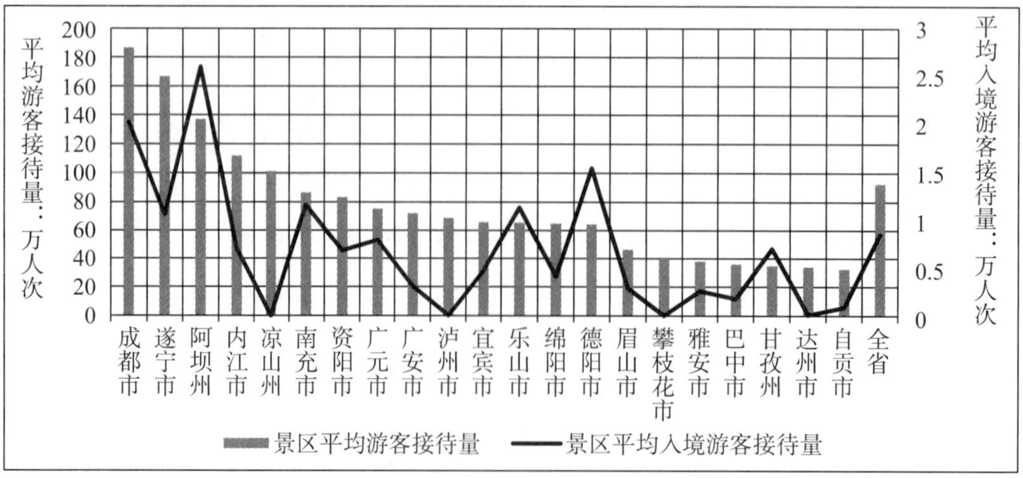

图Ⅲ－6　2016 年四川省各市州 A 级旅游景区平均游客接待量对比图

（三）四川省A级旅游景区收入情况

1. 从经营总收入看，除自贡市、南充市、内江市和阿坝州之外，其余市州的景区经营总收入均实现增长

景区经营总收入中，阿坝州（−44.28%）、自贡市（−19.84%）、南充市（−11.64%）和内江市（−8.12%）四个市州同比出现下滑。其他市州与2015年相比均有增加，眉山市、德阳市、雅安市增幅都超过100%，攀枝花市、宜宾市、巴中市的同比增长率都超过50%，总体情况较好。从各市州的占比情况来看，成都市以157.6亿元的景区经营总收入高居第一，占全省景区经营总收入总量的33.12%。此外，广元市、雅安市和凉山州的景区经营总收入均排全省前列，占全省景区经营总收入的比重分别是9.73%、8.02%和7.28%（见表Ⅲ−7和图Ⅲ−7）。

表Ⅲ−7　2016年四川省各市州A级旅游景区经营总收入情况

市州	经营总收入（万元）	同比	占全省经营总收入比重
成都市	1575968.11	24.29%	33.12%
攀枝花市	65315.53	63.47%	1.37%
遂宁市	82878.27	8.22%	1.74%
绵阳市	67666.03	31.70%	1.42%
资阳市	106428.10	24.38%	2.24%
乐山市	171161.70	1.88%	3.60%
德阳市	36694.20	114.67%	0.77%
泸州市	83555.87	17.69%	1.76%
自贡市	2889.66	−19.84%	0.06%
宜宾市	330837.56	80.83%	6.95%
南充市	181246.69	−11.64%	3.81%
广安市	50121.67	41.56%	1.05%
眉山市	229950.81	396.99%	4.83%
内江市	27920.16	−8.12%	0.59%
雅安市	381714.57	126.99%	8.02%
达州市	89969.29	25.72%	1.89%
广元市	462826.69	11.99%	9.73%
巴中市	49451.62	50.45%	1.04%
凉山州	346312.52	28.64%	7.28%
甘孜州	215079.93	24.67%	4.52%
阿坝州	200026.07	−44.28%	4.20%

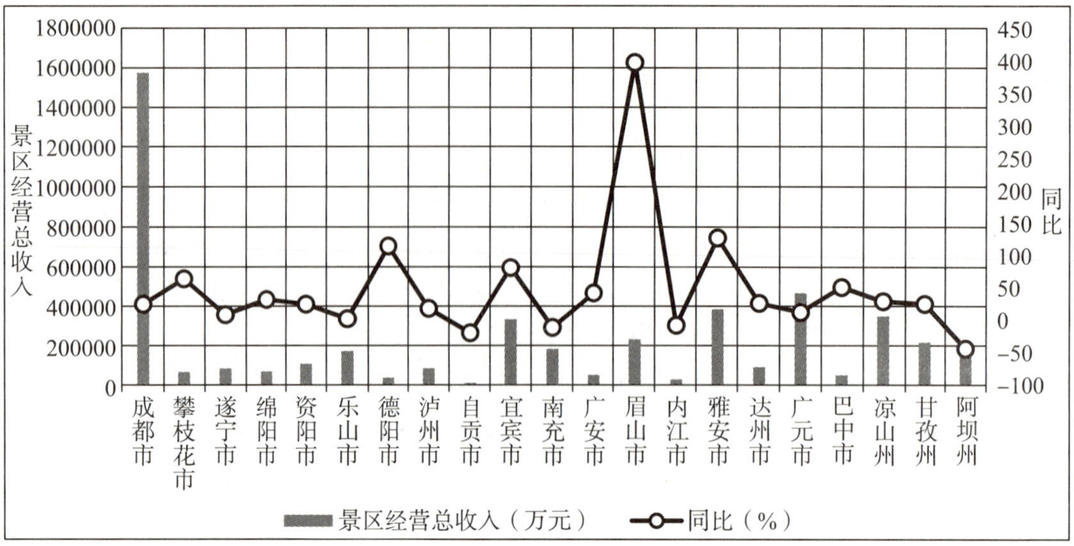

图Ⅲ—7　2016年四川省各市州A级旅游景区经营总收入情况对比图

2. 从门票收入看，雅安市、阿坝州、内江市、广安市、遂宁市和甘孜州6个市州的门票收入出现下降

门票收入方面，雅安市、阿坝州、内江市、广安市、遂宁市和甘孜州6个市州的门票收入出现下降的情况，其余市州均有不同程度的增加。其中，达州市的门票收入同比增长最快，增长率达到75.92%；紧随其后的是攀枝花市、资阳市和凉山州，增长率均超过了50%，增长幅度较大。门票收入占总收入比重方面，各市州A级旅游景区门票收入及其占总收入的比重有明显差异。自贡市的门票收入占其总收入的比重高达83.37%，且较上一年还有较大幅度的上浮，上浮了24.98个百分点；阿坝州的门票收入占其总收入的比重也达到了63.90%，较上一年上涨了26.8个百分点。全省共有12个市州的门票收入占总收入比重低于全省平均水平（10.99%），其中，内江市和资阳市的门票收入占总收入的比重最低，分别是0.36%和0.66%（见表Ⅲ—8、图Ⅲ—8和图Ⅲ—9）。总体而言，自贡市和阿坝州对门票收入的依赖性最强，内江市和资阳市对门票收入的依赖性最弱。

表Ⅲ—8　2016年四川省各市州A级旅游景区门票收入情况

市州	门票收入		门票收入占总收入的比重	
	数值（万元）	同比	比重	百分点变化
成都市	133375.31	3.36%	8.46%	−1.71%
攀枝花市	5833.07	64.04%	8.93%	0.03%
遂宁市	18197.91	−14.14%	21.96%	−5.72%
绵阳市	15100.73	9.33%	22.32%	−4.57%
资阳市	704.7	58.32%	0.66%	0.14%
乐山市	79260.46	1.22%	46.31%	−0.30%
德阳市	5093.14	49.81%	13.88%	−6.01%
泸州市	14235.62	24.14%	17.04%	0.89%
自贡市	2409.14	14.44%	83.37%	24.98%
宜宾市	12044.96	22.93%	3.64%	−1.71%
南充市	7313.13	6.50%	4.03%	0.69%
广安市	9488.99	−7.83%	18.93%	−10.14%
眉山市	4661.81	23.26%	2.03%	−6.15%

续表

市州	门票收入		门票收入占总收入的比重	
	数值（万元）	同比	比重	百分点变化
内江市	100.9	−4.72%	0.36%	0.01%
雅安市	11529.94	−4.01%	3.02%	−4.12%
达州市	9367.35	75.92%	10.41%	2.97%
广元市	25215.04	23.69%	5.45%	0.52%
巴中市	21037.55	40.13%	42.54%	−3.13%
凉山州	11932.13	52.59%	3.45%	0.54%
甘孜州	8253.36	−19.15%	3.84%	−2.08%
阿坝州	127821.84	−4.03%	63.90%	26.80%
全省	522977.08	4.99%	10.99%	−2.23%

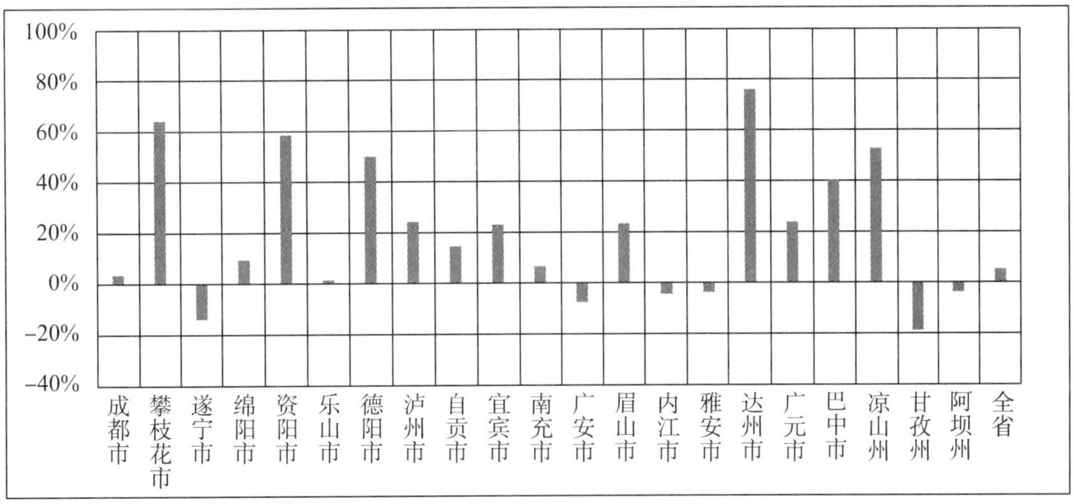

图Ⅲ−8　2016年四川省各市州A级旅游景区门票收入增长情况对比图

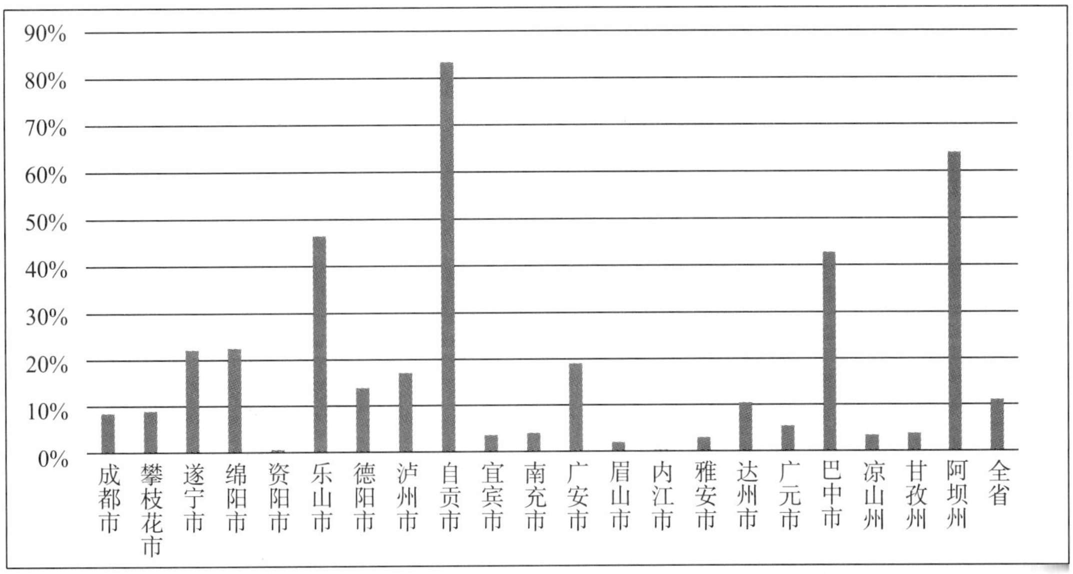

图Ⅲ−9　2016年四川省各市州A级旅游景区门票收入占总收入比重对比图

3. 从平均收入看，甘孜州景区平均收入最高，阿坝州景区平均门票收入最高

景区平均收入方面，甘孜州位居首位，达到30725.7万元；除甘孜州外，还有成都市、凉山州、广元市、宜宾市、雅安市、眉山市、阿坝州和资阳市8个市州的景区收入均值过亿且高于全省平均水平。另外，眉山市的景区平均收入较上年增长最快，增长率达到297.59%；而阿坝州的景区平均收入较上年出现了最大幅度的下降，下降比例为44.28%（见表Ⅲ－9和图Ⅲ－10）。

景区平均门票收入方面，阿坝州、乐山市、成都市、遂宁市、甘孜州和巴中市6个市州的景区平均门票收入超过1000万元，其中，阿坝州以9130.13万元位列第一。此外，资阳市、攀枝花市、德阳市、绵阳市、广元市、凉山州、达州市和自贡市8个市州的景区平均门票收入较上年均有增长，其余市州的景区平均门票收入则出现了不同程度的下滑（见表Ⅲ－9和图Ⅲ－11）。

总体而言，成都市、遂宁市、宜宾市、广安市、眉山市和雅安市6个市州在景区平均收入增长的同时出现平均门票收入下降的情况，景区综合收益增加的情况较上年更为突出；而自贡市、达州市和凉山州3个市州却呈现相反情况，景区平均收入下降的同时出现平均门票收入上涨的情况，体现出了三个市州景区发展对门票经济的依赖程度较上年有所增强。

表Ⅲ－9　2016年四川省各市州A级旅游景区平均收入情况

市州	景区平均收入（万元）	同比	景区平均门票收入（万元）	同比
成都市	19456.40	10.48%	1646.61	−8.13%
攀枝花市	3265.78	63.47%	291.65	64.04%
遂宁市	6375.25	24.87%	1399.84	−0.93%
绵阳市	3383.30	38.29%	755.04	14.80%
资阳市	13303.51	39.93%	88.09	78.11%
乐山市	6583.14	−9.88%	3048.48	−10.46%
德阳市	4077.13	114.67%	565.90	49.81%
泸州市	2984.14	−24.34%	508.42	−20.19%
自贡市	321.07	−28.75%	267.68	1.73%
宜宾市	17412.50	33.24%	633.95	−9.42%
南充市	8630.79	−24.26%	348.24	−8.72%
广安市	2784.54	25.83%	527.17	−18.07%
眉山市	15330.05	297.59%	310.79	−1.40%
内江市	3988.59	−21.24%	14.41	−18.33%
雅安市	15904.77	22.95%	480.41	−48.01%
达州市	5292.31	−26.05%	551.02	3.48%
广元市	17801.03	3.37%	969.81	14.18%
巴中市	2747.31	−8.06%	1168.75	−14.36%
凉山州	18226.97	−5.21%	628.01	12.43%
甘孜州	30725.70	−28.76%	1179.05	−53.80%
阿坝州	14287.58	−44.28%	9130.13	−4.03%
全省	11355.64	5.78%	1248.16	−12.05%

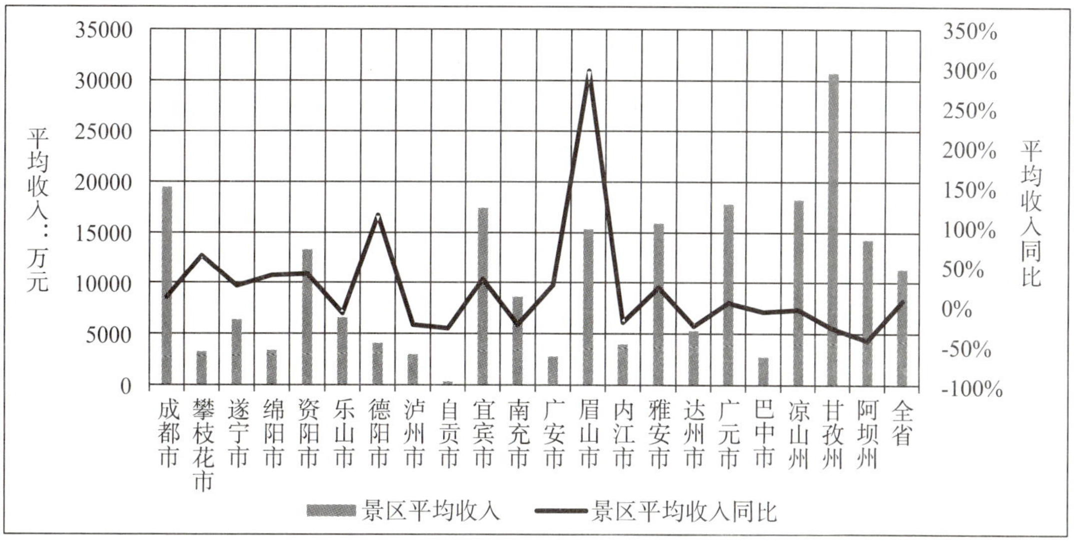

图Ⅲ－10　2016 年四川省各市州 A 级旅游景区平均收入及增长情况对比图

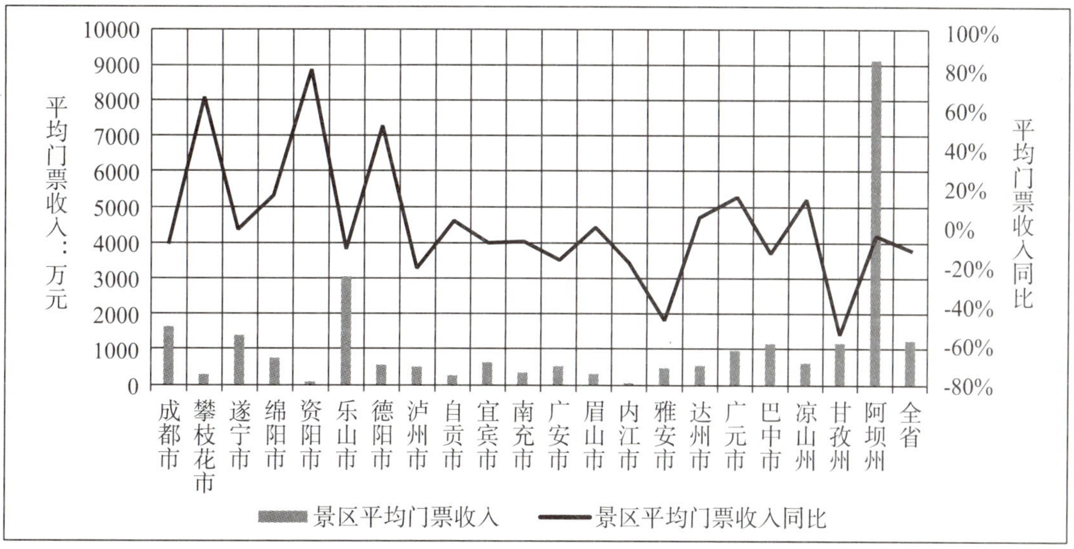

图Ⅲ－11　2016 年四川省各市州 A 级旅游景区平均门票收入及增长情况对比图

4. 从人均花费看，甘孜州景区人均花费最高，阿坝州人均门票花费最高

景区人均花费方面，甘孜州、雅安市、眉山市、宜宾市、广元市、凉山州、资阳市和达州市 8 个市州的景区人均花费高于全省平均水平，其中，甘孜州的景区人均花费依然保持最高水平，并从 2015 年的 733.44 元/人次提升至 2016 年的 880.75 元/人次，远高于其他市州的人均消费水平。另外，广安市、巴中市、乐山市、遂宁市、达州市、南充市、自贡市、内江市和阿坝州 9 个市州的景区人均花费较上年有所下降，其余市州的景区人均花费均有不同程度的上升（见表Ⅲ－10 和图Ⅲ－12）。

门票花费方面，阿坝州、乐山市、甘孜州、巴中市和达州市 5 个市州的人均门票花费高于全省均值。其中，阿坝州和乐山市分别以 66.8 元/人次和 46.97 元/人次的人均门票花费位居前两位，排位与 2015 年保持一致，主要原因在于阿坝州拥有 3 家 5A 级旅游景区，乐山市拥有 2 家 5A 级旅游景区，这 5 家景区中，除了汶川特别旅游区没有门票外，其余景区门票价格均处于全省前列，门票价格居高不下。此外，除了资阳市、凉山州、达州市、泸州市、德阳市、广元市、攀枝花市和南充市 8 个市州的人均门票花费较上年有所增加之外，其余市州的人均门票花费均有所减少，其中，眉山市下降幅度最大，下降比例达到了 51.66%（见表Ⅲ－10 和图Ⅲ－13）。

整体看来，成都市、绵阳市、甘孜州、宜宾市、雅安市和眉山市6个市州在景区人均花费增长的同时出现人均门票花费下降的情况，对门票收入的依赖程度较上年有所减弱。

表Ⅲ－10　2016年四川省各市州A级旅游景区人均花费情况

市州	景区人均花费（元/人次）	同比	人均门票花费（元/人次）	同比
成都市	104.27	14.73%	8.82	−4.59%
攀枝花市	80.25	4.19%	7.17	4.55%
遂宁市	38.26	−14.18%	8.40	−31.92%
绵阳市	52.57	11.77%	11.73	−7.22%
资阳市	161.15	11.42%	1.07	41.81%
乐山市	101.43	−7.68%	46.97	−8.28%
德阳市	63.86	61.87%	8.86	12.96%
泸州市	43.78	8.77%	7.46	14.73%
自贡市	9.85	−37.21%	8.21	−10.36%
宜宾市	266.59	3.02%	9.71	−29.96%
南充市	100.62	−16.13%	4.06	1.08%
广安市	39.02	−1.02%	7.39	−35.55%
眉山市	332.33	94.92%	6.74	−51.66%
内江市	35.81	−42.53%	0.13	−40.41%
雅安市	419.06	47.12%	12.66	−37.79%
达州市	155.55	−15.35%	16.20	18.45%
广元市	238.77	0.53%	13.01	11.04%
巴中市	76.32	−2.45%	32.47	−9.14%
凉山州	181.46	11.39%	6.25	32.12%
甘孜州	880.75	20.08%	33.80	−22.12%
阿坝州	104.54	−50.95%	66.80	−15.53%
全省	123.76	7.12%	13.60	−10.94%

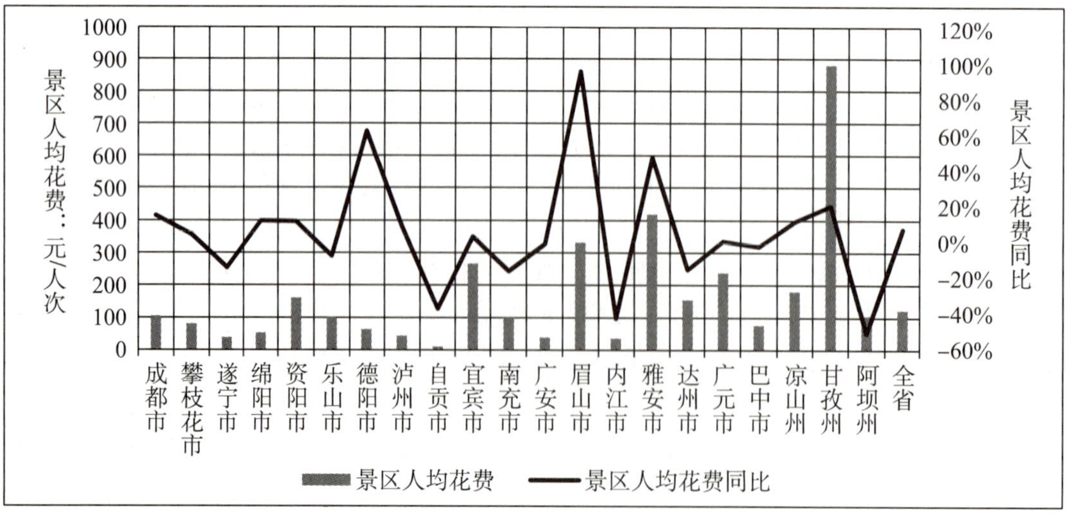

图Ⅲ－12　2016年四川省各市州A级旅游景区人均花费及增长情况对比图

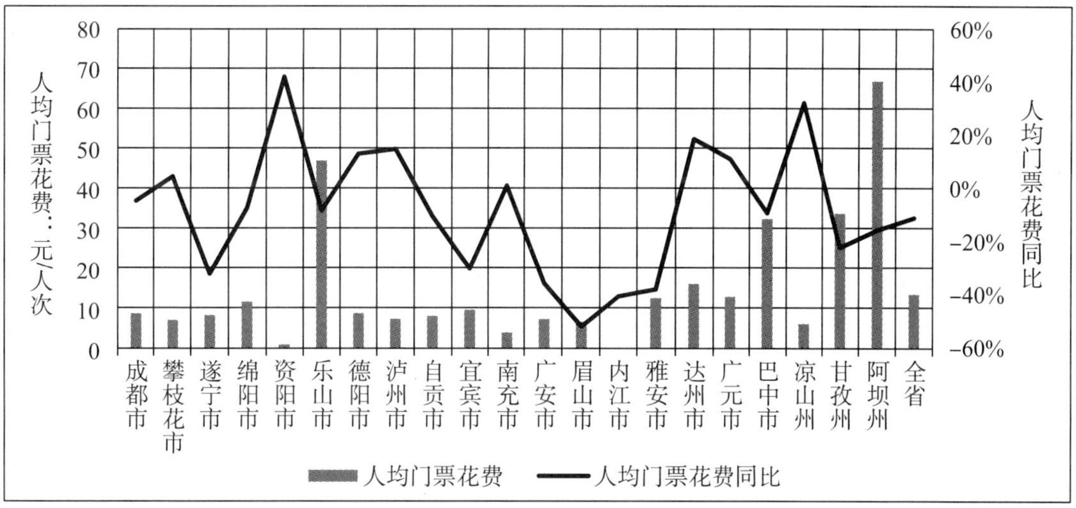

图Ⅲ-13　2016 年四川省各市州 A 级旅游景区人均门票花费及增长情况对比图

5. 从收入构成看，资阳市、广元市、眉山市、宜宾市、雅安市、自贡市、绵阳市和广安市 8 个市州的门票收入比重均有下降

阿坝州、自贡市、巴中市和乐山市 4 个市州以门票收入比重最大，其中阿坝州以 64.22%的比重位居榜首，门票收入依赖程度较高。凉山州和甘孜州 2 个市州以交通收入比重最大，比重分别是 51.56%和 30.92%。德阳市、广安市、攀枝花市、绵阳市、雅安市、广元市、遂宁市、达州市、南充市、成都市和宜宾市 11 个市州以餐饮收入比重最大，其中德阳市、广安市和攀枝花市的餐饮收入比重均超过了 40%（见表Ⅲ-11 和图Ⅲ-14）。与 2015 年相比，资阳市、广元市、眉山市、宜宾市、雅安市、自贡市、绵阳市和广安市 8 个市州的门票收入比重均有下降，其余市州门票收入比重均有不同程度的上升（见表Ⅲ-12）。

表Ⅲ-11　2016 年四川省各市州 A 级旅游景区收入构成情况

市州	门票收入比重	商品收入比重	交通收入比重	住宿收入比重	餐饮收入比重	演艺收入比重	其他收入比重
成都市	13.11%	13.55%	1.31%	9.66%	28.21%	0.73%	13.52%
攀枝花市	17.27%	12.00%	0.96%	19.96%	40.77%	0.21%	7.88%
遂宁市	22.18%	10.74%	1.93%	18.83%	34.57%	1.24%	8.81%
绵阳市	21.37%	14.09%	10.72%	11.42%	37.18%	0.38%	4.13%
资阳市	0.67%	23.05%	4.12%	10.54%	16.14%	0.52%	44.63%
乐山市	35.50%	15.51%	11.47%	14.58%	15.00%	0.55%	5.88%
德阳市	22.12%	21.18%	0.00%	2.78%	42.21%	0.21%	4.84%
泸州市	19.18%	12.07%	2.96%	4.09%	28.43%	1.05%	29.44%
自贡市	53.16%	7.81%	8.46%	1.14%	12.84%	0.00%	12.98%
宜宾市	1.86%	16.79%	1.53%	3.85%	21.44%	0.18%	1.29%
南充市	3.60%	10.65%	11.99%	19.86%	30.76%	0.92%	22.22%
广安市	16.23%	14.78%	3.19%	21.43%	41.06%	0.04%	3.27%
眉山市	2.30%	8.51%	3.10%	21.77%	26.18%	0.05%	34.42%
内江市	[illegible]	0.00%	0.73%	0.00%	0.00%	0.00%	0.34%
雅安市	2.76%	16.84%	5.40%	25.98%	35.60%	0.06%	5.35%

续表

市州	门票收入比重	商品收入比重	交通收入比重	住宿收入比重	餐饮收入比重	演艺收入比重	其他收入比重
达州市	14.04%	12.09%	7.48%	10.18%	34.54%	0.00%	21.67%
广元市	6.06%	29.94%	5.70%	14.38%	35.01%	0.15%	7.34%
巴中市	38.85%	5.82%	7.27%	11.38%	19.87%	0.06%	8.36%
凉山州	31.70%	3.61%	51.56%	2.27%	10.81%	0.00%	0.06%
甘孜州	23.89%	20.96%	30.92%	0.00%	9.89%	5.72%	8.63%
阿坝州	64.22%	0.94%	3.64%	4.07%	25.67%	0.00%	0.97%
全省	13.84%	14.95%	4.31%	13.24%	28.42%	0.45%	12.72%

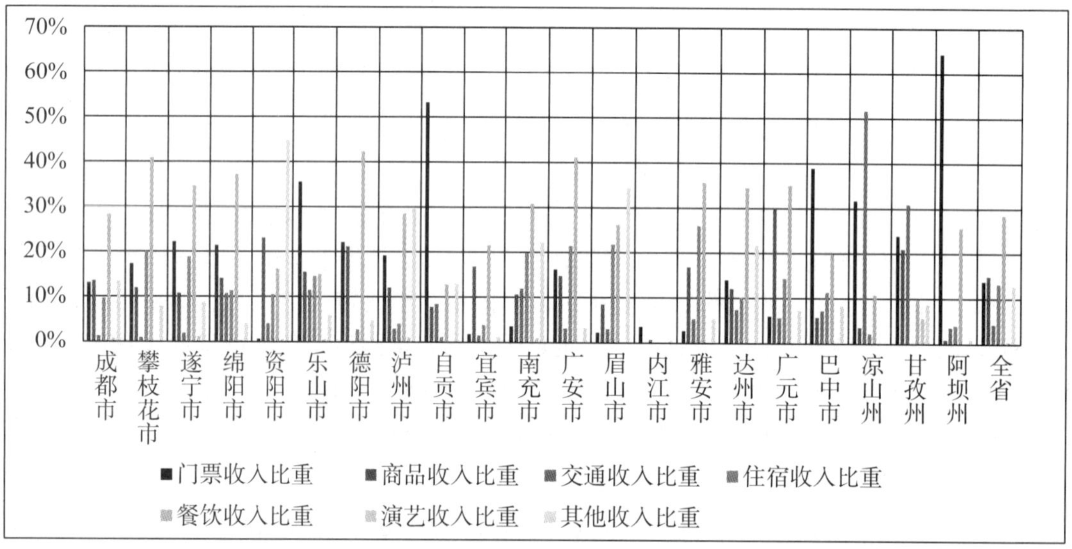

图Ⅲ—14 2016年四川省各市州A级旅游景区收入构成对比图

表Ⅲ—12 2016年四川省各市州A级旅游景区收入构成变化情况

市州	门票收入比重变化	商品收入比重变化	交通收入比重变化	住宿收入比重变化	餐饮收入比重变化	演艺收入比重变化	其他收入比重变化
成都市	2.48%	−7.23%	−0.05%	−8.13%	−5.62%	0.58%	−1.96%
攀枝花市	4.15%	6.06%	0.37%	−3.16%	−11.32%	−0.28%	3.24%
遂宁市	0.11%	0.17%	−0.88%	−0.02%	7.81%	0.37%	−9.27%
绵阳市	−10.07%	3.96%	−4.13%	4.74%	6.94%	−0.29%	−1.87%
资阳市	−0.04%	−3.59%	0.22%	1.78%	3.62%	0.52%	−2.84%
乐山市	6.53%	2.57%	0.55%	4.53%	1.88%	0.12%	−17.68%
德阳市	7.03%	−0.07%	−1.56%	−3.39%	1.45%	0.11%	−10.22%
泸州市	3.09%	−5.71%	−0.89%	−2.05%	−1.67%	0.81%	3.65%
自贡市	−3.63%	7.62%	2.53%	−1.71%	−8.29%	0.00%	−0.13%
宜宾市	−1.56%	−5.34%	−2.62%	−5.46%	−24.78%	0.04%	−13.33%
南充市	0.36%	−16.14%	1.67%	−6.12%	1.83%	−0.20%	18.60%
广安市	−10.63%	−5.36%	2.56%	5.96%	4.68%	−0.07%	2.86%

续表

市州	门票收入比重变化	商品收入比重变化	交通收入比重变化	住宿收入比重变化	餐饮收入比重变化	演艺收入比重变化	其他收入比重变化
眉山市	−1.23%	1.19%	1.76%	0.99%	−2.24%	−0.01%	−4.11%
内江市	3.34%	−28.75%	−2.57%	−19.11%	−23.92%	−6.71%	−17.36%
雅安市	−3.44%	0.97%	1.24%	1.35%	−1.49%	0.05%	−6.72%
达州市	3.66%	−0.97%	−2.03%	−12.73%	−6.41%	0.00%	18.48%
广元市	−0.60%	−3.06%	−0.27%	−0.24%	2.05%	−0.09%	0.79%
巴中市	1.26%	0.67%	3.76%	−4.78%	1.85%	−0.34%	−10.80%
凉山州	28.79%	−28.15%	48.14%	−31.08%	−6.35%	−2.15%	−9.20%
甘孜州	17.19%	1.83%	9.78%	−25.01%	−9.19%	−2.83%	8.23%
阿坝州	21.07%	−0.37%	−2.37%	−2.30%	−16.31%	0.00%	−0.23%
全省	1.26%	−4.33%	−0.78%	−4.24%	−2.54%	−0.40%	−1.03%

（四）全省 A 级旅游景区建设投资情况

1. 从投资规模看，绵阳市、成都市和眉山市的年度建设投资规模最大

绵阳市、成都市和眉山市 3 个市州的年度建设投资规模位居全省前三位，所占比例分别是 20.83%、17.71%和 15.13%；其余市州的年度建设投资规模在全省中的占比均低于 10%，其中，自贡市、凉山州、资阳市、攀枝花市、内江市、达州市和甘孜州 7 个市州的投资规模占比均低于 1%，所占比例分别是 0.10%、0.30%、0.32%、0.35%、0.49%、0.50%和 0.62%（见表Ⅲ－13 和图Ⅲ－15）。

表Ⅲ－13　2016 年四川省各市州 A 级旅游景区建设投资情况

市州	年度建设投资		景区内部建设投资		景区外部建设投资	
	数值（万元）	各市州占比	数值（万元）	各市州占比	数值（万元）	各市州占比
成都市	174305.02	17.71%	112548.81	18.29%	61756.21	16.74%
攀枝花市	3420.2	0.35%	2642.2	0.43%	778	0.21%
遂宁市	40691.69	4.13%	35676.1	5.80%	5015.59	1.36%
绵阳市	205009.28	20.83%	152028.65	24.70%	52980.63	14.36%
资阳市	3169.53	0.32%	3155.53	0.51%	14	0.00%
乐山市	19914.92	2.02%	18219.92	2.96%	1695	0.46%
德阳市	11776.01	1.20%	11666.01	1.90%	110	0.03%
泸州市	62771.4	6.38%	25372.5	4.12%	37398.9	10.14%
自贡市	981.56	0.10%	946.56	0.15%	35	0.01%
宜宾市	11673.5	1.19%	8122.47	1.32%	3551.03	0.96%
南充市	25537	2.59%	21325.2	3.46%	4211.8	1.14%
广安市	33370.8	3.39%	27424.2	4.46%	5946.6	1.61%
眉山市	148943.6	15.13%	52838.6	8.59%	96105	26.06%
内江市	4831.4	0.49%	19.4	0.00%	4812	1.30%

续表

市州	年度建设投资		景区内部建设投资		景区外部建设投资	
	数值（万元）	各市州占比	数值（万元）	各市州占比	数值（万元）	各市州占比
雅安市	50213.23	5.10%	46423.23	7.54%	3790	1.03%
达州市	4964	0.50%	3672	0.60%	1292	0.35%
广元市	71387	7.25%	20629	3.35%	50758	13.76%
巴中市	78225	7.95%	50555	8.21%	27670	7.50%
凉山州	2986	0.30%	2577	0.42%	409	0.11%
甘孜州	6061.79	0.62%	3561.79	0.58%	2500	0.68%
阿坝州	24054.1	2.44%	16062.1	2.61%	7992	2.17%
全省	984287.03	—	615466.27	—	368820.76	—

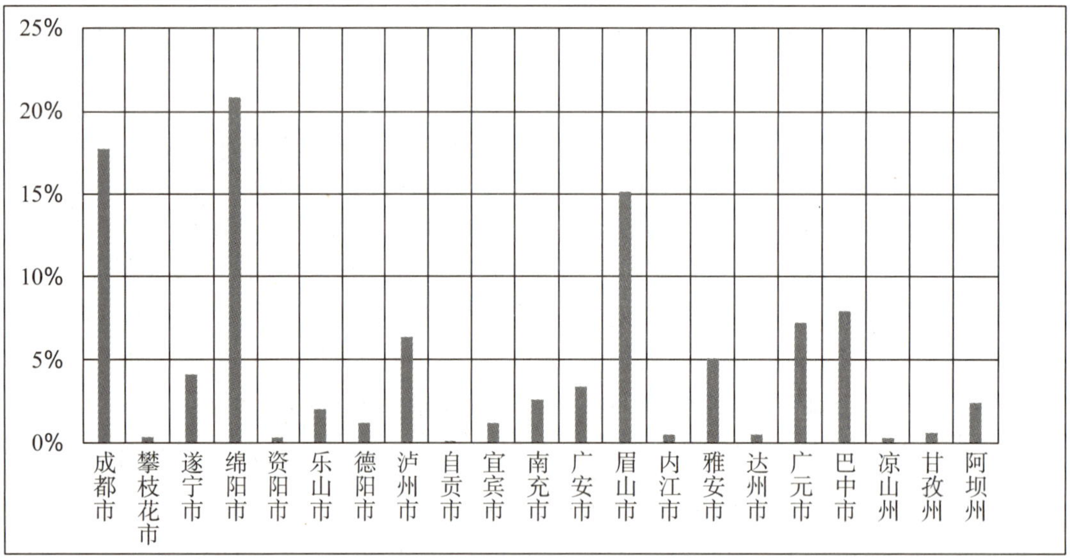

图Ⅲ—15　2016 年四川省各市州 A 级旅游景区年度建设投资占比图

2. 从投资构成看，内江市、广元市、眉山市和泸州市的内部建设投资低于外部建设投资

景区内部建设投资与外部建设投资的比例方面，仅有内江市、广元市、眉山市和泸州市 4 个市州的内部建设投资低于外部建设投资，其余市州均是内部建设投资高于外部建设投资，其中资阳市和德阳市用于外部建设投资的比例仅有 0.44%和 0.93%（见表Ⅲ—14 和图Ⅲ—16）。

表Ⅲ—14　2016 年四川省各市州 A 级旅游景区建设投资比例情况

市州	年度建设投资	景区内部建设投资		景区外部建设投资	
	数值（万元）	数值（万元）	内部投资占比	数值（万元）	外部投资比
资阳市	3169.53	3155.53	99.56%	14	0.44%
德阳市	11776.01	11666.01	99.07%	110	0.93%
自贡市	981.56	946.56	96.43%	35	3.57%
雅安市	50213.23	46423.23	92.45%	3790	7.55%

续表

市州	年度建设投资	景区内部建设投资		景区外部建设投资	
	数值（万元）	数值（万元）	内部投资占比	数值（万元）	外部投资比
乐山市	19914.92	18219.92	91.49%	1695	8.51%
遂宁市	40691.69	35676.1	87.67%	5015.59	12.33%
凉山州	2986	2577	86.30%	409	13.70%
南充市	25537	21325.2	83.51%	4211.8	16.49%
广安市	33370.8	27424.2	82.18%	5946.6	17.82%
攀枝花市	3420.2	2642.2	77.25%	778	22.75%
绵阳市	205009.28	152028.65	74.16%	52980.63	25.84%
达州市	4964	3672	73.97%	1292	26.03%
宜宾市	11673.5	8122.47	69.58%	3551.03	30.42%
阿坝州	24054.1	16062.1	66.77%	7992	33.23%
巴中市	78225	50555	64.63%	27670	35.37%
成都市	174305.02	112548.81	64.57%	61756.21	35.43%
甘孜州	6061.79	3561.79	58.76%	2500	41.24%
泸州市	62771.4	25372.5	40.42%	37398.9	59.58%
眉山市	148943.6	52838.6	35.48%	96105	64.52%
广元市	71387	20629	28.90%	50758	71.10%
内江市	4831.4	19.4	0.40%	4812	99.60%
全省	984287.03	615466.27	62.53%	368820.76	37.47%

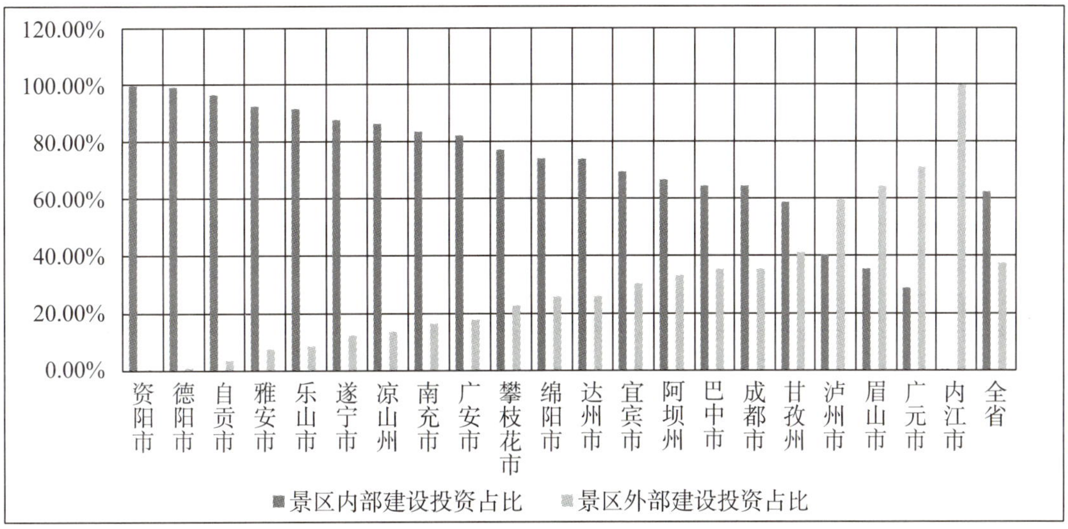

图Ⅲ—16　2016 年四川省各市州 A 级旅游景区内外部建设投资占比对比图

3. 从资金来源看，自筹资金是大部分市州景区建设投资的主要来源

成都市、南充市、阿坝州、达州市和自贡市 5 个市州的拨款占全省建设投资的比例高于贷款和自筹的比例；泸州市、雅安市、绵阳市、乐山市、眉山市、巴中市、宜宾市、甘孜州、攀枝花市、凉山州、遂宁市、德阳市、资阳市和内江市 14 个市州的自筹比例高于拨款和贷款的比例；广元市和广安

市 2 个市州则是贷款比例高于拨款和自筹的比例（见表Ⅲ－15 和图Ⅲ－17）。

表Ⅲ－15　2016 年四川省各市州 A 级旅游景区资金来源情况

市州	拨款		贷款		自筹	
	数值（万元）	占全省投资比例	数值（万元）	占全省投资比例	数值（万元）	占全省投资比例
成都市	60778.91	6.17%	42453.75	4.31%	42518.36	4.32%
攀枝花市	948.5	0.10%	1107.44	0.11%	1319.56	0.13%
遂宁市	771.69	0.08%	2270	0.23%	37650	3.83%
绵阳市	12548.51	1.27%	20355.51	2.07%	171740.56	17.45%
资阳市	317.53	0.03%	0	0	2837	0.29%
乐山市	6214.5	0.63%	500	0.05%	13200.42	1.34%
德阳市	367.01	0.04%	0	0	10059	1.02%
泸州市	25982	2.64%	40	0.004%	37158	3.78%
自贡市	126	0.01%	0	0	115	0.01%
宜宾市	2102	0.21%	1062	0.11%	8397.5	0.85%
南充市	19024	1.93%	2400	0.24%	4108	0.42%
广安市	9895.2	1.01%	15700	1.60%	9312.6	0.95%
眉山市	4676	0.48%	28100	2.85%	115867.6	11.77%
内江市	0	0	12	0.001%	19.4	0.002%
雅安市	17629.5	1.79%	7780	0.79%	26503.73	2.69%
达州市	3866.4	0.39%	0	0	1000	0.10%
广元市	13427	1.36%	89500	9.09%	24060	2.44%
巴中市	2735	0.28%	13000	1.32%	31520	3.20%
凉山州	851	0.09%	0	0	2133	0.22%
甘孜州	2000	0.20%	1500	0.15%	2561.79	0.26%
阿坝州	14518.25	1.48%	7800	0.79%	0	0

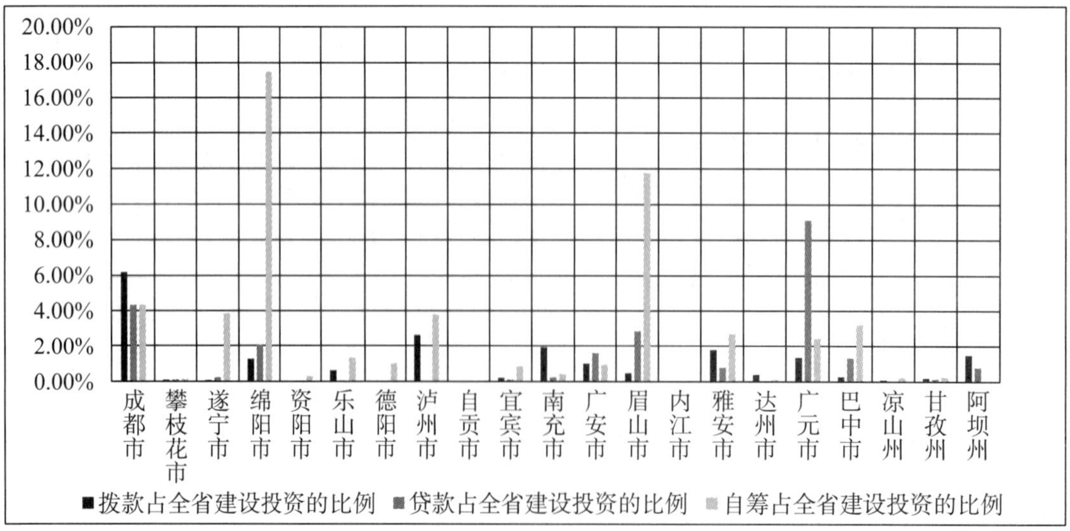

图Ⅲ－17　2016 年四川省各市州 A 级旅游景区资金来源对比图

（五）全省A级旅游景区就业情况

1. 从总数看，成都市就业人数、固定用工和专职导游人员均位列第一

各市州中，吸纳就业人数最多的是成都市，占比31.64%；紧随其后的是阿坝州，所占比例为14.69%；其余市州的就业人数占比均低于10%。吸纳就业人数最少的是自贡市，仅占全省就业人数的0.48%。固定用工人数排名前三的分别是成都市、阿坝州和遂宁市，占全省固定用工人数的比例分别是28.98%、20.03%和11.83%。专职导游人数最多的是成都市、绵阳市和广元市，占全省专职导游人数的比例分别是29.34%、7.91%和7.52%（见表Ⅲ—16和图Ⅲ—18）。

表Ⅲ—16　2016年四川省各市州A级旅游景区就业情况

市州	就业人次（人）			固定用工（人）			专职导游人员（人）		
	数值	占比	均值	数值	占比	均值	数值	占比	均值
成都市	33969	31.64%	641	16445	28.98%	310	597	29.34%	11
攀枝花市	1378	1.28%	92	1014	1.79%	68	80	3.93%	5
遂宁市	9019	8.40%	752	6712	11.83%	559	101	4.96%	8
绵阳市	3204	2.98%	160	1544	2.72%	77	161	7.91%	8
资阳市	791	0.74%	113	174	0.31%	25	37	1.82%	5
乐山市	4511	4.20%	205	2321	4.09%	106	118	5.80%	5
德阳市	769	0.72%	128	450	0.79%	75	16	0.79%	3
泸州市	6313	5.88%	263	3522	6.21%	147	135	6.63%	6
自贡市	517	0.48%	65	181	0.32%	23	8	0.39%	1
宜宾市	4509	4.20%	376	1061	1.87%	88	111	5.45%	9
南充市	6925	6.45%	462	1485	2.62%	99	62	3.05%	4
广安市	709	0.66%	142	277	0.49%	55	45	2.21%	9
眉山市	1975	1.84%	165	1314	2.32%	110	66	3.24%	6
内江市	2455	2.29%	818	2085	3.67%	695	9	0.44%	3
雅安市	4983	4.64%	356	2544	4.48%	182	113	5.55%	8
达州市	2437	2.27%	348	1945	3.43%	278	42	2.06%	6
广元市	2794	2.60%	147	997	1.76%	52	153	7.52%	8
巴中市	859	0.80%	123	639	1.13%	91	12	0.59%	2
凉山州	2884	2.69%	577	172	0.30%	34	12	0.59%	2
甘孜州	575	0.54%	288	507	0.89%	254	56	2.75%	28
阿坝州	15773	14.69%	1972	11365	20.03%	1421	101	4.96%	13
全省	107349	—	389	56754	—	206	2035	—	7

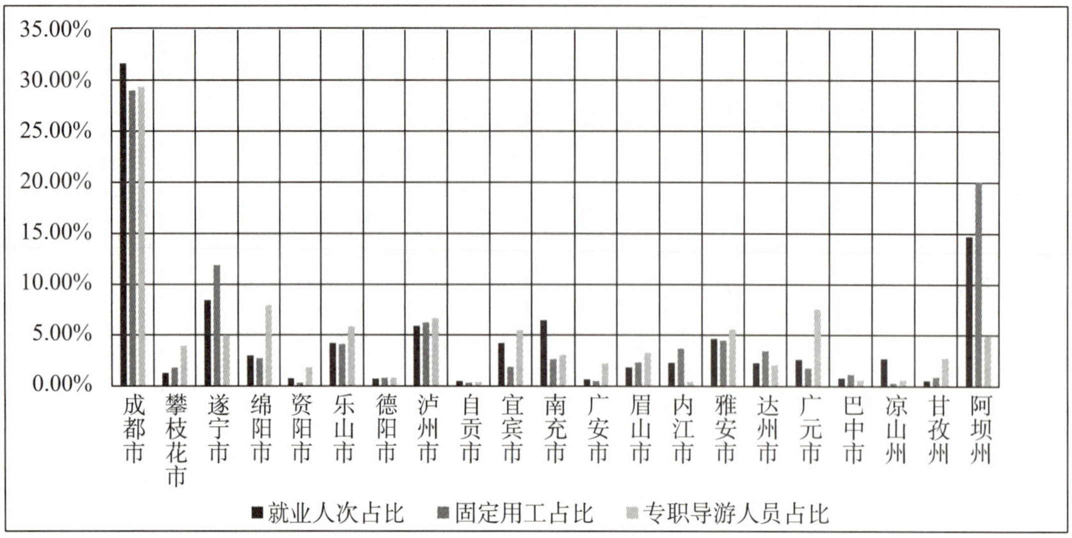

图Ⅲ－18 2016年四川省各市州A级旅游景区就业人次占比对比图

2. 从景区平均人数看，阿坝州的平均就业人次和平均固定用工最多，甘孜州平均专职导游人数最多

景区平均就业人数方面，阿坝州以1972人的平均就业人次位居全省第一，遥遥领先于其他市州，其余市州的平均就业人次均低于1000人；自贡市和攀枝花市的平均就业人数最低，分别是65人和92人。景区平均固定用工人数方面，排名第一的依然是阿坝州，达到了1421人，其余市州均低于1000人；自贡市和资阳市的平均固定用工人数最少，分别是23人和25人。平均专职导游人数方面，甘孜州以28人位居全省首位，紧随其后的是阿坝州和成都市，分别是13人和11人，其余市州的平均专职导游人数均低于10人（见表Ⅲ－16和图Ⅲ－19）。

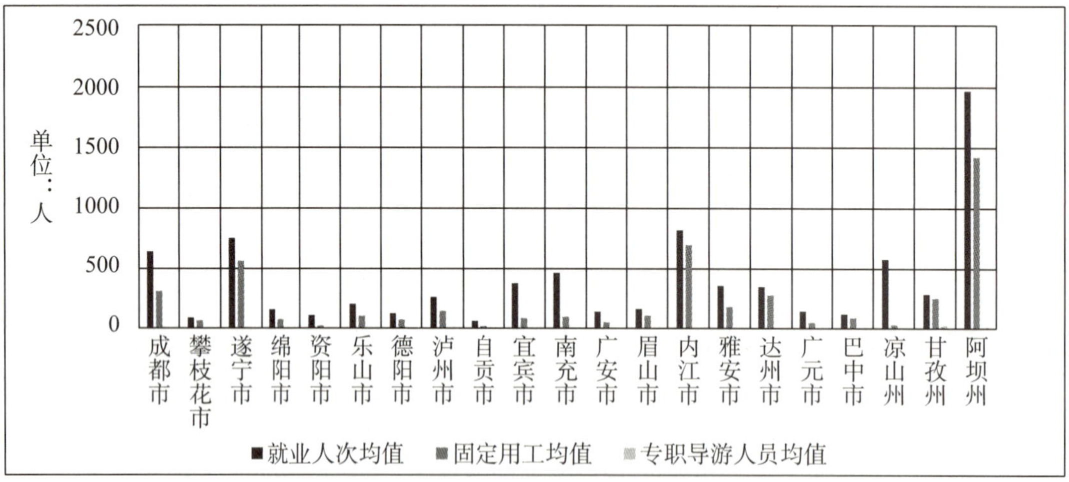

图Ⅲ－19 2016年四川省各市州A级旅游景区平均就业人次对比图

二、各市州环境保护和自然资源利用问题与对策

（一）成都市

1. 自然资源现状

成都市位于四川盆地西部，成都平原腹地，境内地势平坦、河网纵横、物产丰富、农业发达，自古就有“天府之国”的美誉。成都市自然资源分布相对集中，目前已形成都江堰、青城山、宝光寺等

多个国家、省、市级风景片区和西岭雪山国家级风景名胜区、龙池国家级森林公园、鸡冠山国家森林公园、龙门山国家级地质公园、龙溪－虹口国家级自然保护区和白水河国家自然保护区等为主的自然资源体系。在 A 级旅游景区中，涉及自然资源开发利用的景区主要有：青城山—都江堰旅游景区、天台山风景名胜区、虹口旅游景区、西岭雪山景区、石象湖景区、邛崃竹溪湖生态旅游景区、三岔湖景区、彭州丹景山旅游景区、崇州市白塔湖景区、彭州宝山旅游景区、花水湾温泉度假旅游区、新津县斑竹林景区、蒲江樱桃山旅游景区、邛崃竹溪湖生态旅游景区、简阳三岔湖景区、彭州丹景山旅游景区、成都市白云鹭鸶旅游景区、桃花故里景区等。

2. 自然资源利用和环境保护存在的问题

（1）自然资源的旅游开发利用有待进一步拓展

成都地形地貌复杂多样，山景、洞景、水景、生景、气景俱全，但目前成都市 A 级旅游景区中主要以乡村旅游、历史文化和休闲度假为主，自然景观类的景区比例相对较少，对山地、森林、湿地、河流等自然资源的开发利用相对较少。另外，成都市市域生态系统仍存在薄弱环节，生态本底还需进一步优化完善，自然资源旅游开发质量有待进一步提升，生态旅游功能还有待优化，新理念、新材料和新技术的使用还需加强。

（2）以生态旅游产品为核心的自然资源深度开发不足

目前成都市对自然资源的利用主要以自然观光产品为主，产品类型单一，结构不合理，生态度假、生态体验、生态康养等新业态、新产品不足，不能满足不同消费层次和市场需求，生态旅游产品与原生性地域特色文化结合不好，特色不突出，产品市场竞争力不强，旅游经济效益不高。

（3）旅游资源绿色开发尚处于初级阶段

在旅游资源开发和旅游设施建设中，低碳技术和手段使用较少，尚未形成以“绿色酒店、绿色景区、绿色旅游商品”等为核心的绿色旅游产品体系，绿色旅游产品认证制度、绿色旅游企业认证制度有待进一步完善，资源开发与生态保护还存在一定矛盾，旅游资源绿色开发尚处于初级阶段。

（4）快速城市化背景下生态保育和环境保护面临巨大挑战

目前成都市社会经济快速发展，城市规模不断扩大，城市人口不断增加，在新的发展时期，如何从数量增长转向质量提升和结构优化，实现绿色发展，成为当前自然资源利用、生态保育和环境保护需要面对重大挑战。

3. 自然资源利用和环境保护对策

（1）推进生态旅游项目开发建设

积极推进大熊猫国家公园（成都部分）建设，做大做强成都大熊猫保护、旅游和文化国际品牌；高标准启动龙泉山城市森林公园建设工作，将龙泉山城市森林公园初步建成长江上游生态屏障建设的引领区，世界级山地湖泊型生态休闲文化度假旅游目的地。加快推进湿地生态恢复与改善，打造以三岔湖、龙泉湖、翠屏湖为代表的都市湿地公园群；加快森林生态旅游发展，建设以金堂山森林公园、观音山森林公园、云顶山森林公园等组成的都市森林公园群，发展山地森林生态、文化旅游和休闲度假产品及相关产业，着力打造龙门山－邛崃山、龙泉山森林旅游区和成都平原近郊乡村林业生态旅游区；根据成都花卉、水果等特色产业区域分布和生态特征，开发赏花品果森林生态旅游观光基地，着力建成成都通风口、成都花世界项目和中国盆景之乡博览中心。

（2）打造世界级山水运动旅游产品

依托龙泉山、龙门山得天独厚的山地资源条件以及龙泉湖、三岔湖、朝阳湖、石象湖、莲花湖、沱江、岷江等生态水系资源，以塑造国际品牌和开发高端旅游产品为重点，积极发展康体运动旅游产品和体育赛事项目，打造世界级山水运动旅游产品。

（3）实施绿色低碳旅游推进工程

在旅游资源开发中坚守“生态功能红线、环境质量红线、资源利用红线”三条红线；引导企业实施绿色标准，实施绿色规划、绿色管理，开发绿色产品，研发绿色技术，构建生态友好的旅游环境和生态化、集约型的旅游经济体系；节约集约旅游用水、用电、用地，降低全行业资源消耗强度，推广高效节水、节电等相关技术和产品，建设低碳节能景区、低碳节能酒店等；构建绿色发展机制，推进绿色标准认证，建立绿色旅游教育机制，推动全社会形成绿色消费观念。

(4) 优化城乡生态体系

提升中心城区绿地系统，严守市域生态保护红线，加强龙门山、龙泉山生态屏障建设，推进天然林保护、野生动植物保护和自然保护区工程建设，积极开展植树造林，巩固退耕还林成果，实施龙门山生态植被保护建设工程和龙泉山生态提升工程，努力提高森林覆盖率和森林蓄积量。保护河流水源涵养地，维护特有的生物多样性，提升野生动植物、绿化植物的保护和应用水平，构建城乡生态体系。

(5) 加强资源与环境保护

实施旅游生态环境保护制度，强化项目生态环境评价，划定保护红线，对旅游项目开发实施“类型限制、空间规制和强度约制”管理制度。加强环境保护综合管理，落实景区最大承载量的核定，严格控制旅游旺季游客数量，降低景区的生态环境负荷。在旅游景区营运中将近期效益和长期效益结合，将局部效益和整体效益结合，注重协调发展，始终坚持“预防为主，保护优先”的原则，把对生态环境的影响降低到最低程度。

(二) 攀枝花市

1. 自然资源现状

攀枝花市位于四川最南端，地处攀西裂谷中南段，属侵蚀、剥蚀中山丘陵、山原峡谷地貌，具有山高谷深，盆地交错分布的特点。境内水能资源分布集中，主要分布在过境的金沙江、雅砻江，以及支流安宁河、三源河、大河等。攀枝花是中国阳光花城，属南亚热带干热河谷气候，年日照2700小时左右，无霜期300天以上，一年四季阳光明媚，动植物资源丰富多样，森林覆盖率达60.1%，分布有世界上面积最大、株数最多的原始苏铁林，与恐龙、熊猫并称“巴蜀三宝”。目前，攀枝花市依托阳光、气候、环境等自然资源，已建成国家A级旅游景区20个，国家级自然保护区1个、省级自然保护区2个，国家、省级森林公园各1个，风景名胜区2个，国家级竞训基地2个，省级旅游度假区2个，省级生态旅游示范区1个。其中，涉及自然资源利用的A级旅游景区主要有：格萨拉生态旅游景区、米易县龙潭溶洞风景区、攀枝花市二滩国家森林公园、攀枝花长江国际漂流基地、仁和区大竹河水库旅游区以及阿署达、班庄、红格村等十个旅游新村。

2. 自然资源利用和环境保护存在的问题

(1) 自然资源的旅游开发利用率较低

攀枝花市阳光、气候、环境等自然资源条件优越，但多数未得到充分开发利用，如面积最大的苏铁林等自然旅游资源尚未开发，目前A级旅游景区创建也以现代农业产业资源和乡村旅游资源为主，旅游吸引物数量相对较少，旅游资源开发没有形成整体效应，缺乏市场知名度高的自然景观类旅游景区。

(2) 旅游产品开发处于初级阶段

虽然攀枝花市以发展阳光康养度假旅游产品为主要目标，但总体而言，康养度假旅游产品开发仍处于初级阶段，在国内旅游市场上尚未形成独特的吸引力，旅游功能结构较为单一，生态旅游产品缺乏，旅游重大项目建设推进缓慢，游乐、休闲、度假等设施建设不足，旅游产品体系有待完善和升级。

(3) 旅游交通及公共服务设施不完善

目前，攀枝花市旅游基础设施和公共服务设施建设相对滞后，旅游道路交通存在对外运输通道仍未实现全方位高速化，对内交通网络覆盖深度仍然偏低，通景道路亟待提升优化的问题，旅游住宿设施、旅游餐饮服务设施、游客服务中心、标识系统、旅游厕所、生态停车场、购物场所等配套产业要素设施不完善，旅游接待能力和服务水平不能满足旅游日益发展的需求。

（4）资源利用与环境保护的矛盾较为突出

攀枝花市地处金沙江干热河谷，区域生态系统较为脆弱，制约水源涵养、水土保持等生态服务功能的发挥，对区域生态安全造成威胁。另外，作为典型的资源型工业城市，高载能、高耗能、高污染产业仍占较大比重，环保基础设施仍不完善，资源利用与环境保护的矛盾较为突出。

3. 自然资源利用和环境保护对策

（1）加快旅游资源开发和产品打造

充分利用攀枝花市的康养旅游资源优势（温度、湿度、海拔高度、优产度、洁净度、绿化度“六度”及山水资源），以阳光康养旅游产业为统领，有机耦合养老、养生、医疗、体育、旅游 5 大方面，积极对接生态农业、金融保险、文化创意、房地产、科技信息等多个产业业态，以二滩国家森林公园等旅游景区、红格温泉等旅游度假区、格萨拉等生态旅游区，渔门镇等特色旅游小镇，庄上梅子箐康养度假区、西佛山旅游景区、攀枝花金沙江南亚热带植物园等项目为重点，大力发展落地自驾游、乡村休闲游、生态山水游、民族风情游等特色旅游，努力将攀枝花打造成为国际阳光康养休闲度假胜地。

（2）推进“林业＋生态旅游”产业融合发展

坚持以核桃为龙头，特色经果、林下种养业、花卉苗木及工业原料、生态旅游为重点的“1＋4”林业产业发展体系，发展特色林业产业，不断提高现代林业产业综合经营效益；全力推进二滩国家森林公园、万宝营森林康养基地等建设，进一步完善旅游、康养基础设施，大力发展森林生态旅游、森林康养等第三产业。

（3）加强生物多样性保护

执行最严格的环境保护制度，稳定现有自然保护区、森林公园以及大面积水源保护区、生态公益林、重要河流水系等基础性生态用地，加大地质灾害危险区生态建设力度；加强野生动植物保护宣传、执法和野生动物驯养繁殖、经营利用管理；加强自然保护区建设管理，督促加快和规范项目建设，做好项目储备和申报工作；加强湿地保护工作，完成攀枝花市湿地资源保护与利用中长期规划，申报建设湿地公园；积极配合创森、创园等重点工作，完善生物多样性保护管理。

（4）推动旅游产业绿色低碳循环发展

在旅游资源开发过程中，积极推广节能低碳建筑，逐步开展对现有建筑的低碳改造，推行建筑节能“绿色评级”。开发应用源头减量、循环利用、再制造、零排放和产业链接技术，推广循环经济典型模式。坚持资源节约集约与资源利用高效率高效益并重，提高资源综合利用水平，加快转变经济发展方式和资源利用方式，实现经济绿色低碳循环发展，资源节约集约利用，创建低碳生活，发展低碳经济。

（5）加大环境保护力度

以提高环境质量为核心，以解决大气、水、土壤和固体废弃物污染等突出环境问题为重点，开展大气污染防治，加强水污染防治，推进土壤污染和固体废弃物污染治理，完善环境监测预警体系，实行最严格的环境保护力度，持续改善全市环境质量。全面启动和开展大规模绿化攀枝花行动，继续开展金沙江流域、安宁河流域、大河流域重点生态功能区以及干旱半干旱地区生态治理，落实并优选生态功能区治理、城区公园绿地建设、矿山迹地治理、道路及水系生态廊道建设等一批工程项目，筑牢长江上游生态屏障。

（三）遂宁市

1. 自然资源现状

遂宁市地处四川盆地中部丘陵低山地区，涪江中游，丘陵约占总面积的 70％，河谷、台阶地占

25%，低山占5%，属亚热带湿润季风气候，气候温和，雨量充沛，冬暖春早，无霜期长。境内河流众多，流域面积在100平方公里以上的河流有涪江、琼江、郪江、梓江等15条。其中，涪江纵贯全境、穿城而过，在中心城区形成14.8平方公里的观音湖水面，构成城在水中、水在城中的独特景观。遂宁市物产丰富、资源富集，境内发现并利用的生物资源约1500多个品种，有水杉、银杏，名贵的苏铁、红豆杉、马桂木和独具特色的古柏、榕树等珍稀植物，森林覆盖面积39.01%。目前全市有13个A级旅游景区，1个湿地公园，1个省级风景名胜区，1个国家地质公园，1个省级旅游度假区。A级旅游景区中，以自然资源开发利用为主的景区包括中华侏罗纪探秘旅游区、观音湖湿地公园、中国死海旅游度假区、蓬溪高峰山、东方生态博览园、安居区七彩明珠景区、射洪县桃花山风景区等。

2. 自然资源利用和环境保护存在的问题

（1）自然旅游资源较丰富但品质不突出

遂宁市的自然资源较为丰富，主要以地文景观、水文景观和生物景观为主，但是与省内其他地区相比，自然资源品质不突出，缺乏以自然保护区和森林公园为代表的国家级自然资源品牌，独立型旅游资源单体规模、体量较小，集合型旅游资源单体结构较和谐、疏密度一般，不利于开发吸引力强、知名度高的旅游产品。

（2）旅游资源开发利用的整体战略规划滞后

目前，遂宁市在旅游资源开发过程中，还没有一个系统、全面、科学的全市旅游发展和资源开发战略规划，造成了各地区旅游资源开发的不平衡性和空间组织的不合理性，同时也出现了不少重复建设项目。有些规划体现与运用生态学和环境学的原理还不够，在旅游资源开发建设、旅游产品线路推出和旅游资源保护等方面还存在一定的盲目性，旅游规划工作还需要加强。

（3）旅游资源开发不足，缺乏全国知名的龙头旅游景区

目前遂宁市旅游投资建设相对较少，对自然旅游资源开发利用程度低，旅游景区数量少且缺乏全国知名的龙头景区，旅游产品开发以观光为主，旅游功能结构较为单一，生态旅游产品缺乏，旅游重大项目建设推进缓慢，游乐、休闲、度假等设施建设不足，旅游产品体系有待完善和升级。

（4）人为开发性破坏和生态环境问题日益突出

随着旅游资源开发的深入和城市化水平的提升，对自然资源的破坏问题日益突出。一方面，在大力加强城镇现代化建设和农业土地利用过程中，没有处理好自然旅游资源保护和区域经济开发的关系，直接或间接破坏了具有开发价值的旅游资源；另一方面，由于工业化、城市化建设的加快和旅游资源本身的无序开发，使旅游地及其周围环境遭受了一定程度的污染和破坏。

3. 自然资源利用和环境保护对策

（1）加强旅游资源开发，推进旅游项目建设

围绕"两山、两水、两寺、两岛、两镇"资源，着力抓好观音文化城旅游度假区、中国死海旅游度假区、赤城湖旅游度假区、侏罗纪旅游度假区、黄峨故里旅游度假区等五大旅游度假区建设；重点推进世界荷花博览园、永河"十里荷画"、浪漫地中海七星国际旅游度假区、中国红海二期、万象农业博览旅游园、拱市村乡村旅游区、中华侏罗纪二期、子昂故里·沐水小镇、七彩明珠等项目建设。推动世界荷花博览园、"十里荷画"创建4A级景区、观音故里旅游区创建5A级景区、安居七彩明珠旅游区创建省级生态旅游示范区；整合国道318沿线乡村旅游资源，积极开发城市近郊型、景区依托型、旅游特色镇（村）型、农业休闲观光型等乡村旅游景区（点）；打造群英水库、麻子滩水库、祥凤寨水库、三仙湖水库库区等水利风景区，启动圣平岛、袁家坝、圣鹭岛、甘塘坝、赖家洲5个岛湿地生态修复工作，完成涪江岸线亲水绿化及景观建设，同时将观音湖湿地公园创建为国家级湿地公园。

(2) 推进产业融合发展，创新旅游产品体系

创新推进旅游与文化、工业、农业、康养、体育、教育等产业的深度融合发展。大力开发农业主题公园、森林公园、地质公园、水利风景区（江河湖库）等旅游品牌，积极培育房车旅游、研学旅行、康养旅游、体育旅游、文化旅游、生态旅游、智慧旅游等旅游新业态。依托优势资源大力发展专项度假旅游产品，拓展观光、商务、会展、节庆等产品的休闲度假功能。实施乡村旅游提升计划和休闲农业景区建设工程，推动乡村旅游规模化、景区化、品牌化发展。

(3) 加强配套设施建设，完善旅游服务功能

加快完善交通设施，将景区旅游公路、健康绿道优先列入城市建设和交通规划，依托高速公路、快捷通道和国省干道、县乡道路一体建设，完善外联内畅的旅游交通网络。进一步优化景区客运网络，建设功能齐全、配套完善的游客集散中心，开通市、县（区）到景区的旅游交通专线，确保旅游交通快捷畅通。不断强化公共服务，有序推进星级酒店、星级农家乐/乡村酒店建设，不断提高旅游接待能力。规划建设自驾游营地，完善紧急救援、休憩站点、汽车维修、旅游标识系统等配套设施，深入实施"厕所革命"，继续推进全市旅游厕所建设管理行动计划，为游客提供安全优质高效的旅游公共服务。

(4) 加强生态建设，构建生态空间格局

加强林地、湿地、绿地等生态系统建设，优化绿色交通系统，构建带状多组团城市的公交路网系统、步行及自行车慢行系统。充分发挥遂宁自然山水优势，以"生态山水城"为统领，以"两山"、"两水"、"两岛"为核心载体，保护水空间、治理水环境、修复水生态，重构城市水系统，构建独具特色山水城市格局。保护市域核心生态资源，加强灵泉广德风景区、东西山森林公园、平安风景区、硅化木国家地质公园、花果山森林公园、观音湖湿地公园等禁止开发区生态保护力度，维护生态安全格局。以涪江生态走廊为重点，加快建设市城区生态湿地，营造人工绿地环境与自然山水环境有机融合的绿地系统，构建"一湖、两山、三廊、五楔、多点"生态系统。保护和建设森林生态系统，科学开发利用森林资源，积极打造森林康养小镇（基地）、森林人家、森林氧吧等。完善野生动植物保护管理体系，确保生态系统稳定。提升城乡绿化水平，深入开展植绿、爱绿、护绿活动，加大景观改造提升力度，构建城市公园体系，加强立体空间绿化建设。

(5) 加强环境保护，降低资源消耗和污染排放

加强旅游生态环境的管理与科学治理，从全域旅游的角度治理环境污染，标本兼治，实行各级旅游地和旅游景区环境达标制度，对重要景区实施环境检测和预报，让污染型工业远离旅游区，将生活服务区撤离自然风景区，加强对游客的环境教育和引导，减少旅游活动引起的破坏踩踏及污染。在旅游资源开发过程中，要大力推行节能环保技术，提高资源产出率、固体废弃物综合利用率，降低资源消耗和污染排放。

（四）绵阳市

1. 自然资源现状

绵阳市位于四川盆地西北部，涪江中上游地带。西北部以中山、低中山为主，西以丘陵、平坝为主，东南部主要是深丘与低山。绵阳市受地貌影响，降水丰沛，径流量大，江河纵横，水系发达，境内有大小河流及溪沟 3000 余条，所有河流、溪沟都分别注入嘉陵江支流涪江、白龙江与西河，均属嘉陵江水系。绵阳是长江上游重要生态屏障区，生物多样性保护的重点地区、野外大熊猫主要栖息地之一，平武县是大熊猫分布最多的县，占全国野生大熊猫的 1/5。

绵阳森林资源丰富，森林覆盖率 53.62%。有 12 个自然保护区，其中国家级 4 个（王朗、雪宝顶、千佛山、小寨子沟）；有 10 个森林公园，其中国家级 4 个（千佛山、七曲山、高山、北川国家森林公园）；有 3 个湿地公园，其中国家级 2 个（三江湖湿地公园和让水河湿地公园）；有富乐山公园、西山公园、南山公园等城市近郊开放式公园 30 多处；有 A 级旅游景区 20 个，其中，以自然资源开

发利用为主的旅游景区包括：寻龙山景区、江油窦圌山风景区、仙海旅游景区、涪城区晨曦森林度假村旅游景区、梓潼县七曲山风景区、盐亭县玉龙山旅游景区、江油佛爷洞旅游景区、富乐山、西羌九皇山猿王洞、北川药王谷旅游景区、碧水蓝天旅游景区等。

2. 自然资源利用和环境保护存在的问题

（1）以大熊猫为代表的高等级自然旅游资源开发利用程度低

绵阳市自然资源丰富，是生物多样性保护的重点地区、野外大熊猫主要栖息地之一，但以大熊猫、自然保护区、森林公园为代表的高等级自然资源多数以保护为主，未进行科学合理的旅游开发利用；现有的以自然资源开发为主的旅游景区大多存在资源同质化的问题，特色不突出，产品市场竞争力不强，没有形成全国性的知名旅游品牌。

（2）旅游产品业态结构有待升级

从绵阳市现有的旅游产品体系来看，基础观光、休闲旅游产品打造已经取得了丰硕的成果，但是生态旅游产品深度开发不够，康养、度假、文创、乡创等新兴旅游产品才刚起步，产品之间的联动和整合较弱，业态产品创新度和实施性仍不强，缺乏如研学、滑雪、自驾游等具有较好发展环境和基础的新兴业态。

（3）旅游基础设施尚不完善

当前绵阳市优先发展的旅游景区、城镇基础设施建设得到质的提升，但是基于全域旅游发展现实要求，还存在建设水平参差不齐、空间布局不够平衡等发展短板，特别是具有较高发展潜力的特色旅游资源，旅游基础设施建设和开发相对滞后。同时，结合最新的智慧旅游、自助自驾等发展理念，传统景区的旅游基础设施已经无法满足现今主流游客对旅游基础配套服务的要求，也面临更新升级的任务。

（4）旅游开发企业孵化能力不强

当前，依托于绵阳市旅游快速增长的发展红利，本土旅游企业，尤其是旅行社、餐饮、住宿、旅游投资开发等企业得到长足发展，涌现出四川长虹国际酒店有限责任公司、北川羌城旅游区运营管理有限公司、江油窦团山旅游发展有限公司等本土企业代表。但是，面对全新的政策环境、市场格局和游客需求，本土旅游企业仍存在创新能力不足、整合能力不足、资产转化不足等短板，对自然资源的开发利用还停留在初级阶段，低碳技术和手段使用较少，资源的绿色开发还有待进一步深化。

（5）资源利用与生态保护矛盾突出

对以自然保护区和森林公园等为代表的高等级自然资源进行旅游开发利用必然会对生态环境产生一定影响，因此目前绵阳市对该类资源主要以保护为主，旅游开发较少。但是，一方面是缺乏特色化的旅游产品，另一方面却是将高等级旅游资源束之高阁，缺乏有效手段来协调资源利用与生态保护之间的矛盾。此外，在现有的部分自然旅游资源开发中，存在对自然旅游资源缺乏深入调查研究和全面科学论证、粗放式开发旅游建设项目等问题，景区的人工化、商业化、城市化使自然生态环境日益受到建设性的破坏，强化了资源利用与生态保护之间的矛盾。

3. 自然资源利用和环境保护对策

（1）推进生态旅游区建设

建设以平武、江油、北川为核心的生态旅游发展区，以雪山、森林等自然资源发展特色山地游、森林探险游、民族风情文化游等业态，推进白马王朗国际生态旅游区、怡情山水辛夷花旅游区、虎牙生态旅游区、鲁班湖生态文化旅游区、罗浮山旅游度假区等项目建设，将白马王朗国际生态旅游区和虎牙生态旅游区创建成为国家级生态旅游示范区，大力发展生态旅游。

（2）发展森林康养产业

依托绵阳市的山地森林资源，通过对森林的综合利用，将森林康养与生态旅游、自然教育、旅居养老有机结合，探索建立“林业产业基地+森林康养”的发展模式，推进森林康养基地、生态旅游度假区、精品经济林、林下养殖示范区、优质农产品加工区、养生养老示范区等项目建设，大力发展森林康养产业，打造绵阳城市近郊森林康养中心、江油至平武森林康养带、游仙至梓潼森林康阳带、安州至北川森林康养带，把绵阳市基本建成国内外闻名的森林康养目的地，力争走出一条生态改善、群众增收、经济社会可持续发展的新路子。

(3) 完善提升旅游产品体系

完善提升观光旅游产品，进一步丰富内容，突出主题特色，把游览和娱乐结合起来，提高参与性和吸引力，实现旅游产品由单一纵向型向综合横向型转变。积极发展休闲度假旅游产品，以绵阳城区涪江、安昌江两岸及三江湖、富乐山公园、西山公园、南湖公园为核心，构建绵阳城市休闲旅游产品；依托仙海旅游度假区、安州温泉度假旅游区、药王谷、九皇山、窦团山等旅游区，重点发展和培育温泉度假、滑雪、赏花、中医药养生度假、运动休闲度假、湖滨度假等休闲度假旅游产品；依托绵江、绵安北、绵梓、绵三、绵盐快速通道，以主题农园、休闲农庄建设为核心、以花卉苗木观赏、水产养殖、有机农产品展销为重点，拓展乡村度假旅游经济、赏花旅游经济，以乡村体验、乡村游乐、乡村购物为特色，打造绵阳特色乡村旅游产品。

(4) 保护生态环境与旅游资源

加强自然保护区、风景名胜区、生态功能区建设与管理，对重要生态系统和物种资源实施强制性保护，切实保护珍稀濒危野生动植物、古树名木及自然生境。加强森林公园、湿地公园建设与管理，实行分级、统一管理，保护自然生态和自然文化遗产原真性、完整性。对于各类自然保护区，在旅游产业发展过程中要严格遵守国家相关保护制度，对符合条件的旅游片区划定限制开发区、优化开发区、重点开发区三级开发区域，对各类开发区域实行差别化的管理政策。强化游客管理与控制，推动建立低碳生态旅游。制定实施严格的生态保护红线制度，严格实行环境保护政绩考核制度、责任追究制度、一票否决制度，建立完善环境准入制度、环境监管制度，实施生态补偿等环境经济政策。建立吸引社会资本投入生态环境保护的市场化机制，促进环保产业和旅游业协调发展。大力加强城乡综合环境整治，强化对环境污染严重的村镇，重点水源保护区、生态功能区、旅游景区周边村镇等的连片整治，努力把绵阳市建设成为自然生态、环境保护与旅游发展相结合的示范区。

（五）资阳市

1. 自然资源现状

资阳市地处四川盆地中部，地形以丘陵为主，共有沱、涪两江支流（中、小河流）110 条，还有短小溪流 40 余条，这些河流小溪几乎都发源于丘陵，河床平、缓、宽，地形切割浅、落差小、水流平缓、岸势开阔，是典型的丘陵地区水系网络。资阳市属中亚热带湿润气候区，形成亚热带常绿阔叶、针叶与落叶阔叶为主的低山丘陵天然和人工次生植物群落，森林资源十分丰富，截至 2016 年，全市森林面积 335.8 万亩，森林蓄积 873.6 万立方米，森林覆盖率 38.95%，林地保有量 165.95 万亩以上。此外，资阳市特色经果林、工业原料林、花卉苗木、林产加工和森林康养“五大产业”并驾齐驱，是国家商品粮基地和柠檬基地，柠檬产量占全国的 80%以上。资阳市现有 2 个自然保护区（安岳恐龙化石群自然保护区和乐至龙门报国寺自然保护区），8 个 A 级旅游景区。其中，以自然资源开发利用为主的景区包括：安岳石刻·圆觉洞景区、资阳市保和生态旅游度假区、资阳宝森农林旅游区、乐至龙门报国寺、资阳市安岳县千佛寨旅游景区等。

2. 自然资源利用和环境保护存在的问题

(1) 自然资源种类较少且品质较低

资阳市自然资源以森林、河流为主，资源种类较少，单体自然资源的品质不突出，缺乏全国性的高品位自然资源，缺乏以自然保护区和森林公园为代表的国家级自然资源品牌；另外，旅游资源单体规模、体量较小、疏密度一般，资源组合状况欠佳，不利于形成一条完整的旅游线路。

（2）旅游资源开发利用程度低，缺乏龙头旅游景区

目前资阳市旅游投资建设相对较少，对自然旅游资源开发利用程度低，A级旅游景区数量仅占全省的1.91%，且缺乏全国知名的龙头景区，旅游竞争力不足；另外，旅游产品开发以观光为主，旅游功能结构较为单一，生态旅游产品缺乏，旅游重大项目建设推进缓慢，游乐、休闲、度假等设施建设不足，旅游产品体系有待完善和升级。

（3）缺乏整体性旅游开发战略规划

目前，资阳市在旅游资源开发过程中缺乏一个系统、全面、科学的全市旅游发展和资源开发战略规划，造成了各地区旅游资源开发的不平衡性和空间组织的不合理性，同时也出现了不少重复建设项目。有些旅游区规划体现与运用生态学和环境学的原理还不够，在旅游资源开发建设、旅游产品线路推出和旅游资源保护等方面还存在一定的盲目性，旅游规划工作还需要加强。

（4）旅游基础设施和服务设施不完善

目前资阳市旅游基础和公共服务设施仍处于“有而不完善”的状态，游客服务中心、标识系统、旅游厕所、生态停车场、购物场所等配套设施不齐全，档次较低，不能满足旅游日益发展的需求。通讯、供水等基础设施近年来建设较快，但仍然不能满足需求。

（5）城市化建设与生态环境保护矛盾突出

目前资阳市社会经济快速发展，城市规模不断扩大，城市人口不断增加，环境基础设施包括污水处理厂、垃圾填埋场等的建设较为落后，使得生态环境遭受了一定程度的破坏。在新的发展时期，如何从数量增长转向质量提升和结构优化，实现绿色发展，成为当前自然资源利用与生态环境保护需要面对重大挑战。

3. 自然资源利用和环境保护对策

（1）做好自然资源旅游开发的规划工作

在自然资源旅游开发利用时，要以大旅游资源观为引导，做好全市旅游发展的总体规划，推动自然资源转化、融合为旅游休闲的供给，创造满足人们旅游消费需求的新空间；在整体规划的基础上，有重点的予以实施，打造类型丰富、层次分明、组合优势突出的旅游吸引物体系。优化生态服务空间配置，完善森林公园、生态旅游景点等区域的公共服务设施，建设提升一批基础设施，精心打造一批精品线路，着力开发一批服务产品，构建主题鲜明、内容丰富、规模适度、布局合理的生态公共服务网络。

（2）发展森林旅游康养产业

坚持林旅融合发展，实施“绿色四川”旅游行动计划，加快培育林下种养采摘、生态旅游观光、森林康养、森林体验等新业态，提质完善千佛寨、字库山等森林公园，加快“佛山橘海”、“魅力柠海”、“五彩林乡”、花溪谷等乡村旅游公园建设，做强柠檬花（果）节等生态旅游节会品牌，加强生态旅游示范区、森林康养基地、森林人家等品牌创建。

（3）推进重点区县构建生态旅游发展格局

雁江区主要开展城周生态屏障建设，打造城市森林生态功能圈，建设字库山森林公园和沱东湿地公园，重点发展特色经果林、林下种养殖、花卉苗木“三产业”，实现森林和城乡园林绿地空间合理布局。安岳县主要发挥柠檬产业规模优势，打造国家柠檬主题公园，突出发展生态旅游、林下经济、林产品加工“三大产业”。乐至县主要围绕“川中生态型园林城市”发展框架，重点抓好特色经济林、短周期工业原料林、林下经济、森林旅游休闲养生、花卉苗木、木制品加工等六大林业产业。

（4）实施大规模绿化全市行动

推进城市、集镇、农村“三位一体”全域绿化，林网、水网、路网“三网同建”，生态林、产业林、景观林“三林共造”，巩固和扩大生态空间，增强自然生态功能，构筑国土绿色生态安全屏障。修复森林生态空间，弘扬森林文化，提质打造字库山、千佛寨等4个森林公园，建设乐至林业主题公

园和安岳柠檬主题公园，提升城市居民的幸福指数。以营造水土保持林、水源涵养林等防护林为主，重点加强毗河工程、沱江干流及支流、涪江支流等景观绿化，建设沿江沿河绿色生态廊道400公里。

（5）加强资源和生物多样性保护

把保护森林资源和生物多样性放在优先地位，完善天然林保护制度，全面停止天然林商业性采伐，实施森林质量精准提升工程。严格保护林地资源，确保生态功能不降低、面积不减少、性质不改变，分类分级严格林地用途管制。大力保护湿地资源，提质扩面九曲河湿地公园，加快沱东滨江湿地公园建设，新建安岳滴水湖城市绿心湿地公园、柠都河湿地公园、乐至观音河湿地公园等湿地公园6个，提升城市湿地生态功能。加强野生动植物保护，加强野生动物救护基础设施建设，开展古树名木资源普查，挖掘古树名木生态文化。

（6）强化环境保护治理

坚持预防为主、综合治理原则，严守环境保护红线，加大环境监督执法，加强考核奖惩和落实责任终身追究制。落实农村面源污染治理和流域治理责任，强化政府投入和推进社会第三方治理。主动加强环境监测和适应气候变化，有效控制温室气体排放。开展排污权交易探索，用市场经济手段解决发展中的环境问题。加强环境监管体系建设，提高环境监察、监测、宣传等基础能力。提升资源消耗和温室气体排放的管控水平，大力推进循环经济发展，促进资源高效利用。推进生产清洁化、生活低碳化、资源节约化、生态绿色化的生态文明制度建设，推动人与自然和谐共生。

（六）乐山市

1. 自然资源现状

乐山市位于四川省西南部，地处岷江、大渡河、青衣江下游，是长江上游重要的生态屏障和水源涵养区。地貌有山地、丘陵、平坝三种类型，拥有七山二丘一平。其中，山地占全市辖区面积的66.5%，主要分布于市境峨眉山、峨边、金口河、马边、沐川一线的西南部，是凉山高原与四川盆地过渡地带。丘陵占全市面积的21%，主要分布于峨眉山、沐川一线的东北部，是受缓慢上升长期剥蚀而形成的红色丘陵区。河谷平原占12.5%，主要沿岷江、大渡河、青衣江两岸分布，江河众多，属丰水地区。气候属中亚热带气候带，具有四季分明的特点，雨量丰沛，水热同季，无霜期长。西南山区气候垂直差异明显，是木材、茶叶、中药材等作物的主产区，也是宝贵的旅游资源。市境内物种丰富，有大熊猫、藏酋猴等珍稀野生动物210种，珙桐、桢楠、红豆杉等珍稀树种37种，2016年全市森林覆盖率56.39%，森林面积1079.75万亩，森林蓄积达5748.5万立方米。

全市境内旅游资源丰富、品位一流，2016年拥有3处世界级遗产（峨眉山—乐山大佛是全国四处世界文化与自然双遗产之一，东风堰是世界灌溉工程遗产），2个国家级自然保护区（马边大风顶、峨边黑竹沟），3个国家级森林公园（沙湾美女峰、峨边黑竹沟、沐川森林公园），3个国家级湿地公园（犍为桫椤湖、金口河大瓦山、沙湾大渡河），1个国家级地质公园（金口河大峡谷），1个国家级矿山公园，4个国家级水利风景区和26个国家A级旅游景区。其中，主要涉及自然资源开发利用的旅游景区有峨眉山风景名胜区、黑竹沟风景区、犍为县嘉阳. 桫椤湖景区、四川大渡河金口大峡谷旅游景区、沐川竹海、蜀南茉莉香都旅游景区、沐川县桃园山居景区、夹江天福观光茶园、峨眉山竹叶青生态茗园等景区。

2. 自然资源利用和环境保护存在的问题

（1）尚有大量自然资源未被开发利用

乐山市自然资源种类齐全、数量大、品质高，极具旅游开发潜力。但还有大量资源未得到充分开发利用，目前旅游发展主要集中在峨眉山、乐山大佛一带，其他区域资源开发利用程度相对较低，以自然保护区和国家森林公园为代表的自然原生态区域尚处于待开发的格局，区域旅游资源开发不平衡。

（2）生态旅游产品开发深度不足

目前乐山市生态旅游资源还未形成有竞争力的旅游品牌，生态旅游产品主要以观光为主，产品类型单一，生态度假、生态康养、科考探险、运动健身等新业态、新产品不足，不能满足不同消费层次和市场需求，生态旅游产品与原生性地域特色文化结合不好，特色不突出，旅游经济效益不高。

（3）旅游资源开发利用约束较大

乐山市市域三分之二国土空间属于禁止或限制开发区域，土地资源日趋紧张，旅游资源开发利用约束较大。作为生态良好的区域，从生态资源免遭破坏角度来看，乐山市自然资源的旅游开发利用在规模和数量上都面临着环境容量的制约。

（4）生态环境较为脆弱且环境保护问题日益突出

乐山市生态环境较为脆弱，自然灾害多发频发，雾霾、水污染、土壤污染问题逐步显现，农村面源污染形势严峻。随着旅游资源开发的深入和城市化水平的提升，旅游地及其资源、环境遭受了一定程度的污染和破坏，自然资源开发利用与环境保护的矛盾和问题日益突出。

3. 自然资源利用和环境保护对策

（1）整合全域旅游资源，优化旅游发展布局

坚持统筹规划和统一开发，加强旅游规划与城乡发展规划、土地利用规划、交通规划衔接，以峨眉山、乐山大佛为核心，打造峨眉山国际旅游度假区和乐山大佛国际旅游度假区两大增长极，带动“夹江—沙湾—峨边—金口河自然人文生态风情线”和“井研—五通桥—犍为—沐川—马边民俗文化特种体验旅游线”发展，打造黑竹沟国际户外探险基地、犍为文化怀旧体验组团、沐川竹海生态休闲组团、五通桥人文自然深度体验组团、夹江峨眉前山综合度假组团、沙湾大渡河滨水休闲组团、马边多彩民俗体验组团，大力开发自然生态游、民族风情游、民俗文化体验游等精品线路，实现由景区主体型向区域综合型转变，加快建设国际旅游目的地。

（2）加快核心景区“扩容提质”

抓住创建首批国家全域旅游示范区契机，打好“大峨眉”旅游品牌，开发犍为桫椤湖、峨边黑竹沟、金口河大瓦山、沐川竹海、马边大风顶、沙湾美女峰等原生性森林资源，打造“天然氧吧”。加快峨眉山景区环线建设，开展峨眉前山景区规划建设，加快峨眉国际旅游度假区和乐山大佛国际旅游度假区建设。整体规划开发峨眉山系，打造峨眉—沙湾康养休闲走廊。以峨眉河为纽带，在两大核心景区之间规划布局一批度假休闲、康体养生、文化演艺、自驾游营地、空中观光等旅游项目，争创国家级旅游度假区。以自然保护区、森林公园、湿地公园能力建设为依托，加快推进森林康养走廊和基地建设。利用中心城区周边水系，规划建设绿心湿地公园、岷江湿地公园、大渡河湿地公园、峨眉河湿地公园、竹公溪湿地公园。

（3）推进“旅游+”产业融合发展

推进旅游与三次产业融合发展，重点发展休闲度假旅游、山地旅游、康体旅游、银发旅游，培育乡村旅游、休闲康养、文化体验等新业态，开发水上旅游、低空旅游、山地探险、修禅礼佛等旅游新产品，发展有特色、有品牌、成体系的旅游商品，拓展旅游纵深体系。

（4）加强对自然资源的分级分类保护

根据地文景观、生物景观、水文景观、气象气候景观、人文生态景观的不同特点制定相应保护措施，做好与相关规划的协调衔接，优化旅游项目的建设地点，合理确定建设规模。在自然保护区的核心区和缓冲区、风景名胜区的核心景区、重要自然生态系统严重退化的区域、具有重要科学价值的自然遗迹和濒危物种分布区、水源地保护区等重要和敏感的生态区域，严守生态红线，禁止旅游项目开发和服务设施建设。

（5）强化生态保护和低碳建设

加快生态安全屏障建设，形成以岷江、大渡河、青衣江等重要水系为骨架，以马边、峨边、沐川

和金口河等重点生态功能区为重要支撑，以自然保护区、风景名胜区等禁止开发区域为重要组成的生态安全格局。实施重点生态工程，加强森林、湿地、高山草甸等生态系统保护与建设。加强环境保护和综合治理，以解决大气、水、土壤污染等危害群众健康和影响可持续发展的突出环境问题为重点，严格实行污染物排放总量控制，持续改善环境质量。此外，旅游资源开发利用过程中要鼓励采用节能、轻型、可回收利用的材料设备，实施绿色旅游引导工程，在旅游景区、宾馆饭店、民宿客栈等各类生态旅游企业开展绿色发展示范。落实生态旅游相关企业的环保责任，实施能源、水资源、建设用地总量和强度双控行动，完善市场调节、标准控制、考核监管和奖惩机制。

（6）建立游客容量调控制度

建立游客容量调控制度，科学合理确定游客承载量，重点生态旅游区特别是自然保护区、森林公园、高山峡谷区、生态极度脆弱区等地区，按照《景区最大承载量核定导则》，严格限定游客数量、开放时段和活动规模，健全资源管理、环境监测等其他保护管理制度，严格评估游客活动对景区环境的影响，规范景区工作人员和游客行为。

（七）德阳市

1. 自然资源现状

德阳地处四川盆地成都平原北部，地势西北高东南低，地貌以丘陵山地为主，平原相间其间。西北部为龙门山脉中段，山地占全市总面积的19.68%；中部为成都平原东北部，占全市总面积的30.88%；东南部为盆中丘陵，占全市总面积的49.44%。境内河流分属沱江和涪江水系，主要河流有绵远河、石亭江、鸭子河、清白江、凯江等；最大水库为继光水库，蓄水量8900万立方米。德阳市森林覆盖率达到24.2%，有国家一级保护植物珙桐、水杉、秃杉等，以及有国家一级保护动物大熊猫、川金丝猴、云豹、扭角羚、藏羚等。

2016年，德阳市有1个国家地质公园（龙门山国家地质公园），1个国家森林公园（云湖国家森林公园），2个省级森林公园（剑南春森林公园、崴螺山森林公园），1个省级自然保护区（九顶山大熊猫自然保护区），2个省级风景名胜区（什邡蓥华山风景名胜区、九顶山风景名胜区），9个A级旅游景区。其中，以自然资源开发利用为主的旅游景区有绵竹九龙山－麓棠山旅游区、香山鹭岛旅游景区、广汉三水易家河坝旅游景区等。另外，德阳市还有东湖山公园、房湖公园继光水库、松林桃花山故里、青牛沱、金雁湖等自然景观类旅游景点。

2. 自然资源利用和环境保护存在的问题

（1）自然资源数量较少，缺乏品牌旅游资源

与四川省其他市州相比，德阳市自然资源存在数量较少、种类不全、品质不突出等问题，缺乏国家级自然资源品牌，独立型旅游资源单体规模、体量较小，集合型旅游资源单体结构较和谐、疏密度一般，与省内同类旅游资源相比缺乏竞争力，不利于开发吸引力强、知名度高的旅游产品。

（2）自然资源旅游开发利用程度低，缺乏知名旅游景区

目前德阳市对自然资源的开发建设项目较少，对自然旅游资源开发利用程度低，资源特色没有充分挖掘，建设的A级旅游景区数量仅占全省的2.15%，且缺乏全国知名的龙头景区，旅游竞争力不足。另外，德阳市旅游产品开发处于初级阶段，目前仍以观光为主，旅游功能结构较为单一，旅游重大项目建设缺乏，游乐、休闲、度假等设施建设不足，旅游产品体系有待完善和升级。

（3）整体性旅游发展规划滞后

目前，德阳市在旅游资源开发过程中缺乏系统、全面、科学的全市旅游发展和资源开发战略规划，造成了各地区旅游资源开发的不平衡性和空间组织的不合理性，同时也出现了不少重复建设项目。有些规划体现和运用生态学、环境学的原理还不够，在旅游资源开发建设、旅游产品线路推出和旅游资源保护等方面还存在一定的盲目性，旅游规划工作还需要加强。

（4）城市化建设与生态环境保护矛盾突出

随着旅游资源开发的深入和城市化水平的提升，对自然资源的破坏问题日益突出。一方面，由于工业化、城市化建设的加快和旅游资源本身的无序开发，使旅游地及其资源、环境遭受了一定程度的污染和破坏。另一方面，德阳市作为一个工业城市，高载能、高耗能、高污染产业仍占较大比重，环保基础设施仍不完善，资源利用与环境保护的矛盾较为突出。

3. 自然资源利用和环境保护对策

（1）加强对旅游资源的科学普查、评价与规划

调查、评价、论证、规划是科学利用自然旅游资源的必要程序，德阳市在开发旅游资源的过程中，应对自然旅游资源进行一次全面系统的普查，摸清本市旅游资源的真实家底。在此基础上，根据各地、各类资源的性质和特色，组织旅游、地理、生物、环境、规划等方面的专家进行科学评价，对全市旅游资源进行全面合理论证和科学规划，以此来规范全市自然旅游资源的开发和经营行为。

（2）推进生态旅游项目建设

全面整合、深度开发旅游资源，推动旅游业发展与新型工业化、信息化、城镇化和农业现代化相结合，因地制宜发展文化旅游、乡村旅游、工业旅游、体育旅游、自驾旅游、康养旅游、会展旅游等。加快环龙门山、环龙泉山沿山旅游带生态旅游项目的开发建设，推进红峡谷－钟鼎寺、九龙山－麓棠山省级旅游度假区的创建，开发建设蓥华山、云湖森林公园、龙泉山的松林、西眉湖等旅游度假区，打造山水休闲度假产品，开展低碳、健康的生态旅游。

（3）加强多样化旅游产品的深度开发

完善提升观光旅游产品，进一步丰富内容，突出主题特色，把游览和娱乐结合起来，提高参与性和吸引力，实现旅游产品由单一纵向型向综合横向型转变。重点依托山地森林资源，开发自然观光、避暑休闲、健康养生、山地运动、汽车露营、科考探险、野生动植物观赏、摄影（兽类、鸟类、野生花卉等）等旅游产品，科学布局旅游要素和基础设施，严格保护山地景观形态、山地环境和山地资源。

（4）构建城市生态游憩体系

依托德阳市山水自然特色，构建“一谷、五湖、五湿地、多园、绿道串联”的生态游憩体系。以东山国际健康谷、五大湖区森林公园为重点，依托绵远河、石亭江建设五大湿地公园，通过以绿色交通出行为主的绿道系统和以生态游憩观光为主的旅游系统，串联城市主要公共游憩场所，促进居民绿色出行。

（5）保护生态空间，加强生物多样性保护

强化耕地、林地、草地、湿地等绿色空间保护，拓展城市生态空间，加强森林资源保护和合理利用。在生态环境严重退化区实施耕地轮作休耕试点，推进退耕还林还草和生态恢复。推进江河湿地修复治理，增加湿地面积，建设湿地公园、湿地自然保护区和保护小区，加强水生态保护和绿色生态廊道建设。以保护大熊猫野生种群和栖息地为核心，加强生物多样性保护，推进自然保护区规范化建设；探索建立国家公园体制，配合制定出台大熊猫国家公园体制实施方案，以大熊猫国家公园建设为先导，保护与发展森林资源，全面增强自然生态系统服务功能。

（6）加强环境保护和综合治理

加强环境保护和综合治理，整治德阳市境内嘉陵江和沱江流域生态，治理工业废水和生活污水，消除农村面源污染；强化重点区域和重点行业源头控制，有效改善空气质量；强化土壤污染治理，有效防治重金属污染。健全环境治理体系，有效防范化解环境风险，持续改善环境质量。发展循环经济，实施清洁生产示范工程，推进秸秆等农林废弃物以及建筑垃圾、餐厨废弃物资源化利用。完善生态环境监管制度，努力构建环境保护长效机制。

（八）泸州市

1. 自然资源现状

泸州市位于四川省东南川滇黔渝结合部，地处四川盆地南缘与云贵高原的过渡地带，地势北低南高。北部为河谷、低中丘陵，平坝连片，为鱼米之乡；南部连接云贵高原、属大娄山北麓，为低山，河流深切，河谷陡峭，森林矿产资源丰富。长江自西向东横贯泸州境内，沱江、永宁河、赤水河、濑溪河、龙溪河等交汇。泸州境内为四川盆地与云贵高原过渡性的综合自然地理环境，高山、河谷、丘陵、盆地交错，地质地貌丰富，有喀斯特溶洞地貌、丹霞地貌景观，江河湖瀑密布，森林覆盖率高。珍稀植物有珙桐、水杉、桫椤、篦子三尖杉、连香树、香果树等，另有佛兰、四季兰（三星蝶、荷瓣、梅兰、梅瓣）、双鼻双舌、多瓣多鼻等兰草为珍稀名品；珍稀动物有华鲟、白鲟、华南虎、黑颈鹳、林麝、猕猴等。长江合江至雷波段，2000 年 4 月被列为国家珍稀鱼类保护区。

2016 年，泸州市有 1 个国家级自然保护区（画稿溪国家级自然保护区）、1 个省级自然保护区（古蔺县黄荆省级自然保护区）和 5 个市级自然保护区（泸天仙洞自然保护区、合江福宝自然保护区、古蔺二郎自然保护区、泸县牛滩白鹭自然保护区、南滩白鹭自然保护区）；有 1 个国家级森林公园（福宝国家森林公园），8 个省级风景名胜区（玉蟾山、佛宝、丹山、笔架山、黄荆、玉龙湖、九狮、天仙硐）和 13 个市级风景名胜区（凤凰湖、龙马潭、法王寺、方山、张坝、海潮湖、青龙洞—美酒河、道林沟、普照山、鼓楼山、天河瀑布、虹洞桥、石顶山）。另有国家 A 级旅游景区 28 个，其中以自然资源开发利用为主的有黄荆老林旅游景区、天仙硐旅游景区、张坝桂圆林旅游景区、凤凰湖旅游景区、佛宝森林公园、玉蟾山风景区、方山旅游区、洞窝景区、泸州九狮景区、笔架山旅游区、纳溪区普照山景区、古蔺县大黑洞风景区等。

2. 自然资源利用和环境保护存在的问题

（1）自然资源核心吸引力不强

泸州市自然资源遍布全境，但国家级资源品牌较少，与全省其他特色自然资源相比核心吸引力不强。另外，随着人们回归自然、返璞归真的需求逐渐加强，泸州市过去将单一酒城文化品牌作为泸州旅游市场的核心吸引力，已不能适应现代城市居民多样化的旅游需求，无法博得现代观光、休闲、度假旅游市场客源群体的青睐。旅游产品供需结构与资源市场化配置不协调，已成为全市旅游市场核心竞争力的瓶颈。

（2）自然资源开发深度不够，缺乏精品旅游景区

从当前全市优势旅游资源向现代市场产品开发与服务转换来看，仍缺乏具有市场核心吸引力和竞争力的精品旅游景区支撑，现有景区以泸州老窖景区、张坝桂圆林景区、黄荆老林景区、花田酒地景区等为主，均为国家 4A 级旅游景区，缺乏具有全国性影响力和市场竞争力的高等级精品旅游景区，现有景区的综合示范带动效应不强，无法实现全市旅游资源优势转化为市场竞争优势。

（3）现代旅游产品体系尚未形成

泸州市旅游资源类型多样，具有较大的发展潜力，但目前还有不少高品质旅游资源没有得到开发或开发得不够好，缺乏具有区域市场影响力的旅游产品。同时，在适应旅游市场需求的大众化、个性化、多样化的旅游产品与服务还不到位，游客满意度还比较低，全市旅游资源优势转化为产品优势和经济优势的进程较缓慢。

（4）市域旅游交通组织体系尚未建成

泸州市旅游资源呈现“小集中、大分散”的空间布局，且旅游资源富集区远离区域中心城市，核心生态旅游资源和乡村旅游资源广泛分布在边缘山区，部分景区与所在城镇之间交通进入性差，景区与景区之间旅游交通连接不畅，景区内部景点与景点之间断头路较多，旅游环线尚未建成。

（5）旅游资源开发对生态环境产生一定影响

在自然资源的旅游开发过程中，旅游项目建设和活动开发影响区域内生态环境系统，对动植物生

存环境造成一定的干扰；旅游项目施工和旅游交通运行会产生一定的空气污染，项目施工场地废水和旅游活动开展期间产生的生活污水可能污染受纳水体和土壤；另外，森林生态旅游活动开展过程中存在森林火灾、动植物资源破坏等环境风险。

3. 自然资源利用和环境保护对策

（1）编制生态旅游发展规划

以山岳、河流、湖泊（水库）、森林为组合的自然生态旅游资源是泸州生态休闲、度假、康养、观光、运动、科普等旅游产品开发的重要载体，要积极编制全市或区县生态旅游发展专项规划，打破区县行政边界，统筹协调好市域生态旅游资源的开发与保护，尤其是以福宝森林公园、黄荆老林景区和画稿溪国家自然保护区为代表的森林生态资源，积极引导各区县加强生态旅游景区资源的科学统筹规划与绿色开发。

（2）大力发展生态旅游产业

以自然生态保护为核心，按照绿色、低碳、环保旅游发展理念，优化全市山水生态格局，大力发展生态产业和绿色循环经济。依托福宝国家级森林公园和福宝古镇，整合玉兰山、天堂坝和自怀山的生态资源，开发民俗小镇休闲、森林避暑度假和生态观光体验项目，建设大福宝生态旅游景区，打造泸州生态与文化旅游融合创新发展示范区。依托乌蒙山、赤水河，打造古蔺—叙永红色生态旅游片区，重点建设黄荆老林、太平古镇、画稿溪—丹山、乌蒙大峡谷、鸡鸣三省石厢子会议旧址等精品景区，建设环赤水河旅游交通廊道，盘活和带动南部区域乡村、人文、生态旅游资源存量。重点推进黄荆老林旅游区、福宝原生态旅游区、中国酒镇酒庄—凤凰湖旅游区、方山休闲养生旅游区、画稿溪—丹山生态旅游区、长江生态湿地公园旅游区、乌蒙大峡谷—石厢子红色旅游区等精品旅游区建设。

（3）实施旅游品牌创建工程

加快精品、特色旅游景区建设，推动黄荆老林景区创建国家级旅游度假区，福宝景区创建国家生态旅游示范区，叙永创建国家石漠化公园，泸县玉龙湖、叙永黄龙湖、合江锁口水库创建国家湿地公园，方山森林公园、红龙湖森林公园、古蔺野鸡坡创建国家森林公园，张坝桂圆林创建国家级水利风景区，云溪温泉、凤凰湖、玉蟾山、画稿溪—丹山景区、福宝景区、龙桥文化生态园、法王寺景区、方山景区、乌蒙大峡谷景区、护国文化旅游区、古蔺青龙洞旅游区、箭竹大黑洞景区等创建国家4A级旅游景区。

（4）全面提升观光旅游产品

依托泸州全域自然山水生态、丹霞溶洞地貌、历史名胜古迹、乡村田园风情，充分发挥全市旅游资源丰富、旅游发展潜力巨大的优势，突出资源品质特色，以长江、沱江、赤水河、玉龙湖、红龙湖、凤凰湖、黄荆老林、福宝景区、道林沟、玉蟾山、方山、普照山、画稿溪—丹山、青龙洞、福宝古镇、张坝桂圆林、龙桥文化生态园、尧坝古镇、法王寺、太平古镇、双沙画里乡村、龙爪湖、大黑洞和水口龙塘瀑布等为重点，进一步优化旅游环境，提升旅游交通条件，健全配套设施，提高服务质量，丰富文化内涵，打造一批具有现代观光旅游市场需求的自然、人文、乡村精品观光旅游产品。

（5）加强旅游生态化服务设施建设

按照"绿色、低碳"发展理念，充分发挥旅游业资源节约型、环境友好型产业特征，积极推进以节能、环保、降低消耗、绿色服务和绿色消费为内容的旅游生态服务设施建设。景区服务设施建设中充分体现低消耗、低排放、高效率的循环发展理念，争取国家和各级政府支持建设生态旅游基础设施，积极运用绿色科技、绿色产品、绿色能源，加强旅游生态环境保护设施建设，建立生态环境监测和预警服务设施，开展绿色饭店创建活动和国家生态旅游示范区创建工作，建立适应现代生态旅游的服务设施配套格局。

(6) 加强旅游资源与生态环境保护力度

坚守生态环境保护红线，在国家、省级自然保护区和森林公园、湿地公园、水利风景区等相关生态功能区内发展旅游，要坚持生态保护优先的原则，实施最严格的旅游生态环境保护制度，严格项目规划编制论证和生态环境评价，制定优化开发、重点开发、限制开发、禁止开发等不同策略，旅游与国土、交通、环保、林业、水利等部门建立联动工作机制，加快完善全市4A级以上景区生态环境容量评估与应急机制。落实景区最大承载量的核定，严格控制旅游旺季游客数量，降低景区的生态环境负荷，妥善处理好各类自然生态和人文社会景观保护与利用的关系。

（九）自贡市

1. 自然资源现状

自贡市地处四川省南部，地势西北高东南低，地形分为低山、丘陵、平坝。低山主要分布于荣县正安、保华、礼佳一线以西，和双古、长山、留佳一线以东的13个乡镇，以及富顺县的青山岭、龙贯山等地区，面积约占全市总面积的17%；丘陵分布最广，面积约占全市总面积的80%以上；平坝仅占全市总面积的3%，一般多为沿河阶地或丘陵间的平地。此外，尚有各类沟谷，占全市总面积的近45%，分为冲谷、冲沟、侵蚀沟以及喀斯特槽谷和盆地、河谷。境内河流分属岷江、沱江两大河流水系，主要有越溪河、茫溪河、釜溪河、旭水河、威远河、长滩河、镇溪河等重要河流。自贡市森林覆盖率为33.7%，国家重点保护的野生植物有桫椤、银杏、楠木、油樟、香樟、苏铁、红豆树、厚朴、任豆、红椿、川黄檗、水杉等。2016年，自贡市有1个世界地质公园（自贡恐龙地质公园），2个省级森林公园（高石梯森林公园、青山岭森林公园），1个省级自然保护区（金花桫椤省级自然保护区），1个省级风景名胜区（自流井——恐龙风景名胜区），9个国家A级旅游景区。其中，以自然资源开发为主的景区有自贡恐龙博物馆、飞龙峡风景区、自贡双溪风景区、七星湖生态旅游景区等。此外，自贡市还有花龙沟竹海、五条沟、夺锦洲、长山岭硅化木等自然旅游景点。

2. 自然资源利用和环境保护存在的问题

(1) 自然资源数量少、类型不全，缺乏高品质旅游资源

自贡市自然资源数量少、类型不全，虽有自贡恐龙地质公园这一世界级旅游资源，但其他自然资源的品质不突出，缺乏全国性的高品位自然资源；另外，旅游资源单体规模、体量较小、疏密度一般，资源组合状况欠佳，与省内其他自然资源相比旅游竞争力不强。

(2) 自然资源开发利用程度低，旅游产业发展处于初级阶段

当前自贡市对自然资源开发利用程度低，自然保护区和森林公园几乎没有得到开发利用，A级旅游景区数量也仅占全省的1.67%，位居全省最末，开发的产品多以观光类为主，度假、休闲类的很少。此外，自贡市在旅游资源开发过程中还存在旅游发展资金不足，重大项目建设滞后，旅游企业生存困难，发展政策配套不够，旅游产业素质不高，旅游市场主体发育不完备等问题，旅游产品供给、旅游服务质量、市场秩序现状与人民群众日益增长和变化的旅游需求，旅游产业发展尚处于初级阶段。

(3) 旅游产品深度开发不足

自贡市虽有省内独一无二的恐龙资源和盐井资源，但对这两类资源的旅游产品开发还处于观光的初级阶段，在国内旅游市场上尚未形成独特的吸引力，旅游功能结构较为单一，生态旅游产品缺乏，旅游重大项目建设推进缓慢，文化体验、游憩娱乐、休闲度假等设施建设不足，旅游产品体系有待完善和升级。

(4) 自然资源开发利用与生态环境保护存在矛盾

在自然资源的旅游开发过程中，旅游项目建设和活动开发会对区域内生态环境系统造成一定影响。一方面，在大力加强城镇现代化建设和农业土地利用过程中，没有处理好自然旅游资源保护和区域经济开发的关系，直接或间接破坏了具有开发价值的旅游资源；另一方面，由于工业化、城市化建

设的加快和旅游资源本身的无序开发，使旅游地及其资源、环境遭受了一定程度的污染和破坏。

3. 自然资源利用和环境保护对策

(1) 加强对自然旅游资源的科学普查、评价

自贡市在自然旅游资源开发过程中，应对自然旅游资源进行一次全面系统的普查，摸清本市旅游资源的真实家底。在此基础上，根据各地、各类资源的性质和特色，组织旅游、地理、生物、环境、规划等方面的专家进行科学评价，对全市旅游资源进行全面合理论证和科学规划，以此来规范全市自然旅游资源的开发和经营行为。

(2) 依据资源特色推进旅游项目建设

依托釜溪河城区段丰富的盐文化旅游资源，整合南国灯城、盐帮美食以及古街古镇、盐运文化、生态旅游，完善城市功能、旅游交通、接待设施建设，提高旅游接待水平和能力，打造釜溪河中华盐道旅游经济带。依托盐文化旅游资源，打造盐卤浴康疗度假基地，建设集盐疗养生、运动休闲于一体的卧龙湖国际旅游度假区。依托世界地质公园品牌以及丰富的恐龙资源优势和自贡恐龙博物馆，加强世界地质公园基础设施建设，打造集恐龙科普、探险体验、生态游乐、度假休闲于一体的青龙湖旅游区。依托富顺文庙和富顺西湖景区，实施文庙维修、文庙广场建设和传统街区及环西湖环境改造及整治、千佛寺扩建、楗坝渔村维护、夺锦洲改造建设以及回澜塔景区建设等项目，建设富顺文庙西湖文化旅游景区。以优美的自然风光、水利风景区、宗教文化为依托，打造以休闲娱乐、观光农业、红色旅游、乡村旅游、养生度假、会务经济为主的飞龙峡生态旅游区。推进荣县小井沟风景区、莲花—牛尾森林公园、荣县油茶文化旅游区等项目建设。

(3) 打造特色旅游产品体系

要以特色资源为依托，开发丰富多彩的产品类型，塑造自贡旅游品牌形象。充分利用世界地质公园名片效应，以大山铺恐龙化石埋藏遗址为依托，加强恐龙生态旅游开发，打造恐龙王国旅游精品。推进以飞龙峡、青山岭、高石梯、桫椤谷、南北环路、305线、釜溪绿道、仙市镇等为重点的自然生态旅游和乡镇旅游开发。大力发展乡村旅游，打造南北环花卉农家乐特色乡村旅游观光带，加快金银湖、七星湖、飞龙峡、莲花牛尾、青山岭、五条沟等乡村旅游区标准化和规范化建设，积极开发一批休闲旅游、观光旅游等景区景点。

(4) 加强生态系统建设

控制城市开发强度，划定水体保护线、绿地系统线、基础设施建设控制线、历史文化保护线、永久基本农田和生态保护红线。以自然生态恢复为主，加强对水库和河流生态功能区的保护，逐步恢复水体生态功能。加强对自贡世界地质公园、金花桫椤省级自然保护区、高石梯等省级森林公园的保护、建设和管理，积极创建高石梯国家森林公园。在沿滩区、贡井区、大安区各自启动森林公园建设，实现县级行政区域森林公园全覆盖。按照“大山为屏、中山为园、小山为链”的思路，突出抓好南湖公园、汇东公园、桑海井、高峰山等一批公园建设。加强生物多样性保护，扩大桫椤、润楠等野生植物生长地和鹭鸟等野生动物自然栖息地，加强香樟、银杏、马尾松和大头茶等优势乡土树种的保护和开发。

(5) 加强自然资源与环境保护力度

旅游开发中坚守“生态功能红线、环境质量红线、资源利用红线”三条红线。景区建设中充分体现低消耗、低排放、高效率的循环发展理念，利用生态环境发展生态旅游业。将营造良好的生态环境和资源的永续利用作为实现旅游业可持续发展的主要任务和途径，妥善处理好各类自然生态和人文社会景观保护与利用的关系。旅游和环境行政部门要统一认识，加强协调配合，引导和规范旅游及其开发建设、经营管理、消费等行为，将旅游资源与环境保护工作落到实处，积极开展旅游生态环境保护的宣传、教育和培训。加强旅游科普工作，提高游客、旅游管理者和旅游活动其他各方的生态保护意识，倡导文明、科学、健康的旅游行为。加强舆论监督，配合新闻媒体搞好旅游资源与生态环境保护

的宣传工作。

（十）宜宾市

1. 自然资源现状

宜宾位于四川盆地南缘，地处川、滇、黔三省结合部，因金沙江、岷江在此汇合成长江，素有“长江第一城”之美称。宜宾地形整体呈西南高、东北低态势，全市地貌以中低山地和丘陵为主，岭谷相间，自然概貌为“七山一水二分田”。境内水系属外流水系，以长江为主脉，河流多、密度大、水量丰富，主要河流有岷江、莘河、文星河、南广河、长宁河、横江河、西宁河、黄沙河、越溪河、箭板河、金沙江、长江、玉河等。宜宾立体气候明显，物种丰富多样，市境内亚热带次生性常绿针叶林植被分布较广，竹林为一大特色。

宜宾自然旅游资源丰富，2016 年有世界地质公园 1 个（石海洞乡），国家级自然保护区 3 个（长江上游珍稀、特有鱼类国家级自然保护区、四川长宁竹海国家级自然保护区、四川老君山国家级自然保护区），国家级风景名胜区 2 个（蜀南竹海风景名胜区、石海洞乡风景名胜区），省级风景名胜区 5 个（芙蓉山、筠连岩溶、越溪河、老君山、僰王山），省级森林公园 5 个（石城山、云台山、七星山、青峰寺、老君山），省级湿地公园 2 个（云台湖、七仙湖），国家级生态旅游示范区 2 个，A 级旅游景区 19 个。其中，主要以自然资源开发为主的旅游景区有：蜀南竹海风景名胜区、兴文石海洞乡旅游区、长宁县七洞沟旅游景区、高县胜天红岩山旅游景区、长宁县西部竹石林旅游景区、长宁佛来山、高县可久红岩山旅游景区、翠屏区赵场佛现山旅游景区、长宁县碧浪水乡旅游景区、宜宾县綵山景区、高县大雁岭景区、花漫岭景区等。

2. 自然资源利用和环境保护存在的问题

（1）自然资源旅游开发利用程度较低，缺乏世界知名的龙头旅游景区

宜宾市拥有多个国家级资源品牌，自然资源禀赋极佳，但总体上旅游建设投资不足，对自然旅游资源开发利用程度较低，以自然保护区、森林公园和水利资源为代表的大多数高品质资源几乎没有得到开发利用，旅游景区建设与资源等级不相匹配，缺乏以国家 5A 级旅游景区为代表的世界知名龙头旅游景区。

（2）旅游产品同质化且结构单一，生态旅游产品开发不足

目前宜宾市的旅游产品开发仍停留在以观光为主的初级阶段，众多景区的旅游产品均以山地景观为主，产品类型单一且同质化问题较为突出，生态度假、生态体验、生态康养等新业态、新产品供给不足，不能满足不同消费层次和市场需求，生态旅游产品与原生性地域特色文化结合不好，特色不突出，产品市场竞争力不强，旅游经济效益不高。

（3）整体性旅游资源开发战略规划滞后

目前，宜宾市旅游资源开发战略规划的制定和实施较为滞后，缺乏系统、全面、科学的规划指导，造成了各地区旅游资源开发的不平衡性和空间组织的不合理性，同时也出现了不少重复建设项目。有些规划体现和运用生态学、环境学的原理还不够，在旅游资源开发建设、旅游产品线路推出和旅游资源保护等方面还存在一定的盲目性，旅游规划工作还需要加强。

（4）旅游市场主体发育不够成熟

目前，宜宾市缺少有竞争力和市场影响力的大型旅游企业，包括旅游资源开发投资主体、旅游管理运营主体等。现有旅游经营主体缺乏适应市场需求变化的新业态，市场整体活力不足，旅游经营主体对旅游产业链开发与建设不到位，与相关产业融合发展程度不高。

（5）生态环境脆弱，资源利用与生态保护矛盾突出

宜宾市是长江中上游重要的生态屏障，生态环境较为脆弱，对以自然保护区和森林公园等为代表的高等级自然资源进行旅游开发利用必然对会生态环境产生一定破坏。此外，在现有的部分自然旅游资源开发中，还存在着粗放式开发的问题，景区的人工化、商业化、城市化使自然生态环境日益受到

建设性的破坏，资源利用与生态保护之间矛盾问题较为突出。

3. 自然资源利用和环境保护对策

（1）及时制定和实施系统性的旅游规划

以大旅游资源观为引导，及时制定和实施全市旅游发展规划，推动自然资源转化、融合为旅游休闲的供给，创造满足人们旅游消费需求的新空间；在整体规划的基础上，有重点的予以实施，打造类型丰富、层次分明、组合优势突出的旅游吸引物体系。推进多规合一，促进旅游资源与其他资源合理配置，强化旅游发展规划与国民经济社会发展规划、城乡规划、土地利用规划、生态环境保护规划、相关产业规划等相互衔接融合，提高科学规划水平。

（2）加快打造长江上游国际生态文化度假休闲旅游目的地

以长江为轴线，建设独具特色的长江风情旅游带；以长宁县、江安县的大竹海、兴文县的大石海为主要精品吸引物，建设东部竹石画境生态休闲度假旅游区；以高县、筠连、珙县的温泉资源、峰丛景观、茶产业为核心资源联动田园风光资源，建设南部田园牧歌综合旅游区；以屏山县、宜宾县的向家坝旅游资源、世界第一立佛等核心资源为核心，建设西部康体休闲旅游度假区。

（3）以生态旅游产品为核心完善旅游产品体系

大力开发生态旅游产品，把生态建设与发展生态旅游有机结合起来，通过制定标准和认证，建设一批生态旅游示范区，加强规划设计和游客管理，开展生态观光、生态体验、科普教育等活动，促进全市自然保护区、森林公园、地质公园、湿地公园、水利风景区等可持续发展。依托山地资源开发自然观光、避暑休闲、健康养生、山地运动、汽车露营、科考探险、野生动植物观赏、摄影（兽类、鸟类、野生花卉等）等旅游产品。依托河流资源，在保护水资源和环境的基础上，大力开发邮轮游艇、湿地观鸟、水上运动、水上演艺等旅游产品。依托气候、生态、医疗服务等资源，推出一批以度假型养老、特色医疗、疗养康复、森林康养、抗衰老等主题的康养旅游产品。

（4）完善旅游公共服务设施

加强支线旅游交通和通景道路建设，对途经4A级（含）以上景区、省级（含）以上度假区的高速公路设置出入口，不断提升通景公路品质。全面推进通乡通村工程和县乡道旅游化提升工程，继续扩大农村公路对农村旅游景点的覆盖范围、延伸深度。逐步建立完善的自驾车、房车服务系统，进一步拓展宜宾自驾车、房车旅游市场。依托长江及其支流，优化河流沿线景观，整合周边丰富旅游资源，打造长江水上风景廊道。完善紧急救援、休憩站点、汽车维修、旅游标识系统等配套设施，深入实施“厕所革命”，为游客提供安全优质高效的旅游公共服务。

（5）推进资源开发利用与生态环境保护协调发展

旅游活动和交通项目建设不可避免涉及自然保护区、风景名胜区、森林公园等重要环境敏感区域。因此，自然旅游资源开发应从整体来考虑问题，对于部分无法避让而穿越或进入法律允许建设的生态环境敏感区域，可通过采用有效措施，合理组织管理，加强污染防治和监督管理，将旅游项目、基础设施项目建设对生态环境敏感区域造成的负面影响降到最小，推进资源开发利用与生态环境保护协调发展。对生态脆弱区应按照《景区最大承载量核定导则》，严格限定游客数量、开放时段和活动规模，健全资源管理、环境监测等其他保护管理制度，严格评估游客活动对景区环境的影响，科学合理确定游客承载量。

（十一）南充市

1. 自然资源现状

南充市位于四川盆地东北、嘉陵江中游，地势从北向南倾斜，地形可分为北部低山区和南部丘陵区两大地貌单元，地貌类型以丘陵为主，浅丘平坝、中丘中谷、高丘低山类型大体各占1/3。境内主要的河流有嘉陵江、西河、东河、清溪河、构溪河、白溪河、螺溪河、西充河，均属于长江流域。南充市森林覆盖率39.96%，现有林地面积745万亩，活立木蓄积2850万立方米；动植物种类繁多，共有植物近2000种，其中药用植物700余种；有野生动物311种，其中国、省重点保护57种。

南充风景旅游资源丰富，2016年有2个国家级森林公园（凌云山国家森林公园、阆中盘龙山国家森林公园），3个国家级湿地公园（阆中构溪河湿地公园、营山清水湖国家湿地公园、青龙湖国家湿地公园），3个省级森林公园（金城山、白云寨、太蓬山），1个省级湿地公园（南部升钟湖库区湿地公园），4个省级风景名胜区（锦屏山、西山、白云寨、升钟水库），3个省级生态旅游示范区（朱德故里、禹迹山、凌云山），1个市级森林公园（老君山），1个市级湿地保护区（嘉陵太和鹭鸟保护区），21个A级旅游景区。其中，以自然资源开发利用为主的旅游景区有西山风景区、凌云山景区、蓬安县嘉陵第一桑梓旅游区、南部县升钟湖旅游景区、阆中锦屏风景名胜区、南部县禹迹山风景区、高坪区鹤鸣山旅游景区、高坪区金凤山旅游景区、营山县西月湖公园、大深南海旅游景区、南部县庙子山飞龙生态旅游景区等。

2. 自然资源利用和环境保护存在的问题

（1）旅游产业规模与丰富的旅游资源禀赋不相称

虽然南充自然旅游资源丰富，但旅游产业规模与丰富的旅游资源禀赋不相称。现阶段南充旅游开发主要集中在主城区、阆中、西充等区域，以阆中古城为代表的龙头旅游景区则以人文旅游资源开发为主，自然景观类的景区布局呈现零散、弱小的特征，以景点点状开发为主，难以形成合力，各个景区的空间整合力度不够，旅游功能区和产业集聚区建设较为滞后，缺乏全市旅游开发的宏观结构。

（2）单一的观光产品格局尚未彻底改变

目前南充旅游主要以观光产品形态为主，产品结构单一，产品创新性不足，休闲度假产品尚处在初期培育阶段，特别是乡村旅游产品档次低，同质化严重；同时自驾车营地、养生养老等旅游新业态开发还处于起步阶段，发展较为滞后。

（3）自然资源旅游开发利用水平较低

目前南充市自然资源旅游开发利用水平较低，各旅游景区（点）整体水平还不够高，全市旅游景区景点开发还处于自发状态、起步阶段，缺乏成熟的旅游吸引物，缺乏垄断性、竞争性的旅游产品和旅游形象，对大众游客吸引力不足，对全市旅游产业发展的带动作用还不够明显，距离成熟的旅游目的地城市还有较大的差距。

（4）旅游要素支撑保障能力相对滞后

南充旅游要素保障能力建设已显著提升，但目前旅游交通体系建设较为滞后，缺乏中高端住宿、餐饮、购物等设施，接待服务体系不完善、结构不合理，缺乏大型涉旅企业集团，旅游公共服务体系建设尚处于起步阶段，包括旅游集散中心、旅游咨询服务点、旅游停车场、标识系统、智慧旅游、安全保障等各类旅游公共服务设施建设较为滞后，难以支撑南充国内一流旅游目的地建设。

（5）旅游资源开发利用与环境保护问题突出

目前南充市旅游资源开发利用缺乏科学、严谨的景区建设规划，工业化、城市化建设的加快和旅游资源本身的无序开发，使旅游地及其资源、环境遭受了一定程度的污染和破坏。另一方面，一些景区在旅游旺季单纯追求经济效益，缺乏必要的管理和控制，导致游客的进入量大，对生态环境造成了一定的破坏。

3. 自然资源利用和环境保护对策

（1）加强全市自然资源统筹规划

加强全市自然资源统筹规划，对全市所有的旅游资源点、线进行全面规划与设计，奠定资源保护、开发建设、招商引资和宣传推介的基础。在全面摸清全域旅游资源家底的基础上，编制全市旅游发展规划与实施方案，明确建设目标与任务，有步骤、有计划、有重点的依次推进。从建设条件比较成熟的点、线突破，切忌各自为政，遍地开花，造成低水平重复开发与建设。

（2）推进生态休闲旅游带建设

依托嘉陵江流域优美的山水田园风光，以“一县一主题、一段一亮点”为基本思路，围绕道路景观营造、沿途景点建设、文化聚落建设、服务设施完善等措施，构建集环保、运动、休闲、旅游等功能于一体的嘉陵江沿江生态休闲旅游带。依托国道318沿线丰富的山水风光和人文资源，做好山、水、文化三大文章，以人文生态融合发展为核心理念，以主题度假区、精品景区景点建设为支撑，以乡村旅游为配套，构建G318山水人文旅游示范带。

（3）推进生态休闲旅游项目建设

坚持科学规划、整合资源、加大投入、加快建设、打造精品、营造亮点的原则，推进阆中嘉陵江山旅游度假区、高坪嘉陵江第一曲流旅游度假区、市辖三区嘉陵江“外滩”、阆中嘉陵江流域生态旅游综合保护开发、南部红岩子湖文化旅游园区、仪陇嘉陵江生态旅游观光带、蓬安嘉陵第一桑梓景区、蓬安相如湖旅游度假区、顺庆青山湖旅游景区、高坪螺溪河治理暨生态文化旅游区、嘉陵绿地休闲农业乡村旅游景区、西充百福寺森林公园旅游区、西充青龙湖休闲旅游度假区、南部八尔湖精品旅游景区、高坪凌云山旅游休闲区、高坪金城山生态旅游度假区、蓬安白云山·大深南海景区、营山望龙湖·龙王寨旅游度假区、营山太蓬山旅游景区、营山清水湖国家湿地公园、南部升钟湖旅游度假区、顺庆西河生态旅游度假区、嘉陵西河景观长廊等生态休闲旅游项目建设。

（4）打造滨水游憩廊道

以滨江大道、江东大道等为主轴，整合主城嘉陵江滨水岸线空间和两岸文博休闲资源，加快嘉陵江段亮化工程，不断增加滨江游憩空间，丰富主城区夜游产品，打造集运动、休闲、娱乐于一体的嘉陵江滨水游憩廊道。整合西充河两岸城市风光、山地景观、湿地资源，加快沿河绿道、湿地公园和文化体验项目建设，进一步提升西充河环境品质，完善滨河休闲设施，打造西充河滨水游憩廊道。

（5）构建特色旅游产品体系

做好滨水旅游产品开发，结合沿江自然生态环境保护，重点建设沿江国家级湿地公园群，开发游艇俱乐部、龙舟训练基地、低空飞行、竹筏漂流、冲浪舟漂流等水上旅游项目，拓展水上及低空游乐空间。利用南充森林、山岳、河流、湖泊、湿地等优势生态资源，开发生态旅游产品，打造一批滨湖型、滨江型、山地型、湿地型生态景区，创建一批生态旅游示范区，重点建设沿嘉陵江湿地公园集群。

（6）打造生态屏障，提升环境承载力

推进“嘉陵江生态屏障”建设，持续抓好江河治理，不断强化江河源头和水源涵养区生态保护。加快推进沿江自然保护区、湿地公园、滨江区域等重要节点建设，着力打造嘉陵江绿色生态走廊。强化城乡生态建设保护，严格环境保护执法，持续开展大气污染防治、水污染防治、土壤污染防治。旅游景区建设要因地制宜、方便简洁，鼓励采用节能、轻型、可回收利用的材料设备，实施绿色旅游引导工程，在旅游景区、宾馆饭店、民宿客栈等各类生态旅游企业开展绿色发展示范工程。落实生态旅游相关企业的环保责任，实施能源、水资源、建设用地总量和强度双控行动，完善市场调节、标准控制、考核监管和奖惩机制。

（十二）广安市

1. 自然资源现状

广安市位于四川省东北部，属于四川盆地盆底逐步向盆周延伸地带。地貌包括浅丘带坝地貌、低山深丘地貌、中丘中谷地貌、平行岭谷低中山地貌四种类型。境内山脉有华蓥山脉、铜锣山脉和明月山脉，主要山峰有12座，包括高登山、宝鼎、皛然山、天池山、垭拐山、香炉山、万峰山、马鞍山、五华山、谷城山、金城山、来苏山，在华蓥山、铜锣山、明月山脉还形成有峡谷、槽谷。境内嘉陵江、渠江曲折回环汇入长江。广安市拥有华蓥山（国家地质公园、国家森林公园），天池湖、太极湖、白云湖（国家水利风景区），龙女湖、护安湖（省级湿地公园），以及广安萃屏公园、北辰湖公园、黄桷树公园、铜锣山、银鼎山、翠湖、金城山、御临河小三峡、大洪河、白龙峡等诸多自然景观。2016年广安市共有A级旅游景区18个，其中，以自然资源开发利用为主的景区有华蓥山旅游区、邻水县天意谷旅游景区、邻水黄桷树公园旅游景区、广安区萃屏公园旅游景区、邻水县铜锣山旅游区、北辰湖公园、邻水银鼎山等。

2. 自然资源利用和环境保护存在的问题

（1）自然资源种类较少，缺乏高品质资源品牌

广安市自然资源以山地景观和水文景观为主，与四川省其他市州相比，存在种类不全、品质不突出、同质化严重、缺乏全国知名的高品质资源品牌等问题，与省内同类旅游资源相比缺乏竞争力，不利于开发吸引力强、知名度高的旅游产品。

（2）自然资源旅游开发水平较低

目前广安市自然资源旅游开发水平较低。在资金上，缺乏有效的旅游融资平台，旅游开发资金不足；在体制上，旅游产业资源要素分属不同部门，旅游资源要素难以有效整合；在政策上，缺乏培育旅游龙头企业和开发旅游产品的优惠扶持政策。另外，全市旅游企业规模偏小，龙头骨干企业少，市场化程度不高，导致一些优势旅游项目无法有效实施。

（3）旅游产品单一且同质化较为严重

目前广安市旅游产品较为单一且同质化问题较为严重，缺乏休闲娱乐体验类旅游产品。主要表现在景区还处于低层次开发，低层次管理，景观以自然观光、人文观光为主，游客参与度低，二次消费项目少。旅游新六要素“商、养、学、闲、情、奇”挖掘不够，特色不够鲜明，留不住过夜游客。

（4）旅游公共服务设施体系不完善

城市餐饮购物、休闲娱乐特色街区未形成规模，旅游集散中心、旅游咨询服务网点、旅游厕所等服务设施缺乏。景区旅游服务设施规模小、容量低；旅游要素体系不完善，“吃”“购”“娱”是薄弱环节；由于广安旅游业淡旺季较明显，导致广安出现旅游旺季接待设施供给不足，但旅游淡季接待设施又大量闲置等突出问题。

（5）旅游资源的粗放开发对生态环境产生一定破坏

目前广安市景区还处于低层次开发、低层次管理阶段，存在在自然旅游资源缺乏科学论证与总体规划的情况下就进行探索式、粗放式开发的问题，景区的人工化、商业化、城市化使自然环境受到了一定程度的建设性破坏。

3. 自然资源利用和环境保护对策

（1）充分利用自然资源优势打造不同类型的旅游目的地

以协兴生态文化旅游园区为依托，结合渠江、西溪河、白云湖、笔架山等景观资源，将其打造成为川渝合作改革发展的先行试验区、国家重点文化旅游产业聚集区和世界一流的生态文化旅游度假区。以华蓥山石林、天意谷景区为核心，整合皛然山、铜板沟、五华山、泥汉坪等旅游资源，开展养生度假、休闲旅游、山地运动等多种形式的旅游活动，打造华蓥山西麓林业和农业特色生态休闲旅游带、华蓥山东麓山地观光养生度假旅游带，建设独具特色的山地峡谷旅游目的地。以渠江、嘉陵江为依托，结合龙女湖、太极湖、玉屏湖、大洪湖、御临河等水系湖泊，重点开发滨水休闲、水上旅游项目，打造湖泊旅游目的地。

（2）推进生态文化旅游区建设

科学开发嘉陵江水资源，整合白坪—飞龙乡村旅游度假区、龙女湖旅游区、宝箴塞旅游区、沿口古镇文化旅游区、太极湖旅游区及嘉陵江水域风光，推广寻梦嘉陵等区域精品线路，打造嘉陵江生态文化旅游区。依托渠江，重点建设奎阁公园、中央公园、港口公园、海棠溪公园、虎啸山湿地公园、沙背山旅游景区、渠江沿岸生态旅游景区、东门码头、官盛湖、逸国花乡生态旅游度假区、凉水井旅游湖等项目，发展沿渠江优势旅游产品，打造沿渠江生态文化旅游区。建设五华山御景龙湖旅游区、

泥汉坪国际度假旅游区、大洪河生态旅游区、白龙峡、中城寨乡村旅游区，打造集观光、文化体验、森林休闲、峡谷运动、亲水养生、养老度假等功能于一体的明月山—铜锣山生态康养旅游度假区。

（3）依托山地湖泊资源打造特色旅游产品

利用华蓥山自然地貌，整合周边山地型旅游景点，建设华蓥山、明月山山地休闲运动公园，开发山地自行车、定向运动、汽车露营、科普探险等山地休闲运动类旅游产品。在保护水资源和环境的基础上，利用渠江、嘉陵江、天池湖、白云湖、青龙湖、官盛湖、龙女湖、大洪湖、御临河、玉屏湖、翠湖等水系湖泊，大力开发游轮游艇、水上运动、水上演艺、湖泊度假等旅游产品，构建湖面、湖滨、环湖多层次旅游圈。利用“两江三山”自然风光和广域的丘陵山景，提升乡村休闲旅游品质，开发乡村休闲度假专项旅游精品系列。

（4）完善旅游基础设施及公共服务体系

补齐旅游服务设施短板，积极融入“一带一路”和长江经济带的设施联通行动，全面加强旅游基础设施和公共服务设施建设，加快广安通用航空机场建设，完善旅游巴士等公共交通体系建设，推进旅游交通无障碍出行。推进宾馆饭店的升级，形成星级酒店、特色酒店、经济型饭店、民宿客栈、自驾车营地等多层次的住宿体系。打造旅游特色街区，进一步完善文化娱乐设施、旅游购物体系。

（5）加强旅游生态环境保护

全面处理好旅游发展与环境保护、资源节约之间的关系，强调生态环境的保护，重点加强对三山（华蓥山、明月山、铜锣山）、两江（嘉陵江和渠江）的水源和植被保护。注重对自然资源、文物古迹、生态环境的重点保护，不断推动绿色旅游和生态文明建设，努力构建长江上游生态屏障。景区建设中充分体现低消耗、低排放、高效率的循环发展理念，积极运用绿色科技、绿色产品、绿色能源，构建推广“绿色酒店、绿色景区、绿色旅游商品”等绿色产品体系。加强旅游资源与环境保护，在旅游规划中明确生态环境保护要求，旅游开发者要严格按规划要求实施，开发规模要适度，控制游客容量，多搞“软开发”，少搞“硬开发”，重视文化内涵的发掘和文化品位的提高，倡导低碳型、内涵集约式等发展模式，重视环境保护，走可持续发展道路。

（十三）眉山市

1. 自然资源现状

眉山市位于四川盆地成都平原西南部，岷江中游。境内河网密集，岷江和青衣江贯穿境内，两岸以平原和河流冲积平坝为主。东部为龙泉山两翼，中部是宽阔的岷江河谷平原，西部丹棱县、彭山区、洪雅县境内大部分地区皆为低山丘陵，中生代红色岩层分布广泛，丹霞地貌发育，生态环境优良，全市森林覆盖率为43.88%。

眉山市有1个国家级自然保护区（四川瓦屋山国家级自然保护区），1个国家级森林公园（瓦屋山国家森林公园），3个省级森林公园；有以洪雅县槽渔滩风景名胜区和青神县中岩风景名胜区为代表的10个风景名胜区；有湿地斑块188个，湿地面积23.88万亩，有1个国家级湿地公园（试点），2个省级湿地公园；打造了东坡城市湿地公园、苏辙公园、彭山“寿乡水岸·五湖四海”湿地公园、仁寿城市湿地公园、洪雅“引青入城”工程、丹棱大雅堂公园、青神竹林湿地公园等多个综合性公园。2016年，眉山市共有A级旅游景区15个，其中以自然资源开发为主的景区有黑龙滩旅游景区、瓦屋山国家森林公园、老峨山旅游风景区、丹棱·桃花源景区、仁寿县碟彩花卉旅游景区等。

2. 自然资源利用和环境保护存在的问题

（1）自然资源种类较少，缺乏高品级旅游资源

眉山市自然资源以山地景观和水文景观为主，与四川省其他市州相比，自然资源种类不全、品质不突出，缺乏以自然保护区和森林公园为代表的国家级自然资源品牌，独立型旅游资源单体规模、体量较小，集合型旅游资源单体疏密度一般，不利于开发吸引力强、知名度高的旅游产品。

（2）自然资源旅游开发利用程度低，缺乏全国知名的精品旅游景区

目前眉山市的旅游发展主要集中在乡村旅游和文化旅游方面，对自然资源的旅游投资建设较少、开发利用程度低，旅游吸引物数量不足，旅游重大项目建设推进缓慢，旅游资源开发没有形成整体效应，缺乏全国知名的自然景观类精品旅游景区。

（3）旅游产品开发处于初级阶段

眉山市的旅游产品开发还处于初级阶段，现阶段主要以乡村观光、休闲为主，对自然旅游产品开发较少，在国内旅游市场上尚未形成独特的吸引力，旅游功能结构较为单一，生态旅游产品缺乏，游乐、休闲、度假等设施建设不足，旅游产品体系有待完善和升级。

（4）自然资源旅游开发缺乏系统科学的战略规划

目前，眉山市自然资源旅游开发缺乏系统科学的战略规划，造成了各地区旅游资源开发的不平衡性和空间组织的不合理性，同时也出现了不少重复建设项目。有些规划体现和运用生态学、环境学的原理还不够，在旅游资源开发建设、旅游产品线路推出和旅游资源保护等方面还存在一定的盲目性，旅游规划工作还需要加强。

（5）自然资源与环境保护面临挑战

眉山市地处成都平原城市群下风下水，生态环境敏感脆弱，生物多样性保护面临困难和威胁，国土资源环境承载力不足，建设用地空间小，人均水资源量低，工程性和水质性缺水严重，自然资源与环境保护面临挑战。另外，眉山处在特大城市成都和国际旅游城市乐山之间，受“虹吸现象”和“马太效应”影响，在招商引资、产业培育、要素聚集、政策争取等方面面临激烈竞争，培育发展比较优势难度较大。

3. 自然资源利用和环境保护对策

（1）加强对旅游资源的科学普查、评价与规划

调查、评价、论证、规划是科学利用自然旅游资源的必要程序，眉山市在开发旅游资源的过程中，应对自然旅游资源进行一次全面系统的普查，摸清本市旅游资源的真实家底。在此基础上，根据各地、各类资源的性质和特色，组织旅游、地理、生物、环境、规划等方面的专家进行科学评价，对全市旅游资源进行全面合理论证和科学规划，以此来规范全市自然旅游资源的开发和经营行为。

（2）大力发展生态旅游产业

牢固树立“生态优先”的发展理念，注重生态资源保护开发利用，严守生态红线，按照生态保护要求，开发建设旅游项目。发展建设好国家级森林公园（瓦屋山国家森林公园），创建一批省级森林公园（总量达到5个以上）。重点打造洪雅玉屏山、七里坪、瓦屋山、云中花嶺、丹棱老峨山森林度假区，创建以仁寿黑龙滩长岛湿地为主的一批森林康养基地，把洪雅县建成省级森林康养示范县。着力开发彭祖山长寿养生景观组团、瓦屋山生物多样性景观组团、大雅丹棱田园风情景观组团、青神竹海绿韵景观组团等四大生态旅游景观组团。规范生态旅游会节活动，打造会节经济品牌。开展森林人家建设与等级评定工作，以森林人家创建促进乡村生态旅游示范创建，打造一批赏花型、品果型、避暑型、园艺型、景观型乡村生态旅游精品，形成品牌带动效应，做大做强全市生态旅游产业。

（3）完善旅游产品体系

以眉山传统景区景点为重要载体，进一步整合景区内、景区间的观光资源，推出系列特色主题旅游线路，形成观光旅游产品体系。开发温泉疗养、山地运动、森林徒步、低空滑翔、自驾车房车营地、戏水漂流、野营拓展等新兴度假旅游产品。大力开发乡村民宿、创意农业等特色度假产品体系。深度开发文化演绎、研学修学、商务会展、体育健身、森林康养等专项旅游产品，形成较为完善的专项产品体系。夯实“绿海明珠”“千湖之城”“百园之市”生态本底，开发绿色旅游、野地旅游、赏花旅游、森林旅游等生态旅游产品体系。

（4）完善旅游公共服务体系

加快大峨眉旅游西环线等旅游通道建设；改造或新建城市到景区、景区到景区专用旅游通道，提升改善景区内部游客专用通道，形成外通内畅旅游交通网络。以景区景点、通道和集镇为重点，配套游客咨询服务中心、停车场、旅游厕所、导视系统等公共服务设施，补齐数量不足、品质不高的短板，提高旅游公共服务水平。高标准建设一批星级宾馆、品牌饭店、主题酒店、乡村民宿，发展特色餐饮和旅游商品购物点，提升旅游接待能力。

（5）加强自然资源与生态环境保护

坚守生态环境保护红线，强化旅游发展规划与生态环境保护规划的衔接，按照区域承担的生态功能，制定有效的生态保护利用措施。在旅游项目建设中，采用节能减排，生态修复的先进技术，积极开发生态旅游产品，既保护青山绿水，又实现金山银山。加强重点旅游区域生态培育，选取有利于生态改善的开发建设方式，控制旅游项目建设强度，为生态修复和环境改善创造条件。积极创建生态旅游示范区，通过旅游开发带动区域生态环境的改善。引导企业实施绿色标准、绿色管理、开发绿色产品、研发绿色技术，实现绿色发展。

（十四）内江市

1. 自然资源现状

内江市位于四川盆地东南部、沱江下游中段。西靠龙泉山脉，东靠华蓥山脉，地势平缓，浅丘平坝相间，与南充、德阳、自贡的丘陵区构成川中丘陵。是典型的川中丘陵地貌，平均海拔300米－500米，河网发育差，主要河流有沱江、球溪河、清流河等。俩母山海拔834米，是内江海拔最高点，也是流向沱江水系的清溪河和流向岷江水系的越溪河的分水岭。白云山有“川中小青城”之称，有108个山头，峰峦叠翠，连绵起伏，幽谷深壑纵横交错，悬崖绝壁随处可见。2016年全市森林覆盖率33.6％，森林植被以用材林为主，主要有油桐林、油茶林、柑橘林和其他落叶果林，优势树种有马尾松、香樟、楠木、黄连木、柏木等。自然景观方面，内江市拥有1个省级风景名胜区（资中县重龙山风景区），1个省级地质公园（资中县圣灵山大溶洞），2个森林公园（东兴区长江森林公园、威远县慈菇塘森林公园），1个湿地公园（隆昌古宇湖湿地公园），另外还有威远穹窿地貌、甜城湖、俩母山、白云山、牛毛山－五星水库等自然资源。2016年内江市共有7个A级旅游景区，其中以自然资源开发利用为主的景区有隆昌县古宇湖旅游区、资中重龙山、隆昌古湖景区、威远石板河景区等。

2. 自然资源利用和环境保护存在的问题

（1）自然资源数量少、品质低、类型不全

内江市自然资源以山地、森林为主，数量少、品质低、类型不全，市内没有省级以上自然保护区、森林公园、湿地公园等资源，严重缺乏省级以上自然资源品牌。另外，内江市珍稀物种较少，自然景观不突出，独立型旅游资源单体规模、体量较小，集合型旅游资源单体疏密度一般，资源组合状况欠佳，不利于开发特色旅游产品。

（2）自然资源旅游开发水平低，资源和产品开发粗浅

目前内江市旅游开发主要集中在文化资源上，对自然资源旅游开发的层次水平较低，且对旅游资源分布散、体量小的现状缺乏有效整合，目前尚无高品质、强吸引、大体量、能带动区域旅游发展的拳头产品。同时，资源和产品开发粗浅，旅游产品在种类多样性、游客参与性、消费方式选择性等方面开发不足，产品结构单一；文化旅游产品的文化含量和知名度与资源所蕴含的丰富文化内涵极不相符，资源优势与市场优势未能有机结合形成特色经济。

（3）旅游基础设施建设滞后

目前内江市内主要优质旅游资源的通达性较差，旅游交通条件参差不齐，旅游交通网络体系零散、交通衔接不完善、交通工具缺乏特色；软件支撑不够，信息化和旅游服务相对滞后，影响了游客

游览的便利性和通畅性。

（4）旅游发展要素保障不全

由于旅游景区产品打造相较于餐饮、住宿、地产等业态投资大、占地广、见效慢、投资回报周期长，这很大程度上影响了内江市景区在资金和土地等要素投入，进而使旅游产品尤其是高品质、强吸引、大体量、能带动区域旅游发展的拳头产品的打造严重受制。

（5）人为开发性破坏和生态环境问题日益突出

随着旅游资源开发的深入和城市化水平的提升，对自然资源的破坏问题日益突出。一方面，在大力加强城镇现代化建设和农业土地利用过程中，没有处理好自然旅游资源保护和区域经济开发的关系，直接或间接破坏了具有开发价值的旅游资源；另一方面，由于工业化、城市化建设的加快和旅游资源本身的无序开发，使旅游地及其资源、环境遭受了一定程度的污染和破坏。

3. 自然资源利用和环境保护对策

（1）推动自然资源产品化，大力创建精品旅游景区

推动内江旅游资源产品化，以长江森林公园、乐贤半岛、威远穹窿地貌等优势资源为基础，规划建设一批大型旅游综合体。将石板河旅游区、黄鹤湖生态旅游区、白银谷旅游区、天荷瀑布旅游区（二期）、牛毛山—五星水库主题公园、重龙山旅游区、古宇湖风景旅游区、船石湖旅游小镇等创建为 4A 级旅游景区；依托威远穹窿山水生态优势，推进威远穹窿山地休闲旅假旅游产品开发，争创国家生态旅游示范区。加快慈菇塘生态旅游区、长沙湖峡谷休闲度假旅游区、长江森林公园、塔山公园、小青龙河、乐贤半岛旅游度假区、牛毛山—五星水库主题公园、“蝶恋花”乡村旅游区、响水滩休闲农业体验区、千草村中医药健康旅游示范基地等旅游项目建设。

（2）积极培育康养度假产品

充分发挥内江交通和环境组合优势，完善康养旅游服务设施，积极探索发展时尚康养项目，依托内江自然山水、中医药产业等资源，加快开发观光加运动、健身、休闲、度假、养生、养老等“1+6”的康养旅游产品体系，重点推进“千草村”中医药康养文化旅游产业园建设，创建国家中医药健康旅游示范基地。立足当地资源特色和生态优势，突出乡村生活、生产、生态特点，开发形式多样、个性突出、特点鲜明的乡村旅游产品。大力发展自驾游，积极推进隆昌古宇湖、威远穹隆等自驾车营地招商落地。

（3）完善旅游配套服务设施建设

改善旅游交通条件，加快旅游连接通道、快速通道建设，加强重点区域、景区旅游交通组织，积极构筑旅游快速交通体系；启动双桥至新店、连界至罗泉等旅游连接通道和快速通道建设。提升旅游接待设施，进一步完善和提升城市公园、文化广场等城市休闲设施，完成松山公园、甜蜜花园一期工程、新坝大桥至花园滩大桥南段工程、玉峰山体育运动公园等 4 个“城市变景区”项目建设。改善旅游住宿条件，积极培育一批主题型、商务型、会议型旅游饭店，推进万达嘉华酒店创建绿色饭店。进一步完善公共服务配套，继续推进旅游厕所革命，在城市特色商业休闲街区、重点景区及乡村旅游点新建（改造）一批标准化旅游厕所；完善景区旅游餐饮、住宿、购物、停车、导览等公共服务设施建设，提高旅游服务质量和旅游环境品质。

（4）加强旅游资源与环境保护的综合管理

生态环境保护上，强化天然林保护，积极开展森林公园创建；加快推进极小种群野生植物桫椤、红豆杉等保护，建立保护小区；完成野生植物资源调查，加快推进野生动物资源调查；加强湿地生态修复，推进隆昌古宇湖国家级湿地公园建设。在旅游开发上，坚守“生态功能红线、环境质量红线、资源利用红线”三条红线，在景区建设过程中，坚持低消耗、低排放、高效率的循环发展理念，积极运用绿色科技、绿色产品、绿色能源，保护生态环境，发展生态旅游业。落实景区最大承载量的核定，严格控制旅游旺季游客数量，降低景区的生态环境负荷。

（十五）雅安市

1. 自然资源现状

雅安市位于四川省中部、四川盆地西缘，处于四川盆地与青藏高原的结合过渡地带。地形呈北、西、南地势高，东部地势较低的地理格局。山地占全市总面积的94%，丘陵与平坝占总面积的6%。境内有夹金山、二郎山、大相岭、青衣江、大渡河、周公河、宝兴河、荥经河等山脉河流。气候属亚热带季风性山地气候，气温垂直变化显著，年太阳总辐射量较低，降水较多，“夏多暴雨、秋多绵雨、夜雨偏多”，因此有“雨城”之称。空气质量较好，多数时间优于国家二级标准。雅安市森林覆盖率超过60%，居全省第一位。雅安是大熊猫的故乡，是全国大熊猫栖息地面积最大的地级市，有世界上数量最多的野生大熊猫和圈养大熊猫。1869年，第一只大熊猫从雅安走向世界。2006年，以雅安为主的“四川大熊猫栖息地”成功申报世界自然遗产，被列入世界自然遗产名录。

雅安市拥有以蜂桶寨国家级自然保护区、石棉栗子坪国家级自然保护区为代表的国家级和省级自然保护区5个，以龙苍沟国家森林公园、二郎山国家森林公园、周公山省级森林公园为代表的国家级和省级森林公园4个，以蒙顶山、碧峰峡、田湾河、夹金山、灵鹫山—大雪峰为代表的省级和市级风景名胜区8个，有国家地质公园1个（大渡河峡谷），有中国最大的保护大熊猫研究中心——雅安碧峰峡基地，另外还有牛背山、周公山温泉、安顺场渡口、大板桥风景区等自然旅游资源。2016年，雅安市共有A级旅游景区24个，其中以自然资源开发利用为主的景区有碧峰峡旅游区、蒙顶山旅游区、宝兴东拉山大峡谷旅游景区、硗碛藏寨·神木垒旅游景区、汉源县花海果乡旅游景区、周公山旅游景区、二郎山喇叭河旅游景区、蜂桶寨邓池沟旅游景区、牛碾坪万亩观光茶园、天全县紫石关景区等。

2. 自然资源利用和环境保护存在的问题

（1）旅游资源的垄断性、排他性有所不足

虽然雅安旅游资源总量大、种类齐全，高等级旅游资源的特点也较突出，但在资源的垄断性和排他性方面则有所不足，没有拥有类似于九寨沟、峨眉山、乐山大佛的垄断性资源。例如大熊猫栖息地的世界级品牌为雅安和阿坝州所共享，大渡河大峡谷为雅安和乐山所共享，二郎山与甘孜州的相关资源有一定的相似性，而周公山温泉等资源在四川也不具有排他性；蒙顶山虽然作为茶文化圣山具有一定的垄断性，但茶文化旅游在浙江、福建、广东等地发展较快，雅安的茶文化旅游也不具有显著的排他性。

（2）自然资源旅游开发利用程度不高

雅安市自然资源丰富多样且具有世界级的资源品牌，但以大熊猫、自然保护区、森林公园为代表的高等级自然资源多数以保护自然生态环境为主要目的，对自然资源进行科学合理的旅游开发利用则较少，加之旅游投资建设有所不足，造成旅游资源转化为旅游产品的能力不能满足市场需求。

（3）生态旅游产品单一，季节性强

目前雅安市的生态旅游产品主要以观光为主，产品结构较单一。现有的夏季避暑、秋观红叶彩林等生态旅游产品的深度体验不足，大熊猫及其他珍稀动植物等生态旅游资源还未形成有竞争力的旅游品牌，存在高峰期客源分流困难，接待设施不能满足游客需求的问题。此外，观光旅游产品占据主导地位，休闲度假旅游产品不足，生态旅游产品、乡村旅游产品同质化明显，产品结构与旅游资源大市的地位不相匹配，不能较好地满足旅游市场的多样化需求。

（4）旅游基础设施建设滞后

由于多方面条件的影响，雅安大部分地区，尤其是南部和北部地区的基础设施建设相对滞后，极大地制约了雅安旅游的整体发展。目前，虽然高等级公路体系正逐步成形，以各县小城镇建设为核心的基础设施建设也在逐步改善之中，但由于旅游综合配套建设和旅游开发在一般情况下滞后于交通等基础设施建设，因此在规划近期内，基础设施建设的滞后仍将是雅安旅游的主要劣势。

（5）区域产品同质化和竞争性加剧

从四川省的旅游区域空间来看，雅安市周边已经逐渐形成成都旅游区、川西北旅游区、川西旅游区、乐山·峨眉山旅游区和攀西旅游区五大旅游板块区域。雅安地处上述地区之间，虽然自身近年来旅游发展速度较快，但在一定程度自然资源与周边及相关地区具有相似性，因此也具有区域性竞争的市场压力，如不能尽快构建产品体系和产业结构，将可能面临同质化产品竞争的威胁。

（6）生态环境脆弱，资源利用与生态保护矛盾突出

雅安境内森林遍布，动植物种类繁多，拥有较多的珍稀物种，有众多的自然保护区、森林公园、大熊猫栖息地等，生态环境较为脆弱。对自然资源的开发利用在一定程度上对雅安的生态环境造成了压力，使得资源利用与生态保护之间矛盾问题突出，更对雅安旅游业发展提出了挑战。如不能科学地进行产业协调和政府监控，尽快地实现生态环境保护，将对雅安旅游业的全面、可持续发展造成显著影响。

3. 自然资源利用和环境保护对策

（1）以大熊猫和茶资源为核心推进生态旅游文化融合发展

按照“生态雅安、全域旅游”的发展理念，重新审视开发全市旅游资源，加速旅游资源向旅游经济转化，促进旅游与三次产业深度融合发展。持续提升“熊猫家源、世界茶源”影响力和美誉度，打造国际大熊猫品牌，建设大熊猫旅游核心区；深度挖掘和利用蒙顶山茶文化，建设大蒙顶山茶文化旅游区；打造“国际熊猫城、生态康养地”，建设国家生态文化旅游融合发展试验区、国家全域旅游示范区、成渝城市群 2.5 天休闲度假目的地、川西自驾车旅游大本营。

（2）加快实施大熊猫品牌建设工程

探索国家公园体制，建设完善大熊猫放归基地，建立大熊猫国家公园。推进国际熊猫旅游城建设，打造熊猫绿岛城市文化地标，建设熊猫文化旅游商品创意中心和熊猫主题乐园，推进熊猫古城旅游提升、邓池沟国际熊猫旅游小镇、蜂桶寨大熊猫生态保护区、国道 351 大熊猫生态文化旅游走廊建设。推进大相岭、栗子坪等区域大熊猫科考探秘、研学旅行、生态科普等旅游产品开发。推进以碧峰峡为核心的大熊猫繁育研究基地建设。推出大熊猫发现之旅、大熊猫放归之旅、大熊猫研学之旅三条旅游精品线路。设立雅安市旅游品牌推广中心，积极申办中国雅安大熊猫国际文化旅游节，举办国际熊猫论坛。

（3）加快建设生态旅游精品景区

打造大碧峰峡生态旅游度假区、大蒙顶山茶文化旅游区、周公山易文化康养旅游度假区、川西大本营等国家级旅游名片。强力推进碧峰峡、蒙顶山创建国家 5A 级旅游景区；加快培育牛背山、龙苍沟、王岗坪创建国家 5A 级旅游景区；加快汉源湖、轿顶山、百丈湖、达瓦更扎、夹金山、红灵山、大川河、栗子坪、田湾河、大渡河峡谷等旅游资源开发；改造提升喇叭河、东拉山、硗碛藏寨·神木垒、云峰山等景区，建设周公山温泉康养和养老度假基地和大兴川西医养中心。加强国家、省级生态旅游示范区创建工作，建设若干养老度假旅游示范基地。

（4）提升完善旅游公共服务体系

以川西综合交通枢纽建设为支撑，重点推进雅安自驾游、自助游综合服务体系建设，打造“川西大本营”特色品牌。推进以国道 351 为支撑的大熊猫国家风景廊道、以国道 318 为支撑的中国最美景观大道和茶马风情国家休闲绿道建设。推进景区“最后一公里”公路、“熊猫之家”旅游驿站建设，推进“厕所革命”。推进雅安智慧旅游公共服务信息平台的全面应用，打造国道 318、G5 智慧旅游示范带，推动若干智慧旅游示范景区建设。完善景区（点）停车场、观景台、标识标牌等旅游服务设施建设，提升旅游服务水平。

（5）大力发展旅游新业态

大力发展休闲度假康养旅游、生态旅游等，积极打造“春赏花品茗、夏避暑休闲、秋品果赏红

叶、冬泡温泉玩雪”的雅安四季特色旅游产品。着力发展空气养生、避暑养生、阳光养生、温泉养生产业，推动医养结合、康旅结合，建设康养度假旅游区。精心打造特色旅游产品，大力发展乡村休闲、度假、体验业态，培育避暑养心、品果沐阳、登高赏美、亲水趣影、民俗历史等独具雅安特色的旅游业态。

(6) 加强自然资源与生态环境保护力度

加强对自然资源的分级分类保护，根据地文景观、生物景观、水文景观、气象气候景观、人文生态景观的不同特点制定相应保护措施，做好与相关规划的协调衔接，优化旅游项目的建设地点，合理确定建设规模。在自然保护区的核心区和缓冲区、风景名胜区的核心景区、重要自然生态系统严重退化的区域、具有重要科学价值的自然遗迹和濒危物种分布区、水源地保护区等重要和敏感的生态区域，严守生态红线，禁止旅游项目开发和服务设施建设。鼓励景区建设采用节能、轻型、可回收利用的材料设备，实施绿色旅游引导工程。落实生态旅游相关企业的环保责任，实施能源、水资源、建设用地总量和强度双控行动。建立游客容量调控制度，科学合理确定游客承载量，重点生态旅游目的地需按照《景区最大承载量核定导则》，严格限定游客数量、开放时段和活动规模，健全资源管理、环境监测等其他保护管理制度，严格评估游客活动对景区环境的影响，规范景区工作人员和游客行为。

(十六) 达州市

1. 自然资源现状

达州市位于四川东部，地处大巴山南麓，地势东北高西南低，地形复杂，高低悬殊大。大巴山横亘在万源、宣汉北部，明月山、铜锣山、华蓥山由北而南，纵卧其间，将全市分割为山区、丘陵、平坝。山地占全市总面积的70.7%，丘陵占全市总面积的28.1%，平坝占全市总面积的1.2%。境内主要河流有州河、巴河、渠江、任河。达州是中国南北气候的分界线，属亚热带湿润季风气候类型，年均降雨量1200毫米左右，森林覆盖率41.5%。

达州市拥有1个国家地质公园（大巴山国家地质公园），1个国家级自然保护区（花萼山国家级自然保护区），1个省级自然保护区（宣汉百里峡省级自然保护区），3个国家级森林公园（铁山、五峰山、宣汉国家森林公园），6个省级森林公园（犀牛山、雷音铺、千口岭、大坡岭、黑宝山、东林山），3个省级生态旅游示范区（賨人谷、五峰山、洋烈水乡）。另外还有万源八台山、海明湖、飞云温泉、王家山、犀牛山等自然资源。2016年达州市共有A级旅游景区17个，其中以自然资源开发利用的景区主要有真佛山景区、渠县賨人谷旅游景区、宣汉县洋烈水乡景区、大竹县五峰山旅游景区、巴山大峡谷旅游景区、峨城山旅游景区、万源八台山景区、龙潭河旅游景区、马渡关石林风景区、香炉山旅游景区、庙安花果山旅游景区、观音山森林公园等。

2. 自然资源利用和环境保护存在的问题

(1) 自然资源核心吸引力不强，缺乏精品旅游景区

达州的自然资源以山地、森林为主，与省内其他地区相比，自然资源类型不全且品质不突出，虽有以保护区和森林公园为代表的国家级资源品牌，但是其核心吸引力不足，从当前优势资源向旅游产品开发与服务转换来看，仍缺乏具有市场核心吸引力和竞争力的精品旅游景区支撑，在旅游市场上没有形成一定的知名度和影响力，现有景区的综合示范带动效应不强，难以实现全市旅游资源优势转化为市场竞争优势。

(2) 自然资源旅游开发水平较低，旅游产品单一

达州市自然资源丰富，具有较大的发展潜力，但目前旅游投资建设相对较少，对自然旅游资源开发利用程度低，还有不少高品质旅游资源没有得到开发或开发得不够好；旅游产品开发以观光为主，旅游功能结构较为单一，生态旅游产品缺乏，旅游重大项目建设推进缓慢，缺乏具有区域市场影响力的旅游产品。同时，在适应旅游市场需求的大众化、个性化、多样化、体验化和精致化等方面，旅游产品与服务还不到位，游客满意度还比较低，全市旅游资源优势转化为产品优势和经济优势的进程较

缓慢。

（3）旅游交通及公共服务设施不完善

目前，达州市旅游基础设施和公共服务设施建设相对滞后，与外部快速连接的大通道还未完全形成，市域内县际快速通道建设刚刚起步，农村公路通畅率低，通景道路亟待提升优化，旅游住宿设施、旅游餐饮服务设施、游客服务中心、标识系统、旅游厕所、生态停车场、购物场所等配套产业要素设施不完善，旅游接待能力和服务水平不能满足旅游日益发展的需求。

（4）旅游资源粗放式开发对生态环境造成一定破坏

达州市在对自然资源进行旅游开发时，存在资源粗放式开发和盲目利用的问题，一些旅游景区在缺少必要论证与总体规划的情况下随意确定景区建设项目，景区的人工化、商业化、城市化使自然环境日益受到建设性的破坏，部分项目与自然景观极不协调，破坏了旅游景观的整体性和统一性，旅游资源的无序开发使旅游地及其资源、环境遭受了一定程度的污染和破坏。

3. 自然资源利用和环境保护对策

（1）推进旅游区精品化建设

推进巴山大峡谷生态度假旅游集聚区建设，打造大巴山生态科普山地公园，将巴山大峡谷建设成为国家5A级旅游景区；培育賨人谷生态休闲旅游集聚区，打造具有影响力的古賨文化和生态休闲旅游区，力争创建国家5A级旅游景区；建设五峰山—海明湖休闲养生旅游集聚区，整合五峰山森林、溶洞、湖水、田园资源，打造温泉森林康体养生旅游综合体，建成国家级旅游度假区；提升真佛山—金山寺宗教文化旅游集聚区，打造川东第一名刹，力争将真佛山创建为国家5A级旅游景区。推进八台山、賨人谷景区、铁山旅游度假区、双鱼湖—凤凰山—莲花湖旅游区、州河休闲旅游带、马渡关关石林景区、洋烈水乡旅游区、金山寺—莲花世界—飞云温泉乡村旅游示范区等项目建设和提升改造。

（2）打造蜀道文化生态观光走廊

将各区县特色旅游资源和蜀道文化资源联合打造，并结合达州良好的生态自然资源，突出“探古蜀驿道、赏自然景观、品风土民俗”主题，分主题形成三片区——古蜀人家、古道驿俗、巴国山寨，推进星级民宿、古道驿宿、乡村农宿等特色旅游项目建设，沿古蜀道沿途建设旅游服务站、旅游厕所、休憩设施、古蜀道旅游特色商品售卖点等，打造蜀道生态和文化相结合的观光走廊。

（3）完善生态休闲度假旅游产品体系

依托自然生态资源优势，把生态建设与发展生态旅游有机结合起来，大力实施“资源景区化”，建设一批旅游精品景区和生态旅游示范区，加强规划设计和游客管理，开展生态观光、生态体验、科普教育等活动，促进自然保护区、森林公园、地质公园、湿地公园、水利风景区等可持续发展。大力开发休闲度假旅游产品，把旅游度假区发展与旅游目的地打造、生态文化保护、城乡社会和谐发展、公共环境建设有机结合，加快建设国家级、省级休闲度假旅游区，重点扶持山水生态休闲度假旅游、湖滨休闲度假旅游、乡村休闲度假旅游、森林度假等专项度假旅游产品，拓展商务、会展、体育、现代娱乐等产品的休闲度假功能，满足游客多样化需求。

（4）完善旅游基础设施和公共服务设施

围绕重点旅游景区和旅游精品线路建设，加快推进高铁、公路、航空、航运重大工程，紧密衔接全国交通主干网，建设外联、内畅、互通的现代立体交通网络，完善交通沿线旅游服务功能，加快达州对外的旅游交通建设。不断强化公共服务，有序推进星级酒店、星级农家乐/乡村酒店建设，不断提高旅游接待能力。规划建设自驾游营地，完善紧急救援、休憩站点、汽车维修、旅游标识系统等配套设施，深入实施“厕所革命”，继续推进全市旅游厕所建设管理行动计划，为游客提供安全优质高效的旅游公共服务。

（5）加强自然资源与生态环境保护

加强资源环境生态红线管控，开展绿化达州行动，推进嘉陵江上游生态屏障建设。切实保护珍稀濒危野生动植物、古树名木及生态环境，维护生物多样性，推进花萼山等生物多样性生态功能区创建特殊生态类型国家公园，推进渠县柏林湿地公园创建国家级湿地公园。坚持保护第一原则，重视旅游景区开发、旅游城市建设对生态环境的保护，明确环境要素专项保护措施，制定环境要素专项规划。在全行业中推进节能环保，发挥旅游行业绿色产业的优势，开展低碳旅游示范城市建设，重点做好绿色旅游饭店、生态景区、循环型景区等绿色环保旅游企业的创建、认证。积极支持生态旅游发展，引导游客、居民变“被动”为“主动”，自觉保护资源和环境。

（十七）广元市

1. 自然资源现状

广元市位于四川省北部，处于四川北部边缘，山地向盆地过渡地带，摩天岭、米仓山东西向横亘市北，分别为川甘、川陕界山，龙门山北东一南西向斜插市西，市南则由剑门山、大栏山等川北弧形山脉覆盖广。广元市属于亚热带湿润季风气候。广元地处秦岭南麓，是南北的过渡带，即有南方的湿润气候特征，又有北方天高云淡、艳阳高照的特点。境内河流属长江水系，以嘉陵江为主干，有白龙江、清水河、东河、木门河等75条河流，水量丰富。全市森林覆盖率55.3%。

广元市拥有以唐家河与米仓山国家自然保护区为代表的自然保护区11个（其中国家级自然保护区2个，省级自然保护区5个，市县级自然保护区共4个）；有自然保护小区170个，面积达到444.2万亩；有以剑门关、天台山国家森林公园为代表的森林公园8个（其中国家级森林公园2个、省级森林公园4个、市级森林公园2个）；有全国重点风景名胜区2个（白龙湖、剑门蜀道），省级风景名胜区2个（旺苍鼓城山—七里峡、阴平古道）；有国家湿地公园2个（南河、柏林湖）；有国家地质公园1个（青川地震遗迹国家地质公园），省级地质公园2个（剑门关、朝天省级地质公园）。2016年广元市共有A级旅游景区26个，其中以自然资源开发为主的景区有剑门蜀道剑门关旅游区、曾家山景区、苍溪红军渡·西武当山景区、青川东河口地震遗址公园、明月峡景区、鼓城山一七里峡景区、唐家河景区、天曌山景区、平乐旅游区、水磨沟景区、青川白龙湖幸福岛、广元赤化镇竹子溪湿地公园、狮岭旅游景区等。

2. 自然资源利用和环境保护存在的问题

（1）旅游资源缺乏有效整合，目的地品牌影响力不高

广元旅游资源富集，品位较高，目前已有选择、有重点地进行了景区打造，龙头景区逐步成熟，全市旅游景区发展梯队初步成型。但纵观全市，旅游景区仍规模小、分布散、档次低，景区间串联乏力，龙头景区与周边景区缺乏有效整合，在做大、做精、做优整合打造知名旅游目的地方面着力不够，未真正形成吸引力强、接待量大、带动力强的区域精品旅游区，广元旅游品牌在国内、国际影响力不高。

（2）旅游资源存在盲目无序开发问题

广元现状旅游资源开发主要为观光旅游产品，且为点状观光景区开发，相关区县各自为政，缺乏资源整合与统筹发展，产业链较短，对农业、服务业等区域相关产业带动作用薄弱，这也是造成广元市旅游景区开发边际收益递减的重要原因。

（3）开发资金投入不足，基础设施较弱

目前广元市对自然资源旅游开发的导向性投入较少，融资渠道不多，旅游开发优惠政策不明朗，社会资金、民间资金开发旅游的积极性不高，导致部分重点景区建设滞后，部分已开发的景区景点档次低，品位不高，多数资源仍处在潜在或半开发状态，没有完全形成现实的旅游产品。另外，旅游基础配套不完善，旅游集散接待体系滞后，各类交通联通性、通达性和舒适性亟待解决。旅游厕所、高星级酒店、特色餐饮街区、购物场所、旅游演艺场馆等旅游接待服务设施较缺乏。

（4）资源开发利用与生态环境保护面临挑战

广元市生态环境良好，拥有众多以保护生态环境为目的的自然保护区、森林公园和风景名胜区，但旅游业的发展必须依托一定的自然环境资源，旅游资源开发利用不可避免会涉及此类重要的环境敏感区域，旅游项目建设和活动会对区域内生态环境系统造成一定影响。一旦没有处理好资源利用和环境保护之间的关系，将会使旅游地及其资源、环境遭受一定程度的污染和破坏。

3. 自然资源利用和环境保护对策

（1）大力发展生态康养旅游产业

依托广元市城区及周边地区优良的公共服务设施和康体疗养条件，加快推进天曌山生态旅游示范区、昭化温泉新城、黑石坡城市生态康养聚集区、三江新区蜀道植物园等项目建设，促进以森林康养、温泉康养为代表的生态康养旅游产品开发，建设中国生态康养旅游名市核心区。依托古蜀道资源，将剑门关旅游区及其周边打造成蜀道世界遗产观光、文化体验、山水休闲度假为主要功能的蜀道世界自然文化遗产核心展示区、国内知名的休闲旅游目的地。依托朝天、利州、昭化、剑阁四区县的古蜀道沿线区域打造大蜀道生态康养旅游经济带。依托朝天、利州、昭化、苍溪四区县的嘉陵江沿线及白龙湖区域打造嘉陵江生态康养旅游经济带。

（2）推进重点生态康养度假区建设

依托大熊猫国家公园品牌，统筹唐家河国家级自然保护区、青溪古城、东河口地震遗址公园、白龙湖风景名胜区等精品景区建设唐家河国家级旅游度假区。以米仓山为旅游品牌，积极创建国家地质公园，整合旺苍鼓城山—七里峡、苍王峡、盐井河等旅游景区，大力开发地质科普、森林观光、峡谷探险、温泉疗养度假等生态旅游产品，打造米仓山高端生态康养旅游示范区。依托曾家山地质奇观、生态旅游等资源，重点开发乡村度假、滑雪、康体运动、养生养老、休闲度假等产品，打造曾家山中国农业公园农旅文融合示范区。

（3）建设嘉陵江山水休闲体验廊道

围绕亭子湖、白龙湖、锦屏山、升钟湖等嘉陵江沿线特色山水文化资源，建设沿岸特色文化旅游精品景区，推动沿江特色小镇、民俗村建设，开发嘉陵江水上休闲度假专项旅游项目，推进三江新区宝轮片区建设，打造研学教育、民俗体验、人文观光等文化旅游产品，全力塑造“嘉陵江”山水文化旅游品牌，把嘉陵江打造成宜游宜居宜业的山水休闲体验廊道。

（4）构建生态康养旅游产品体系

依托天曌山、曾家山、唐家河、三溪口等的森林资源，联动天曌山、黑石坡，建设森林养生游步道、森林度假、森林禅修等项目，打造森林康养旅游产品。利用嘉陵江、白龙湖、曾家山、米仓山等山地滨水旅游资源，开发漂流、滑雪、徒步、攀岩、露营等旅游体验活动，打造运动康养旅游产品。推进汤山国际温泉旅游度假区、天赐温泉旅游度假区、鹿亭温泉景区、平乐温泉服务品质提升及旅游配套项目完善，推动走马岭、川北、昭化、大河坝、曾家山、青溪、回水等温泉旅游项目开发，形成康乐疗养、运动游乐、商务休闲、旅游度假等多类型的温泉旅游度假产品。利用广元丰富的原生态绿色农作物和中药材资源，打造以养生保健体验、养生食品品鉴、健康休闲娱乐为主的中医药及膳食康养旅游产品。

（5）加快旅游基础设施和服务设施建设

加快旅游大交通体系建设。加快推进广平高速公路和绵广复线建设，打通广元西部—北部—东部旅游通道，形成东西贯通、南北畅通的立体交通枢纽。继续加快景区“最后一公里”公路建设，推进4A级以上旅游景区外部道路达到二级公路标准，全面提升A级旅游景区通达性。进一步完善公共交通的旅游服务功能和旅游交通标识标牌系统，加快建设停车场、游客中心、高速服务区等相应的配套设施。积极建设唐家河、白龙湖、昭化古城、米仓山、曾家山等自驾车营地，加快建设落地自驾、异地还车自助自驾体系，加快建设广元智慧旅游服务平台，把广元建设成为线上线下融和、市县城区和景区、广元与周边地区方便快捷互连互通的旅游目的地综合集散中心。

(6) 生态环境保护与品质提升

实施水、森林、植物、大气、噪声的污染防治的"蓝天行动""碧水行动""净土行动"等，严格生态空间管控，把各类开发活动严格限制在资源环境承载能力之内。推广旅游大巴、景区电瓶车应用，推动绿色出行，推动循环经济和清洁生产，减少景区内生产性企业，在景区内推广清洁能源，推广生物制和太阳能能源，举办"绿色交通"等节事活动，增强全民大气保护意识。旅游开发严格控制生态红线区内的建筑建设，保持原有的生态景观风貌，景观与绿化系统注重生态防护与污染防治，各景区严格控制污水、废水及其他生活垃圾的处理。以低碳、绿色旅游方式体验，倡导低碳汽车生活新理念，推出环保低碳政策与低碳出行线路，全面引进节能减排技术，降低碳消耗，最终形成旅游出行、游览体验全程节能模式。

（十八）巴中市

1. 自然资源现状

巴中市位于四川盆地东北部，地处大巴山系米仓山南麓，中国秦岭——淮河南北分界线南。地势北高南低，由北向南倾斜。北部为中山，中部为低山，南部为丘陵，沿河两岸及台状山顶有平坝。丘陵、平坝占辖区面积的10%，山地占90%。境内全部山脉来自大巴山西段与米仓山复合部的南麓，沿川、陕省界逶迤南下，直接或辗转从东、东北、北、西、西南五面延伸入境域，分成百余个走向不一的支脉，绵亘全境，入境主要山脉有36支。巴中市森林覆盖率57.6%，尤其是光雾山原始森林保存完好，被称为"四川盆地北缘山地重要生物基因库"。

巴中市特殊的地理环境孕育了巴中奇特的地质气象景观、丰富的动植物资源、良好的自然生态环境。以集国家级风景名胜区、国家自然遗产和国家地质公园于一身的光雾山·诺水河为资源典型性代表，巴中市拥有2个国家水利风景名胜区，4个国家森林公园（米仓山国家森林公园、镇龙山国家森林公园、天马山国家森林公园、空山国家森林公园），3个省级森林公园（四川省南阳森林公园、四川省佛头山森林公园、四川省光雾山森林公园），5个省级自然保护区（南江光雾山省级自然保护区、通江诺水河省级自然保护区、通江诺水河大鲵省级自然保护区、南江大小兰沟省级自然保护区、驷马河流域湿地省级自然保护区），1个省级风景名胜区（神门省级风景名胜区）。2016年，巴中市共有A级旅游景区18个，其中，以自然资源开发利用为主的景区包括光雾山景区、米仓山旅游景区、诺水河旅游景区、佛头山旅游景区、平昌县巴灵台景区、南江县最美玉湖一七彩长滩景区、平昌县驷马水乡旅游景区、南龛山旅游景区、通江县空山天盆旅游景区、巴州区山水化湖旅游景区、平昌县南天门旅游景区、平昌县三十二梁旅游景区、天马山国家森林公园等。

2. 自然资源利用和环境保护存在的问题

(1) 自然资源旅游开发利用程度较低，缺乏全国知名的精品景区

巴中市自然资源丰富，品位较高，但大多数自然资源仍未得到科学有效的开发利用，现有的以自然资源开发为主的旅游景区大多以山地景观为主，存在旅游产品同质化的问题，特色不突出，且仍存在规模小、分布散、档次低的问题，旅游景区市场竞争力不强，未真正形成吸引力强、接待量大、带动力强的区域精品旅游区。

(2) 旅游产品单一且同质化问题严重

巴中市现有的旅游产品主要以山地观光为主，产品结构较单一且大部分景区旅游产品同质化问题严重。现有的夏季避暑、秋观红叶彩林等生态旅游产品的深度体验不足，未形成有竞争力的旅游品牌，生态旅游产品深度开发不够，康养、度假等旅游产品才刚起步，产品之间的联动和整合较弱，业态产品创新度和实施性仍不强，产品结构与旅游资源大市的地位不相匹配。

(3) 自然资源开发缺乏系统科学的生态旅游规划

目前，巴中市自然资源开发缺乏系统科学的生态旅游规划，造成了各地区旅游资源开发的不平衡

性和空间组织的不合理性，同时也出现了不少重复建设项目。有些规划体现和运用生态学、环境学的原理还不够，在旅游资源开发建设、旅游产品线路推出和旅游资源保护等方面还存在一定的盲目性，旅游规划工作还需要加强。

（4）旅游开发资金投入不足，旅游基础设施不完善

目前巴中市旅游开发资金投入不足，融资渠道不多，旅游开发优惠政策不明朗，社会资金、民间资金开发旅游的积极性不高，导致部分重点景区建设滞后，多数资源仍处在潜在或半开发状态。另外，旅游基础设施和公共服务设施建设相对滞后，旅游基础配套不完善，旅游集散接待体系滞后，通景道路亟待提升优化的问题，旅游住宿设施、旅游餐饮服务设施、游客服务中心、标识系统、旅游厕所、生态停车场、购物场所等配套产业要素设施不完善，旅游接待能力和服务水平不能满足旅游日益发展的需求。

（5）资源开发利用与生态环境保护面临挑战

巴中市生态环境良好，但旅游业的发展必须依托一定的自然环境资源，旅游资源开发利用不可避免会涉及此类重要的环境敏感区域，旅游项目建设和旅游活动开发会对区域内生态环境系统造成一定影响。一旦没有处理好资源利用和环境保护之间的关系，将会使旅游地及其资源、环境遭受一定程度的污染和破坏。

3. 自然资源利用和环境保护对策

（1）科学编制巴中生态旅游发展规划

巴中市应对自然旅游资源进行一次全面系统的普查，摸清本市旅游资源的真实家底，根据各地、各类资源的性质和特色，组织旅游、地理、生物、环境、规划等方面的专家进行科学评价，对全市旅游资源进行全面合理论证，在此基础上，科学编制巴中生态旅游发展规划，以此来指导全市生态旅游开发。

（2）加快推进重点旅游项目建设

树立“全域景区”理念，充分发挥生态资源优势，重点创建光雾山、诺水河、佛头山国家5A级旅游景区或国家级旅游度假区，创建天马山、南天门为国家4A级景区。加快推进大秦巴国家旅游扶贫试验区、秦巴山区自驾游服务中心、诺水河旅游度假区、光雾山国家生态旅游示范区提升工程、秦巴山区空山国际山地生态旅游度假区、佛头山旅游基础设施等重点旅游项目建设；以新农村建设为抓手，以南江流域、诺水河流域、通江流域、巴河流域及多处山脊风光、乡土特色村落为重点，打造多个乡村旅游带。

（3）大力发展森林康养旅游产业

充分发挥巴中市森林康养综合资源优势，全力构建教育、医疗、养老、中医药、饮食、体育、文化和温泉疗养等八大森林康养产业支撑体系。推进米仓山、空山、镇龙山、天马山和化湖国家级水利风景区建设国家级森林康养基地，推进莲花山山地运动公园、巾字山农业生态康养园、金宝森林康养产业园、石龙沟建设省级森林康养基地，把巴中打造成为中国最佳森林康养目的地。

（4）丰富旅游产品体系

大力开发旅游产品，打造生态观光、康体养老、文化体验、休闲度假、巴山乡村旅游、红色旅游六大旅游产品体系。积极创建旅游品牌，联合申报光雾山—诺水河世界地质公园和米仓蜀道世界自然与文化双遗产，培育“光雾山、诺水河、米仓蜀道”三大国际旅游品牌。依托全市类型多样的山区生态资源重点开发山地旅游产品，根据山地旅游活动的垂直分布和水平分布规律，因地制宜开发自然观光、避暑休闲、健康养生、山地运动、汽车露营、科考探险、野生动植物观赏、摄影（兽类、鸟类、野生花卉等）等旅游产品。推动养老、医疗、中医养生保健、体育健身等与旅游业的联动发展，推出一批以度假型养老、特色医疗、疗养康复、森林康养、抗衰老等主题的康养旅游产品。

（5）完善旅游基础设施和公共服务设施

围绕重点旅游景区和旅游精品线路建设，加快旅游交通网络建设，重点建设光雾山—诺水河旅游公路，完善交通沿线的交通租赁、酒店住宿、餐饮娱乐、康养休闲等旅游服务功能。不断强化公共服务，有序推进星级酒店、星级农家乐/乡村酒店建设，不断提高旅游接待能力。规划建设自驾游营地，完善紧急救援、休憩站点、汽车维修、旅游标识系统等配套设施，深入实施“厕所革命”，继续推进全市旅游厕所建设管理行动计划，为游客提供安全优质高效的旅游公共服务。

（6）加强对自然资源和生态环境的保护

落实长江上游生态屏障建设规划，推进生态廊道建设。构建四川盆周北部生态安全屏障，形成以北部生态功能区为主，大巴山、米仓山和巴河、恩阳河、南江河、通江河等山水为屏，交通和城市绿地为辅，山水田林路相融的生态空间格局。旅游开发中要体现对环境的保护，旅游开发者要严格按规划要求实施，开发规模要适度。应控制游客容量，要与环境相协调，多搞“软开发”，少搞“硬开发”，重视文化内涵的发掘和文化品位的提高，倡导低碳型、内涵集约式等发展模式，重视环境保护，走可持续发展道路。景区建设中充分体现低消耗、低排放、高效率的循环发展理念，将营造良好的生态环境和资源的永续利用作为实现旅游业可持续发展的主要任务和途径，妥善处理好各类自然生态和人文社会景观保护与利用的关系。

（十九）凉山州

1. 自然资源现状

凉山州位于四川省西南部川滇交界处，地处川西南横断山系东北缘，界于四川盆地和云南高原之间，地势西北高、东南低。境内地形地貌复杂多样，高山、峡谷、平原、盆地、丘陵相互交错。山脉多呈南北走向，岭谷相同，从东至西主要有小凉山、大凉山、小相岭、螺髻山、牦牛山、银屏山、柏林山、鲁南山等山脉，这些山脉分别属于大凉山山系、小相岭——鲁南山山系、大雪山山系。境内以山地、高原为主，占全州辖区面积的90%以上，丘陵、盆地、平原不到10%。凉山州属于亚热带季风气候区，干湿分明，冬半年日照充足，少雨干暖；夏半年云雨较多，气候凉爽。日温差大，年温差小，年均气温18.1℃，日照2500多小时，森林覆盖率为45.1%。

凉山处于大香格里拉国际生态旅游区的核心区域，自然资源遍布各地。有2个国家级自然保护区（马边大风顶国家级自然保护区、美姑大风顶国家级自然保护区），7个省级自然保护区（申果庄自然保护区、嘛咪泽自然保护区、马鞍山大熊猫自然保护区、百草坡自然保护区、螺髻山自然保护区、冶勒自然保护区、鸭嘴自然保护区）；4个省级森林公园（松涛森林公园、灵山森林公园、泸山森林公园、纳龙河森林公园）；国家、省级地质公园各1个（四川大渡河峡谷国家地质公园、雷波马湖地质公园）；1个国家级风景名胜区（螺髻山—邛海风景名胜区），5个省级风景名胜区（泸沽湖、马湖、小相岭—灵关古道、彝海、龙肘山－仙人湖）；2个国家重要湿地、湿地公园（泸沽湖湿地（四川部分）、邛海国家湿地公园）。2016年凉山州共有A级旅游景区19个，其中以自然资源开发利用为主的景区主要包括：邛海泸山国家级风景名胜区、螺髻山旅游景区、泸沽湖旅游景区、安哈彝寨仙人洞景区、黄联土林旅游景区等。

2. 自然资源利用和环境保护存在的问题

（1）自然资源旅游开发程度低，与资源禀赋不相匹配

凉山州自然资源禀赋极佳，拥有多项世界级资源品牌，但以自然保护区、森林公园为代表的高等级自然资源多数以保护为主，开发利用程度极低，如盐源的泸沽湖、木里的洛克900里线、木里大寺、寸东海子、雄鹰谷等世界级的旅游资源，被誉为香格里拉之源，由于交通制约，一切仍处于原生状态。就旅游产品而言，没有与世界级资源品牌相对应的5A级旅游景区，这是凉山旅游发展南不如丽江、北不如乐山、三州不及阿坝的关键所在。

（2）旅游投入严重不足，旅游深化开发进展缓慢

政府对旅游产业的导向性投入严重不足，旅游发展专项资金与发展目标极不匹配，致使全州旅游基础建设、重点景区开发、旅游产品转型升级、旅游公共服务体系建设等方面没有大的起色，旅游深化开发进展缓慢，全州 5A 级旅游景区创建至今未能突破，不仅缺乏度假旅游产品，旅游接待能力也较为有限。

（3）旅游交通制约问题依然突出

虽然凉山州全面启动了国省干线提升改造和农村公路建设，但交通行业所管辖的路网对一些具有极大旅游开发潜力的区域无法覆盖，旅游基础配套设施和旅游集散接待体系薄弱，旅游业发展相对滞后，严重制约了凉山旅游的全域发展。

（4）资源开发利用与生态环境保护面临挑战

凉山州生态环境良好，但旅游业的发展必须依托一定的自然环境资源，旅游资源开发利用不可避免会涉及此类重要的环境敏感区域，旅游项目建设和旅游活动开发会对区域内生态环境系统造成一定影响。加之当前凉山州资源环境约束加剧，土地、水等资源日益趋紧，水、空气、土壤同步立体污染问题凸显，一旦没有处理好资源利用和环境保护之间的关系，将会使旅游地及其资源、环境遭受一定程度的污染和破坏。

3. 自然资源利用和环境保护对策

（1）大力发展特色鲜明的主题旅游区

充分发挥邛海国家级旅游度假区示范带动作用，深入开发湖滨度假、旅游地产、主题公园、户外探险等复合型、高端化旅游产品，强化西昌旅游核心带动作用。以泸沽湖风光、摩梭风情、香格里拉为重点，加快建设泸沽湖摩梭家园、洛克九百里、寸冬海子、康坞大寺等重点景区，积极开发游艇、帆船、高原采风、户外探险等高端旅游产品，打造西部特色风光风情旅游区。以大凉山彝区为重点，加大林草植被恢复和民族传统文化、传统村落民居保护力度，因地制宜开发野外探险、温泉疗养、文化探秘等原生态旅游项目，打造东部大凉山彝族文化生态旅游区。

（2）实施“旅游景区创建提升计划”和重大工程建设

大力实施邛海国家级旅游度假区旅游功能强化与提升、南丝路文化旅游走廊、金沙江大峡谷及高峡平湖旅游经济带、泸沽湖摩梭家园、木里洛克九百里、布拖乐安湿地、小相岭风景区、会东两岔河峡谷、邛海东山旅游度假区等一批重大旅游建设项目。力争将邛海泸山景区、泸沽湖景区、灵山旅游景区打造为 5A 级旅游景区；着力创建雷波马湖、金沙江—溪洛渡景区、布拖乐安湿地、会东两岔河峡谷、盐源公母山风景区、寸东海子—康坞大寺景区、小相岭风景区等一批 4A 级旅游景区；力争将螺髻山风景区创建为国家生态旅游示范区和省级旅游度假区。适时启动金阳百草坡、冕宁彝海、美姑大风顶、昭觉谷克德、白鹤滩—金沙江大峡谷景区创建国家 4A 级旅游景区工作。

（3）打造国际康养胜地

依托丰富的阳光、湖泊、森林、草原、温泉、湿地等生态康养资源，加快发展阳光养生、休闲养生、森林养生、温泉养生、运动养生等五大康养业态，打造国际康养胜地。大力整合康养资源，积极推进养老服务、健康医疗和文化体育设施配套建设，大力开展康养管理、服务人才培训，推进康养文化休闲街区建设，全面构建康养产业服务体系。加快建立康养产业发展平台，着力推动康养示范园区、示范基地建设，打造医养融合、旅养结合、康养一体的产业发展集群。

（4）积极培育新型旅游产品和业态

加快发展夏季和冬季旅游产品，开发建设避暑度假休闲基地、冬季阳光休闲度假基地。加快发展旅游综合体夜间休闲娱乐产品，建设和完善特色餐饮和室内休闲运动场所，打造游客喜爱的民族文化演艺产品，丰富晚间旅游消费项目。利用山地、湖泊、河流环境和地域文化特色，有机整合山地车、登山健行、拓展、溯溪、划船、垂钓、皮划艇等体育运动项目，开发建设一批以户外活动为特色的运

动休闲产品。以道路交通为纽带，依托金沙江大峡谷高峡平湖景观带、香格里拉秘境之旅（稻城亚丁—木里—泸沽湖—丽江）、安宁河谷冬季阳光之旅，创新建设具有凉山特色的旅游营地，打造特色自驾车旅游产品体系。推进温泉旅游产品的差异化开发和旅游功能的综合性发展，引导温泉旅游的健康有序发展，提升建设一批各具特色的温泉休闲产品。

（5）加强旅游基础设施和服务设施建设

加快构建航空、铁路、公路、水运旅游立体交通网络，加快推进州内国省干线提档升级改造步伐，加强通景公路“最后一公里”的提升建设，推动城市公交服务网络延伸到周边主要景区和乡村旅游点，提升景区通达能力，完善公共交通服务体系。大力加强各级旅游城镇和旅游景区的公共服务设施建设，积极推进旅游营地建设，不断满足自驾车游客的服务需求。加强各级旅游集散与服务中心的建设与完善，实现游客集散、交通换乘、信息咨询和产品订购等多项服务功能的统一。加大旅游安全设施投入，完善旅游景区的消防、安全防护、安全警示、紧急救援电话等设施，做好灾害性天气预报和地质灾害预警服务，完善安全保障服务体系。

（6）加大资源和环境保护力度

对自然保护区、风景名胜区、森林公园、湿地公园等各级各类自然文化资源保护区域严格实施分类管理，划定禁止开发和限制开发范围，在严格保护生态环境的前提下，合理开发优势特色旅游资源，发展生态旅游产业。鼓励景区建设采用节能、轻型、可回收利用的材料设备，实施绿色旅游引导工程，在旅游景区、宾馆饭店、民宿客栈等各类生态旅游企业开展绿色发展示范。落实生态旅游相关企业的环保责任，实施能源、水资源、建设用地总量和强度双控行动，完善市场调节、标准控制、考核监管和奖惩机制。建立游客容量调控制度，科学合理确定游客承载量，健全资源管理、环境监测等其他保护管理制度。

（二十）甘孜州

1. 自然资源现状

甘孜州位于四川省西部，青藏高原东南缘，属横断山系北段川西高山高原区，青藏高原的一部分，是四川盆地西缘山地向青藏高原过渡的地带。地貌具有地势高亢、北高南低、中部突起、东南缘深切、山川平行相间、江河自北向南纵贯、地域差异明显等特征。全州地貌依地势高程、河流切割深度和地表特征分为丘状高原区、高山原区、高山峡（深）谷区三大类型。甘孜州江河湖泊众多，全州有大小湖泊2471个；流经境内的河流主要有金沙江、雅砻江、大渡河，均为长江上游主要支干流；中等河流有大小金川、折多河、鲜水河、无量河、硕曲河、巴楚河、九龙河、色曲河、泥曲河等。气候主要属青藏高原气候，随高差呈明显的垂直分布姿态，其特点是气温低、冬季长、降水少，日照足。甘孜州森林覆盖率33.48%，有亚热带常绿阔叶林、针阔叶混交林、山地针叶林、阴暗针叶林、高山草甸等；有大熊猫、小熊猫、金丝猴、白唇鹿等野生动物；有天麻、虫草、贝母、当归、黄芪等名贵中药材。

甘孜州共建森林、野生动物及湿地类型自然保护区38个（其中国家级5个，分别是贡嘎山国家级自然保护区、察青松多白唇鹿国家级自然保护区、稻城亚丁国家级自然保护区、海子山国家级自然保护区、长沙贡玛国家级自然保护区），森林公园5个（其中国家级3个，分别是海螺沟国家森林公园、措普国家森林公园、荷花海国家森林公园），保护区面积377.2万公顷，占全州面积的24.98%。全州主要有高寒沼泽草甸湿地、河沿及林沿湿地和湖泊湿地三大类，总面积72.76万公顷。东部地区有“蜀山之王”的贡嘎山，东南部的海螺沟是贡嘎山国家级风景名胜区的核心景区之一，是国家级自然保护区、中国唯一的冰川森林公园、国家地质公园；南部地区有亚丁国家级自然保护区，并以此为核心形成“中国香格里拉生态旅游区”；北部地区以德格印经院和格萨尔故里为中心，自然景观与康巴文化相融合，独具魅力。2016年甘孜州共有A级旅游景区7个，除丹巴县甲居藏寨和泸定县泸定桥旅游景区以乡村资源和历史文化资源开发为主外，其余景区（稻城亚丁景区、康定情歌（木格措）

风景区、道孚县墨石公园旅游景区、巴塘措普沟旅游景区）均以自然资源开发为主。

2. 自然资源利用和环境保护存在的问题

（1）自然资源旅游开发程度极低，与资源禀赋不相匹配

甘孜州自然资源禀赋极佳，拥有多项世界级资源品牌，但以自然保护区、森林公园为代表的高等级自然资源多数以保护为主，开发利用程度极低，A 级旅游景区数量太少，旅游产业开发仍处于起步开发、夯实基础、加强培育的阶段，与资源禀赋的丰富程度不相匹配。

（2）社会经济发展水平较低，旅游投资严重不足

甘孜州产业结构单一，主要以传统农业和服务业为主，经济基础薄弱，较低的经济发展水平造成甘孜州旅游发展自身财力严重不足，致使全州旅游基础建设、重点景区开发、旅游产品转型升级、旅游公共服务体系建设等方面没有大的起色，旅游深化开发进展缓慢，旅游接待能力也较为有限。

（3）旅游基础设施与配套设施较为落后

甘孜州旅游基础设施与配套服务设施较差，交通路网结构不完善、路网密度小、道路等级不高，交通运输方式比较单一；能源、水利、电网建设跟不上旅游发展需求，城镇供水、供暖、供氧、污水、垃圾处理难以跟上，旅游配套设施不完善，严重影响了生态资源转化经济资源的能力，限制了旅游业的发展。

（4）生态极度脆弱制约旅游资源开发

甘孜州地处青藏高原，地形地貌复杂，山高坡陡谷深，岩体松散破碎，土地荒漠化、草原沙化严重，气候异常恶劣，是典型的生态脆弱区，且全州属于国家重点生态功能区，自然环境约束强，旅游资源开发受到环境硬性制约较大。此外，一旦没有处理好资源利用和环境保护之间的关系，将会使旅游地及其资源周围环境遭受污染和破坏。

3. 自然资源利用和环境保护对策

（1）优先发展生态旅游产业

有限发展生态旅游产业，以重点景区为骨干、次级景区为支撑、国省干线为纽带，实施全域旅游发展战略，积极探索山地旅游发展路径，推动旅游由点状独立发展向带状集群发展转变，形成东部环贡嘎山环线、南部环亚丁环线和北部格萨尔文化旅游带“两环一带”旅游发展布局，创建全国民族地区全域旅游试验区、国家旅游扶贫示范区，打造“甘孜山地旅游·东方户外天堂”，将旅游产业培育成为最具优势和最具带动作用的富民产业和主导产业。

（2）提高旅游景区建设品质

推动重点景区提档升级，开展国家 5A、4A 级旅游景区创建，着力将稻城亚丁、海螺沟、康定情歌城、丹巴甲居藏寨、德格印经院等打造成世界级旅游精品景区，加快措普沟、玉隆拉措、亚拉－中谷、牛背山、伍须海、猎塔湖、格聂神山、海子山、拉日玛等重点景区建设，充分发挥核心景区对全域旅游带动作用。

（3）完善生态旅游产品体系

坚持保护为主、高起点开发的思路，促进观光、体验、文化相结合，深度开发文化体验、生态观光、休闲度假、山地探险、户外运动、科学考察、健康养生、会议展览、婚庆影视等旅游产品，培育四季主题旅游产品，打造以高端旅游、自驾旅游为重点、多元化的生态旅游产品体系。

（4）加强旅游城镇建设

充分发挥旅游业对城镇化和新农村建设的带动作用，重点建设康定世界历史文化名城和国际精品旅游城市，按照新型旅游城镇要求加快县城改造，大力发展磨西、新都桥、香格里拉等旅游集镇；加快旅游新村和乡村旅游综合体建设，推动乡村旅游转型升级，着力打造一批特色鲜明、配套完善、宜旅宜居宜业的旅游城镇和特色旅游村寨。

（5）强化旅游公共服务设施建设

高标准推进景区、重点旅游沿线和旅游城镇道路、电力、供水、环保、通信、气象监测、门禁系统、厕所等基础设施建设，配套完善游客接待服务中心、购物、娱乐、医疗、自驾营地等服务设施，建立健全反应及时、处置高效的应急救援体系。大力实施“互联网+”战略，建立游客咨询、旅游投诉、服务跟踪、旅游安全、联动执法和决策运用的大数据平台。积极发展汽车租赁业务，强化地接服务保障能力。

（6）加强自然生态环境保护，积极推行低碳旅游

优化区域生态格局，以自然保护区、重要生态功能保护区为重点，森林、草地、湿地等重点生态功能区为支撑，建立生态红线为底线的立体生态安全格局。加强对生态旅游资源的分级分类保护，根据地文景观、生物景观、水文景观、气象气候景观、人文生态景观的不同特点制定相应保护措施，做好与相关规划的协调衔接，优化旅游项目的建设地点，合理确定建设规模。在自然保护区的核心区和缓冲区、风景名胜区的核心景区、重要自然生态系统严重退化的区域、具有重要科学价值的自然遗迹和濒危物种分布区、水源地保护区等重要和敏感的生态区域，严守生态红线，禁止旅游项目开发和服务设施建设。积极推行低碳旅游，鼓励景区建设采用节能、轻型、可回收利用的材料设备，实施绿色旅游引导工程。科学合理确定游客承载量，重点生态脆弱区要严格限定游客数量、开放时段和活动规模，健全资源管理、环境监测等其他保护管理制度，严格评估游客活动对景区环境的影响，规范景区工作人员和游客行为。

（二十一）阿坝州

1. 自然资源现状

阿坝州地处青藏高原东南缘，横断山脉北端与川西北高山峡谷的结合部，地貌以高原和高山峡谷为主。东南部为高山峡谷区，中部为山原区，西北部为高原区，全州高原和山地峡谷约各占一半。长江上游主要支流岷江、大渡河纵贯全境，是黄河流经四川唯一的地区，是黄河上游的重要水源地。有溪河530余条，分属岷江、嘉陵江、涪江、大渡河和黄河水系。境内垂直气候显著，冬季寒冷而漫长，夏季北部温凉、南部温热且短暂，大部分地区春秋季相连，干雨季分明。光照充沛，昼夜温差大，无霜期短。阿坝州是世界十大生物多样性中心之一的青藏高原的一部分，是中国川西——滇北植物特有现象中心的重要组成部分，是成都平原及长江、黄河上游的“绿色生态屏障”和著名的“珍贵生物基因宝库”。全州森林覆盖率为25.13%，国家重点保护植物种游珙桐、红豆杉、岷江柏、紫果云杉等，国家重点保护野生动物有大熊猫、金丝猴珍稀孑遗物种，以及藏羚、扭角羚、黑颈鹤、绿尾虹雉等。

阿坝州生态资源十分丰富，既有雪山彩林，又有瀑布、湖泊、原始森林和星罗棋布的草甸，生物多样性完整，植物垂直带谱十分明显。现有世界自然遗产、人与生物圈保护区和“绿色环球21”三项顶级桂冠风景区九寨沟、黄龙和人与生物圈保护区卧龙。全州共有自然保护区25个（其中国家级4个，分别是九寨沟、卧龙、若尔盖湿地、四姑娘山；省级12个，州、县级9个），保护区总面积227万公顷，占全州面积的27%。建立森林公园4个（其中国家级3个，分别是九寨沟、夹金山、雅克夏；省级1个）。拥有风景名胜区9个（国家级3个，九寨沟、黄龙、四姑娘山；省级6个，分别是卡龙沟景区、米亚罗红叶风景区、叠溪—松平沟景区、三江生态旅游区、九顶山风景名胜区、草坡旅游区）。有湿地公园5个（若尔盖湿地黄河九曲第一湾、阿坝县多美林卡、红原嘎曲（瓦切）和松潘岷江源4个国家级湿地公园以及阿坝县严波也则省级湿地公园）。另外还有国家地质公园3个。2016年阿坝州共有A级旅游景区14个，其中以自然资源开发为主的景区主要包括九寨沟风景名胜区、黄龙风景名胜区、四姑娘山风景区、达古冰川景区、理县毕棚沟景区、叠溪·松坪沟旅游景区、若尔盖县黄河九曲第一湾景区。

2. 自然资源利用和环境保护存在的问题

（1）旅游资源开发受到环境硬性制约较大

阿坝州是全国大江大河的发源地、水源涵养区和重要的高原生态屏障，区内有面积广阔的世界遗产地、自然保护区、风景名胜区、森林公园等，其固有的高海拔、高寒缺氧、自然灾害频发、生态承载力弱等特征使得旅游资源开发和利用受到了诸多限制。

（2）旅游产品深度开发不够

阿坝州旅游资源数量多、分布广、禀赋高、名气大，但旅游产品开发仍停留在以自然观光为主的阶段，产品类型单一。随着旅游产业发展和旅游需求升级，高水平、高质量的深度生态体验、避暑休闲、健康养生、山地运动、汽车露营、科考探险等旅游产品严重缺乏，这既不能充分满足人民群众日益增长的旅游需求，也制约了旅游业的转型升级、提质增效。

（3）经济社会发展滞后，旅游投入严重不足

在旅游资源开发过程中，前期投入和基础建设需要大量的资金，而阿坝州旅游资源的开发资金主要来源政府。但是阿坝州经济总量小、人均水平低仍是最大州情，经济社会发展滞后，对旅游开发的投入比较有限，加之社会资金投入到旅游项目建设上的机会较少，因此阿坝州的旅游项目建设也缺少充足的资金支持，许多旅游项目的开发由此而放缓。

（4）旅游基础设施与配套设施较为落后

目前阿坝州旅游基础设施较差，尤其是道路交通条件严重滞后，路网结构不完善、路网密度小、道路等级不高、抗灾能力弱、建设难、集资难等严重影响了旅游的可进入性。同时，旅游标识、旅游厕所、停车场以及信息服务设施、公共卫生服务设施、应急救援设施等配套设施的不足，也是影响旅游产业品质的重要因素。

（5）旅游资源开发环保压力大

阿坝州属于国家重点生态功能区，生态环境极其脆弱，但旅游业的发展必须依托一定的自然环境资源，旅游资源开发利用不可避免会涉及此类重要的环境敏感区域，旅游项目建设和旅游活动开发会对区域内生态环境系统造成一定影响。一旦没有处理好资源利用和环境保护之间的关系，将会使旅游地及其资源、环境遭受污染和破坏。

3. 自然资源利用和环境保护对策

（1）打造生态旅游经济圈

围绕国家全域旅游示范区建设，以汶川、茂县、松潘、九寨沟为主要节点，构建世界自然遗产走廊，打造大九寨旅游经济圈；以小金、理县、黑水、红原、若尔盖为主要节点，构建雪山草地国家公园走廊，打造红原机场旅游经济圈；以汶川、理县、马尔康、金川、壤塘为主要节点，构建藏羌走廊·国道317旅游走廊，打造卧龙—四姑娘山大熊猫旅游经济圈，着力建设川西高原藏羌文化及生态国际旅游目的地。

（2）推进精品生态旅游区建设

以九寨沟、黄龙为核心，辐射松潘、黑水、茂县、汶川及周边相关区域，打造以国际高端观光及休闲度假为主的大九寨国际精品旅游区。以卧龙、四姑娘山为核心，辐射汶川、小金、金川等县，打造以户外运动生态旅游为主的大熊猫国际精品旅游区。以红原、黑水和若尔盖为核心，辐射阿坝县，打造以草原（湿地）、冰川生态避暑休闲度假为主的大草原·冰山国际精品旅游区。以红原、阿坝、若尔盖、壤塘为重点区域，辐射金川、马尔康等县，打造以藏文化体验和生态避暑休闲度假为主的宗教文化国际精品旅游区。以凤仪、威州和桃坪镇为核心，辐射松潘、黑水两县，打造以羌族风情及温泉康体、避暑休闲度假为主的古羌文化国际精品旅游区。以马尔康、金川为核心，辐射理县、小金、壤塘等县，打造集文化探秘、自然观光、休闲度假为主的嘉绒文化国际精品旅游区。

（3）加快重点生态旅游景区建设和升级

加快推进四姑娘山、达古冰川、毕棚沟创建国家5A级旅游景区；推进昌列圣山、大藏生态文化旅游区、雪马山景区、莲宝叶则、世外梨园、花湖、日千乔、月亮湾、花海、卡龙沟、两河口等创建4A级旅游景区。积极推进中查沟国际旅游度假区、九寨沟海子山、漳扎至九寨沟县城山水花廊、米亚罗红叶风景区、嘎达山景区、孟屯河生态及户外体验区、九鼎山国际高山滑雪场、叠溪松坪沟、两河口虹桥沟等旅游重点项目建设。

（4）加强旅游基础设施和公共服务设施建设

构建综合旅游交通枢纽，加快九黄机场口岸机场建设，逐步增开九黄、红原至游客集散地等中心城市直达航线。畅通四川与西北连接通道，建成成兰铁路，开工建设成西铁路、川青铁路成都至马尔康段；拓展东南向进出成都平原通行能力，完成成灌快铁三江支线城际铁路项目前期工作。实施景区道路“最后一公里”工程，重点加大景区经济干线和环线道路建设，扩大路网规模，优化路网结构，不断提升通景公路品质。完善机场、铁路地接交通系统和自驾游服务系统。加快旅游停车场、游客服务中心、医疗救援和安全保护等公共服务体系建设，提升旅游承载力和接待能力。做好智慧旅游规划，开展智慧旅游景区建设。

（5）科学利用自然资源，加强生态环境保护

严格按照相关法律法规，严格依法报批并监督重点生态功能区内各类旅游开发活动，在旅游开发前要结合景区实际情况，制定兼顾多方利益、重视综合效益的旅游规划。旅游开发中坚守“生态功能红线、环境质量红线、资源利用红线”三条红线。景区建设中充分体现低消耗、低排放、高效率的循环发展理念，利用生态环境发展生态旅游业。落实景区最大承载量的核定，严格控制旅游旺季游客数量，降低景区的生态环境负荷。将营造良好的生态环境和资源的永续利用作为实现旅游业可持续发展的主要任务和途径，妥善处理好各类自然生态和人文社会景观保护与利用的关系。引导和规范旅游及其开发建设、经营管理、消费等行为，将旅游资源与环境保护工作落到实处，积极开展旅游生态环境保护的宣传、教育和培训。

第Ⅳ篇　2016年四川省A级旅游景区季度运行情况

一、A级旅游景区季度运行情况概述

（一）第一季度A级旅游景区总体情况

据统计，2016年第一季度共接待游客8626.63万人次，较2015年第一季度增长了22.20%；游客接待量占全年游客总量的22.43%，该比重较上年同期增长了0.78个百分点。第一季度接待入境游客55.74万人次，与2015年同期相比，接待入境游客数量有所减少，同比下降24.23%；第一季度入境游客数量占全年入境人次的15.71%，该比重较2015年同期减少了6.60个百分点。第一季度免票人次6546.72万人次，同比增长27.86%；免票人次占全年免票人次的22.98%，比上年同期增长了1.6个百分点（见表Ⅳ－1和图Ⅳ－1）。

在收入方面，第一季度实现景区经营总收入95.13亿元，同比增长15.88%；经营总收入占全年总收入的19.99%，该比重较2015年同期减少了1.8个百分点。其中，门票收入8.47亿元，同比增长9.70%，门票收入占全年门票收入的16.19%，较上年同期增加了0.7个百分点；人均花费110.27元/人次，同比下降5.17%，低于A级旅游景区全年人均花费（见表Ⅳ－1和图Ⅳ－1）。

表Ⅳ－1　2016年第一季度四川省A级旅游景区经济运行情况

指标	2016年	第一季度	同比	第一季度占比	占比变化
接待游客量（万人次）	38445.84	8626.63	22.20%	22.43%	0.78%
入境人次（万人次）	354.9	55.74	－24.23%	15.71%	－6.60%
免票人次（万人次）	28487.95	6546.72	27.86%	22.98%	1.60%
景区经营总收入（万元）	4758015.05	951252.47	15.88%	19.99%	－1.80%
门票收入（万元）	522977.08	84661.15	9.70%	16.19%	0.70%
人均花费（元/人次）	123.76	110.27	－5.17%	—	—

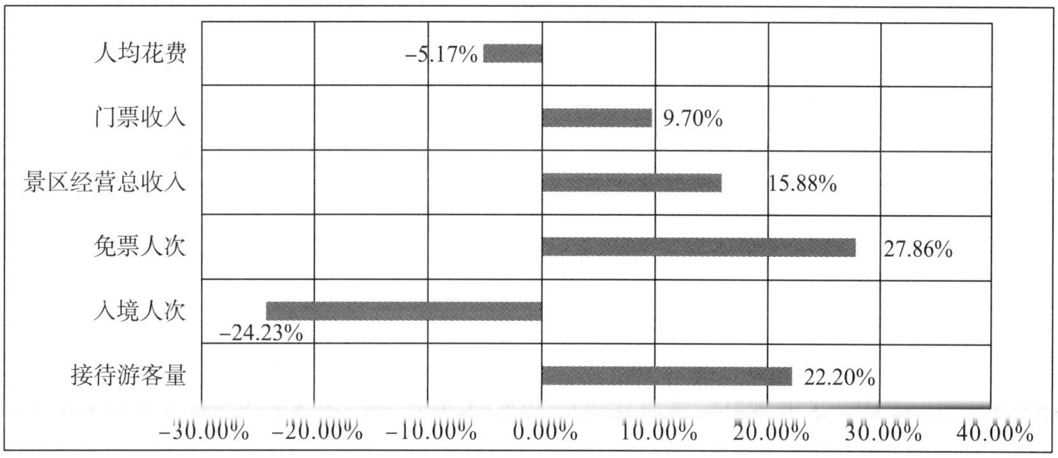

图Ⅳ－1　2016年第一季度四川省A级旅游景区经济运行增长对比图

（二）第二季度A级旅游景区总体情况

据统计，2016年第二季度共接待游客1.02亿人次，较2015年第二季度增长33.15%；游客接待量占全年游客总量的26.60%，该比重较上年同期增加了3.05个百分点。第二季度接待入境游客91.56万人次，同比增长12.32%；第二季度入境人数占全年入境游客数量的25.80%，该比重较2015年第二季度占比增加了1.07个百分点。第二季度免票人次7762.74万人次，同比增长36.69%；免票人次占全年免票人次的27.25%，较上年同期增加了3.54个百分点（见表Ⅳ－2和图Ⅳ－2）。

在收入方面，第二季度实现景区经营总收入120.07亿元，同比增长31.03%；第二季度经营收入占全年总收入的25.24%，较2015年第二季度营业总收入占比增加了0.92个百分点。其中，门票收入12.10亿元，同比增长6.67%，门票收入占全年门票收入的23.14%，较上年同期增加了0.36个百分点；人均花费117.42元/人次，同比下降1.59%，低于A级旅游景区全年人均花费（见表Ⅳ－2和图Ⅳ－2）。

表Ⅳ－2　2016年第二季度四川省A级旅游景区经济运行情况

指标	2016年	第二季度	同比	第二季度占比	占比变化
接待游客量（万人次）	38445.84	10226.27	33.15%	26.60%	3.05%
入境人次（万人次）	354.9	91.56	12.32%	25.80%	1.07%
免票人次（万人次）	28487.95	7762.74	36.69%	27.25%	3.54%
景区经营总收入（万元）	4758015.05	1200736.56	31.03%	25.24%	0.92%
门票收入（万元）	522977.08	121036.28	6.67%	23.14%	0.36%
人均花费（元/人次）	123.76	117.42	−1.59%	—	—

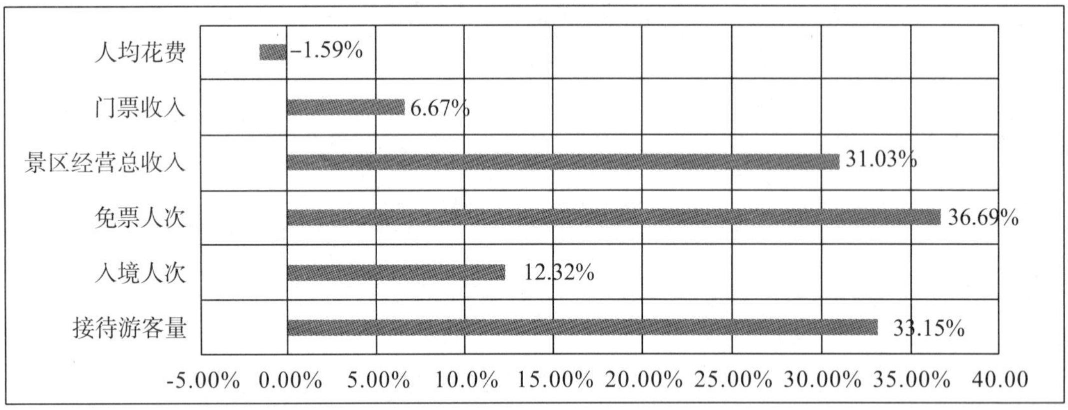

图Ⅳ－2　2016年第二季度四川省A级旅游景区经济运行增长对比图

（三）第三季度A级旅游景区总体情况

据统计，2016年第三季度共接待游客1.02亿人次，与2015年第三季度相比增长16.79%；游客接待量占全年游客总量的26.63%，较2015年第三季度减少了0.25个百分点。其中，接待入境游客115.35万人次，同比增长32.01%；第三季度入境游客数量占全年入境人次的32.50%，与2015年同期相比增加了6个百分点。第三季度免票人次7346.54万人次，同比增长20.11%；免票人次占全年免票人次的25.79%，较上年同期增加了0.25个百分点（见表Ⅳ－3和图Ⅳ－3）。

在收入方面，第三季度实现景区经营总收入140.18亿元，同比增长36.60%；经营收入占全年总收入的29.46%，该比重较2015年第三季度增加了2.23个百分点。其中，门票收入18.91亿元，同2015年第三季度门票收入相比有所下降，下降了0.44%；门票收入占全年门票收入的36.16%，该比重较上年同期减少了1.97个百分点；第三季度人均花费136.90元/人次，同比增长16.97%，比A级旅游景区全年人均花费高了13.14元/人次（见表Ⅳ-3和图Ⅳ-3）。

表Ⅳ-3　2016年第三季度四川省A级旅游景区经济运行情况

指标	2016年	第三季度	同比	第三季度占比	占比变化
接待游客量（万人次）	38445.84	10239.11	16.79%	26.63%	-0.25%
入境人次（万人次）	354.9	115.35	32.01%	32.50%	6.00%
免票人次（万人次）	28487.95	7346.54	20.11%	25.79%	0.25%
景区经营总收入（万元）	4758015.05	1401764.07	36.60%	29.46%	2.23%
门票收入（万元）	522977.08	189086.67	-0.44%	36.16%	-1.97%
人均花费（元/人次）	123.76	136.90	16.97%	—	—

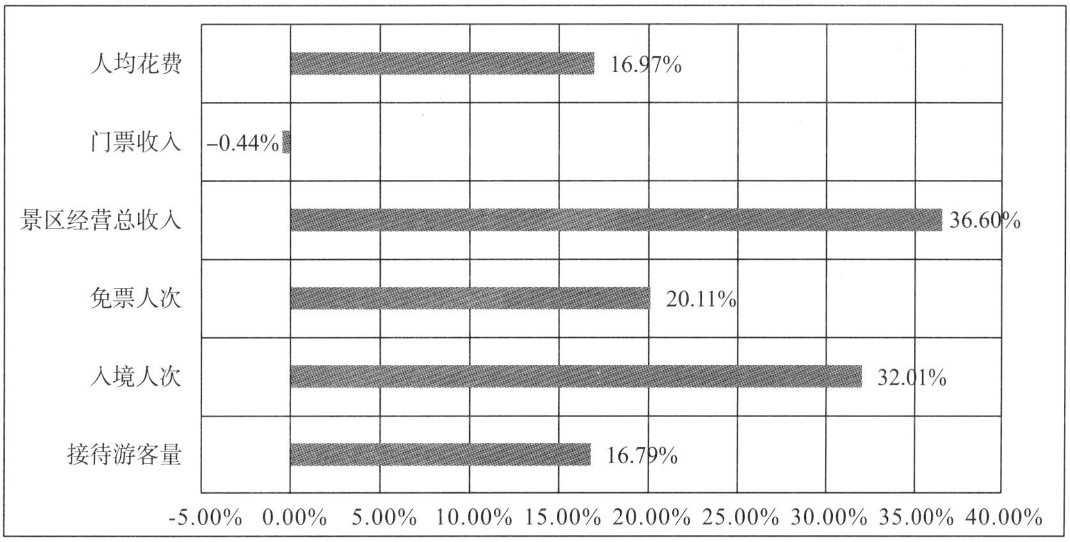

图Ⅳ-3　2016年第三季度四川省A级旅游景区经济运行增长对比图

（四）第四季度A级旅游景区总体情况

据统计，2016年第四季度共接待游客9353.83万人次，较2015年第四季度同比增长2.71%；游客接待量占全年的24.33%，较2015年第四季度接待量占比减少了3.59个百分点。其中，接待入境游客92.25万人次，同比增长5.74%；第四季度入境游客数量占全年入境人次的25.99%，较2015年第四季度占比减少了0.47个百分点。第四季度免票人次6831.95万人次，同比下降2.86%；免票人次占全年免票人次的23.98%，较上年同期减少了5.39个百分点（见表Ⅳ-4和图Ⅳ-4）。

在营业收入方面，第四季度实现景区经营总收入120.43亿元，同比增长19.88%；经营总收入占全年总收入的25.31%，该比重较上年同期减少了1.35个百分点。其中，门票收入12.82亿元，同比增长了9.04%，门票收入占全年门票收入的24.51%，该比重较上年同期增加了0.91个百分点；第四季度人均花费128.75元/人次，同比增长16.72%，高于A级旅游景区全年人均花费（见表Ⅳ-4和图Ⅳ-4）。

表Ⅳ-4　2016年第四季度四川省A级旅游景区经济运行情况

指标	2016年	第四季度	同比	第四季度占比	占比变化
接待游客量（万人次）	38445.84	9353.83	2.71%	24.33%	-3.59%
入境人次（万人次）	354.9	92.25	5.74%	25.99%	-0.47%

续表

指标	2016年	第四季度	同比	第四季度占比	占比变化
免票人次（万人次）	28487.95	6831.95	−2.86%	23.98%	−5.39%
景区经营总收入（万元）	4758015.05	1204261.95	19.88%	25.31%	−1.35%
门票收入（万元）	522977.08	128192.98	9.04%	24.51%	0.91%
人均花费（元/人次）	123.76	128.75	16.72%	—	—

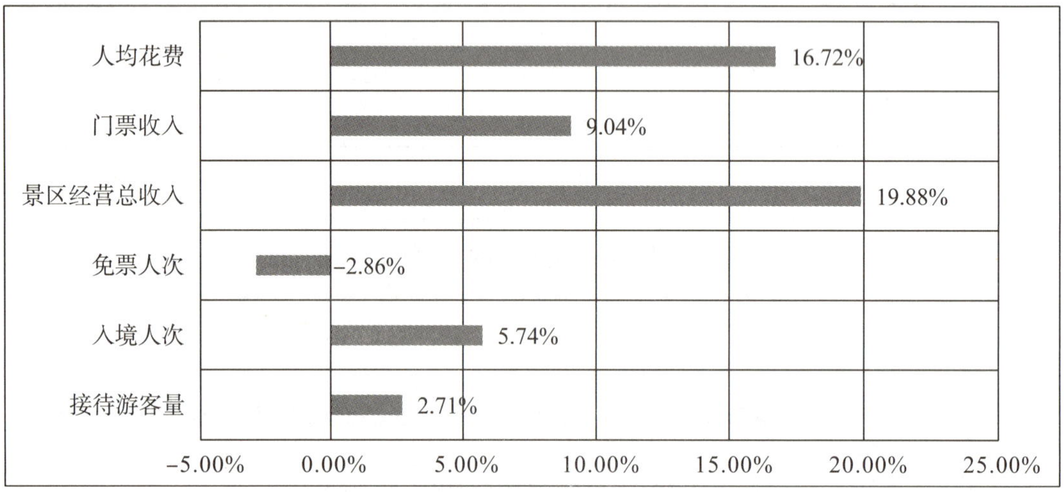

图Ⅳ－4　2016年第四季度四川省A级旅游景区经济运行增长对比图

二、A级旅游景区季度运行情况对比分析

（一）A级旅游景区四季度总体情况对比分析

1. 从数量看，第三季度A级旅游景区运行情况最佳

第三季度A级旅游景区在接待游客数量、入境游客数量、经营总收入、门票收入和人均花费5项指标上均位列第一。其中，经营总收入、门票收入和人均花费3项远超其他三个季度，分别为140.18亿元、18.91亿元和136.90元/人次（见表Ⅳ－5）。

表Ⅳ－5　2016年四川省A级旅游景区四个季度经济运行情况

季度	接待游客量（万人次）	入境人次（万人次）	免票人次（万人次）	景区经营总收入（万元）	门票收入（万元）	人均花费（元/人次）
第一季度	8626.63	55.74	6546.72	951252.5	84661.15	110.27
第二季度	10226.27	91.56	7762.74	1200737	121036.3	117.42
第三季度	10239.11	115.35	7346.54	1401764	189086.7	136.90
第四季度	9353.83	92.25	6831.95	1204262	128193	128.75

2. 从比重看，入境游客数量、门票收入与景区经营总收入三者存在显著的正相关关系

对比2016年四个季度的入境人次占比、门票收入占比和景区经营总收入占比可以发现，三项指标联系紧密：其中一项指标的数据变化，另外两项指标的数据也会沿着相同的趋势变化；三项指标四个季度的数据相似度极高，差值均在控制在4.5个百分点以下，且大部分差值在1个百分点左右，三项指标之间存在显著的正相关关系（见表Ⅳ－6和图Ⅳ－5）。

表Ⅳ-6　2016年四川省A级旅游景区四个季度经济运行占比情况

季度	接待游客量占比	入境人次占比	免票人次占比	景区经营总收入占比	门票收入占比
第一季度	22.44%	15.71%	22.98%	19.99%	16.19%
第二季度	26.60%	25.80%	27.25%	25.24%	23.14%
第三季度	26.63%	32.50%	25.79%	29.46%	36.16%
第四季度	24.33%	25.99%	23.98%	25.31%	24.51%

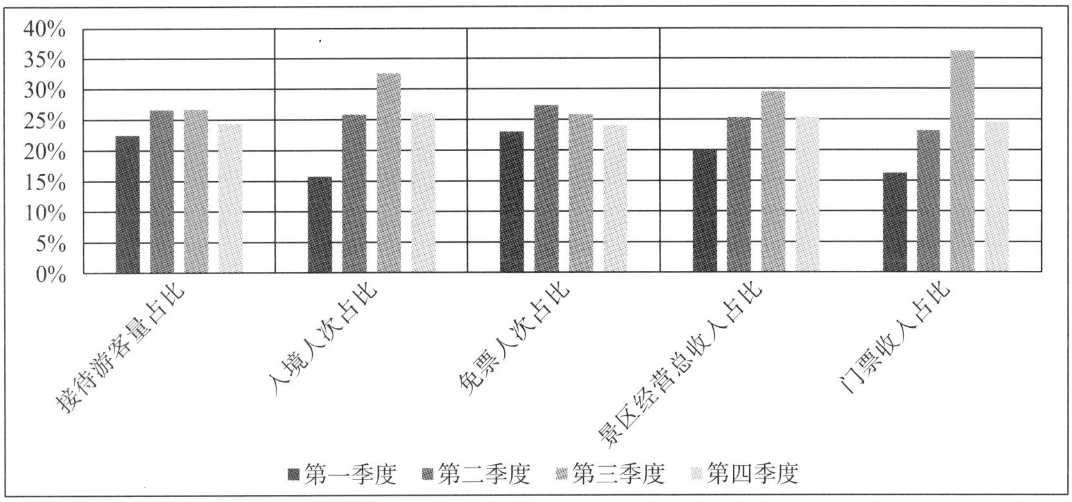

图Ⅳ-5　2016年四川省A级旅游景区四个季度经济运行占比情况对比图

3. 从增长情况看，A级旅游景区在第三季度运营中门票依赖度最低，入境游客数量在人均花费上起着关键性作用

对比景区经营总收入、门票收入和人均花费三项指标的增长率可以发现：A级旅游景区第三季度的经营总收入增长幅度最大，达到36.60%；2016年第三季度全省A级旅游景区仅有门票收入上同比出现降低的情况，其余各项指标均是上涨；第三季度的人均花费增长幅度位列第一，达到16.97%（见表Ⅳ-7和图Ⅳ-6）。这反映出全省A级旅游景区第三季度良好的运营情况并不是建立在门票经济的效应之上，即全省A级旅游景区在第三季度运营中门票依赖度最低。

表Ⅳ-7　2016年四川省A级旅游景区四个季度经济运行增长情况

季度	接待游客量同比	入境人次同比	免票人次同比	景区经营总收入同比	门票收入同比	人均花费同比
第一季度	22.20%	-24.23%	27.86%	15.88%	9.70%	-5.17%
第二季度	33.15%	12.32%	36.69%	31.03%	6.67%	-1.59%
第三季度	16.79%	32.01%	20.11%	36.60%	-0.44%	16.97%
第四季度	2.71%	5.74%	-2.86%	19.88%	9.04%	16.72%

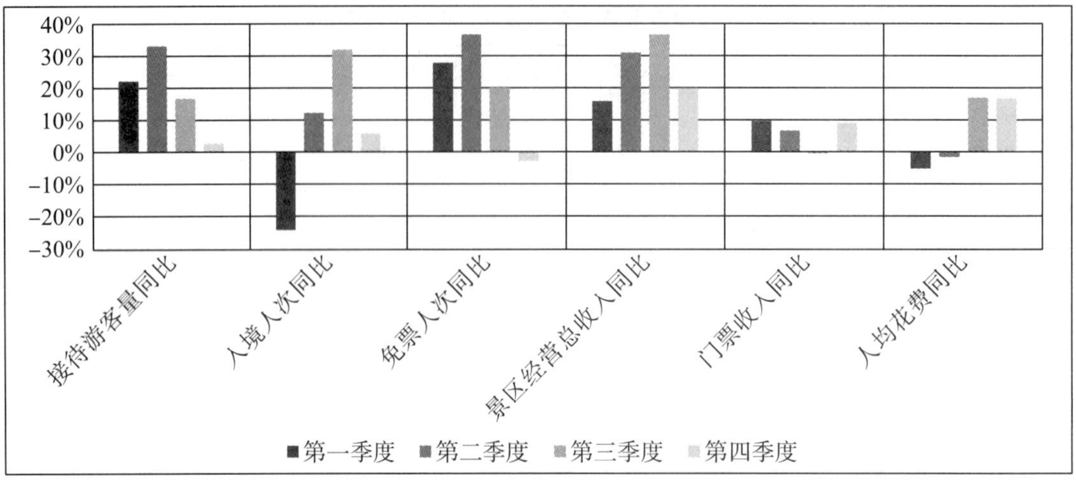

图Ⅳ－6　2016年四川省A级旅游景区四个季度经济运行增长情况对比图

（二）各等级旅游景区四季度游客接待量情况对比分析

1. 从数量上看，3A级及以上旅游景区在游客接待数量上季节性明显，第一季度是5A和4A级旅游景区入境旅游市场的淡季

对比各等级旅游景区四个季度的数据可以发现，5A、4A和3A级旅游景区各季度游客接待量波动较大，第一季度和第四季度的游客接待量与第二、三季度的游客接待量差值均达到百万人次以上。这说明5A、4A和3A级旅游景区季节性较为明显，第二、三季度为旺季，第一、四季度为淡季（见表Ⅳ－8和图Ⅳ－7）。

在入境游客接待数量上，5A和4A级旅游景区在第一季度的入境游客接待量均位于四个季度的末位，分别为9.6万人次和37.31万人次，远低于其他三个季度。这说明第一季度是5A和4A级旅游景区的入境旅游市场淡季（见表Ⅳ－8和图Ⅳ－7）。

表Ⅳ－8　2016年四川省各等级旅游景区四个季度游客接待情况

等级	季度	接待游客量（万人次）	入境人次（万人次）	免票人次（万人次）	入境人次占比
AAAAA	第一季度	631.72	9.6	235.4	1.52%
	第二季度	1052.82	20.35	468.67	1.93%
	第三季度	1258.62	24.36	417.6	1.94%
	第四季度	868.78	22.87	301.24	2.63%
AAAA	第一季度	5391.20	37.31	3985.71	0.69%
	第二季度	5868.74	61.05	4275.83	1.04%
	第三季度	6011.69	83.67	4234.35	1.39%
	第四季度	5608.82	63.14	3914.36	1.13%
AAA	第一季度	1164.08	7.55	979.75	0.65%
	第二季度	1811.36	7.95	1615.47	0.44%
	第三季度	1600.74	4.66	1409.32	0.29%
	第四季度	1532.99	5.55	1367.99	0.36%

续表

等级	季度	接待游客量（万人次）	入境人次（万人次）	免票人次（万人次）	入境人次占比
AA	第一季度	1361.73	1.28	1290.76	0.09%
	第二季度	1409.35	2.21	1324.77	0.16%
	第三季度	1323.26	2.66	1240.47	0.20%
	第四季度	1276.14	0.69	1181.26	0.05%
A	第一季度	77.9	0	55.1	0.00%
	第二季度	84	0	78	0.00%
	第三季度	44.8	0	44.8	0.00%
	第四季度	67.1	0	67.1	0.00%

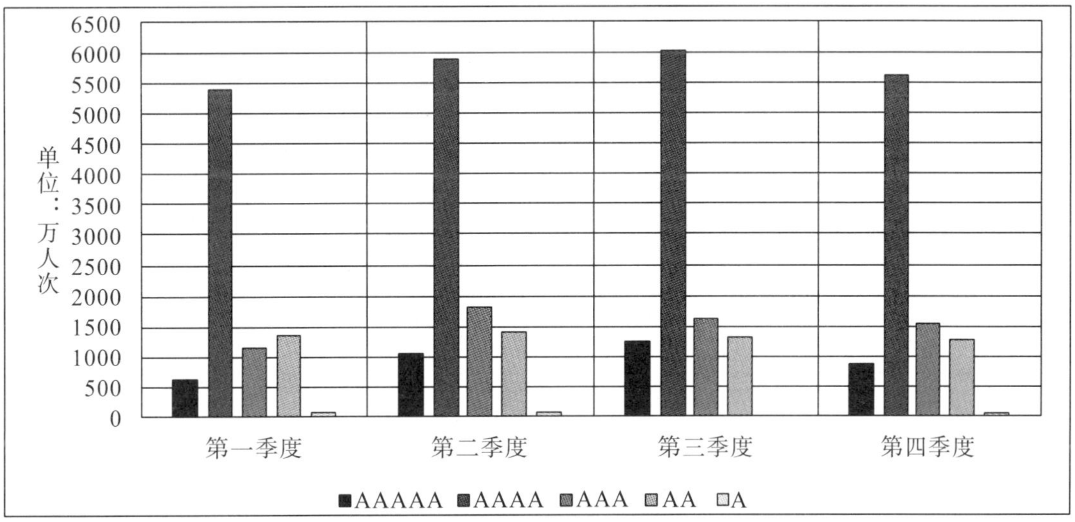

图Ⅳ－7　2016年四川省各等级旅游景区四个季度游客接待量对比图

2. 从比重情况看，4A级旅游景区独占鳌头，“大头小尾”的结构继续保持

4A级旅游景区在每个季度的游客接待量占比、入境人数占比和免票人次占比三个指标上均位列第一，且均超过50%，远高于其他等级的旅游景区。2016年四个季度中，各等级旅游景区的游客接待量呈现“大头小尾”的结构，4A和5A级旅游景区各季度游客接待量之和均保持在60%以上，其余等级旅游景区接待量只占3成。其中，四个季度里入境游客基本被5A和4A级旅游景区包揽，其余等级旅游景区的入境游客接待量仅占1成（见表Ⅳ－9和图Ⅳ－8）。

表Ⅳ－9　2016年各等级旅游景区四个季度游客接待占比情况

等级	季度	游客接待量占比	入境人数占比	免票人次占比
AAAAA	第一季度	7.32%	17.22%	3.60%
	第二季度	10.30%	22.23%	6.04%
	第三季度	12.29%	21.12%	5.68%
	第四季度	9.29%	24.79%	4.41%

续表

等级	季度	游客接待量占比	入境人数占比	免票人次占比
AAAA	第一季度	62.49%	66.94%	60.88%
	第二季度	57.39%	66.68%	55.08%
	第三季度	58.71%	72.54%	57.64%
	第四季度	59.96%	68.44%	57.29%
AAA	第一季度	13.49%	13.55%	14.97%
	第二季度	17.71%	8.68%	20.81%
	第三季度	15.63%	4.04%	19.18%
	第四季度	16.39%	6.02%	20.02%
AA	第一季度	15.79%	2.30%	19.72%
	第二季度	13.78%	2.41%	17.07%
	第三季度	12.92%	2.31%	16.89%
	第四季度	13.64%	0.75%	17.29%
A	第一季度	0.90%	0.00%	0.84%
	第二季度	0.82%	0.00%	1.00%
	第三季度	0.44%	0.00%	0.61%
	第四季度	0.72%	0.00%	0.98%

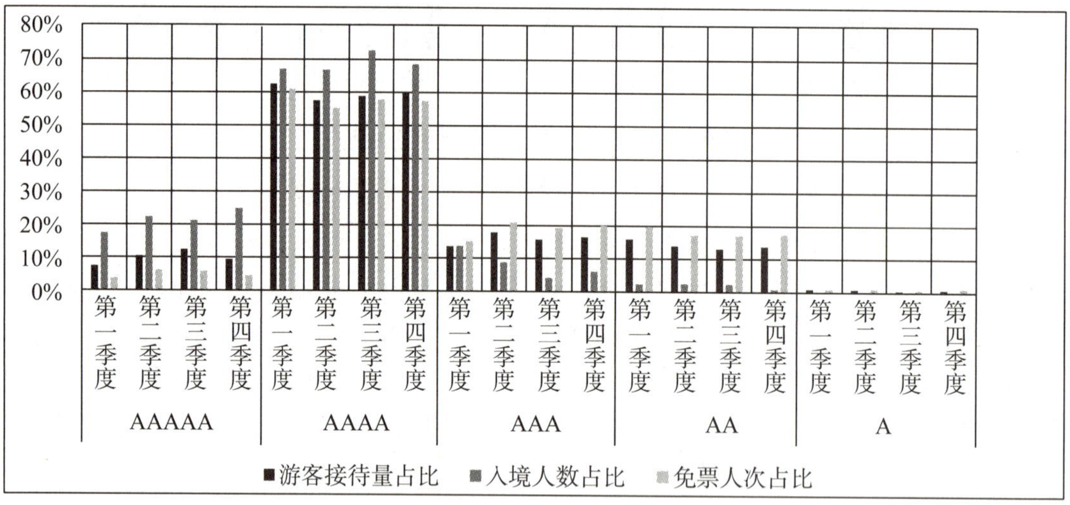

图Ⅳ-8 2016年各等级旅游景区四个季度游客接待占比情况对比图

3. 从增长情况来看，全省A级旅游景区四个季度的游客接待量保持规模增长

据统计，2016年四个季度中各等级旅游景区的游客接待量基本保持增长状态，增长率维持在10%左右。其中，3A级旅游景区四个季度的游客接待量增长幅度都在50%左右；第二季度3A级旅游景区的游客接待量增长幅度达到102.18%。由此可见，3A级旅游景区的游客接待量增长速度最快（见表Ⅳ-10）。

比较各等级旅游景区四个季度游客接待量的增长率可以发现，5A级旅游景区的游客接待量增长率最稳定。5A级旅游景区每个季度的游客接待量基本保持在7%左右的速度增长。其中，5A级旅游景区各季度入境游客占游客总量的比例增长速度也较为稳定，且增长幅度在各等级旅游景区中也最高，基本以60%以上的速度增长（见图Ⅳ-9）。

表Ⅳ－10　2016年各等级旅游景区四个季度游客接待增长情况

等级	季度	接待游客量同比	入境人次同比	免票人次同比
AAAAA	第一季度	7.74%	87.50%	5.68%
	第二季度	6.63%	68.04%	10.79%
	第三季度	8.15%	78.85%	38.56%
	第四季度	8.85%	96.48%	27.88%
AAAA	第一季度	19.49%	－38.50%	24.05%
	第二季度	30.23%	29.67%	28.78%
	第三季度	13.94%	23.04%	14.47%
	第四季度	－9.46%	－10.31%	－19.89%
AAA	第一季度	49.95%	9.42%	68.95%
	第二季度	102.18%	－61.76%	127.54%
	第三季度	75.24%	80.62%	90.17%
	第四季度	86.27%	22.79%	101.29%
AA	第一季度	18.29%	47.13%	20.56%
	第二季度	12.37%	43.51%	11.37%
	第三季度	－3.59%	－16.35%	－7.00%
	第四季度	3.55%	1.47%	0.73%
A	第一季度	128.78%	—	61.82%
	第二季度	131.72%	—	115.17%
	第三季度	9.00%	—	9.00%
	第四季度	14.23%	—	14.23%

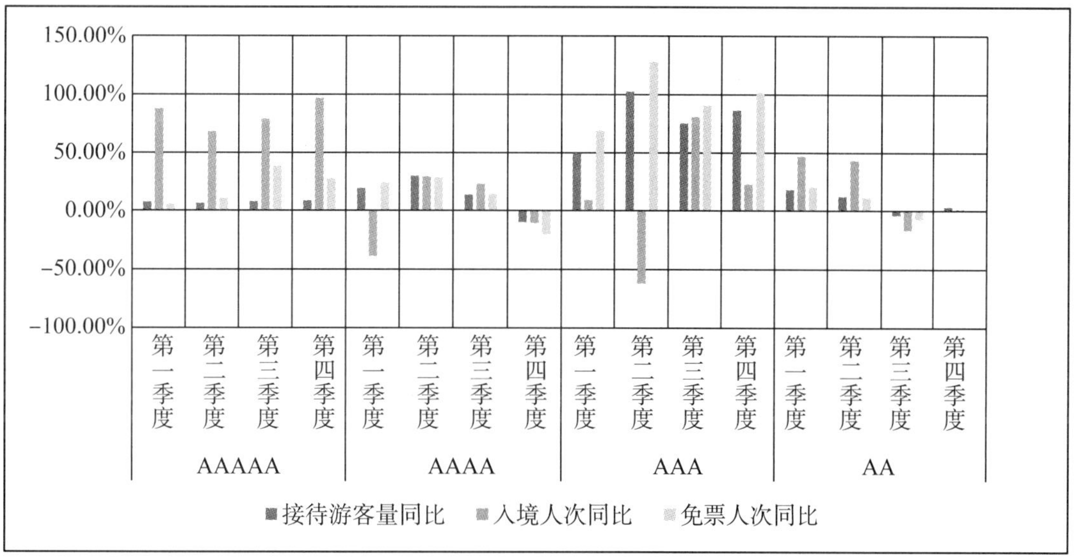

图Ⅳ－9　2016年各等级旅游景区四个季度游客接待增长情况对比图

（三）各级旅游景区四季度收入情况对比分析

1. 从景区经营总收入看，5A级旅游景区门票依赖度依然较高，4A级旅游景区经营状况最佳；5A级旅游景区第四季度人均花费最高，4A级旅游景区四个季度的人均花费均值最高且无明显季节性差异

衡量门票收入在景区经营总收入中所占比重，可以在一定程度上揭示景区经营对于门票的依赖程度。根据表Ⅳ－11显示，四个季度中，5A级旅游景区的门票收入在经营总收入中所占的比重均在40%左右，远超其他等级旅游景区30个百分点以上。由此可见，5A级旅游景区门票效应明显，对于门票的依赖程度较高。

综合分析四个季度中景区营业收入和门票收入的占比，可以得出4A级旅游景区在2016年四个季度中经营情况最佳。四个季度里，4A级旅游景区的经营总收入占比均超过70%，其他等级旅游景区占比不到3成。同时，4A级旅游景区在高收入的情况下，每个季度的门票收入占经营总收入中的比重均维持在7%左右，收入结构较为合理（见图Ⅳ－10）。

对比人均花费，可以观察到5A级旅游景区第四季度的人均花费在所有景区各季度的人均花费中达到最大值，为181.36元/人次，远超2016年的景区人均花费123.76元/人次。此外，4A级旅游景区每个季度的人均花费基本保持在150元/人次左右，无明显季节性差异，且均值达到151.58元，在各等级旅游景区中位列第一（见表Ⅳ－11）。

表Ⅳ－11　2016年各等级旅游景区四个季度经营收入情况

等级	季度	景区经营总收入（万元）	门票收入（万元）	人均花费（元/人次）	门票收入占总收入比重	景区经营总收入占比	门票收入占比
AAAAA	第一季度	67423.49	29412.84	106.73	43.62%	7.09%	34.74%
	第二季度	108925.4	60219.53	103.46	55.29%	9.07%	49.75%
	第三季度	173371.5	104131.8	137.75	60.06%	12.37%	55.07%
	第四季度	157565.3	58440.98	181.36	37.09%	13.08%	45.59%
AAAA	第一季度	700834.27	50698.71	130.00	7.23%	73.67%	59.88%
	第二季度	859905.29	55514.38	146.52	6.46%	71.61%	45.87%
	第三季度	1041025	78921.41	173.17	7.58%	74.27%	41.74%
	第四季度	878525.7	64205.72	156.63	7.31%	72.95%	50.09%
AAA	第一季度	86386.13	3962.16	74.21	4.59%	9.08%	4.68%
	第二季度	110695.22	3665.38	61.11	3.31%	9.22%	3.03%
	第三季度	91787.73	5247.34	57.34	5.72%	6.55%	2.78%
	第四季度	89627.92	3567.51	58.47	3.98%	7.44%	2.78%
AA	第一季度	91097.88	587.44	66.90	0.64%	9.58%	0.69%
	第二季度	115980.6	1636.99	82.29	1.41%	9.66%	1.35%
	第三季度	93071.12	786.12	70.33	0.84%	6.64%	0.42%
	第四季度	73423.02	1978.77	57.54	2.70%	6.10%	1.54%
A	第一季度	5510.7	0	70.74	0.00%	0.58%	0.00%
	第二季度	5230	0	62.26	0.00%	0.44%	0.00%
	第三季度	2508.5	0	55.99	0.00%	0.18%	0.00%
	第四季度	5120	0	76.30	0.00%	0.43%	0.00%

注：景区经营总收入占比为本季度此等级营业总收入占本季度全省营业总收入的比例；门票收入占比表示本季度此等级景区的门票收入占本季度全省门票总收入的比例。

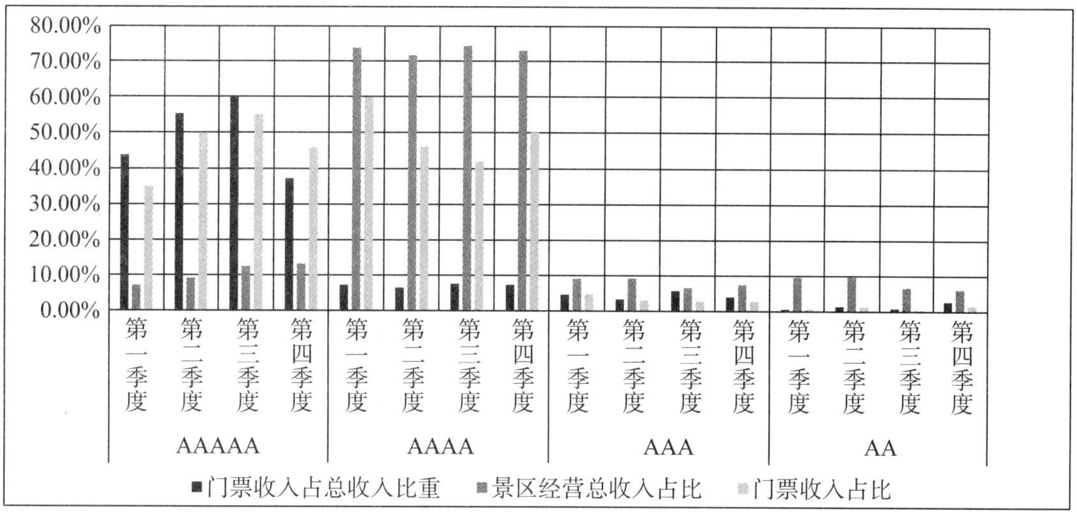

图Ⅳ－10　2016年各等级旅游景区四个季度经营收入占比情况对比图

2. 从增长情况看，3A级旅游景区收入增长最快

对比四个季度各等级旅游景区的经营总收入增长情况可以发现，最大值出现在3A级旅游景区第二季度，达到173.03%。而且3A级旅游景区每个季度的经营总收入都在增长，最低的涨幅也高达66.58%，远超其他等级旅游景区各个季度的增长幅度，增长速度最快。结合景区收入占比的变化，可以看出3A级旅游景区的经营总收入在每个季度的占比均在增加，且涨幅基本保持在40%左右，这表明3A级旅游景区对于行业创收的贡献正在快速扩大（见表Ⅳ－12和图Ⅳ－11）。

表Ⅳ－12　2016年各等级旅游景区四个季度经营增长情况

等级	季度	景区经营总收入同比	门票收入同比	人均花费同比
AAAAA	第一季度	15.04%	24.13%	6.78%
	第二季度	−27.14%	2.78%	−31.68%
	第三季度	3.55%	−5.34%	−4.25%
	第四季度	22.84%	3.65%	12.85%
AAAA	第一季度	11.97%	4.15%	−6.29%
	第二季度	36.22%	10.54%	4.60%
	第三季度	44.88%	5.88%	27.16%
	第四季度	20.29%	11.19%	32.86%
AAA	第一季度	66.58%	1.79%	11.09%
	第二季度	173.03%	−8.44%	35.04%
	第三季度	84.77%	3.07%	5.44%
	第四季度	83.36%	20.37%	−1.56%
AA	第一季度	10.80%	−35.29%	−6.33%
	第二季度	25.29%	150.16%	11.50%
	第三季度	6.24%	173.22%	10.20%
	第四季度	−20.56%	317.19%	−23.28%

续表

等级	季度	景区经营总收入同比	门票收入同比	人均花费同比
A	第一季度	139.93%	—	4.87%
	第二季度	110.97%	—	−8.96%
	第三季度	−13.21%	—	−20.38%
	第四季度	11.28%	—	−2.59%

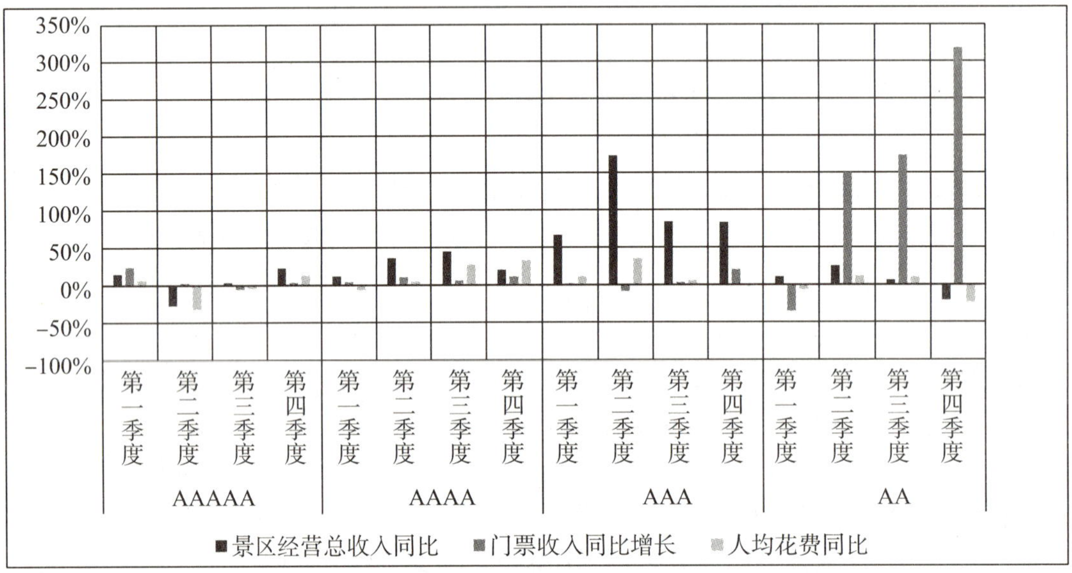

图Ⅳ-11 2016年各等级旅游景区四个季度经营增长情况对比图

（四）五大经济区旅游景区四季度游客接待量情况对比分析

1. 从游客接待量情况来看，川西北生态经济区第三季度游客接待量最多，其余经济区则是第二季度游客接待量最多

从游客接待量看，成都平原经济区中，各个季度的游客接待量占全省A级旅游景区游客总量的比重均在15%左右，其中，第二季度游客接待量最多，为5947.21万人次，占全省A级旅游景区游客总量的15.47%。川东北经济区中，各个季度的游客接待量占全省A级旅游景区游客总量的比重均在4%左右，其中，第二季度游客接待量最多，为1736.42万人次，占全省A级旅游景区游客总量的4.52%。川南经济区中，各个季度的游客接待量占全省A级旅游景区游客总量的比重均在2%—3%之间，其中，第二季度游客接待量最多，为1153.15万人次，占全省A级旅游景区游客总量的3.00%。攀西经济区中，各个季度的游客接待量占全省A级旅游景区游客总量的比重均在1.6%—1.9%之间，其中，第二季度游客接待量最多，为720.54万人次，占全省A级旅游景区游客总量的1.87%。川西北生态经济区中，各个季度的游客接待量占全省A级旅游景区游客总量的比重均在0.4%—2.4%之间，其中，第三季度游客接待量最多，为894.28万人次，占全省A级旅游景区游客总量的2.33%（见表Ⅳ-13）。

从入境人次看，成都平原经济区中，第三季度入境人次最多，为74.37万人次，占全省A级旅游景区入境总量的20.96%。川西北生态经济区中，第三季度入境人次最多，为21.95万人次，占全省A级旅游景区入境总量的6.18%。川东北经济区中，第二季度入境人次最多，为19.58万人次，占全省A级旅游景区入境总量的5.52%。川南经济区中，第三季度入境人次最多，为6.14万人次，占全省A级旅游景区入境总量的1.73%。攀西经济区的入境游客人数最少，第一、四季度均为0，第三季度入境人次最多，但仅有0.04万人次，仅占全省A级旅游景区入境总量的0.01%（见表Ⅳ-13）。

表Ⅳ－13　2016 年五大经济区 A 级旅游景区四个季度游客接待量情况

经济区	季度	接待游客量（万人次）	入境人次（万人次）	免票人次（万人次）	入境人次占游客量比重
成都平原经济区	第一季度	5434.93	43.71	4238.19	0.80%
	第二季度	5947.21	62.88	4658.07	1.06%
	第三季度	5931.04	74.37	4491.87	1.25%
	第四季度	5779.89	64.03	4502.1	1.11%
川南经济区	第一季度	1008.6	2.69	759.52	0.27%
	第二季度	1153.15	2.84	918.74	0.25%
	第三季度	1124.24	6.14	849.36	0.55%
	第四季度	936.29	3.07	669.09	0.33%
川东北经济区	第一季度	1369.04	6.34	923.71	0.46%
	第二季度	1736.42	19.58	1125.16	1.13%
	第三季度	1583.45	12.86	1001.73	0.81%
	第四季度	1561.66	15.01	959.56	0.96%
攀西经济区	第一季度	631.64	0	544.06	0.00%
	第二季度	720.54	0.04	632.29	0.01%
	第三季度	706.1	0.03	588.87	0.00%
	第四季度	664.07	0	555.81	0.00%
川西北生态经济区	第一季度	182.42	3	81.24	1.64%
	第二季度	668.95	6.22	428.48	0.93%
	第三季度	894.28	21.95	414.71	2.45%
	第四季度	411.92	10.14	145.39	2.46%

从入境人次占游客量的比重看，川西北生态经济区各季度的入境人次占比均处于较高水平。除第二季度的占比（0.93%）略低于成都平原经济区第二季度的占比（1.06%）之外，其余三个季度入境人次占游客量的比重分别是：第一季度 1.64%、第三季度 2.45%、第四季度 2.46%，均高于其他经济区各季度入境人次的比重（见图Ⅳ－12）。

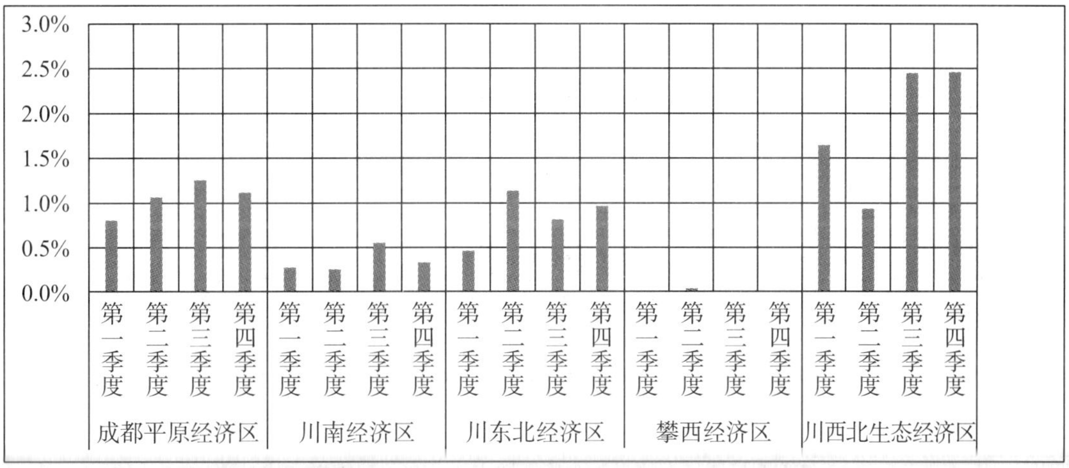

图Ⅳ－12　2016 年五大经济区 A 级旅游景区各季度入境人次占游客量的比重图

从各季度游客量占比的差距看，川西北生态经济区季节性差异最为明显，游客接待量占比最高的季度（第三季度）比游客接待量占比最低的季度（第一季度）高了1.85个百分点，而其余四个经济区各季度游客量占比最高与最低的差距分别是：成都平原经济区1.33个百分点、川南经济区0.56个百分点、川东北经济区0.96个百分点，攀西经济区0.23个百分点，均低于川西北生态经济区游客量占比最高季度与最低季度的差距（见表Ⅳ-14和图Ⅳ-13）。

表Ⅳ-14 2016年五大经济区A级旅游景区各季度游客接待量占比情况

经济区	季度	游客接待量占比	入境人数占比	免票人次占比
成都平原经济区	第一季度	14.14%	12.32%	14.88%
	第二季度	15.47%	17.72%	16.35%
	第三季度	15.43%	20.96%	15.77%
	第四季度	15.03%	18.04%	15.80%
川南经济区	第一季度	2.62%	0.76%	2.67%
	第二季度	3.00%	0.80%	3.23%
	第三季度	2.92%	1.73%	2.98%
	第四季度	2.44%	0.87%	2.35%
川东北经济区	第一季度	3.56%	1.79%	3.24%
	第二季度	4.52%	5.52%	3.95%
	第三季度	4.12%	3.62%	3.52%
	第四季度	4.06%	4.23%	3.37%
攀西经济区	第一季度	1.64%	0.00%	1.91%
	第二季度	1.87%	0.01%	2.22%
	第三季度	1.84%	0.01%	2.07%
	第四季度	1.73%	0.00%	1.95%
川西北生态经济区	第一季度	0.47%	0.85%	0.29%
	第二季度	1.74%	1.75%	1.50%
	第三季度	2.33%	6.18%	1.46%
	第四季度	1.07%	2.86%	0.51%

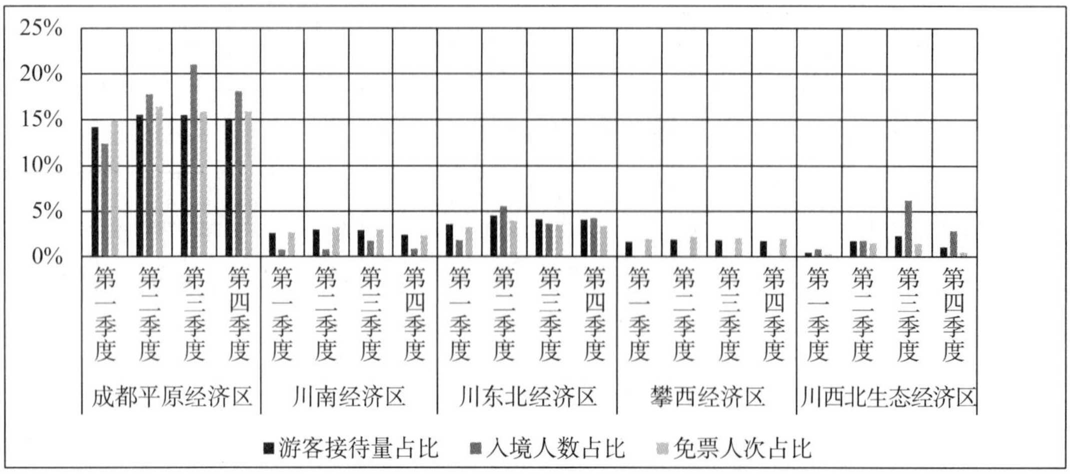

图Ⅳ-13 2016年五大经济区A级旅游景区各个季度游客接待量占比情况对比图

2. 从游客接待量增长情况看，川南经济区第三季度游客接待量增长最快，成都平原经济区第四季度游客接待量有所下降

游客接待量增长方面，除成都平原经济区第四季度游客接待量下降了 3.82%外，成都平原经济区其余季度及其他经济区各季度的游客接待量均有不同程度的上升。其中，川南经济区第三季度的游客接待量增长最快，增长率为 55.16%，高于其他经济区任一季度的增长速度。另外，成都平原经济区第二季度、川南经济区第一季度、川东北经济区第二季度和攀西经济区第二季度的游客接待量增长率均超过了 30%，增长速度较快，表现出良好的发展趋势（见表Ⅳ－15 和图Ⅳ－14）。

入境人次增长方面，各经济区各季度的入境人次同比有升有降。其中，川东北经济区第三季度和川西北生态经济区第三季度增长最快，分别达到了 174.79%和 134.01%，增速明显。成都平原经济区中，除第一季度入境人次同比下降了 24.62%之外，其他三个季度均有不同程度的增长。川南经济区中，除第四季度同比下降了 16.80%外，其余季度均有增长，其中，第三季度增长了 65.05%，增幅较大。川东北经济区中，一、二季度入境人次同比均有下降，三、四季度有所增长。攀西经济区中，二、三季度入境人次同比有所增长，一、四季度出现下降情况。川西北生态经济区中，一、二季度入境人次同比有所下降，三、四季度有所增长（见表Ⅳ－15 和图Ⅳ－14）。

免票人次增长方面，除成都平原经济区第四季度和川西北生态经济区第四季度的免票人次同比出现下降之外，两个经济区的其他季度和川南经济区、川东北经济区、攀西经济区的所有季度的免票人次均出现了不同程度的增长，其中，增长幅度最大的是川南经济区第二季度，增长率为 63.81%（见表Ⅳ－15 和图Ⅳ－14）。

表Ⅳ－15　2016 年五大经济区 A 级旅游景区各个季度游客接待量增长情况

经济区	季度	游客接待量同比	入境人次同比	免票人次同比	入境人次占游客量的比重变化
成都平原经济区	第一季度	20.78%	−24.62%	26.64%	−0.49%
	第二季度	31.75%	34.91%	34.25%	0.03%
	第三季度	15.08%	6.87%	18.49%	−0.10%
	第四季度	−3.82%	4.95%	−10.14%	0.09%
川南经济区	第一季度	39.38%	11.62%	46.63%	−0.06%
	第二季度	55.16%	15.45%	63.81%	−0.08%
	第三季度	21.57%	65.05%	18.57%	0.15%
	第四季度	17.55%	−16.80%	11.88%	−0.13%
川东北经济区	第一季度	18.14%	−32.84%	27.01%	−0.35%
	第二季度	31.77%	−21.65%	39.91%	−0.77%
	第三季度	22.63%	174.79%	23.08%	0.45%
	第四季度	12.36%	18.75%	17.85%	0.05%
攀西经济区	第一季度	21.95%	−100.00%	19.67%	0.00%
	第二季度	32.71%	300.00%	31.40%	0.01%
	第三季度	19.06%	200.00%	13.79%	0.00%
	第四季度	28.36%	−100.00%	20.22%	0.00%
川西北生态经济区	第一季度	14.70%	−19.14%	9.98%	−0.69%
	第二季度	18.98%	−16.51%	18.02%	−0.40%
	第三季度	11.22%	134.01%	49.21%	1.28%
	第四季度	4.53%	2.53%	−1.88%	−0.05%

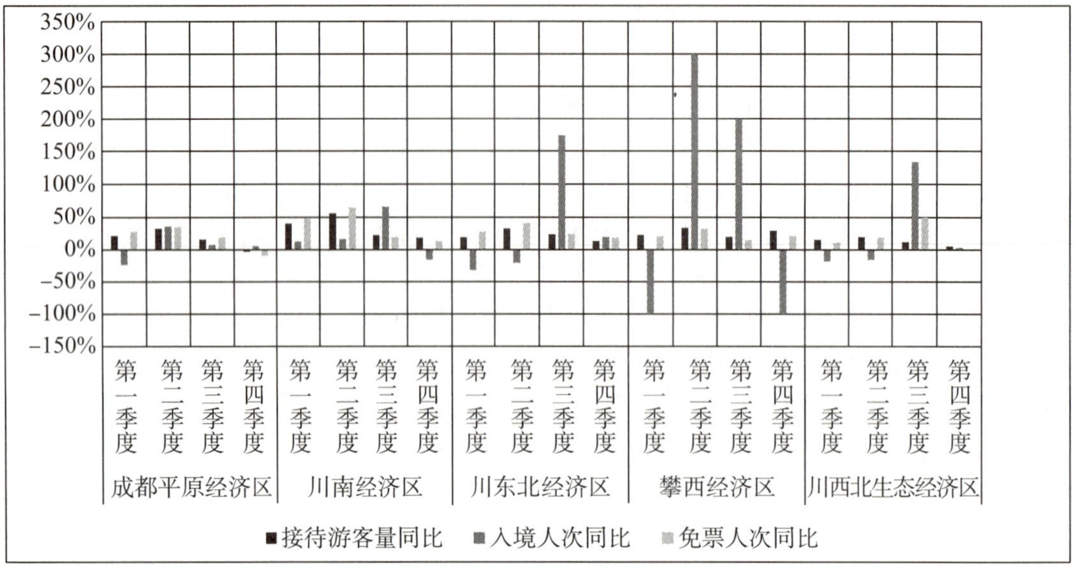

图Ⅳ-14　2016年五大经济区A级旅游景区各个季度游客接待量增长情况对比图

（五）五大经济区旅游景区四季度收入情况对比分析

1. 从收入情况来看，成都平原经济区各季度景区经营总收入较高，川西北生态经济区各季度人均花费较高

景区经营总收入方面，成都平原经济区四个季度的景区经营总收入较高，每个季度的景区经营总收入占全省A级旅游景区总收入的比重均超过了10%，其余经济区每个季度的景区经营收入占比均低于10%。成都平原经济区中，第三季度景区经营总收入最高，为74.07亿元，占全省A级旅游景区总收入的15.57%。川南经济区中，第二季度景区经营总收入最高，为14.04亿元，占全省A级旅游景区总收入的2.95%。川东北经济区中，第二季度景区经营总收入最高，为25.03亿元，占全省A级旅游景区总收入的5.26%。攀西经济区中，第三季度景区经营总收入最高，为11.31亿元，占全省A级旅游景区总收入的2.38%。川西北生态经济区中，第三季度景区经营总收入最高，为20.98亿元，占全省A级旅游景区总收入的4.41%（见表Ⅳ-16）。

门票收入方面，成都平原经济区四个季度和川西北生态经济区第三季度的门票收入占全省A级旅游景区门票收入的比例超过10%。其中，成都平原经济区第三季度门票收入最高，为8.68亿元，占全省A级旅游景区门票收入的16.60%；紧随其后的是川西北生态经济区第三季度，门票收入为6.62亿元，占全省A级旅游景区门票收入的12.66%。各经济区各季度中，门票收入占全省A级旅游景区门票收入比例最低的为攀西经济区第一、二、四季度，三者比例均低于1%（见表Ⅳ-16）。

门票收入占总收入比重方面，川西北生态经济区一、二、三、四季度门票收入比重分别达到了17.19%、35.13%、31.56%和39.49%，门票收入比重较大，且均高于其他经济区的各季度门票收入比重，可见川西北生态经济区A级旅游景区对门票经济的依赖程度较强。其余经济区中，除成都平原经济区第三季度外，成都平原经济区其他季度和川南经济区、川东北经济区、攀西经济区各季度的门票收入占其总收入的比重均低于10%（见图Ⅳ-15）。

人均花费方面，川西北生态经济区的第三季度、第四季度和第一季度分别以234.58元/人次、205.61元/人次和181.98元/人次的人均花费位居各经济区各季度人均花费的前三位。另外，高于全省A级旅游景区人均花费（123.76元/人次）的还有成都平原经济区第三季度，川东北经济区第二、三、四季度，攀西经济区四个季度和川西北生态经济区的第二季度（见表Ⅳ-16）。

表Ⅳ－16　2016五大经济区A级旅游景区四个季度经营情况

经济区	季度	景区经营总收入（万元）	门票收入（万元）	人均花费（元/人次）	门票收入占总收入比重	景区经营总收入占比	门票收入占比
成都平原经济区	第一季度	596175	57750.85	109.69	9.69%	12.53%	11.04%
	第二季度	631084.9	61588.74	106.11	9.76%	13.26%	11.78%
	第三季度	740708.1	86833.47	124.89	11.72%	15.57%	16.60%
	第四季度	684493.8	61750.94	118.43	9.02%	14.39%	11.81%
川南经济区	第一季度	92102.85	6491.45	91.32	7.05%	1.94%	1.24%
	第二季度	140386.1	7051.88	121.74	5.02%	2.95%	1.35%
	第三季度	124443.3	8846.85	110.69	7.11%	2.62%	1.69%
	第四季度	88271.03	6400.44	94.28	7.25%	1.86%	1.22%
川东北经济区	第一季度	129965.9	11997.75	94.93	9.23%	2.73%	2.29%
	第二季度	250315.6	17822.6	144.16	7.12%	5.26%	3.41%
	第三季度	213692.3	21204.02	134.95	9.92%	4.49%	4.05%
	第四季度	239642.2	21397.69	153.45	8.93%	5.04%	4.09%
攀西经济区	第一季度	99811.77	2715.24	158.02	2.72%	2.10%	0.52%
	第二季度	91514.23	3858.39	127.01	4.22%	1.92%	0.74%
	第三季度	113142.7	5997.18	160.24	5.30%	2.38%	1.15%
	第四季度	107159.4	5194.39	161.37	4.85%	2.25%	0.99%
川西北生态经济区	第一季度	33196.93	5705.86	181.98	17.19%	0.70%	1.09%
	第二季度	87435.74	30714.67	130.71	35.13%	1.84%	5.87%
	第三季度	209777.8	66205.15	234.58	31.56%	4.41%	12.66%
	第四季度	84695.58	33449.52	205.61	39.49%	1.78%	6.40%

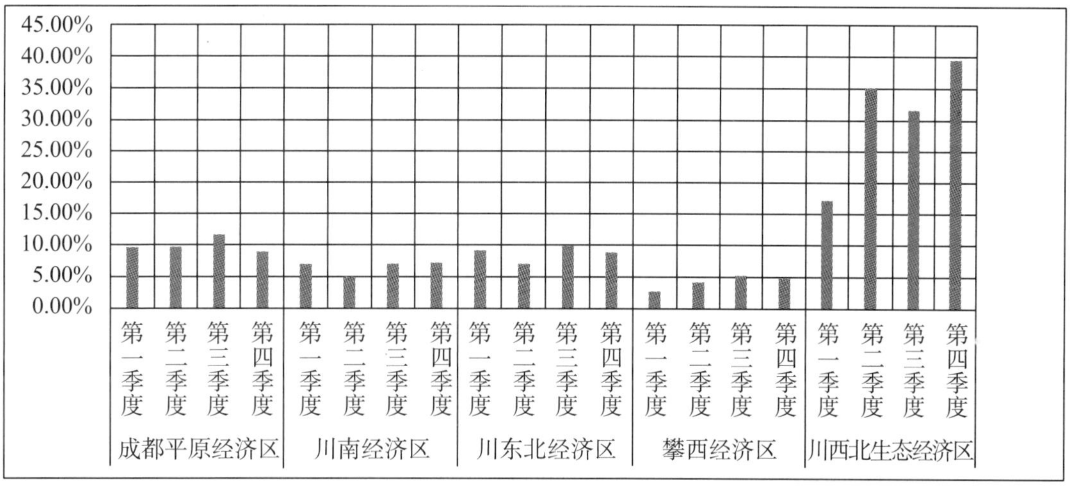

图Ⅳ－15　2016五大经济区A级旅游景区四个季度门票收入占总收入的比重对比图

2. 从增长情况来看，川东北经济区第一二季度的景区经营收入下降明显，攀西经济区二、三、四季度门票收入增长较快

景区经营总收入增长方面，川西北生态经济区的景区经营总收入整体上有所下降，除第三季度略增长了2.96%之外，一、二、四季度均有不同程度的下降。其中，第二季度下降幅度最大，达到

52.81%；第一季度也有明显下降，下降了31.82%。此外，景区经营总收入出现下降的还有川东北经济区的第一季度，下降了9.54%。成都平原经济区、川南经济区和攀西经济区各季度的景区经营总收入均出现了不同程度的增长，其中，增长速度最快的是川南经济区第二季度，增长率为127.76%（见表Ⅳ－17和图Ⅳ－16）。

门票收入增长方面，川西北生态经济区的三四季度、成都平原经济区的第三季度和攀西经济区的第一季度的门票收入同比有所下降；其中，下降幅度最大的是川西北生态经济区第三季度，下降比例为11.25%。除此之外，其余各经济区各季度门票收入均有不同程度的增长。门票收入增长速度最快的是攀西经济区第一季度，增长率为120.98%（见表Ⅳ－17和图Ⅳ－16）。

人均花费增长方面，仅有成都平原经济区四个季度的人均花费较上年同期相比均有不同程度的增长，而川西北生态经济区和川东北经济区则是四个季度的人均花费同比均出现了下降的情况。川南经济区和攀西经济区则是各个季度人均花费较上年同比有升有降。在各经济区各季度人均花费中，增长幅度的是川南经济区的第二季度，增长率为46.79%；而下降幅度最大的川西北生态经济区第二季度，下降比例为60.34%（见表Ⅳ－17和图Ⅳ－16）。

表Ⅳ－17　2016五大经济区A级旅游景区四个季度经营增长情况

经济区	季度	景区经营总收入同比	门票收入同比	人均花费同比
成都平原经济区	第一季度	30.51%	5.78%	8.06%
	第二季度	55.29%	0.59%	17.86%
	第三季度	55.23%	−2.21%	34.89%
	第四季度	26.61%	7.63%	31.64%
川南经济区	第一季度	9.31%	22.17%	−21.57%
	第二季度	127.76%	29.19%	46.79%
	第三季度	76.65%	15.98%	45.30%
	第四季度	23.28%	26.09%	4.87%
川东北经济区	第一季度	−9.54%	26.87%	−23.43%
	第二季度	24.57%	27.55%	−5.46%
	第三季度	13.21%	39.52%	−7.69%
	第四季度	6.57%	11.12%	−5.16%
攀西经济区	第一季度	14.17%	−7.95%	−6.38%
	第二季度	47.31%	62.08%	11.00%
	第三季度	31.54%	62.32%	10.48%
	第四季度	45.58%	120.98%	13.41%
川西北生态经济区	第一季度	−31.82%	17.49%	−40.56%
	第二季度	−52.81%	0.94%	−60.34%
	第三季度	2.96%	−11.25%	−7.42%
	第四季度	−9.70%	−0.19%	−13.62%

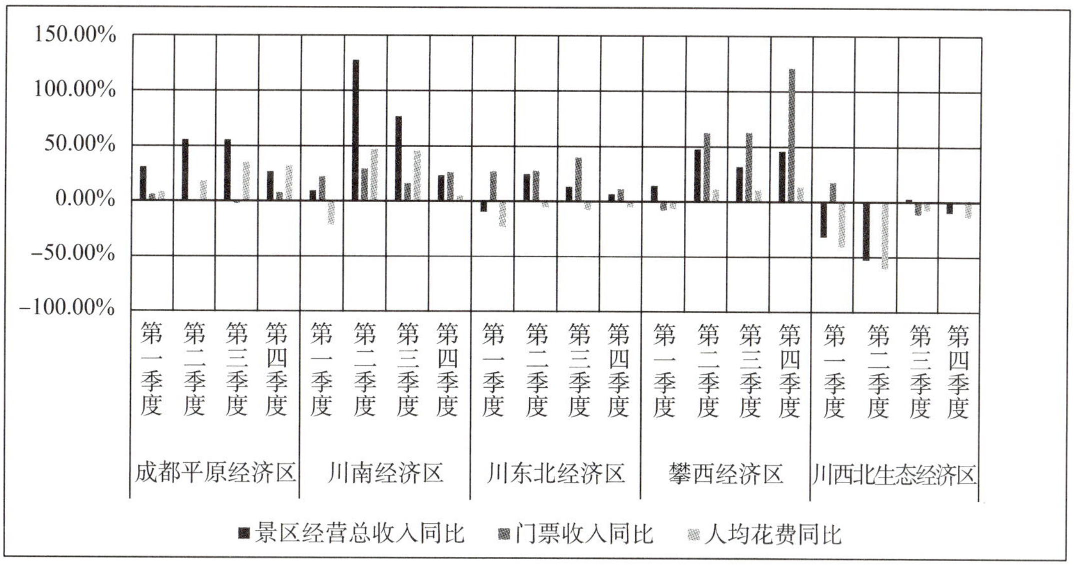

图Ⅳ－16　2016五大经济区A级旅游景区四个季度经营增长情况对比图

三、A级旅游景区季度经济运行中存在的问题

（一）2016年A级旅游景区运营情况季节性差异明显，第一季度经营状况较差

从A级旅游景区经营收入来看，第三季度的景区经营总收入、门票收入和人均花费3项分别为140.18亿元、18.91亿元和136.90元/人次，均远超其他三个季度。从游客接待量来看，第二、三季度的游客接待量均突破1.02亿人次，其他两个季度的游客接待量均不足一亿人次。从各季度所占比重看，第一季度的游客接待量、入境人次、免票人次、景区经营总收入和门票收入等指标占比均在23%以下，而其他三个季度的各项指标均在23%以上。其中，第一季度的景区经营总收入占比不到仅有19.99%，而其他三个季度均在25%以上。由此可以看出2016年A级旅游景区四个季度的运营情况季节性差异明显，第一季度经营情况较差。

（二）第一季度的入境游客接待量和人均花费均有所减少

与2015年第一季度相比，2016年第一季度的游客接待量确有上升，但该季度游客接待量的占全年游客总量的比例仅增长了3.66%；第一季度的景区经营总收入确有上升，但是该季度经营总收入占全年总收入的比例却出现了下降。由此可见，2016年第一季度的游客接待量和景区经营总收入增长较为缓慢。此外，除第一季度的入境游客数量同比大幅度减少外，其他三个季度的入境游客与2015年同期相比均上涨；在人均花费上，第一季度景区人均花费同比也出现下降的情况。

（三）5A和4A级旅游景区第一季度、2A级旅游景区第四季度以及1A级旅游景区第三季度的经营状况较差

综合分析A级旅游景区四个季度的游客接待量和经营总收入，5A和4A级旅游景区第一季度、2A级旅游景区第四季度以及1A级旅游景区第三季度的经营状况较差。其中，5A和4A级旅游景区第一季度的游客接待量分别631.72万人次和5391.20万人次，在四个季度中均最低；5A和4A级旅游景区第一季度的景区经营总收入分别是6.74亿元和70.08亿元，亦位居四个季度末位。2A级旅游景区第四季度的游客接待量和经营总收入分别是1276.14万人次和7.34亿元，1A级旅游景区第三季度的游客接待量和经营总收入分别是44.8万人次和2508.5万元，与其他季度相比，2A和1A级旅游景区的两项指标均最低，经营状况较差。

(四) 川西北生态经济区的旅游景区运营季节性差异明显且对门票经济的依赖性较强

综合分析各经济区各季度的游客接待量和景区经营总收入，川西北生态经济区景区运营季节性差异较突出。第一季度川西北生态经济区的游客接待量最低，为182.42万人次。第三季度川西北生态经济区的游客接待量最高，为894.28万人次。两个季度的游客接待量相差700多万，而其他四大经济区的各季度的游客接待量较稳定，占比情况变化不大。川西北生态经济区的景区经营总收入第一季度为3.32亿元，第三季度为20.98亿元，这两者的差值达到17.66亿元。反观其他四大经济区景区四个季度经营总收入最大值和最小值之间的差异，成都平原经济区为14.45亿元，川南经济区为5.21亿元，川东北经济区为12.03亿元，攀西经济区为2.16亿元。川西北生态经济区的景区经营总收入最大值和最小值之间的差值远大于其他四大经济区，表现出明显的季节性。此外，川西北生态经济区有三个季度的门票收入占总收入的比重超过了30%，而其他四大经济区的门票收入占比均维持在10%左右。这说明，川西北生态经济区的A级旅游景区在运营中对门票经济的依赖性较强。

四、A级旅游景区发展建议

(一) 强化旅游景区国际市场营销，拓展入境旅游市场

对比2016年四个季度的入境人次占比和景区营业总收入占比可以发现，入境游客数量和景区营业收入之间存在显著的正相关关系。未来全省A级旅游景区应当强化旅游景区在国际市场上的营销，拓展入境旅游市场。在互联网时代下，注重营销手段的创新、传播渠道的拓展、营销策略的多元，通过整合运用新媒体传播技术，拓展传播渠道，提升传播影响，不断增强旅游景区国际知名度和美誉度。综合利用事件营销、品牌营销等手段，打造景区爆点话题，创新景区主题形象，树立旅游景区品牌，提高景区的知名度和影响力。

(二) 发展多元旅游产品，降低门票经济效应

以产业融合为载体，推动旅游景区发展与新型工业化、信息化、城镇化和农业现代化相结合，不断丰富旅游元素、创造旅游产品、创新旅游业态、优化产品体系，推动景区转型升级。突出强化景区游览、餐饮、住宿、娱乐、购物等功能，延长游客逗留时间，提高景区综合消费附加值，不断增加旅游综合收入，努力推动旅游景区从门票经济向综合经济转型。

(三) 开发冬季旅游产品，降低旅游季节性

目前全省A级旅游景区运营依然存在季节差异性明显的特征，第一、四季度(冬季)是旅游景区的淡季。未来四川省A级旅游景区要以提升冬季旅游市场吸引力为目标，结合自身优势开发高端的冬季旅游度假产品，降低旅游季节性。要推动冬季旅游与体育产业结合，发展探险、滑雪、体能挑战等高端旅游产品。以冬季自然景观、物候现象等为媒介，推动冬季旅游与教育、康养、摄影相结合，发展研学旅游、康养度假与摄影采风类旅游产品。深挖传统民俗文化内涵，开办节庆活动，不断丰富冬季旅游产品，扩大冬季旅游产品供给。

(四) 提升低等级旅游景区旅游品质，强化旅游市场吸引力

第二、三季度(夏秋两季)是人们外出旅游好时节，但1A和2A级旅游景区在2016年夏秋两季表现却不尽人意，这在一定程度上反映出了1A和2A级旅游景区品质较低、旅游市场吸引力小的问题。未来，低等级旅游景区要坚持品质化发展，充分依托景区的文化资源和深厚底蕴，着重做好文化的挖掘、展示和体验文章，强化低等级旅游景区的市场吸引力。要以现代新兴技术为载体，推动静态的旅游资源、高深的文化内涵转化为文化特色鲜明、参与性强和受众面广的休闲娱乐产品，不断提升景区的文化内涵和资源品质。另外，要坚持标准化建设，完善景区软硬件的配套设施，并注重管理与服务，推动旅游服务向优质服务转变。

附　件　2016年四川省A级旅游景区名录

一、5A级旅游景区

市州	景区名称	景区类型	地址	网址	门票价格（元）
阿坝州	九寨沟风景名胜区	自然景观	四川省阿坝藏族羌族自治州九寨沟县漳扎镇	www. jiuzhai. com	旺季 220 淡季 80
	黄龙国家级风景名胜区	自然景观	四川松潘黄龙瑟尔嵯寨	www. huanglong. com	旺季 200 淡季 60
	汶川特别旅游区	红色旅游	四川省阿坝州汶川县映秀镇、水磨镇、三江镇	www. yingxiuly. com	0
乐山市	峨眉山风景名胜区	自然景观	四川省峨眉山市名山西路46号	www. ems517. com	旺季 185 淡季 110
	乐山大佛景区	自然景观	四川省乐山市市中区凌云路2435号	www. ems517. com	90
南充市	朱德故里景区	红色旅游	马鞍镇大湾路	www. zhudegul. com	0
	阆中古城	历史文化	四川省阆中市阆水中路33号	www. alangzhong. com	130
成都市	青城山—都江堰旅游景区	自然景观	都江堰市公园路上善居	http：//djy517. com	180
绵阳市	北川羌城旅游区	其它	北川羌城旅游区	www. bcqclvq. com	0
广元市	剑门蜀道剑门关旅游景区	自然景观	剑阁县剑门关镇	www. zgjmg. com	150
广安市	邓小平故里旅游景区	红色旅游	四川省广安市协兴镇邓小平故里管理局	http//www. dxpgl. cn/	0

二、4A级旅游景区

1. 成都市

景区名称	景区类型	地址	网址	门票价格（元）
成都市双流区黄龙溪旅游区	历史文化	四川省成都市双流县黄龙溪镇皇金路78号	http：//www. hlxh. gov. cn/index. html	0
成都崇州街子古镇	度假休闲	崇州市街子镇	www. cdjzgz. com	30
邛崃市平乐古镇	历史文化	四川省邛崃市平乐镇[illegible]	http：//www. plgz. com/	0

续表

景区名称	景区类型	地址	网址	门票价格（元）
洛带古镇	历史文化	四川省成都龙泉驿区洛带镇府兴街132号	www. luodai. gov. cn	0
成都国色天乡乐园	主题游乐	成都市温江区万春镇	www. floraland. cc	30
成都市宝光桂湖文化旅游区	历史文化	成都市新都区马超东路文广大厦	http：//www. xdswly. gov. cn：808/	25
成都金沙遗址博物馆	历史文化	成都市青羊区金沙遗址路2号	www. jinshasitemuseum. com	80
成都市花舞人间旅游景区	度假休闲	四川省成都市新津县永商镇	www. 82555666. cc	60
新场古镇	历史文化	新场镇文昌社区13组	www. cdxcgz. com	0
成都市花水湾温泉度假旅游区	度假休闲	四川省大邑县花水湾镇	http：//www. chinahsw. cn/	0
国际非物质文化遗产博览园	度假休闲	光华大道二段601号	www. gjfybly. com	0
五凤溪景区	历史文化	成都市金堂县五凤镇	www. wfxgz. com	0
成都市双流区海滨城景区	度假休闲	成都蛟龙港双流园区双楠大道88号	http：//www. seasidecity. cn/	130
天台山风景名胜区	自然景观	邛崃市天台山镇马坪村	www. sctts. com	65
成都市白鹿中法传统风情小镇	自然景观	彭州市白鹿镇	www. chinabailu. com	0
望丛祠	历史文化	郫筒镇望丛中路5号	无	0
成都市新都区锦门丝绸商贸旅游小镇景区	历史文化	三河街道承顺街17号	www. scjinmen. com	0
成都市虹口旅游景区	自然景观	都江堰市虹口乡	http：//www. schongkou. com	0
成都市西岭雪山景区	自然景观	大邑县西岭镇	www. xiling. cn	旺季120 淡季60
灌县古城	度假休闲	都江堰市灌口街道办事处	http：//www. guanxian－gc. com	0
石象湖景区	自然景观	四川省成都市蒲江县朝阳湖镇	http：//www. selake. com/	60
中国酒村—邛酒文化风情旅游村落	度假休闲	文君街道文笔山村13组	无	28
成都市崇州元通古镇景区	历史文化	崇州市元通镇	www. scytgz. com	0
天艺浓园艺术博览园	历史文化	成都市武侯区武侯大道三河段20号	www. cdnongyuan. com	0
成都市海昌极地海洋世界景区	主题游乐	成都市华阳镇天府大道南段2039号	www. cd－polar. com	130
三圣花乡	乡村旅游	成都市锦江区成龙路	www. cdss. cn	0

续表

景区名称	景区类型	地址	网址	门票价格（元）
成都大熊猫繁育研究基地	其他	成都市外北熊猫大道1375号	www. panda. org. cn	58
西部最美水乡·三道堰旅游景区	自然景观	四川省成都市郫都区三道堰镇	http：//www. sdy. gov. cn/	0
成都欢乐谷	主题游乐	四川省成都市金牛区西华大道16号	http：//cd. happyvalley. cn/	170
成都市桃花故里旅游景区	乡村旅游	成都市龙泉驿区山泉镇花果村2组	www. taohuaguli. com	0
成都市郫都区农科村	乡村旅游	四川省成都市郫都区友爱镇农科村	http：//www. pxnkc. cn/	0
宝山旅游区	乡村旅游	四川省成都市彭州龙门山镇宝山村	www. bslvyou. com	0
成都杜甫草堂博物馆	博物馆	成都市青华路37号	http：//www. cddfct. com	60
成都武侯祠博物馆	博物馆	成都市武侯祠大街231号	www. wuhouci. net. cn	60
中国女鞋之都旅游景区	工业旅游	成都市川藏路成双段鞋都南路139号	www. wsc. com. cn	0
成都市建川博物馆聚落	博物馆	四川省大邑县安仁镇迎宾路	http：//www. jc—museum. cn/	100
刘氏庄园旅游区	博物馆	四川省成都市大邑县安仁镇金桂街15号	http：//www. lszyly. com/	40
东郊记忆	工业旅游	成都市成华区建设南支路1号	www. eastcd. com	0

2. 泸州市

景区名称	景区类型	地址	网站网址	门票价格（元）
泸州老窖旅游区	工业旅游	四川省泸州市江阳区三星街国窖广场1号楼	http：//www. lzljlxs. com. cn/	50
太平古镇景区	红色旅游	泸州市古蔺县太平镇	http：//www. taipingguzhen. com/	0
清溪谷花田酒地景区	度假休闲	泸州市纳溪区大渡口镇群力街	www. qingxigu. com	20
云溪温泉	度假休闲	泸州市纳溪区白节镇映月路2号	http：//www. yxwqjd. com/admin/	旺季188 淡季88
泸州天仙硐	自然景观	泸州市纳溪区天仙镇	www. tianxiandong. com. cn	58
龙桥文化生态园	历史文化	玉蟾街道以北3公里处	http：//www. lqwhsty. com/	120
泸州张坝桂圆林	自然景观	张坝景区	无	0
黄荆老林	自然景观	四川省泸州市古蔺县黄荆乡	www. huangjinglaolin. com	58

3. 乐山市

景区名称	景区类型	地址	网站网址	门票价格（元）
乐山市乌木文化博览苑	博物馆	乐山市市中区苏稽镇乐峨路西段 768 号	www. zgwumu. com. cn	20
乐山市夹江天福观光茶园	博物馆	四川省夹江县青州乡	www. tenfurestarea. com	30
乐山市犍为县嘉阳·桫椤湖景区	工业旅游	四川省乐山市犍为县	http：//www. jyxhc. com	0
乐山市郭沫若故居	博物馆	文豪路中段	sw _ gmr. sina. com. cn	10
乐山市仙芝竹尖生态园旅游景区	其他	四川省乐山市峨眉山市胜利镇名山路东段 105 号	www. xzzj. cn	140
四川旅博天地	其他	峨眉山市旅博大道	http：//www. emlbtd. com/	0
乐山市黑竹沟风景区	度假休闲	四川省乐山市峨边县县街 28 号	www. zghzg. com	旺季 50 淡季 25
乐山东方佛都旅游区	历史文化	凌云路 362 号	www. scdffd. com	70
乐山市峨眉山大佛禅院佛教文化旅游区	历史文化	峨眉山市光明大道 2 号易镇 1 层 16 号	www. emsdfcy. com	10
桃源山居旅游景区	乡村旅游	乐山市沐川县沐溪镇三溪村	http：//www. mctysj. com	0

4. 广元市

景区名称	景区类型	地址	网站网址	门票价格（元）
皇泽寺博物馆	历史文化	四川省广元市利州区皇泽路 97 号	http：//wzsbwg. com	50
广元市明月峡景区	历史文化	四川省广元市朝天区朝天镇	http：//www. gymyx. com/main. asp	80
广元市青川东河口地震遗址公园	博物馆	四川省广元市青川县关庄镇	http：//www. 512dhk. cn	0
广元市苍溪红军渡·西武当山景区	红色旅游	四川省广元市苍溪县陵江镇	http：//cxhjd. sea36. mfdns. com	0
广元市千佛崖旅游景区	博物馆	广元市千佛崖石刻艺术博物馆	http：//qianfoya. cn/	40
广元市昭化古城	历史文化	广元市元坝区昭化镇	www. zhaohua. gov. cn/	58
广元平乐旅游区	度假休闲	四川省广元市昭化区柳桥乡	http：//www. scgypljq. com/manage	0
广元市天曌山景区	自然景观	四川省广元市利州区政府第一办公楼七楼	www. gytzs. com	50
广元市曾家山景区	自然景观	四川省广元市朝天区曾家镇民俗文化广场	http：//www. zjsly. com	50
青溪古城	历史文化	广元市青溪镇场镇	qxgclyw. com	0

续表

景区名称	景区类型	地址	网站网址	门票价格（元）
广元市鼓城山——七里峡景区	自然景观	四川省广元市旺苍县东河镇凤凰6号	http：//www. mcstsk. com	50
广元市唐家河景区	自然景观	四川省广元市青川县青溪镇毛香坝	www. tjhnr. cn	55
广元水磨沟景区	自然景观	广元市朝天区青林乡清凉村	无	30
龙门阁景区	自然景观	广元市朝天区朝天镇青云村	http：//www. gylmg. com	50

5. 雅安市

景区名称	景区类型	地址	网站网址	门票价格（元）
石棉县安顺场景区	其他	四川省雅安市石棉县	http：//www. 1935525. com http：//www. 安顺场. com	0
荥经县云峰山风景区	其他	荥经县青龙乡柏香村6队	http：//yjxyfs. gotoip4. com/	0
雅安市蒙顶山旅游区	度假休闲	四川省名山县茶都大道535号	www. scmds. com	旺季60 淡季45
熊猫古城景区	度假休闲	四川省雅安市宝兴县穆坪镇	www. bxxmgc. net	0
雅安周公山森林公园	度假休闲	雅安市雨城区孔坪乡	无	0
雅安市雨城区上里古镇	历史文化	雅安市雨城区上里镇游客中心	www. shangliguzhen. org	0
雅安碧峰峡旅游区	自然景观	雨城区碧峰峡镇	http：//www. bifengxia. com/	旺季180 淡季118
蜂桶寨邓池沟景区	历史文化	四川省雅安市宝兴县蜂桶寨乡	www. dengchigou. com	30
雅安喇叭河森林公园	自然景观	天全县紫石乡	http：//www. labahe. cn/	58
汉姜古城旅游景区	历史文化	四川省雅安市芦山县芦阳镇	www. hjgclyjq. com	0
东拉山大峡谷	自然景观	四川省雅安市宝兴县陇东镇赶羊沟	www. donglashan. com	旺季50 淡季40
金凤山景区	自然景观	雅安市雨城区雅州大道	无	0
硗碛藏寨·神木垒景区	自然景观	四川省雅安市宝兴县硗碛藏族乡	www. shenmulei. cn	旺季60 淡季40
灵关石城旅游景区	度假休闲	雅安市宝兴县灵关镇	www. bxxlgsc. com	0
飞仙关旅游景区	自然景观	四川省雅安市芦山县飞仙关镇	www. fxglyjq. com	0
芦山县龙门古镇旅游景区	乡村旅游	四川省雅安市芦山县龙门乡青龙场村	www. lmgzlyjq. cn	0

续表

景区名称	景区类型	地址	网站网址	门票价格（元）
花海果乡国家4A级旅游景区	乡村旅游	汉源县九襄镇、清溪镇、双溪乡、大田乡、前域乡	http：//hhgxlyq. gotoip1. com/	0

6. 攀枝花市

景区名称	景区类型	地址	网站网址	门票价格（元）
攀枝花市二滩国家森林公园	度假休闲	四川省攀枝花市盐边县中环南路11号	http：//www. pzhet. com/	0
攀枝花市格萨拉生态旅游景区	自然景观	盐边县格萨拉乡	WWW. pzhgsl. com	旺季70 淡季55

7. 绵阳市

景区名称	景区类型	地址	网站网址	门票价格（元）
江油李白纪念馆景区	博物馆	江油市文风街1号	http：//www. lbjng. com/zcms/wwwroot/lbjng	0
绵阳市科技馆旅游景区	科技教育	绵阳市游仙区一环路东段232号	www. mykjg. com	30
寻龙山景区	度假休闲	安昌镇沙汀路	www. bcxls. com	60
绵阳市江油窦圌山风景区	度假休闲	四川省江油市武都镇团山村	http：//www. douchuanshan. com	67
绵阳市北川维斯特农业休闲旅游区	度假休闲	北川新县城农业科技园	www. wstly. cn	35
绵阳市仙海旅游景区	度假休闲	绵阳市仙海区沉抗镇	http：//xhdjq. com/	0
梓潼县七曲山风景区	历史文化	梓潼县七曲山	www. qqsfjq. com	42
绵阳市平武报恩寺	历史文化	四川省绵阳市平武报恩寺博物馆	www. betm. org. cn	40
绵阳市江油李白故居景区	历史文化	江油市青莲镇粉竹路	www. libaiguju. com	40
绵阳市江油佛爷洞旅游景区	自然景观	四川省江油市大康镇因明村	www. scfyd. com	40
西羌九皇山猿王洞	自然景观	桂溪乡	www. apeking. com	90
绵阳市北川药王谷旅游景区	自然景观	绵阳市北川县桂溪乡林峰村二组	www. ywg99. com	90

8. 宜宾市

景区名称	景区类型	地址	网站网址	门票价格（元）
夕佳山民居	历史文化	四川省宜宾市江安县夕佳山镇	5ayb. com	0

续表

景区名称	景区类型	地址	网站网址	门票价格（元）
宜宾市李庄古镇	历史文化	宜宾市翠屏区李庄镇同济大道	www. gzlz. gov. cn	20
宜宾市流杯池公园	历史文化	宜宾市岷江东路4号	www. lbcjq. com	0
南溪古街国家AAAA级旅游景区	度假休闲	宜宾市南溪区滨江新城	www. nxgj. net	0
宜宾市蜀南竹海风景名胜区	自然景观	四川省宜宾市长宁县竹海镇	www. snzh. cn	淡季60 旺季110
兴文石海	自然景观	四川省宜宾市兴文县石海镇	WWW. SCXWSh. COm	84
宜宾市长宁县七洞沟旅游风景区	自然景观	古河镇幸福村五组	http：//www. qdgjq. com	29

9. 凉山州

景区名称	景区类型	地址	网站网址	门票价格（元）
冕宁县灵山旅游景区	其它	四川省冕宁县灵山旅游度假区1号	www. pxlsly. com/	58
会理古城AAAA级旅游景区	历史文化	四川省会理县	http：//www. huiligucheng. com/	0
文昌故里旅游景区	历史文化	中所镇	http：//www. yxwcgl. com/	0
西昌市邛海泸山风景名胜区	自然景观	四川省西昌市新村海滨中路	www. xcqhls. com	5
螺髻山旅游景区	自然景观	凉山州普格县螺髻山镇彝寨内	www. ljs517. com	50
凉山州泸沽湖旅游景区	自然景观	盐源县泸沽湖镇8号	www. sclgh. com	80
安哈彝寨仙人洞景区	自然景观	凉山州越西县新大街南段248号	无	48

10. 南充市

景区名称	景区类型	地址	网站网址	门票价格（元）
张澜故里旅游区	红色旅游	四川省南充市西充县莲池镇关音堂村	www. zlgllyw. com	0
四川省南充市西山风景区	历史文化	四川省南充市顺庆区玉屏路6号	www. scncwjl. com	5
南部县升钟湖旅游景区	自然景观	四川省南部县升水镇	http：//www. shengzhongfish. com/	0
四川省阆中市天宫院风水文化景区	历史文化	阆中市天宫乡天宫院街1号	www. lztgy. com	40

续表

景区名称	景区类型	地址	网站网址	门票价格（元）
嘉陵第一桑梓风景区	自然景观	蓬安县相如镇	http：//www. jldysz. cn/default/index. asp	0
南充市凌云山景区	自然景观	高坪区青莲街道办凌云山景区游客中心	www. nclys. cn	58

11. 广安市

景区名称	景区类型	地址	网站网址	门票价格（元）
广安华蓥山旅游区	红色旅游	四川省广安市华蓥市红岩乡高顶村	www. hysly. com	107
武胜县宝箴塞	历史文化	四川省广安市武胜县宝箴塞乡方家沟村	www. bzslyq. com	25
神龙山巴人石头城	历史文化	广安市城南公园街188 号	www. eysls. com	30
天意谷景区	自然景观	四川省广安市邻水县甘坝乡苏家村	www. scyytyg. com	旺季 110 淡季 80
白坪—飞龙旅游区	乡村旅游	白坪乡　飞龙镇	http：//www. bpflly. com	0

12. 巴中市

景区名称	景区类型	地址	网站网址	门票价格（元）
巴中市佛头山旅游景区	度假休闲	平昌县江口镇新华街西段	www. ftsly. com	0
巴中市光雾山景区	度假休闲	四川省南江县光雾山镇街道	http：//www. guangwushan. cn/	108
巴灵台 AAAA 级旅游风景区	历史文化	四川省平昌县灵山镇巴灵台	无	淡季 32 旺季 38
巴中市恩阳区恩阳古镇旅游景区	历史文化	文治街道办事处	http：//www. eygzly. com	0
米仓山国家森林公园	自然景观	四川省巴中市南江县南江镇米仓山大道断渠段 68 号	无	淡季 45 旺季 55
巴中市诺水河国家级风景名胜区	自然景观	四川省通江县楼子街道	http：//www. nshlyw. com/	180
巴中市平昌县三十二梁旅游景区	自然景观	平昌县云台镇龙尾村	无	0
云顶茶乡	自然景观	南江县下两镇元顶子	http：//ydcxjq. gotoip2. com/	0
空山天盆国家 4A 级旅游景区	自然景观	巴中市通江县空山乡龙池村、中坝村	无	0
最美玉湖一七彩长滩旅游景区	乡村旅游	四川省巴中市南江县长赤镇青杠村	www. yhctjq. com/	0

续表

景区名称	景区类型	地址	网站网址	门票价格（元）
山水化湖	自然景观	化成镇白庙村1社	www. bzhhly. com	0
驷马水乡旅游景区	乡村旅游	平昌县驷马镇	http：//www. smsxjq. com/	0
平昌南天门旅游景区	乡村旅游	五木镇石马村	http：//www. pcntm. com	旺季30 淡季20
王坪旅游景区	红色旅游	巴中市通江县王坪景区	http：//www. cslsly. org. cn/	0
南龛山景区	红色旅游	四川省巴中市巴州区红碑路南龛段42号	http：//www. bzsngw. com/	15

13. 达州市

景区名称	景区类型	地址	网站网址	门票价格（元）
达州市渠县賨人谷旅游景区	自然景观	四川省渠县龙潭乡	http：//qx. dzsta. gov. cn/	55
达州市真佛山景区	历史文化	达县福善镇	http//：www. dzzfs. cn	38
达州市宣汉县巴山大峡谷旅游景区	度假休闲	宣汉县龙泉土家族乡	www. zgbsdxg. com	0
达州市大竹县五峰山旅游景区	自然景观	四川省大竹县月华镇五鞍村	www. zgwfs. com	20
达州市宣汉县峨城山旅游景区	自然景观	宣汉县芭蕉镇国有宣汉县楠竹场	www. ecsly. com	30
达州市宣汉县洋烈水乡景区	自然景观	宣汉县君塘镇洋烈社区	www. tyanglie. com	0

14. 眉山市

景区名称	景区类型	地址	网站网址	门票价格（元）
三苏祠景区	博物馆	四川省眉山市纱縠行南段72号	http：//www. msxh. com/ssc/ssc. htm	47
江湾神木园	度假休闲	四川省眉山市青神县外南街73号	www. jwsmy. com. cn	68
柳江古镇旅游景区	历史文化	柳江镇玉屏北街19号	www. hongya. org	0
黑龙滩旅游景区	自然景观	眉山市仁寿县	www. 517hlt. com	0
青神国际竹艺城	其他	青神县南城镇	http：//www. gjzyc. net/	40

15. 阿坝州

景区名称	景区类型	地址	网站网址	门票价格（元）
达古冰山风景名胜区	自然景观	阿坝州黑水县	www. dgbc. cn	120

续表

景区名称	景区类型	地址	网站网址	门票价格（元）
四姑娘山风景名胜区	自然景观	四川省阿坝州小金县日隆镇	www. sgns. com	双桥沟 80 长坪沟 70 海子沟 60
汶川大禹文化旅游区	历史文化	四川省阿坝州汶川县绵虒镇、威州镇、雁门乡、龙溪乡	http：//www. chinadayu. com. cn/	0
金川观音桥旅游景区	自然景观	四川省阿坝州金川县观音桥	www. jcgyq. com	0
毕棚沟旅游景区	自然景观	四川省阿坝州理县朴头乡庄房村	www. bipenggou. net	80
卓克基土司官寨文化旅游景区	历史文化	马尔康县卓克基镇	http：//www. 517zkj. com	旺季 60 淡季 30
叠溪—松坪沟景区	自然景观	茂县叠溪镇、松坪沟乡	www. xiqiangdiesong. com	80
黄河九曲第一湾	自然景观	若尔盖县唐克镇	www. ruoergaitrip. com	旺季 65 淡季 20
松潘县川主寺旅游景区	自然景观	松潘县川主寺镇	无	0
甘堡藏寨－桃坪羌寨旅游景区	乡村旅游	四川省阿坝藏族羌族自治州理县	http：//tpgbjq. com/	60

16. 遂宁市

景区名称	景区类型	地址	网站网址	门票价格（元）
遂宁市中华侏罗纪探秘旅游区	科技教育	四川省遂宁市射洪县明星镇龙凤村	http：//www. zhuluoji. org/zlj0825admin/	50
观音湖湿地公园	其它	四川省遂宁市河东新区	http：//www. hdshidi. com/	0
遂宁市龙凤古镇景区	度假休闲	四川省遂宁市船山区龙凤镇	www. longfenggz. com	—
子昂故里文化旅游区	历史文化	四川省遂宁市射洪县金华镇	http：//cza. shehong. gov. cn	5
遂宁市中国死海旅游度假区	度假休闲	四川省遂宁市大英县中海大道888号	http：//www. chinadeadsea. com. cn/	200
遂宁市中国观音故里旅游区	自然景观	四川省遂宁市城河北巷139号	http：//www. zggyglw. com/	40
遂宁市安居区七彩明珠景区	乡村旅游	玉丰镇鸡头寺村	http：//www. qicaimingzhu. com	0

17. 自贡市

景区名称	景区类型	地址	网站网址	门票价格（元）
自贡恐龙博物馆	博物馆	四川省自贡市大安区大山铺238号	www. zdm. cn	42
自贡市荣县大佛文化旅游区	历史文化	四川省荣县旭阳镇大佛路大佛寺	http：//www. rxdafo. com/	60

18. 德阳市

景区名称	景区类型	地址	网站网址	门票价格（元）
四川广汉三星堆博物馆	博物馆	四川省广汉市西安路133号	www. sxd. cn	82
罗江白马关景区	历史文化	罗江县白马关镇	www. bmgjq. com	20
中国绵竹年画村景区	乡村旅游	四川省绵竹市年画村	www. mznhc. com	0
九龙山乡村旅游景区	乡村旅游	绵竹市九龙镇	www. scjiulong. ccoo. cn	0

19. 资阳市

景区名称	景区类型	地址	网站网址	门票价格（元）
资阳市安岳石刻·圆觉洞景区	其它	四川省资阳市安岳县岳阳镇顺城街顺城巷6号	www. scaysk. com	20
资阳市陈毅故里景区	红色旅游	四川省资阳市乐至县劳动镇	www. chenyiguli. com	0

20. 内江市

景区名称	景区类型	地址	网站网址	门票价格（元）
内江市隆昌县石牌坊旅游区	历史文化	隆昌莲峰公园内	www. zgspfzx. com	60
隆昌县古宇湖旅游区	自然景观	隆昌县古宇街道古宇村	http：//gyhlyq. com	0

21. 甘孜州

景区名称	景区类型	地址	网站网址	门票价格（元）
甘孜州泸定桥旅游景区	历史文化	四川省甘孜州泸定县	www. ludingbiidge. com	10
甘孜州稻城亚丁景区	自然景观	甘孜州稻城县	www. yading. gov. cn	150
甘孜州康定情歌（木格措）风景区	自然景观	甘孜康定县雅拉乡王母村	www. kangdingqingge. net	旺季120 淡季70

续表

景区名称	景区类型	地址	网站网址	门票价格（元）
甘孜州丹巴县甲居藏寨旅游景区	乡村旅游	丹巴县聂呷乡	http：//www. danbajiaju. com/	50
泸定海螺沟冰川森林公园	自然景观	甘孜州、泸定县、磨西镇	www. hailuogou. com	72

三、3A级旅游景区

1. 成都市

景区名称	景区类型	地址	网站网址	门票价格（元）
崇州市罨画池	历史文化	崇州市大东街54号	无	8
成都蒲江樱桃山旅游景区	度假休闲	成都市蒲江县光明乡	www. yingtaoshan. com	0
成都市邛崃竹溪湖生态旅游景区	自然景观	邛崃市临邛镇西郊小柏树水库内	http：//www. scgaoyu. cn/zxh/	10
临邛古城	历史文化	四川省邛崃市临邛镇蜚虹路318号	http：//www. qionglai. com/html/gucheng/	0
新繁东湖景区	历史文化	新都区新繁镇东湖路中段	www. XFDhjq. com	2
休闲美食文化园	度假休闲	四川省成都市龙泉驿区红岭路459号	http：//www. shic. edu. cn/	80
成都大悦城	度假休闲	成都市武侯区大悦路518号	http：//www. cdjoycity. com/	0
蔚然花海	度假休闲	同安街道花海路8号	www. weiranhuahai. com	80
天府新区大林镇翠湖梨乡	乡村旅游	四川省成都天府新区大林镇	www. cdchlx. com	0
青白江区客家杏花村旅游景区	乡村旅游	青白江区福洪乡杏花村	http：//www. xinghuavillage. com	0
中国脐橙之乡风景旅游区	乡村旅游	三溪镇白庙村	http：//www. jtqczx. com	0
新都花香果居旅游景区	乡村旅游	斑竹园镇回南、檀木社区	www. xdhxgj. com	0
战旗5季花田	乡村旅游	郫都区唐昌镇战旗村	http：//www. chengdu. gov. cn/pixian/zhanqicun/	15
成都市川菜博物馆	博物馆	郫都区古城镇荣华北巷8号	www. cdccbwg. com	20
成都市龙泉国际标榜旅游区	科技教育	四川省成都市龙泉驿区同安街道同策路3号	http：//www. trapolus. com/	0
简阳东来桃源景区	乡村旅游	简阳市贾家镇	无	0

续表

景区名称	景区类型	地址	网站网址	门票价格（元）
鲜花山谷	乡村旅游	中国四川省成都市金堂县转龙镇	www. youduo. com	50
好稼人有机农庄	乡村旅游	黄土镇洪福村6组	www. cdhnr. cn	0
玉皇养生谷	乡村旅游	四川省成都市金堂县官仓镇双新村12组	http：//yhysg. atobo. com. cn/	20
四川科技馆	科技教育	成都市人民中路一段16号天府广场北侧	www. scstm. com	—
成都伊利乳业园旅游景区	工业旅游	邛崃市工业集中发展区	http：//www. yili. com	0
中国川菜体验园景区	工业旅游	成都市郫都区安德镇	www. ccyjq. com	0
中华蝴蝶生态城	主题游乐	彭州隆丰镇大宝村3组	www. scmeidie. com	20
西南航空文化旅游景区	其他	成都市金堂县学府大道996号	www. xnhkjq. com	0
南湖梦幻岛	主题游乐	成都市天府新区华阳街道华阳大道855号	www. nhmhd. cn	0
四川金盆地酒文化博览园	工业旅游	四川省崇州市金盆地大道327号	www. jinpendi. com	0
成佳茶乡旅游景区	乡村旅游	成都市蒲江县成佳镇	http：//www. cjcx. gov. cn/	0

2. 泸州市

景区名称	景区类型	地址	网站网址	门票价格（元）
泸州方山旅游区	其他	四川省泸州市江阳区方山镇	无	20
泸州欢乐派海滩公园	其他	泸州市纳溪区东升街道办事处大林村	无	148
护国运动文化园区	红色旅游	四川省泸州市纳溪区棉花坡镇棉花坡路43号	无	10
泸州市洞窝景区	度假休闲	四川省泸州市龙马潭区罗汉镇群丰村	http：//www. lzdw. cn/	10
太山研学旅行基地	科技教育	泸州市纳溪区合面镇	www. tsst. com. cn	0
龙洄酒庄	工业旅游	大渡镇明强村	www. longhhuizy. cn	20
玉蟾山风景区	历史文化	四川省泸州市泸县玉蟾山风景名胜区管理处	无	20
佛宝森林公园	自然景观	四川省泸州市合江县	http：//www. chinafobao. com/	25
尧坝古镇	历史文化	尧坝镇	http：//ybgzjq. gotoip11. com/	0

3. 乐山市

景区名称	景区类型	地址	网站网址	门票价格（元）
峨眉山竹叶青生态茗园	博物馆	四川省峨眉山市佛光东路596号	Http：//www. zhuyeqing－tea. com	20
乐山金鹰山荘	度假休闲	乐山市市中区绵竹开发区乐夹路89号	http：/www. lsgoldeagle. com/	0
犍为文庙	历史文化	四川省乐山市犍为县玉津镇南街297号	http：//www. qwwm. gov. cn/	30
雷畅故居景区	历史文化	井研县千佛镇（民建村3组）	无	0
沐川竹海	自然景观	沐川县永福镇	www. muchuanzhuhai. com. cn	39
四川大渡河金口大峡谷景区	自然景观	金口河区滨河路三段169号	http：//dxg. jhtwl. com/jkhwz/	0
乐山市天工开物文化旅游景区	博物馆	乐山市市中区通棉路2122号	www. lstgkw. com	80
农夫山泉峨眉山工业旅游示范基地	工业旅游	四川省峨眉山市高桥镇万佛岭路北段1号	www. nongfuspring. com	50

4. 广元市

景区名称	景区类型	地址	网站网址	门票价格（元）
广元川北民俗文化园	度假休闲	广元市利州东路雪峰二组	无	0
青川白龙湖幸福岛	度假休闲	青川县沙洲镇幸福村	无	0
广元市剑阁县鹤鸣山道教文化旅游景区	历史文化	普安镇、城东村	http：//www. zghms. cn/	0
苍溪县柳池农业园区	乡村旅游	苍溪县石门乡文家角村	无	0
利州赤化镇竹子溪湿地公园	乡村旅游	利州区赤化镇泥窝社区	无	0
苍溪·梨文化博览园	乡村旅游	四川省苍溪县陵江镇红旗桥村二组90号	http：//www. cxlby. com	20

5. 雅安市

景区名称	景区类型	地址	网站网址	门票价格（元）
牛碾坪万亩观光茶园	自然景观	四川省雅安市名山区中峰乡海棠村	无	0
七里坝AAA旅游景区	乡村旅游	挖角乡挖角村	无	0
三索窝AAA旅游景区	乡村旅游	雅安市石棉县三索窝旅游景区管理委员会	无	0

续表

景区名称	景区类型	地址	网站网址	门票价格（元）
紫石关村旅游景区	乡村旅游	四川省雅安市天全县紫石乡紫石关村	无	0
中里新村	乡村旅游	四川省雅安市雨城区中里镇	无	0

6. 攀枝花市

景区名称	景区类型	网站网址	门票价格（元）
攀枝花长江国际漂流基地	度假休闲	无	0
米易县龙潭溶洞风景区	自然景观	无	50

7. 绵阳市

景区名称	景区类型	地址	网站网址	门票价格（元）
三台县梓州杜甫草堂景区	历史文化	三台县西外街	http：//www. stdufu. com/china/index. asp	0

8. 宜宾市

景区名称	景区类型	地址	网站网址	门票价格（元）
宜宾市竹石林旅游开发有限公司	红色旅游	长宁县梅硐镇高简村二组	www. xbzsl. com	58
宜宾市天池公园	历史文化	宜宾市翠屏区西郊251号	http：//www. tcgyjq. com/	0
宜宾高县胜天红岩山旅游景区	自然景观	宜宾高县胜天红岩山	http：//st. ybgxly. com/	0
龙华镇八仙山立佛	自然景观	龙华镇稻田村	龙华古镇官网	0

9. 凉山州

景区名称	景区类型	地址	网站网址	门票价格（元）
会理县精华水上乐园	度假休闲	老街乡沙坝四组	无	旺季88 淡季38
西昌黄联土林旅游区	自然景观	西昌市黄联关镇	497114090@qq. com	20
西昌市建昌古城旅游景区	历史文化	西昌市老城区	无	1
西昌卫星发射中心爱国主义教育基地	科技教育	四川省凉山洲冕宁县泽远乡	“中国航天城. mobi”	45
凉山州知识青年上山下乡西昌纪念馆	红色旅游	西昌市川兴镇新华村	无	0

续表

景区名称	景区类型	地址	网站网址	门票价格（元）
凉山州德昌县傈僳水寨旅游景区	其他	凉山州德昌县	www. lisushuizhai. com	138
漫水湾镇西河村	乡村旅游	冕宁县漫水湾镇西河村	无	0
复兴镇建设村	乡村旅游	冕宁县复兴镇建设村	http：//www. mnxjsc. com	0
大凉山民族文化创意产业园	其他	西郊乡尤家屯村	www. xxx. com. cn	0

10. 巴中市

景区名称	景区类型	地址	网站网址	门票价格（元）
红四方面军总指挥部旧址纪念馆景区	红色旅游	四川省通江县诺江镇文庙街29号	无	0
国色天乡嘉年华	主题游乐	巴中经济开发区秦巴大道主干道	无	旺季50 淡季30

11. 广安市

景区名称	景区类型	地址	网站网址	门票价格（元）
武胜县印山公园	度假休闲	四川省武胜县临江街8号	无	0
邻水县黄桷树公园	自然景观	邻水县鼎屏镇东北部开发新区	www. hjsgy. com	0
萃屏公园	自然景观	广安区北仓路115号	无	0
北辰湖公园	主题游乐	广安区洪州大道旁（人工湖）	无	0
铜锣山旅游区	乡村旅游	城南镇芭蕉村一组	http：//www. tls. cc	0

12. 南充市

景区名称	景区类型	地址	网站网址	门票价格（元）
张澜·罗瑞卿故里旅游景区	红色旅游	四川省南充市顺庆区表方街一号，四川省南充市顺庆区将军路25号	http：//www. zhanglan1872. cn/	0
南部县禹迹山风景区	历史文化	南部县碑院镇	http：//www. nbyjs. com/	0
四川省阆中市锦屏风景名胜区	自然景观	江南办事处锦山路9号		25
南充市北湖公园	自然景观	顺庆区文化路369号	http：//www. ncbhgy. cn/	0
四川省南充市高坪区鹤鸣山旅游景区	自然景观	四川省南充市高坪区环塔路	www. ncgphms. com	0

续表

景区名称	景区类型	地址	网站网址	门票价格（元）
南充高坪区金凤山旅游景区	乡村旅游	四川省南充市高坪区走马乡金凤山村	zmjfs. com	0
中国有机生活公园	乡村旅游	四川省南充市西充县义兴镇书房山村	www. baikepark. com	30

13. 达州市

景区名称	景区类型	地址	网站网址	门票价格（元）
达州市开江县金山寺旅游景区	历史文化	四川省达州市开江县普安镇玉皇观村	无	10
达州市宣汉县香炉山旅游景区	历史文化	宣汉县双河镇香炉大道	无	0
达州万源市龙潭河旅游景区	自然景观	万源市旧院镇红岩村	无	0
达州市宣汉县马渡关石林旅游景区	自然景观	四川省宣汉县马渡关镇	无	0
达州市宣汉县庙安花果山旅游景区	乡村旅游	达州市宣汉县庙安乡龙安街道	无	0
达州市宣汉县圣水桃园旅游景区	乡村旅游	宣汉县茶河镇圣水社区	无	0
达州市明月江月湖生态农业观光园	乡村旅游	达州市通川区磐石镇渡口村一组	无	10
达州万源市红军公园景区	红色旅游	万源市太平镇驮山北路216号	http：//www. wanyuan. gov. cn	0
达州市渠县红色渠县纪念园旅游景区	红色旅游	渠县贵福镇贵福社区红军街	无	0
达州市万源八台山景区	自然景观	万源市太平镇银河路88号	http：//www. bts517. com/	110

14. 阿坝州

景区名称	景区类型	地址	网站网址	门票价格（元）
西部牧场	历史文化	若尔盖县达扎寺镇西部牧场	www. xbmc. com	0

15. 眉山市

景区名称	景区类型	地址	网站网址	门票价格（元）
响水六坊	度假休闲	四川省眉山市仁寿县珠嘉镇响水村	http：//www. tfng. com. cn	0

续表

景区名称	景区类型	地址	网站网址	门票价格（元）
老峨山风景区	自然景观	眉山市丹棱县张场镇峨山村	http：www. laoeshan. com	40
瓦屋山国家森林公园	自然景观	四川省眉山市洪雅县瓦屋山镇金花桥	http：//www. wawushan. cn/	50
蒙牛乳制品（眉山）工业旅游景区	工业旅游	眉山市科工园三路中段	www. mengniu. com. cn	0
丹棱·桃花源	乡村旅游	丹棱县丹棱镇、双桥镇、顺龙乡	无	0
蝶彩花卉园	乡村旅游	四川省眉山市仁寿县清水镇石鼓村1组	http：//dchh. daqsoft. com	0

16. 遂宁市

景区名称	景区类型	地址	网站网址	门票价格（元）
遂宁市中国宋瓷博物馆	博物馆	西山北路613号	www. scbwg. cn	0
遂宁市大英县东方生态博览园	度假休闲	四川省遂宁市大英县蓬莱镇殷家沟	www. dfgjjd. com	0

17. 自贡市

景区名称	景区类型	地址	网站网址	门票价格（元）
自贡盐业历史博物馆	博物馆	四川省自贡市自流井区解放路107号	http：//www. zgshm. cn	22
中国彩灯博物馆	博物馆	自贡市公园路6号	www. lantern-museum. com	40

18. 德阳市

景区名称	景区类型	地址	网站网址	门票价格（元）
香山鹭岛旅游景区	自然景观	罗江县金山镇罗家湾村	香山鹭岛旅游景区	0
什邡市花信箭台	乡村旅游	四川省什邡市元石镇箭台村	http：//www. hxjiantai. com	0

19. 资阳市

景区名称	景区类型	地址	网站网址	门票价格（元）
保和生态旅游度假区	度假休闲	四川省资阳市雁江区保和镇	http：//yj. zyta. gov. cn/	0
魅力柠海景区	自然景观	资阳市安岳县岳阳镇水观村	http：//ay. zyta. gov. cn/	0
安岳县宝森农林旅游区	度假休闲	安岳县文化镇燕桥村十二社	http：//www. baosennonglin. cn/index. php/Index/index. html	0

20. 内江市

景区名称	景区类型	地址	网站网址	门票价格（元）
内江市安泰山庄景区	度假休闲	四川省内江市市中区永安镇七里冲村三社	无	0
东兴老街	历史文化	内江市东兴区东兴老街	http：//dxljjq. gotoip3. com	0

21. 甘孜州

景区名称	景区类型	地址	网站网址	门票价格（元）
道孚县八美墨石公园景区	自然景观	道孚县八美镇中古一队	http：//www. dfly. gov. cn/	60

四、2A级旅游景区

1. 成都市

景区名称	景区类型	地址	网站网址	门票价格（元）
三岔湖景区	自然景观	四川省成都市简阳三岔水库	无	0
成都市彭州丹景山旅游景区	自然景观	彭州市丹景山镇丹景村	无	旺季30 淡季10
崇州市白塔湖景区	自然景观	崇州市道明镇白塔湖	无	10
宽窄巷子	历史文化	宽窄巷子历史文化保护街区	http：//www. kzxz. com. cn/	0
成都市新津纯阳观景区	历史文化	纯阳大道20号	无	0
白云鹭鸶旅游景区	乡村旅游	蒲江县白云乡	www. byx. com	0
黑虎农庄乐园	乡村旅游	桑园镇中田村	http：//hhlzly. gotoip2. com/	0
老虎沟森林庄园	乡村旅游	煎茶街道老龙村10组268号	www. laohuogu. com. cn	0
都江堰市茶溪谷旅游景区	乡村旅游	都江堰市向峨乡石碑村	www. djycxg. com	0
蜀国鹃都景区	乡村旅游	唐太路蜀国鹃都景区	www. schtd. com	40
成都战役纪念馆	红色旅游	蒲江县西来镇	www. pjmz. com	0
四川易园园林艺术博物馆	博物馆	成都市金牛区金泉路8号	www. scey. cn	0
五月玫瑰四季庭苑	其他	成都市温江区永宁镇温郫大道53号	www. rosedemai. cn	60
斑竹林	乡村旅游	成都市新津县兴义镇	0	0

2. 泸州市

景区名称	景区类型	地址	网站网址	门票价格（元）
乌木水寨	度假休闲	泸州市纳溪区大渡口镇平桥村	无	0
四川泸州九狮景区	历史文化	四川省泸州市龙马潭区安宁镇	无	旺季 18 淡季 10
泸州叙永县春秋祠	历史文化	四川省泸州市叙永县叙永镇南大街 4 号	http://baike.baidu.com/view/805362.htm	15
泸州市纳溪区普照山景区	自然景观	打古镇人民政府	www.puzhaoshan.com	0
笔架山旅游区	自然景观	四川省泸州市合江县	无	0
泸州市古蔺县大黑洞风景区	自然景观	四川省泸州市古蔺县箭竹乡	www.daheidong.cn	40
梦里水乡田园度假农场	乡村旅游	大渡口镇平桥村五社	无	0
泸州市博物馆	博物馆	四川省泸州市江阳西路 37 号	http://www.lzmuseum.com/	0
泸州市况场朱德旧居陈列馆	博物馆	四川省泸州市江阳区况场镇中大街 89 号	http://lzmuseum.com/	0
启玉葡萄庄园	其它	四川省泸州市纳溪区新乐镇三江村	无	0
泸州凤凰湖旅游区	自然景观	大渡口镇坪桥村	无	0

3. 乐山市

景区名称	景区类型	地址	网站网址	门票价格（元）
乐山市沙湾区嘉农镇叠翠坪休闲度假中心	度假休闲	乐山市沙湾区嘉农镇新园村 4 组	http://www.dcpsz.com	0
乐山夹江千佛岩	历史文化	乐山市夹江县焉城镇千佛 3 社	无	5
木鱼人家	乡村旅游	五通桥区杨柳镇	无	0
乐山市蜀南茉莉香都旅游景区	乡村旅游	四川省乐山市犍为县清溪镇沉犀村	www.suoluohu.com	0
玛瑙苗寨旅游景区	乡村旅游	马边彝族自治县民主乡玛瑙村	无	0
烟峰彝家新寨旅游景区	乡村旅游	烟峰镇烟峰社区	无	0

4. 广元市

景区名称	景区类型	地址	网站网址	门票价格（元）
广元市苍溪县新店子景区	自然景观	广元市苍溪县白鹤乡新店子景区	无	0

续表

景区名称	景区类型	地址	网站网址	门票价格（元）
广元市狮岭旅游区	乡村旅游	四川省广元市苍溪县云峰镇	无	0
苍溪县将军驿景区	乡村旅游	苍溪县元坝镇将军村	无	0
苍溪县青龙现代农业观光园	乡村旅游	苍溪县岳东镇	无	0
苍溪天新农业旅游观光园	乡村旅游	苍溪县歧坪镇旭光村	无	0

5. 雅安市

景区名称	景区类型	地址	网站网址	门票价格（元）
雪山新村景区	乡村旅游	四川省雅安市宝兴县雪山村	www. bxlyw. com	0
汉源体育公园	其他	汉源县滨湖路二段226号	无	0

6. 攀枝花市

景区名称	景区类型	地址	网站网址	门票价格（元）
攀枝花鑫岛游乐城	度假休闲	大河中路289号	无	120
攀枝花市仁和公园旅游景区	度假休闲	仁和区沙沟公园	无	0
攀枝花市仁和区混撒拉旅游新村	度假休闲	大龙潭乡混撒拉旅游新村	无	0
庄上梅子箐康养旅游度假区	度假休闲	四川省攀枝花市西区格里坪镇庄上村	http：//www. tymgjd. com/	10
攀枝花公园	其他	公园路4号	无	3
攀枝花市盐边县国胜乡大笮风旅游基地	乡村旅游	攀枝花市盐边县国胜乡热水塘村	www. dazuofeng. com	0
攀枝花班庄旅游新村旅游景区	乡村旅游	攀枝花市仁和区大田镇班庄村	无	0
攀枝花市立新旅游新村旅游景区	乡村旅游	攀枝花市仁和区总发乡立新村	无	0
攀枝花市海塔世外桃园旅游景区	乡村旅游	攀枝花市米易县撒莲镇海塔村	无	0
攀枝花市普威独树旅游新村旅游景区	乡村旅游	米易县普威镇独树村	无	0
攀枝花市红格村旅游景区	乡村旅游	四川省攀枝花市盐边县红格镇	无	0
片那立旅游新村	乡村旅游	四川省攀枝花市仁和区大田镇片那立村	无	0

续表

景区名称	景区类型	地址	网站网址	门票价格（元）
芭蕉箐旅游新村	乡村旅游	四川省攀枝花丙谷镇芭蕉箐村	无	0
攀枝花市板桥旅游新村旅游景区	乡村旅游	四川省攀枝花市仁和区总发乡板桥村	无	0
团山旅游新村	乡村旅游	仁和区中坝乡团山村	无	0

7. 绵阳市

景区名称	景区类型	地址	网站网址	门票价格（元）
绵阳市涪城区晨曦森林度假村旅游景区	度假休闲	绵阳市涪城区丰谷镇民杨村一组	www. cxsldjc. com	0
绵阳市盐亭县玉龙山旅游景区	度假休闲	四川省盐亭县	无	0
绵阳市富乐山	历史文化	芙蓉路1段10#	无	0
绵阳市碧水蓝天旅游景区	乡村旅游	绵阳市涪城区杨家镇团阳寺三社	www. mybslt. cn	0
绵阳市涪龙苑旅游景区	乡村旅游	绵阳市涪城区龙门镇香社村七社	无	0
绵阳市涪城区小桥村	乡村旅游	绵阳市涪城区龙门镇小桥村	无	0

8. 宜宾市

景区名称	景区类型	地址	网站网址	门票价格（元）
四川省宜宾市长宁县佛来山景区	乡村旅游	四川省宜宾市长宁县开佛乡佛梨村	5ayb. com	0
高县可久红岩山旅游景区	乡村旅游	四川省宜宾市高县可久镇中寨村	http：//www. ybgx. cn/Item/262. aspx	0
苦竹寺景区	乡村旅游	四川省宜宾市长宁县三元乡	无	0
宜宾市长宁县碧浪水乡旅游	乡村旅游	四川省宜宾市长宁县梅白乡碧浪湖社区	http：//ybscnxmbx	0
宜宾市翠屏区赵场佛现山景区	乡村旅游	宜宾市翠屏区赵场街道佛现村	无	0
宜宾县縁山景区	乡村旅游	四川省宜宾市宜宾县喜捷镇新联村	http：//www. ybcsjq. com/	35
大雁岭景区	乡村旅游	大窝镇大屋村	无	0
庆岭花漫岭景区	乡村旅游	四川省宜宾市高县庆岭乡	无	0

9. 凉山州

景区名称	景区类型	地址	网站网址	门票价格（元）
凉山州德昌螺髻阳光度假村	自然景观	四川省德昌县德州镇大坪村四组	无	0
德昌半山印象生态园	乡村旅游	四川省德昌县角半村2社	无	0
凉山州德昌瀚桑玫瑰庄园	其他	四川省凉山州德昌县小高镇连丰街	无	10

10. 南充市

景区名称	景区类型	地址	网站网址	门票价格（元）
营山县西月湖公园	其他	四川省南充市营山县西月路257号	无	0
四川省南部县飞龙生态园旅游景区	度假休闲	南部县定水镇庙子山村	www. scflgy. com	0
南充市大深南海旅游景区	自然景观	四川省南充市蓬安县济渡乡二村九社	WWW. PADSNH. com	0
仪陇县龙神垭乡村旅游景区	乡村旅游	仪陇县新政镇龙神垭村	无	0
南部县四龙乡莲花博览园风景区	乡村旅游	四龙乡黑龙观村	无	0
南部县寺外桃源旅游景区	度假休闲	玉镇乡正觉寺村	http://14879421. czw. com	0

11. 广安市

景区名称	景区类型	地址	网站网址	门票价格（元）
广安市肖溪古镇	历史文化	四川省广安市广安区肖溪镇	www. xiaoxi. org/	0
广安市岳池县中富农庄风景区	度假休闲	四川省广安市岳池县花园镇杨家坡村	www. ycnjdyz. com	0
华源生态园	自然景观	四川省广安市广安区浓溪镇友谊四组	暂无	0
天赐园	乡村旅游	四川省广安市城北东环路八一村	http://bbs. tianciyuan. cn	0
广安市蜜梨度假村旅游景区	乡村旅游	华蓥市禄市镇月亮坡村	www. oy888. com	0
君兰天下生态文化园	乡村旅游	四川省华蓥市华龙街道办事处柏木山村三组	无	旺季30 淡季20
银鼎山	其他	邻水县鼎屏镇一碗水32号	无	0

12. 巴中市

景区名称	景区类型	地址	网站网址	门票价格（元）
天马山国家森林公园	自然景观	巴中市巴州区	无	旺季20 淡季10

13. 达州市

景区名称	景区类型	地址	网站网址	门票价格（元）
达州市宣汉县观音山森林公园	自然景观	四川省宣汉县柏树镇	http：//www. xhgys. com/	0

14. 眉山市

景区名称	景区类型	地址	网站网址	门票价格（元）
青神县中岩寺	自然景观	青神县瑞丰镇中岩村	www. zhongyansi. com	20
彭祖山风景名胜区	其他	四川省眉山市彭山县江口镇	无	30
雅女荷园景区	乡村旅游	花溪镇黄龙村1组	无	10
洪雅藤椒文化博物馆	博物馆	洪雅县止戈镇五龙村	www. yaomazi. com	0

15. 遂宁市

景区名称	景区类型	地址	网站网址	门票价格（元）
旷继勋公园	红色旅游	四川省蓬溪县	www. pxwtly. com	20
遂宁市蓬溪高峰山	历史文化	蓬溪县文井镇	www. pxwtly. com	0
大英县蓬莱公园	历史文化	大英县江南路魁山坡	无	0
射洪县桃花山风景区	乡村旅游	四川省遂宁市射洪县洋溪镇蒲家浩村	无	0

16. 甘孜州

景区名称	景区类型	地址	网站网址	门票价格（元）
巴塘县措普沟旅游景区	自然景观	四川省甘孜州巴塘县茶洛乡	http：//www. batanglvyou. com/	0

17. 自贡市

景区名称	景区类型	地址	网站网址	门票价格（元）
自贡市吴玉章故居	历史文化	荣县双石镇蔡家堰村	无	0

续表

景区名称	景区类型	地址	网站网址	门票价格（元）
自贡双溪风景区	自然景观	四川省荣县旭阳镇北郊双溪水库	无	0
七星湖生态旅游景区	度假休闲	自贡市贡井区建设镇固胜村2组秀才坡	无	0
自贡市飞龙峡风景区	自然景观	荣边镇尖山村七组	无	10
艾叶古镇	历史文化	自贡市贡井区艾叶镇李家桥社区	无	0

18. 德阳市

景区名称	景区类型	地址	网站网址	门票价格（元）
广汉市三水镇易家河坝旅游区	自然景观	广汉市三水镇友谊村	无	0
段家大院子川西古民居园区	乡村旅游	广汉市高坪镇金九村	www. djdyz. com	22
黄继光纪念馆	红色旅游	中江县凯江镇东河路下段1号	http：//hjgjng. scadc. com	0

19. 资阳市

景区名称	景区类型	地址	网站网址	门票价格（元）
资阳乐至龙门报国寺	其他	四川省资阳市乐至县龙门乡	www. szjt. org	0
乐至慈恩寺	其他	乐至县天池镇南塔村	无	0
资阳市安岳县千佛寨旅游景区	自然景观	四川省资阳市安岳县	无	8

20. 内江市

景区名称	景区类型	地址	网站网址	门票价格（元）
威远县石板河旅游区	度假休闲	四川省内江市威远县连界镇	无	0
内江资中重龙山	自然景观	资中县重龙镇公园路	无	2
内江市隆昌古湖景区	自然景观	隆昌县云顶镇	无	10

五、1A级旅游景区

市州	景区名称	景区类型	地址	网址	门票价格（元）
攀枝花市	攀枝花市阿署达旅游新村旅游景区	度假休闲	东区银江镇阿署达村	无	0
成都市	成都市新华公园	其他	成都市双林路87号	http://gk.chengdu.gov.cn/enterprise/unitIndex.action?unitNo=011002006001002015	0